現代新約注解全書

使徒行伝 下巻

荒井　献　著

新教出版社

まえがき

　本書は，昨年の 10 月に出版された『使徒行伝』中巻に次ぐ下巻である。本書をもって筆者の使徒行伝注解は上・中・下巻として漸く完結された。
　完結にあたって，巻末に二つの補論が掲載されている。
　補論 1 は，著者ルカが行伝のエピローグ（28：30-31）をもって読者に託そうとしたメッセージにかかわる著者の想定「最後のパウロ――使徒行伝 28 章 30-31 節に寄せて」であり，これは，「中巻」出版と期を同じくして，昨年 10 月 25 日に日本基督教団信濃町教会で開かれた「新教出版社創立 70 年記念講演会」で筆者が担当した講演原稿を増補・改訂した論文である。
　補論 2 は，「概説 使徒行伝」で，これは，『荒井献著作集』別巻，岩波書店，2002 年に掲載された同じタイトルの論文の増補・改訂版である。特にいわゆる「概説」（緒論）は，一般的には上巻の冒頭に置かれているが，出来るだけ内容をアップ・ツー・デートにするために，下巻の巻末に付した。
　本書の元原稿は，筆者が月刊誌『福音と世界』に連載した「新約釈義 使徒行伝」の後半部分（2010 年 4 月号～2013 年 3 月号）にあたる。これを修正・加筆して，本書「下巻」を仕上げた。
　連載データを PC で作成してくれた梶原（本田）めぐみさんに，また、この度も本書の原稿を校正の段階で実に丹念にチェックしてくれた山野貴彦氏に，心から感謝の意を表す。小林望社長はじめ新教出版社の方々には，連載時以来長年にわたり，大変お世話になった。

2015 年　晩秋
荒　井　　　献

略　記　法

1　聖書の章節の表記で，何節以下を表わす場合には，f. ないしは ff. を用いた。例えば，行伝 6：3 f. は使徒行伝 6 章 3 節と 4 節，ルカ 5：1 ff. はルカによる福音書 5 章 1 節以下を表わす。

2　／は，その前に記した章節とその後に記した章節が並行関係にあることを表わす。

3　diff. は，挙げられている章節の文言が，それに対応する並行記事と異なっていることを表わす。

4　使徒行伝に関する注解書名は，注解書表で〔　〕の中に記した著者名によって略記した。著者名の後で特に頁数を指示しなかった場合は，いずれも当該箇所参照の意味である。

5　聖書本文，聖書翻訳，辞典等の略記法は文献表を見ていただきたい。これらも〔　〕の中に記してある。その他で頻繁に用いた略号としては LXX ＝七十人訳（ギリシア語訳旧約聖書）がある。特に詩篇では LXX とマソラ本文（ヘブライ語旧約聖書本文）との間に章節のずれがあるから注意されたい。

6　参考文献の書名等は，本文の中では原則として，簡略に記したから，詳細は文献表で確認していただきたい。ただし，わずかな回数しか引用しなかった文献は，その都度詳記した。

7　外国語文献で邦語訳のあるものは，原則として邦語訳によって引用した。

8　古典文学の中で邦語訳のあるものは，その都度詳記して，文献表に入れなかった。

9　外国語雑誌等の略記法は，ほぼ日本聖書学研究所編『聖書学論集』に記載されている略記法に従った。（さらに詳しくは *ThWbNT* X , 51 ff. 参照）

10　聖書諸文書の略記法は，岩波訳に記載されている略号法に従った。なお，行伝本文の翻訳部分における旧約聖書からの引用文は，太ゴチ体で示してある。

目　次

まえがき ……………………………………………………… i
略記法 ………………………………………………………… ii

1　パウロの第三回伝道旅行 …………………… 18：23-21：14 … 3
　Ⅰ　アンティオキアからエフェソへ …………………… 18：23-28 … 4
　　(1)　ガラテヤ，フリュギアにて ………………………… 18：23 … 4
　　(2)　挿話―アポロ ……………………………………… 18：24-28 … 6
　Ⅱ　エフェソにて ………………………………………… 19：1-40 … 15
　　(1)　イエスの名への洗礼 ………………………………… 19：1-7 … 15
　　(2)　会堂から講堂へ ……………………………………… 19：8-12 … 23
　　(3)　スケワの息子たち …………………………………… 19：13-20 … 29
　　(4)　パウロの決心 ………………………………………… 19：21-22 … 39
　　(5)　デメトリオス騒動 …………………………………… 19：23-40 … 45
　　　①　銀細工師デメトリオスの扇動（19：23-27）………………… 45
　　　②　女神アルテミスへの歓呼（19：28-34）…………………… 50
　　　③　町の書記官の説得（19：35-40）……………………………… 56
　Ⅲ　エフェソからエルサレムへ ……………………… 20：1-21：14 … 65
　　(1)　エフェソからトロアスへ …………………………… 20：1-6 … 65
　　(2)　トロアスにて―エウテュコスの蘇生 ……………… 20：7-12 … 74
　　(3)　トロアスからミレトスへ …………………………… 20：13-16 … 84
　　(4)　エフェソの長老たちへの別れの言葉 ……………… 20：17-38 … 89
　　　①　回顧（20：18b-21）…………………………………………… 91
　　　②　現状（20：22-24）…………………………………………… 99
　　　③　将来（20：25-31）…………………………………………… 103

目　次

　　　④　勧め（20：32-35） …………………………………………… 110
　　(5)　ミレトスからエルサレムへ ………………………… 21：1-14 … 119
　　　①　ミレトスからテュロスへ（21：1-6） ……………………… 119
　　　②　テュロスからカイサリアへ（21：7-9） …………………… 125
　　　③　アガボスの預言（21：10-14） ……………………………… 130

2　エルサレムにおけるパウロの逮捕と
　　ローマへの護送 …………………………… 21：15-28：31 … 136
　Ⅰ　エルサレムにおけるパウロの逮捕 ………… 21：15-23：22 … 136
　　(1)　パウロのヤコブ訪問 ………………………… 21：15-26 … 137
　　　①　エルサレム到着（21：15-17） ……………………………… 137
　　　②　ヤコブ訪問（21：18-19） …………………………………… 141
　　　③　ヤコブと長老たちの勧め（21：20-26） …………………… 143
　　(2)　ユダヤ人の扇動とパウロの逮捕 …………… 21：27-36 … 152
　　　①　ユダヤ人の扇動（21：27-30） ……………………………… 152
　　　②　パウロの逮捕（21：31-36） ………………………………… 157
　　(3)　パウロの弁明 ……………………………… 21：37-22：21 … 162
　　　①　状況設定（21：37-40） ……………………………………… 162
　　　②　「弁明」（22：1-21） ………………………………………… 169
　　(4)　千人隊長の尋問 …………………………………… 22：22-29 … 192
　　(5)　最高法院の尋問 ………………………………… 22：30-23：11 … 201
　　　①　千人隊長による最高法院の召集（22：30） ……………… 201
　　　②　パウロの弁論（23：1-5） ………………………………… 204
　　　③　最高法院の分裂（23：6-9） ……………………………… 209
　　　④　主の幻（23：10-11） ……………………………………… 214
　　(6)　パウロ殺害の陰謀 ………………………………… 23：12-22 … 217
　　　①　ユダヤ人の共謀（23：12-15） ……………………………… 217
　　　②　パウロの甥の密告（23：16-22） …………………………… 220

iv

目　次

Ⅱ　カイサリアにおけるローマ総督への告訴 …23：23-25：12… 226
　(1)　パウロのカイサリアへの護送 …………………… 23：23-35… 226
　　①　カイサリアへの護送の準備（23：23-25）………………………… 226
　　②　総督フェリクスへの手紙（23：26-30）…………………………… 229
　　③　カイサリア到着（23：31-35）……………………………………… 233
　(2)　総督フェリスクスへの告訴 ……………………… 24：1-9… 237
　(3)　パウロの弁明 …………………………………… 24：10-21… 247
　(4)　パウロの拘留 …………………………………… 24：22-27… 258
　　①　フェリクスによる留置（24：22-23）……………………………… 258
　　②　フェリクスによる拘留（24：24-27）……………………………… 261
　(5)　カエサルへの上訴 ……………………………… 25：1-12… 268
　　①　フェストゥスの着任（25：1-5）…………………………………… 268
　　②　カエサルへの上訴（25：6-12）…………………………………… 272
Ⅲ　アグリッパ王の謁見とパウロの弁明 …… 25：13-26：32… 279
　(1)　アグリッパ王の謁見 …………………………… 25：13-27… 280
　　①　フェストゥスとアグリッパ王（25：13-22）……………………… 280
　　②　アグリッパ王とパウロ（25：23-27）……………………………… 287
　(2)　アグリッパ王の前におけるパウロの弁明 ………… 26：1-23… 295
　　①　序言（26：1-3）……………………………………………………… 296
　　②　ファリサイ人としての生活と教え（26：4-8）…………………… 299
　　③　キリスト教徒迫害（26：9-11）……………………………………… 301
　　④　回心―召命（26：12-18）…………………………………………… 303
　　⑤　宣教（26：19-23）…………………………………………………… 311
　(3)　弁明の反応 ……………………………………… 26：24-32… 318
Ⅳ　ローマへの護送 ………………………………… 27：1-28：16… 327
　(1)　海路ローマへ …………………………………… 27：1-12… 328
　　①　カイサリアから「良い港」へ（27：1-8）………………………… 328
　　②　論争とフェニクスへ（27：9-12）…………………………………… 336

目　次

　　(2) 遭難 …………………………………………… 27：13-44 … 340
　　　① 暴風（27：13-20）……………………………………………… 340
　　　② 御使いの顕現とパウロの第一の言葉（27：21-26）………… 346
　　　③ 漂流とパウロの第二の言葉（27：27-32）…………………… 352
　　　④ パウロの第三の言葉と食事（27：33-38）…………………… 356
　　　⑤ 難破と救済（27：39-44）……………………………………… 360
　　(3) マルタ島にて ………………………………… 28：1-10 … 366
　　　① 外人たちの親切（28：1-2）…………………………………… 366
　　　② 蝮に咬まれたパウロ（28：3-6）……………………………… 370
　　　③ パウロの「癒し」（28：7-10）………………………………… 374
　　(4) ローマへ …………………………………… 28：11-16 … 378
　Ⅴ　ローマにて ……………………………………… 28：17-31 … 386
　　(1) ユダヤ人を招く ……………………………… 28：17-22 … 386
　　(2) ユダヤ人との訣別 …………………………… 28：23-28 … 392
　　　① パウロの説得（28：23-24）…………………………………… 392
　　　② 聖句引用による訣別（28：25-28）…………………………… 395
　　(3) まとめ――活動の継続 ……………………… 28：30-31 … 400

付　論

(1) 挿話――アポロ（18：24-28）……………………………………… 12
(2) イエスの名への洗礼（19：1-7）…………………………………… 21
(3) 会堂から講堂へ（19：8-12）……………………………………… 29
(4) スケワの息子たち（19：13-20）…………………………………… 38
(5) デメトリオス騒動（19：23-40）…………………………………… 60
(6) エフェソからトロアスへ（20：1-6）……………………………… 73
(7) エウテュコスの蘇生（20：7-12）…………………………………… 82
(8) 別れの言葉（20：18b-35）………………………………………… 117
(9) ミレトスからエルサレムへ（21：1-14）………………………… 134

目　次

- ⑽　パウロのヤコブ訪問（21：15-26）……………………… 150
- ⑾　パウロの逮捕（21：31-36）……………………………… 161
- ⑿　パウロの弁明（21：37-22：21）………………………… 191
- ⒀　最高法院の尋問（22：30-23：11）……………………… 215
- ⒁　パウロ殺害の陰謀（23：12-22）………………………… 226
- ⒂　パウロのカイサリア護送（23：23-35）………………… 237
- ⒃　パウロと総督フェリクス（24：1-27）………………… 267
- ⒄　カエサルへの上訴（25：1-12）………………………… 277
- ⒅　アグリッパ王の謁見（23：13-27）……………………… 294
- ⒆　アグリッパ王の前におけるパウロの弁明（26：1-23）… 317
- ⒇　弁明の反応（26：24-32）………………………………… 325
- ㉑　ローマへの護送（27：1-28：16）……………………… 385
- ㉒　ローマにて（28：17-31）………………………………… 404

補　論　最後のパウロ──使徒行伝28章30-31節に寄せて ……… 406

- はじめに…………………………………………………………… 406
- 1．パウロの最期………………………………………………… 409
- 2．最後のパウロ………………………………………………… 412
- 3．おわりに……………………………………………………… 417
- 追　記…………………………………………………………… 417

概　説　使徒行伝…………………………………………………… 419

- 1．表　題………………………………………………………… 419
- 2．内容と構成…………………………………………………… 420
- 3．執筆意図……………………………………………………… 422
- 4．伝　承………………………………………………………… 424
- 5．文学的性格…………………………………………………… 429
- 6．思想的特徴…………………………………………………… 433

目　次

　　7. 著者，場所，読者，年代 …………………………………………… 438

参考文献 ……………………………………………………………………… 441

使徒行伝関連地図 …………………………………………………………… 454

使徒行伝

下　巻

1　パウロの第三回伝道旅行 (18：23-21：14)

　パウロは三度(みたび)アンティオキアから訪問・伝道の旅行に出発し (18：23)，エフェソに3年間滞在して (20：31)，最終的にはカイサリアからエルサレムにのぼることになる (21：15)。この間のパウロの旅が伝統的には「第三回伝道旅行」と呼ばれる。しかし，彼が実際に伝道旅行をしたのは主としてエフェソであって (19：1-40)，その他の諸地域では第二回伝道旅行の時に創設した教会を再訪し，――パウロ自身の手紙から推定すれば――それらの教会からエルサレム教会への献金を集めることに努力した[1] (ただしルカは，パウロの募金活動については一切触れていない)。

　このセクションは，次の三部にわけることができる。

Ⅰ　アンティオキアからエフェソへ (18：23-28)
　(1)　ガラテヤ，フリュギアにて (18：23)
　(2)　挿話――アポロ (18：24-28)

Ⅱ　エフェソにて (19：1-40)
　(1)　イエスの名への洗礼 (19：1-7)
　(2)　会堂から講堂へ (19：8-12)
　(3)　スケワの息子たち (19：13-20)
　(4)　パウロの決心 (19：21-22)
　(5)　デメトリオス騒動 (19：23-40)

Ⅲ　エフェソからエルサレムへ (20：1-21：14)
　(1)　エフェソからトロアスへ (20：1-6)
　(2)　トロアスにて――エウテュコスの蘇生 (20：7-12)
　(3)　トロアスからミレトスへ (20：13-16)

1　佐竹明『使徒パウロ』237頁；佐藤研『旅のパウロ』163頁以下参照。

18:23

 (4) エフェソの長老たちへの別れの言葉 (20：17-38)
 (5) ミレトスからエルサレムへ (21：1-14)

I　アンティオキアからエフェソへ (18：23-28)

(1) ガラテヤ，フリュギアにて (18：23)

  23 そして彼は，〔ここに〕しばらく滞在した後，〔再び旅行に〕出発し，ガラテヤ地方とフリュギア〔地方〕を次々にめぐりながら，すべての弟子たちを力づけた。

《釈　義》

 23 節　パウロはアンティオキアに「しばらく滞在した後……」。この文章はギリシア語 (ποιήσας χρόνον τινά) でも，15：33「二人（ユダとシラス）は……ここ（アンティオキア）にしばらく滞在した後……」(ποιήσαντες δὲ χρόνον) とほぼ同様の表現（ただし 9：23, 43, 18：18, 27：7 の「かなりの日々」はἡμέρας ἱκανάς）。ποιήσας は ποιέω「なす，過ごす」のアオリスト分詞。「出発した」(ἐξῆλθεν. ἐξέρχομαι のアオリスト形) に続くので「滞在した後」と訳した。
 「めぐりながら」(διερχόμενος) と「力づけた」(ἐπιστηρίζων) は，それぞれ διέρχομαι と ἐπιστηρίζω の現在分詞。動詞のアオリスト形に続いて現在分詞が用いられる場合，後者は前者の比較的後に続く行動を表わし，前者の目的を示唆する[2]。
 パウロが「めぐった」といわれる「ガラテヤ地方とフリュギア」は，彼が第二回伝道旅行において「通った」「フリュギアとガラテヤ地方」(16：6) を指すと思われるが，両箇所におけるギリシア語の表現が異なっている。当節は τὴν Γαλατικὴν χώραν καὶ Φρυγίαν，16：6 は τὴν Φρυγίαν καὶ Γαλατικὴν χώραν。後者の表現は，16：6 の《釈義》で記したように（荒井，中巻，339-340 頁），「フリュギア」と「ガラテヤ」がいずれも「地方にかかる形容詞として用いら

2　Blass/Debrunner/Rehkopf, §339, 2a, §421 参照。

れているので，「フリュギア・ガラテヤ」という一つの地方を示唆する。これに対して当節では「ガラテヤ地方」の後に「フリュギア」が「と」(καί)を介し，名詞として付加されている。しかもその前に副詞「順を追って，次々に」を意味する καθεξῆς で修飾されているので，「ガラテヤ地方」と，その西北に隣接し，しかもこの度の旅行のとりあえずの目的地であるエフェソを首都とするアシア（州）の東側に接する「フリュギア」という，二つの地方を名指していると思われる（ウィザリントン）[3]。なお，副詞 καθεξῆς は，新約ではルカ文書（ルカ1：3, 8：1, 使3：24, 11：4）以外に用いられていない。

　パウロが「出発し，ガラテヤ地方とフリュギアを……めぐりながら，すべての弟子たちを力づけた」という文章は，その表現において，彼が第一回伝道旅行に「出発し，シリア〔州〕とキリキア〔州〕をめぐりながら，教会を力づけた」(15：40-41) と類似している。パウロが「めぐった」(διήρχετο. διέρχομαι の未完了形) といわれる「シリアとキリキア」は (15：41)，先に彼が宣教した「すべての町」に住む信徒たちを訪問しようという，第二回伝道旅行に出発の際のパウロによる提案 (15：36) に行伝では必ずしも合わないが，パウロはその手紙 (ガラ1：21) によれば，使徒会議以前にシリアとキリキアに行っているので，ここでもアンティオキアにおけるユダとシラスの行動 (15：32) と同様に既設の教会を訪問してその基礎を固め，教会（信徒たち）を「強めた」の意であろう (15：40-41 についてはその《釈義》荒井，中巻，326-328 頁参照)。同様のことが当節の，ガラテヤ地方とフリュギアにおけるパウロの行動にも妥当すると思われる。当節では第二回伝道旅行の時にパウロが訪問した「フリュギアとガラテヤ地方」(16：6) を前提しているのであろうが。なお，「めぐる」(διέρχομαι＋対格) も「力づける」(ἐπιστηρίζω) も，ルカが多用する動詞である（前者ルカ文書で13回，その他では3回。後者は新約中行伝でのみ4回）。

　以上当節は，全体としてルカの用語で記されており，第二回伝道旅行当初におけるパウロの行動描写 (15：40-41) とも重なっているので，ルカ自身の構

---

[3] C. J. Hemer, *The Book of Acts in the Setting of Hellenistic History*, p. 120 参照。

18：24—28

成であろう。しかし，少なくともパウロがこの時点でガラテヤを訪問したことは，パウロ自身がガラテヤ4：13で，この手紙を執筆する以前にガラテヤを数回訪ねたことを前提しており，しかも第三回伝道旅行以前では一度しかここを訪ねていない（使16：6）ことを考慮に入れると，その限りにおいて歴史的にも信頼できるであろう。ただ，ルカは「弟子たち（信徒たち）を力づける」ことしかその目的として挙げていないが，パウロはやはり，この後にエフェソで書いたⅠコリント16：1から推定すると，エルサレムの「聖徒たちへの献金」を徴収することも目的であった可能性がある（ロロフ）[4]。もしそうだとすれば，ルカはここでも，前節におけるエルサレム訪問への示唆の場合と同様に（22節の《釈義》荒井，中巻，483-484頁参照），エルサレム使徒会議での決定事項の一つであるエルサレム教会への援助の履行に関わるパウロの行動については，沈黙していることになろう。

(2) 挿話——アポロ（18：24-28）

　²⁴ところで，アレクサンドリア生まれのアポロという名のユダヤ人が，エフェソにやって来た。この人は学識のある人物で，聖書に強かった。²⁵彼は，主の道の手ほどきを受けており，霊に燃えて，イエスについてのことを詳しく語り，かつ教えていたが，ヨハネの洗礼(バプテスマ)だけしか知らなかったのである。²⁶この彼が会堂で大胆(だいたん)に話し始めた。彼の話を聞いたプリスキラとアクィラは，彼を招(まね)き入れて，彼に〔神の〕道をさらにくわしく説き聞(と)かせた。²⁷そして，アポロがアカイア〔州〕に渡ることを望んだので，兄弟たちは，励まして，弟子たちに，彼を迎え入れるようにと手紙を書いた。彼は〔そこに着くと〕，すでに恵みによって信じていた人々を大いに助けた。²⁸彼は聖書によって，キリストはイエスであることを明示(めいじ)し，公然(こうぜん)と痛烈(つうれつ)にユダヤ人たちを論破(ろんぱ)していたからである。

《釈　　義》

4　佐竹明，前掲書，216頁以下も同様。

24節 パウロがアンティオキアからガラテヤ地方とフリュギアを訪問して (18:23), 再びエフェソにくだって来る (19:1) 以前に, アレクサンドリアからエフェソに来たアポロについて, 18:24-28 に挿話風に物語られている。「アポロ」('Ἀπολλῶς「アポロース」) が「人名」(ὄνομα) として用いられていることは, エジプト出土のパピルスによって確かめられており (例えば P. London 929, 44. 66. 1233, 8) [5], 'Ἀπολλώνιος (D写本) の縮小形と想定されている [6]。彼は「ユダヤ人」('Ἰουδαῖος) の「学識のある人物」(ἀνὴρ λόγιος) で「聖書に強い」(δυνατὸς ὢν ἐν ταῖς γραφαῖς) といわれている。λόγιος は「雄弁家」とも訳しうる (新共同訳, 岩波版拙訳など) が, 「聖書に強い」とパラレルに置かれているので, 「教養ある, 学識のある」の意味にとったほうがよいと思われる [7]。「聖書」は文字通りには「諸文書」(αἱ γραφαί. 共観福音書・行伝では旧約「聖書」を意味する術語)。ユダヤ教では「聖書」は「律法」(トーラー) とも呼ばれるので, 「聖書に強い」とは「律法の——多くの場合比喩的——解釈に優れている」という意味であろう (18:28をも参照)。当時アレクサンドリアでユダヤ人哲学者フィロン (前25-後45/50) が聖書の「比喩的解釈」(アレゴリア) によって名を馳せていた [8]。

25節 アポロは「主の道の手ほどきを受けていた」。「手ほどきを受けていた」のギリシア語 "ἦν κατηχημένος" は, κατηχέω「教える」の受動相 (「教えを受ける」)・完了分詞で, ἦν (εἰμί の未完了形) と結ばれて, 過去の動作の継続を表わす「回説的用法」(coniugatio periphrastica) である。その目的語「主の道」の「道」(ἡ ὁδός) は行伝では「キリスト教」の意味に用いられており

---

5 *WbNT*, S. 191 参照。
6 Blass/Debrunner/Rehkopf, §125, 1, Anm. 4 参照。
7 佐藤研「アポロ伝承小史」『キリスト教学』51号, (『はじまりのキリスト教』113-126頁。特に115, 195頁, 注2) 参照。ヨセフスもまた, 「ユダヤ人中最高の学識ある者」と「律法の比類のない解釈者」という表現をパラレルに置いている (『古代誌』XVII, 149)。
8 このことについて最近では, 野町啓『学術都市 アレクサンドリア』186頁以下参照。

(9：2, 18：26, 19：9, 23, 22：4, 24：22),「主の」の「主」(ὁ κύριος) は, 次の文章からみても,「イエス」を指しているであろう。ただし,「道」はユダヤ教で「（神の）道」すなわち「律法」の意味で用いられており（出32：8, 申5：33, エレ7：23,『宗規要覧』Ⅷ, 13「主の道」), ここで「主」はもちろん「神」を意味していた。いずれにしても, D写本では「主の道の手ほどきを」と「受けていた」の間に「故国」（すなわち, エフェソに来る以前にすでにアレクサンドリア）において, (ἐν τῇ πατρίδι) という副詞句が補われており, この写本では「主」が「イエス」であって, 50年頃にはキリスト教がアレクサンドリアに布教されていたことが前提されている（メッツガー)。

「霊に燃えて」にあたるギリシア語"ζέων τῷ πνεύματι"のうち, ζέων「燃えて」はζέω（元来は「沸騰する」の意）の現在分詞, τῷ πνεύματι「霊に」はτὸ πνεῦμα の与格。この表現を「燃える心で」, すなわち「熱心に」, の意味にとり, ギリシア語本文ではこれのすぐ後に置かれている ἐλάλει「語っていた」にかけることもできる（ブルース, 新共同訳)。しかし, ロマ12：11に見いだされる同様の用語「霊において熱くなり」(τῷ πνεύματι ζέοντες) から判断すると, (キリスト教徒として受けていた)「御霊に燃えて」(活動した）の意味にもとれる（ヘンヒェン, コンツェルマンをはじめとしてバレット, イェルヴェル, フィッツマイヤー, 真山に至るほとんどの注解者。佐藤, 前掲書, 195頁, 注3も同様)。

「イエスについてのことをくわしく語り, かつ教えていた」。「イエスについてのこと」(τὰ περὶ τοῦ Ἰησοῦ) とは, 行伝の末尾（28：31）でローマにおけるパウロの活動を描写する際に用いられているほぼ同様の表現「主イエス・キリストについてのことを教えていた」(διδάσκων τὰ περὶ τοῦ κυρίου Ἰησοῦ Χριστοῦ) から推定しても,「キリスト教全般のこと」と思われる。「語り, かつ教えていた」(ἐλάλει καὶ ἐδίδασκεν) は, いずれも過去における活動の反復を表わす未完了形。

ところが彼は,「ヨハネの洗礼しか知らなかった」。このようなことは実際にありうるだろうか。洗礼を受けてキリスト者となる以前に,「(御)霊に燃えて, イエスについてのことをくわしく語り, かつ教えていた」, などということはありえないといわれる（ロロフ, ペッシュも同様)。そのためにこの文言は古

くから，ルカがアポロを，プリスキラとアクィラを介する（次節参照），パウロ系統のキリスト信徒に位置づけるために「格下げ」したとみる注解者が多い（ヘンヒェン，コンツェルマン，ヴァイザー，ツミエフスキー，イェルヴェル，真山など。佐藤，前掲書，118頁も同様）。確かにこの後の段落で，ルカによれば，パウロがエフェソに来て「幾人かの弟子たち」に出会い，彼らが「ヨハネの洗礼へと（洗礼）」を受けていただけで「聖霊のことなど聞いたことさえない」と言っているのを聞いて，彼らに「イエス・キリストの名へと」洗礼を授け，按手をすると，彼らに「聖霊が降った」と言われており（19：1-6），ここでは「イエスの名への洗礼」を受けてはじめてキリスト信徒として受容されている。ところが当段落でアポロについては，彼がそのような意味で受洗したとは記されていない。しかもパウロ自身はアポロを，自分と共に宣教に従事した「奉仕者」あるいは「神の同労者」と呼んでおり（Ⅰコリ3：5，9），彼を自分の下に位置づけてはいない。ここからアポロは洗礼を受けていない，広義のユダヤ人「イエス派」の一人であった（シュナイダー），あるいはルカは，ペトロによって受洗する前に彼の話を聞いただけで「聖霊の賜物が注がれた」異邦人のことを記しており（10：44-48），原始キリスト教には洗礼を受けなくてもキリスト信徒とみなす伝承もあった（ウィザリントン）と主張される。

いずれにしても，アポロがパウロ以前の，あるいは彼の影響下にない独立したキリスト教宣教者であったことは認められなければならないであろう[9]。

26節 「この彼（アポロ）が会堂で大胆に話し始めた」。アポロは，パウロ（ら）と同じように（17：2-3, 18：4参照），ユダヤ人の「会堂に入って」（イエスについてのこと）「大胆に話し始めた」（ἤρξατο παρρησιάζεσθαι）。ἤρξατο は

---

9 佐藤も同様。ただし佐藤は，「手ほどきを受けていた」という表現をもルカ的「かもしれない」とみなしており，その理由として，この表現は，「アポロが二次的に『主の道』を教えられたかの印象を与える」ことを挙げている（前掲書，119頁）。しかし，もしアポロがアレクサンドリアですでにキリスト信徒になっていたとすれば，キリスト教はエジプトに50年頃には布教されていたことになり（A. M. Ritter, Art, Ägypten, in : *RGG*[4], Bd. I, 1998, S. 214参照），この表現も伝承に遡る可能性があろう。

18 : 24—28

ἀρχέω の中動相 (「始める」)・アオリスト・3人称・単数で παρρησιάζεσθαι は「率直に,大胆に語る」の意の παρρησιάζομαι の現在不定形。ルカは行伝でこの動詞を好んで用いている (新約で9回のうち行伝で7回)。

「彼の話を (会堂で) 聞いたプリスキラとアクィラは,彼を (彼らの家に) 招き入れた」。「招き入れた」にあたるギリシア語動詞 προσελάβοντο は προσλαμβάνω の中動相 προσλαμβάνομαι「交わり (仲間) に入れる (加える)」のアオリスト・3人称・複数形。この夫妻はユダヤ人キリスト者として会堂に出入りしていたことが前提されていよう。彼らはおそらく彼の「家の教会」 (Ⅰコリ16 : 19,ロマ16 : 3参照) にアポロを招き入れたことが示唆されている。「そして彼に [神の] 道をさらにくわしく説き聞かせた」。「道」は, 18 : 25と同様に,キリスト教のことであるが,当節では「主の」ではなくて,「道」(ἡ ὁδός) のみの本文 (Dなど) と「神の道」(ἡ ὁδὸς τοῦ θεοῦ) の本文 (P74 ℵ A B Eなど) とが拮抗している。Dの読みをとる説も強い (パーヴォ) が,本文としては P74 などが有力なために,ギリシア語底本でも拙訳でも τοῦ θεοῦ 「神の」を [ ] の中に入れてある。もし「神の道」を採るとすれば,少なくともルカは,「神が創造以来この世に備えられていた救済への道」(イェルヴェル) を,アポロに,アポロが「イエスについてのこと」を「くわしく (ἀκριβῶς) 語り,かつ教えた」(18 : 25)「よりくわしく (ἀκριβέστερον. ἀκριβῶς の比較級) 説き聞かせた (ἐξέθεντο. ἐκτίθημι「外に置く」の中動相 ἐκτίθημαι「説明する」のアオリスト・3人称・複数形)」ことを読者に示唆したいのであろう (ちなみに, ἐκτίθημαι は新約で11 : 4など行伝においてのみ4回用いられている)。いずれにしても, ἀκριβέστερον は伝承では元来「独立最上級」(elative. 使24 : 22参照) として,「非常にくわしく」の意味で用いたものをルカが, 18 : 24 の ἀκριβῶς と比較してアポロよりもプリスキラとアクィラが「よりくわしく」キリスト教を知っていたことを読者に印象づけようとしていたことになる (バレット)。つまりルカによれば,パウロが同労者であるこの夫妻の説明がアポロの教えよりもより真正であり,こうしてパウロはアポロを「真のキリスト宣教者」(イェルヴェル) として自分の影響下に包摂することになる (コンツェルマン,シュナイダー,ロロフ,ペッシュ,ツミエフスキーなど。佐藤,前掲書,

118 頁はこの句をルカに帰している)。

27 節　「アポロがアカイア〔州〕(とりわけその首都コリント，19：1)に渡ることを望んだので，兄弟たちは，励まして，(先方の)弟子たちに，彼を迎い入れるようにと手紙を書いた」。「兄弟たち」(οἱ ἀδελφοί)は行伝では 1：15 以来「キリスト信徒たち」のこと。エフェソにすでに「信徒たち」が存在していたことになるが，これはかつてパウロがエフェソで「ユダヤ人たちと論じ合った」(18：19)成果というよりは，むしろプリスキラとアクィラによる宣教の成果とみなすべきであろう(バレット)。彼らが「励まして」(προτρεψάμενοι, προτρέπομαι のアオリスト・分詞形)の目的語は一般的には「彼」(アポロ)とみなされるが(協会訳，新共同訳，岩波訳など。田川訳は「二人に賛同し」)，文法的には「(弟子たちを励まして)弟子たちに手紙を書いた」(ἔγραψαν τοῖς μαθηταῖς)とみなすこともできる[10]。「弟子たち」とはアカイア(コリント)の「信徒たち」のことであるから，当訳のギリシア語底本では，エフェソの信徒たちがアポロの希望をサポートして，彼らがイニシアティブをとって彼を迎え入れるようにとコリントの信徒たちにいわば「推薦書」を書いたことになる。当時教会間にこのように習慣があったことはパウロの手紙にも証しされている(Ⅱコリ 3：1，ロマ 16：1，コロ 4：10 参照)[11]。なお，「彼(アポロ)がそこ(コリント)に着くと」に続く文言のうち，「恵みによって」(διὰ τῆς χάριτος)は「すでに信じていた人々」(πεπιστευκόσιν, πιστεύω「信じる」の完了分詞・複数・与格)にも「助けた」(συνεβάλετο, συμβάλλω「語り合う」の中動相 συμβάλλομαι「寄与する，役立つ，助ける」のアオリスト形)にもかけることができる。後者を採る注解者が多いが(ヘンヒェン，コンツェルマン，シ

10　バレットは，Blass/Debrunner/Rehkopf, §339, 1, Anm. 3 を指示。

11　ギリシア語底本では欄外に置かれている D 写本によれば，エフェソでアポロのことを耳にしたコリント人たちが，自分たちと共にコリントに渡ってほしい，とアポロに頼んだので，エフェソ人たちはコリントにいる弟子たちに，彼を受け入れるように手紙を書いた。ここではエフェソ人たちよりもコリント人たちがアポロに対してイニシアティブをとっている。

18：24—28

ュテーリン，シレ，シュミットハルス，ペッシュ，イェルヴェル，真山など），ギリシア語本文における語順（διὰ τῆς χάριτος は τοῖς πεπιστευκόσιν の直後に置かれている。使15：11をも参照）からみても，後者を採る方（ブルース，コンツェルマン，バレット，ウィザリントン，フィッツマイヤー，田川など）に蓋然性があろう。

28節 アポロがコリントの信徒たちを「大いに助けた」理由が，「聖書によってキリストはイエスであることを明示し，公然と痛烈にユダヤ人たちを論破していたから」と説明されている。「聖書によって」は18：24の「聖書に強かった」を受けていよう。「キリストはイエスであることを」明示して（ἐπιδεικνύς. ἐπιδείκνυμι「明らかにする，立証する」の現在分詞）は，コリントにおけるパウロのユダヤ人に対するかつての振舞い（18：5）に類似した文言である。しかし，当節におけるアポロの振舞いは，彼がコリント信徒たちを「大いに助けた」ことの理由句になっており，しかもアポロはコリント人の前で「公然と」（δημοσίᾳ. 形容詞 δειμόσιος の女性単数与格。副詞的に用いられて「公衆の前で」，20：20参照。この表現は新約の中で行伝のみに用いられている）「痛烈に」（εὐτόνως. この副詞も当節とルカ23：10のみ）「ユダヤ人を論破していた（διακατηλέγχετο. διακαταλέγχομαι の未完了形）」といわれている。当節ではアポロがコリントでここに住む信徒たちのために，聖書の比喩的解釈によりユダヤ人を論破している（イェルヴェル）とみなしてよいであろう。

《挿話――アポロ》(18：24-28)

エフェソにおけるアポロの宣教に関する挿話には，アレクサンドリア出身のユダヤ人アポロがエフェソに来て宣教活動をしたこと，その間にすでにここに滞在して（おそらく宣教活動をして）いたプリスキラとアクィラに出会ったこと，アポロがエフェソからコリントに渡って宣教活動を継続したことに関する限り，伝承が前提さているとみてよいであろう。しかし，このアポロ伝承を，プリスキラとアクィラを介してパウロ伝道の系列に組み入れ，全体としてそれをこの文脈の中にアポロ「挿話」として編集したのは，明らかにルカであるこ

とは，この物語の各所に見いだされるルカ的用語，またこの物語の文脈（18：23，19：1-6）に繰り返し表明されている，ルカのパウロ観からみても明らかである。

ところで，最近佐藤研が，この「挿話」のルカによる編集意図についてはほぼ筆者と同様な結論を表明しているが，ルカが編集した伝承の成立について，以下のような注目すべき仮説を提起している。「元来の伝承は，おそらくコリントのいわゆる「アポロ党」の人々の自己正当化の要求に遡源する。それがコリント教会全体のアイデンティティ保持伝承に変質しつつ，最終的にはルカの編集室に至りついたものと思われる」[12]。

確かに，この伝承が「アポロ党」（Ⅰコリ1：12，3：4 参照）の自己正当化の要求に遡源するという佐藤仮説は卓見と思われる。コリント人への第一の手紙以外に伝承成立意図を裏づける外証が存在しないからである。しかし，「それがコリント教会全体のアイデンティティ保持伝承に変質しつつ，最終的にはルカの編集室に至りついた」プロセスには，コリント教会よりもむしろエフェソ教会を想定すべきではなかろうか。

なぜならアポロは，パウロが第3回伝道旅行の途上エフェソからコリント教会に宛てて『第一の手紙』を書いた54年頃の春以前に，コリントからエフェソに戻っており（Ⅰコリ16：12参照），他方パウロがエフェソからその後相次いでコリント教会に宛てて書いた手紙の集成である『第二の手紙』からは，アポロ伝承が「コリント教会全体のアイデンティティ保持伝承に変質しつつ」ルカによる行伝執筆時期に至るまで言い伝えられる可能性は全く推定できないからである。この伝承が保持され伝達されえたのは，アポロがコリントからエフェソに帰った後，エフェソ教会においてではなかろうか。

もともとコリントで伝道したいというアポロの希望を容れてかの地の「弟子たち」に宛てて「推薦状」を書き，彼をかの地に送り出したのはエフェソの「兄弟たち」であった（使18：27参照）。しかも，アポロがコリント伝道の後，エフェソに戻り，彼が去った後のコリント教会で――佐藤が想定している通

12　佐藤研「アポロ伝承小史」『はじまりのキリスト教』126頁。

18：24―28

り――アポロ党は急速にその影響力を失ったのであるから，アポロのエフェソ再訪後にむしろ同地の教会でその立場が支持されたはずである。そしてその後にパウロ自身がエフェソに来て宣教を始め（19：1 ff.），長期間宣教活動を継続して同地の教会に影響力を及ぼしたのであるから，エフェソ教会はアポロ伝承を「教会全体のアイデンティティ保持伝承に変質しつつ」伝達していく必要に迫られたと推定されよう。

その際エフェソ教会は，教会創立期における出自の多様性――エフェソにはパウロが出会ったといわれる「洗礼者ヨハネ」教団出自の「弟子たち」も存在した（19：1 ff. の《釈義》参照）――を強調するために，アポロについてはそのアレクサンドリア出自を引き合いに出した。とすれば，18：24-25a は，伝承のレベルでは，アレクサンドリアのディアスポラ出身のユダヤ人アポロがすでに同地においてキリスト信徒として宣教活動をしていたことが示唆されていた可能性がある。こうしてみると，アポロ伝承をエフェソ出自とみる見解（ヴァイザー）も，佐藤のごとく否認できないと思われる。

また，アポロが確かに――佐藤が想定するように――エルサレムに存在した「アレクサンドリア人たちの会堂」（6：9）の一員であり，ステファノのことで起こった迫害でエルサレムから「散らされて行った」（8：1）ヘレーニスタイの一人であった可能性もあろう。しかしアレクサンドリア教会は，その創立事情は資料がないので不明ではあるが[13]，遅くとも1世紀後半には成立しており，はじめから異邦人に開かれていたこと，しかも，おそらく「アポロ党」出自の熱狂主義的分派の発展形態と推定される「グノーシス主義」の傾向を持っていたことは，2世紀前半に成立した『エジプト人の福音書』や『ヘブライ人の福音書』から，また「カテケーシス学校」でパンタイノスに師事したといわれるアレクサンドリアのクレメンス（140/150-211/215年）や聖書の比喩的解釈で有名な神学者オリゲネス（180年頃-251年以後）の諸著作から推定されよう[14]。その上，注目すべきは，ルカによる行伝の著作年代（90年代後半）

---

[13] コプト教会の伝承によれば，アレクサンドリアの教会の創始者は福音書記者マルコであるが，これは伝説の域を出ない（O. Meinardus, *Christian Egypt*. p. 2 参照）。

[14] 拙著『初期キリスト教の霊性』210頁以下参照。

にエフェソ在住のテモテに宛ててパウロの名で書かれた『第一の手紙』の中で「偽証グノーシス」（Ⅰテモ6：20）が批判されていることである。

いずれにしても，アポロ伝承の成立と伝達プロセスについては，その仮説性を超えることは，資料不足から不可能であろう。

Ⅱ　エフェソにて（19：1-40）

(1)　イエスの名への洗礼（19：1-7）

¹ さて，以下のようなことが起こった。すなわち，アポロがコリントにいた時，パウロは奥地（おくち）を通ってエフェソに［くだって］来て，幾人（いくにん）かの弟子たちに出会ったのである。² 彼は彼らに言った，「信仰（しんこう）に入った時，聖霊（せいれい）を受けたのですか」。彼らは彼に〔言った〕，「聖霊のあることなど聞いたことさえありません」。³ そこで彼が言った，「では，何へと洗礼（バプテスマ）を受けたのですか」。彼らは言った，「ヨハネの洗礼（バプテスマ）へとです」。⁴ そこで，パウロが言った，「ヨハネは，自分の後（あと）に来られる方，すなわちイエスを信じるようにと，民に告げて，悔い改（あらた）めの洗礼（バプテスマ）を授けたのです」。⁵ 彼らはこれを聞いて，主イエスの名へと洗礼（バプテスマ）を受けた。⁶ そして，パウロが彼らの上に両手（りょうて）を置くと，聖霊が降（くだ）り，彼らは異言（いげん）を語り，預言（よげん）をした。⁷ その人々は，皆で十二人ほどであった。

《釈　　義》

1節　以下の段落も，14：1, 16：16の場合と同じようにἘγένετο δέ ＋（ここでは二つの）動詞の不定法で，「……が起こった」というルカが好むLXX的用法によって導かれている。「アポロがコリントにいた時」は，前の段落（18：27 f.）におけるコリントでのアポロの活動を受けており，「パウロは奥地を通ってエフェソに［くだって］来た」は，さらにその前の段落（18：23）を受けている。——「彼（パウロ）は，〔ここ（アンティオキア）に〕しばらく滞在した後，〔（再び旅行に）〕出発し，ガラテヤ地方とフリギアを次々とめぐりながら，すべての弟子たちを力づけた」。したがってパウロが「通った」

19：1—7

(διελθόντα) といわれる「奥地」(τὰ ἀνωτερικὰ μέρη) とは，「ガラテヤ地方とフリュギア」，さらにはエフェソに至るアジアの高地のことを示唆しているであろう。おそらくアパメアからコロサイ，ラオデキアを通過する街道ではなく，それより北側のフィラデルフィア，サルディスを通るルートを辿ったものと思われる（バレット）[15]。

「[くだって] 来た」の「くだって」を [ ] の中に入れたのは，ギリシア語本文に，κατελθεῖν（κατέρχομαι のアオリスト不定法。P[74vid] ℵ A E Ψ など）と ἐλθεῖν（ἔρχομαι のアオリスト不定法。B 𝔐 など）という二つの異本があり，どちらがより古いかに判断がつかないからである（メッツガー）。

「そして幾人かの弟子たちに出会った」。「出会った」と訳した εὑρεῖν は εὑρίσκω「見いだす」のアオリスト不定法。先の [κατ]ελθεῖν と共に ἐγένετο を受ける本動詞。

「弟子たち」（μαθητάς. μαθητής の複数対格形）は，行伝でルカ 6：1 以降，前の文脈では 18：23，27 などと同様に，ほとんど例外なく「（キリスト）信徒たち」の意味で用いられている。したがって，少なくともルカによれば彼らは，「信仰に入った」（2 節 a）信徒たちであるが，その後の文脈から彼らは，「ヨハネへと」洗礼を受けただけで（3 節 b），「イエスの名へと」洗礼（5 節）を受けていなかったことがわかる。それではなぜルカは，パウロがエフェソで「出会った」「幾人かの」人々を「ヨハネの弟子たち」と記さなかったのであろうか。この問題をめぐっては意見が分かれているが，ヘンヒェン，コンツェルマンからツミエフスキー，イェルヴェル，真山に至る多数意見は，ルカによれば，「ヨハネへと」洗礼を受けただけで「（キリスト）信仰に入った」信徒たちで，彼らは未だ「イエスの名へと」洗礼を受けておらず，したがって「聖霊が降」って（6 節）いない，いわば未完成の信徒たちなのである。ルカはその救済史観から「律法と預言者たち」に代表される「イスラエルの時」をヨハネの死で終わったとみなしており（ルカ 16：16 diff. マタイ 11：12 参照），ヨハネの死後その「弟子たち」は存在しないからである（コンツェルマン），という

15　C. J. Hemer, *The Book of Acts in the Setting of Hellenistic History*, p. 120 も参照。

ものである[16]。

　この多数説には，前の段落におけるルカのアポロ観からみても，蓋然性があるように思われる。すなわち，ルカは一方において，アポロのことをキリスト信徒であるのみならず宣教者として描写しながら (18：25-26)，他方において彼は「ヨハネの洗礼だけしか知らなかった」と記していた (18：25)。そして，アポロがその後，プリスキラとアクィラから「［神の］道をさらに詳しく聞」いて (18：26)，いわば完全なキリスト信徒・宣教者となり，コリント伝道に出て行った (18：27-28)。同様にアポロがエフェソで出会った「幾人か」(7節によれば「十二人ほど」)の人々は，「ヨハネの洗礼」を受けてすでに「信仰に入っ」ていたのに，改めて洗礼を受けることにより，「聖霊が降り」名実

16　最近ウィザリントンは，多数意見に反対して，ルカはここで「弟子たち」を「ヨハネの弟子たち」の意味で用いていると主張し，その根拠として，①行伝では当節だけで μαθητάς が無冠詞であること，②ルカ5：33と7：18-19でも同じ用語が「ヨハネの弟子たち」として用いられていることを挙げている (M. Tellbe, *Christ-Believers in Ephesus*. p. 73, n. 78 も同様)。しかし，①は，当節で μαθητάς には不定詞 τινάς「幾人かの」が付けられているので，冠詞は必要がなく，②の2箇所では「弟子たち」に「ヨハネの」という修飾語が付されているので，共にウィザリントン説の論拠にはならないであろう。ただし，ルカが伝承では「幾人かの」人々が「ヨハネの弟子」であることを知っていたにもかかわらず，「ヨハネの」と特定しなかった可能性は充分にありえることは多数説でもむしろ前提されている。

　なお，F. Avemarie (*Die Tauferzählungen der Apostelgeschichte*. 2002, S. 432 ff.) は，当段落を大幅に史実に帰し，「ヨハネの洗礼」をヨハネが創始した入信「儀礼」形式のみととって，「彼ら」はそのような形式で受洗してキリスト信徒になったが，パウロ自身が意味する「キリスト・イエスへの洗礼」(ロマ6：3) とそれによる「(聖)霊」の付与 (ロマ5：5参照) を知らなかったために，パウロは改めて彼らに，「キリスト・イエスへの洗礼」を授けた可能性を示唆している。しかし，原始キリスト教に (ヨハネに遡源する) 洗礼が導入される以前に，受洗していない信徒が存在した可能性があるにしても，洗礼を受けたにもかかわらず，「聖霊」について全く無知な信徒が存在したことは，当節を裏づける外証がないので憶測の域を出ないであろう (次節の《釈義》をも参照)。さらにまた，洗礼の執行に対して必ずしも積極的ではないパウロ (Ⅰコリ1：16 f. 参照) が「彼ら」に再洗礼を施すことは歴史的に想像できないのではないか。

19：1—7

共に「弟子たち」になった。こうしてルカは，パウロ伝道以前にエフェソに存在した信徒（たち）を「格下げ」した上で彼（ら）をパウロ伝道に統合したと想定される。

2節 「信仰に入った時，聖霊を受けたのですか」という「幾人かの弟子たち」に対するパウロの問いには動機がないように思われる。この問いには，「聖霊があることなど聞いたことさえありません」という「弟子たち」の答えを引き出すためにルカがパウロの口に入れたと想定せざるをえない。しかも，マタイのみならずルカも採用しているQ文書（マタ3：12／ルカ3：16）のヨハネの預言に「聖霊と火とによる」洗礼という文言があり，「ヨハネの洗礼」を受けてキリスト信仰に入った「弟子たち」は当然「聖霊」について知っていたはずだからである（ヴァイザー，ツミエフスキー）。ちなみに，パウロの問いの中の「信仰に入ったあなたがた」（πιστεύσαντες，πιστεύω のアオリスト・分詞・複数形）は，「ヨハネの洗礼だけしか知らなかった」アポロの教え（18：25b）によって「信じた」と推定する向きもある（バレット，イェルヴェル）。しかし，アポロは「ヨハネの洗礼だけしか知らなかった」といわれてはいるが，「(御)霊に燃えて」宣教活動をしていたともいわれている（18：25の《釈義》〔本書8-9頁〕参照）。そもそも，当段落（19：1-7）とその前の段落（18：24-28）に前提されている二つの伝承を，共に「ヨハネ（へ）の洗礼」のモチーフを介して，前後関係において結合したのはルカなのである。したがって，エフェソの「幾人かの弟子たち」がアポロによって「信仰に入った」と想定することは，ルカの編集作業を無視した結果となろう。

3節 「何へと洗礼を受けたのですか」というパウロの二度目の質問に対して，「弟子たち」は，「ヨハネの洗礼へとです」と答えている。ここで「……へと」にあたるギリシア語前置詞 "εἰς" は，「洗礼を受ける」が元来「（水の中）へと浸す」という意味の βαπτίζω の中・受動相 βαπτίζομαι という動詞なので，方向を表わす前置詞として用いられている。新約では多くの場合，この "εἰς …βαπτίζομαι" が象徴的意味で「洗礼を受けて……へと（神秘的に）統合され

る」という術語として使用されている（使8：16, 19：5の他ロマ6：3, マタ28：19参照）。ただし，同じ「洗礼を受ける」という意味で用いられているギリシア語動詞が，εἰςではなく，ἐν「……において」（使10：48）やἐπί「……に基づいて，……によって」（使2：38）をとる場合もあるので，少なくともこれらの前置詞が混用されている行伝では，お互いに厳密な意味の区別はなく，共に「洗礼用語」として用いられていよう。とりわけこれらの前置詞がキリストの「本質」を意味するὄνομα「名」を目的語として用いているからである[17]。

ところで，「何へと……」の「何」はギリシア語ではτί（疑問代名詞τίς「誰」の中性形・単数・対格）にあたる。この問いに対する答え「ヨハネの洗礼へとです」の「洗礼」はギリシア語でβάπτισμα（中性形・単数・対格）なので，この問いにははじめから「洗礼」という答えが予想されるかもしれない。ところが次の文脈では，「彼ら」がパウロの言葉（4節）を聞いて，「主イエスの名へと洗礼を受けた」といわれている（5節）。「名へと」の「名」もギリシア語（ὄνομα）では中性形・単数・対格なのであるから，パウロの問いには実際にははじめから「イエスの名」を期待していたことになろう。

ここで，「彼ら」が最初に受けた洗礼が「ヨハネの洗礼」といわれていて，――「イエスの名への洗礼」と同じように――「ヨハネの名への洗礼」といわれていないこと，つまり「ヨハネ」の場合は，イエスの場合のような「名への」という表現が用いられていないことに注目したい。ルカはおそらく，原始キリスト教においてすでに成立していた「イエスの名への洗礼」（「イエスの名における」，あるいは「名による」）以外に「名」に基づく洗礼形式を認めなかったのであろう。したがって，とりわけルカの場合，「イエスの名への（名における，名による）洗礼」という定式は，「この洗礼がヨハネの洗礼でも他のいかなる洗礼でもなく，イエスおよびイエスの出来事によって根本的に規定された洗礼に他ならないことを言い表していた」[18]。

---

17 洗礼定式におけるεἰς τὸ ὄνομα, ἐν あるいは ἐπὶ τῷ ὀνόματι については，L. Hartman, ὄνομα, in：『釈義事典』II，591頁参照。

18 Hartman, 前掲，同頁。

19：1—7

4節 次にパウロが言った，「ヨハネは…」ではじまる言葉のうち，「自分の後から来られる方へと」(εἰς τὸν ἐρχόμενον μετ' αὐτὸν) は使13：25「その方は私の後から来られる」(ἔρχεται μετ' ἐμέ) を（ルカ3：16をも参照），「民に告げて」(τῷ λαῷ λέγων) は 13：24「イスラエルのすべての民に」(παντὶ τῷ λαῷ Ἰσραήλ) を（ルカ3：15をも参照），「悔い改めの洗礼」(βάπτισμα μετανοίας) は 13：24「悔い改めの洗礼」を（ルカ3：3をも参照），それぞれ受けている。しかし，「（自分の後から来られる方）すなわちイエスを信じるように」(ἵνα πιστεύσωσιν, τοῦτ' ἔστιν εἰς τὸν Ἰησοῦν) というヨハネの言葉は使13：24 f. にもルカ3：3，16にもない。ルカはここで，ただ単に「ヨハネの洗礼」を受けた（3節）者ではなく，「イエスを信ずるように」というヨハネの言葉を信じて「悔い改めの洗礼」を受けて聖霊の降下に与った者のみが，全き意味で「（イエスの）弟子」なのであるというメッセージを読者に送っているものと想定される（シュナイダー，イェルヴェル）。

5節 この言葉を聞いた，かつて「ヨハネの洗礼」を受けた「彼ら」(2-3節) ははじめて「主イエスの名へと洗礼を受けた」(ἐβαπτίσθησαν εἰς τὸ ὄνομα τοῦ κυρίου Ἰησοῦ) といわれている。ただしここで彼らに洗礼を授けた人物については明言されていない。文脈から判断すれば，それはパウロであろう。しかし，——先にも言及したように——パウロ自身は，エフェソからコリントの信徒たちに宛てた手紙によれば，洗礼を授けることに必ずしも積極的ではなかった（Iコリ1：14-17参照）。

6節 フィリポによるサマリア伝道の成果（サマリア人たちの受洗）がエルサレムの使徒たち，とりわけその代表的存在であるペトロとヨハネの按手を介し聖霊の降下によって完成されたように（使8：18参照），ここでも「幾人かの弟子たち」の洗礼がパウロによる彼らへの按手を介する聖霊の降下によって完結している。すでに8：15-17の《釈義》でも指摘したように（荒井，中巻，70頁参照），このような洗礼儀礼が按手によって執行される例は行伝以後2世紀の終わりに至ってはじめて確認されているので（テルトゥリアヌス『洗礼に

ついて』8)，この式順にはルカの時代以降の洗礼儀礼が反映されているものと想定される[19]。

その結果，「彼らは異言を語り，預言をした」。ルカは「異言」と「預言」を共に聖霊の降臨を引き起こす宗教現象とみなしている[20]。すでに2：18の《釈義》で2：4, 13との関連で言及したように，ルカはおそらくこれら二つの現象を同一視していたと思われる[21]。

7節 「十二人」は，ルカが好む「ほぼ，ほど」(ὡσεί. ルカ9：14 diff. マコ6：44, ルカ22：41 diff. マコ14：34, ルカ23：44 diff. マコ15：33, 使2：41, 19：34など参照) が付加されているところからみても，イエスの「十二弟子」あるいは「十二使徒」のごとく象徴的数とは思われない。ただし，「十二」の数をルカが創作したとは考えられないので，これは伝承に遡るとみてよいであろう。

《イエスの名への洗礼》(19：1-7)

1節は当段落を前の段落 (18：24-28) と繋ぐルカの編集句であり，それによって導かれる2-6節も，これを綴る直接話法による会話という文体からみても，その中に叙述されている「弟子」観から判断しても，その全体がルカによって構成されたものであることは明らかであろう。

しかし，この物語をルカのフィクションとみなす（シレ，シュミットハルス）ことはできないと思われる。少なくとも，1節に前提されている，シリアのアンティオキアから小アジアの「奥地」を通ってエフェソに至ったというパウロの旅行ルート，そこでパウロが「出会った」といわれる，「ヨハネの洗礼」だけを受けていた「弟子たち」（7節によればその数は「約十二人」）の存在は，伝承に遡ると想定されてよいであろう。「この弟子たち」が，洗礼者ヨハネ教

---

19 Avemarie (op. cit., S. 437, Anm. 120) も6節の洗礼における按手は，パウロ自身がこれに全く言及していないという理由で，ルカの編集句とみなしている。
20 「異言」については，使2：4, 10：46（Ⅰコリ12：30, 13：1, 14：5などをも参照），「預言」については使2：17, 18, 21：9参照。
21 荒井，上巻，140頁，注24参照。

19：1—7

団出自のキリスト信徒であった可能性も否定はできないであろう[22]。

いずれにしてもルカは，この物語の編集にあたって，これらの「弟子たち」を，パウロをして受洗・按手せしめ，彼らに聖霊を降臨させたことによって，パウロ系統の「弟子たち」に統合した。こうしてルカは，8：14 ff. においてフィリポのサマリア伝道によって受洗した信徒たちにエルサレム教会の代表者としてのペトロ（とヨハネ）が再び洗礼を授け，按手により聖霊を降したのと同じ機能をパウロに果たさせたのである。その理由は，——コンツェルマンやヘンヒェンが引き合いに出す——ケーゼマンの有名な論文[23]によれば，ルカが彼の時代の「グノーシス派」やユダヤ人キリスト教の「異端」に対して，「聖なる唯一の使徒的教会」（una sancta apostolica）を守るためであった。ただし，この表現はアナクロニズム的と思われる。ルカ時代に「グノーシス派」やユダヤ人キリスト教の「異端」はまだ存在しなかったし，「聖なる唯一の使徒的教会」も2世紀から3世紀にかけてはじめて正統的教会によって謳われた理念である[24]。それをヘンヒェンのごとく「一つのセクト」（eine Sekte）を克服するため，と言い換えても必ずしも時代に即した表現とはいえないであろう。ルカはむしろ，エフェソ教会には元来，パウロ系と並んでアポロ系や洗礼者ヨハネ系の信徒たちが存在したというエフェソ教会伝承を採用して，それらをパウロ系のラインに統合し，「教会のはじめの時」を理想的に描いて読者に提示するために，アポロ系の伝承と共にヨハネ系の伝承をパウロ系統に吸収したとみるべきではなかろうか。このような理由から，行伝8章でサマリアにおけるフィリポ系の信徒たちにエルサレム教会を代表するペトロ（とヨハネ）が洗礼と按手礼を授け聖霊を降して彼らをペトロの下に位置づけたと同様に，ここで，エ

22　最近では F. Avemarie（*Tauferzählungen der Apostelgeschichte*. S. 432 ff.），M. Tellbe（*Christ-Believers in Ephesus*. p. 130 ff.）共に，この可能性を指示している。Tellbe（op. cit., S. 78）は，19：1の《釈義》で言及したように（本書17頁，注16），1節の「弟子たち」を「ヨハネの弟子たち」への示唆とみなすウィザリントン説を支持。

23　E. Käsemann, Die Johannesjünger in Ephesos, *ZThK* 49, 1952, S. 144–154（in: *Exegetische Versuche und Besinnungen* I, Göttingen, 1964, S. 158–168）。

24　拙稿「原始キリスト教」第四章「初期カトリシズムの成立」（『初期キリスト教の霊性』221頁以下）参照。

フェソにおける洗礼者ヨハネ系の「弟子たち」をパウロの下に位置づけたと想定されよう。

(2) 会堂から講堂へ（19：8-12）

　　⁸さて，彼は会堂に入って，三ヶ月間神の王国について［のことを］大胆に語り，論じ合い，かつ説得に努めていた。⁹しかし，ある者たちは頑なになって信じようとせず，会衆の前でこの道を悪しざまに言った時に，パウロは彼らから離れて，弟子たちをも去らせて，テュラノスの講堂で日々論じた。¹⁰それが，二年間も続いたので，アジアに住んでいる者は皆，ユダヤ人もギリシア人も主の言葉を聞いたのである。
　　¹¹神は，パウロの手を通して並々ならぬ力ある業を行なわれた。¹²彼の肌から手拭や前掛けを取って病人に当てると，病気が去り，悪霊が出て行くほどであった。

《釈　　義》

　8節　「さて，彼（パウロ）は会堂に入って」。パウロが第二回伝道旅行の終わりにコリントからアンティオキアへの帰途，はじめてエフェソに着いた時，彼はまず「会堂に入り」（18：19）と同じ表現が当節でも繰り返されている。そして，18：20 f.ではパウロが，もっと長く逗留してほしいというエフェソ人の願いを断って，「神の意思ならばもう一度あなたたちのもとに帰って来ます」と約束してエフェソを船出したのであるから，当節ではエフェソ人への彼の約束が果たされたことになろう。

　ここでは，「三ヶ月の間，神の王国について［のことを］大胆に語り，論じ合い，かつ説得に努めていた」。「大胆に語っていた」と訳したギリシア語動詞 ἐπαρρησιάζετο は，παρρησιάζομαι の未完了形。この動詞はアポロについて 18：26 でも用いられていたが，これはとりわけルカが多用している動詞である（本書 10 頁参照）。「論じ合い，かつ説得に努めていた」は，「大胆に語っていた」ことの内容を補足説明する動詞（διαλέγομαι と πείθω）の現在分詞（διαλεγόμενος καὶ πείθων）。διαλέγομαι は 18：4（コリントにて）でも 18：19（エフェソに

19：8—12

て）でもパウロの会堂における宣教活動描写に用いられていた（次節をも参照）。πείθω は διαλέγομαι と共に 18：4 で使用されている。これらの動詞の目的語となる「神の王国について［のことを］」には，二つの異本 "περί …" と "τὰ περί …" が拮抗しており，優劣を付けられないので「のこと」(τά) が ［ ］内に入れてある。「神の王国」（ἡ βασιλεία τοῦ θεοῦ）も宣教内容を要約するルカの術語である（使 1：3，8：12，20：25，28：23，31。ルカ 9：2 diff. マコ 6：7 をも参照）[25]。パウロはユダヤ人の会堂で「三ヶ月間」，テュラノスの講堂に移ってから更に「二年間」（9-10 節）——20：31 によれば「三年間」——エフェソで宣教・牧会活動をしたと思われる。このようにパウロが伝道旅行においてエフェソに最も長く滞在したことは，彼自身ここから最も多くの手紙（ガラテヤ書，Ⅰコリント書，フィリピ書，フィレモン書，Ⅱコリント書）を発信していると想定されているだけに，伝承に遡るであろう。

9 節　「しかし，（会堂に集まっていたユダヤ人の中の）ある者たちは頑なになって信じようとせず，会衆の前でこの道（すなわちパウロの説くキリスト教の福音を）悪しざまに言った時……」。この副文章を導く ὡς δέ が時を表わすのは，16：4，18：5 の《釈義》でも指摘したように（荒井，中巻，334 頁，456 頁参照），ルカの文章の特徴である。「頑なになって」に当たるギリシア語動詞 ἐσκληρύνοντο は「頑なにする」を意味する σκληρύνω の受動未完了形，「信じようとせず」と訳した ἠπείθουν は ἀπειθέω（「服従しない」，「信じない」。前節の πείθω の受動・中動相 πείθομαι「説得される，服従する，信じる」の反対語）の未完了形。「悪しざまに言った」に当たる κακολογοῦντες は κακολογέω の現在分詞。この副文章の主語 τινές は不定代名詞 τις の複数形「ある人たち，(多数の中の) 二，三（若干）の人たち」であるから，会堂に集まった全「会衆」(τὸ πλῆθος) の中の「少数の人々」を指すであろう。ここからパウロのエフェソにおけるユダヤ人伝道は大成功であったと結論できる（イェルヴェル）かどうかは不明であるが，いずれにしても，例えばテサロニケの場合（17：

25　この点については，荒井，上巻，18 頁参照。

4 f.) とは違い，エフェソでは会堂の多数派ではなく少数派が，パウロの説く「神の王国」の教えを受けいれなかったことになろう。

　その時パウロは，「彼ら」すなわちユダヤ会堂の「ある者たち」から「離れ」（ἀποστάς. ἀφίστημι のアオリスト分詞），「弟子たち」すなわち「信徒になった人たち」をも「去らせて」（ἀφώρισεν. ἀφορίζω のアオリスト形），「テュラノスの講堂で日々論じた」。

　「テュラノス」（Τύραννος）という人物が当時エフェソに存在したことは碑文によって確かめられている（バレット）[26]。しかし当節のテュラノスが「講堂」（σχολή）の教師であるのか，その所有者であるのかは，もちろん不明である。σχολή は school の語源で，古代ヘレニズム世界では，ヘンヒェンはじめ大多数の注解者が想定しているように，「講堂」あるいは「教室」で（αἱ σχολαὶ τῶν φιλοσόφων「哲学者たちの教室」〔プルタルコス『ペリクレス伝』35，『倫理論集』43-44〕，σχολὴν ἔχειν「教室を開く」〔エピクテトス『語録』Ⅲ，21，11 参照〕），私個人が「会堂」として提供した「家」（イェルヴェル）とは思われない[27]。

　なお，「日々」（καθ' ἡμέραν）という副詞はルカがとりわけ状況の「要約的報

26　C. J. Hemer, *The Book of Acts in the Setting of Hellenistic History*, p. 120 f. 参照。
27　σχολή, in:『釈義事典』Ⅲ，361 頁参照。
　　イェルヴェルは，パウロによる宣教の主たる対象がユダヤ教徒あるいはその異邦人同調者「神を畏れる人」であって，狭義の異邦人ではないという自説を当節でも貫いて，σχολή を「私個人の会堂」（Privatsynagoge）でありうることを主張し，その論拠としてビラーベックを挙げている。確かに，私個人によって提供された「家」（あるいは「座敷」）が会堂として使用された実例は存在するが，他方，パウロがここで，アテネの場合と同じように，哲学者たちと論争したことをルカが想定している（ヴァイザー）とまでは考え難い。次節からみて明らかなように，コリント人のみならずユダヤ人もここで「主の言葉」を聞いたからである。しかし，パウロがここで「日々」論じた相手を――イェルヴェルのごとく――テュラノスの「会堂」に集まったユダヤ教徒と神を畏れる人に限定することはできないであろう。「テュラノス」は明らかにユダヤ人名ではないし（ただし彼が「神を畏れる」ギリシア人であったことは否定できないであろう），パウロは9節で「会堂」から離れて宣教活動を「講堂」に移しており，次節以下では異邦人をも宣教の対象としているからである。

19：8—12

告」の中で好んで用いる表現である（使 2：46, 47, 16：5。ルカ 19：47 diff. マコ 11：18 をも参照）。

10 節　「それ」つまりテュラノスの講堂における宣教活動が「二年間継続した」。その結果，アジアの住民が「皆」，「主の言葉」つまりパウロの宣教内容を聞いた，といわれる（13：44 とその《釈義》〔荒井，中巻，252 頁〕参照）。エフェソにおけるパウロの宣教をアジア州の住民が「皆」聞いた，というのはルカの誇張的表現であろうが（13：48 の他，とりわけ 8：10 参照），ルカはエフェソからアジアの諸都市，コロサイ，ラオデキア，ヒエラポリスなどに福音が伝達された事実を知っていたと思われる（シュナイダー，ロロフ，ヴァイザー）。

なお，ルカはここでアジアの全住民を「ユダヤ人もギリシア人も」（Ἰουδαίους τε καὶ Ἕλληνας）という表現で言い換えている。この表現は，特にパウロ書簡とルカ文書の場合，「両者で人類の総体を意味しているような箇所に」用いられており（当節の他 20：21。ロマ 1：16, 2：9 f., 3：9, 10：12, Ⅰコリ 1：24 なども参照），その際「ルカが考えているのは（シリア人や小アジア人も含めて）ギリシアの諸都市の住民の総体である（使 11：19, 14：1, 18：4, 19：17）」。したがってこの場合の「ギリシア人」は，「異教文化の最も重要な代表者」としての「異邦人」を意味していよう[28]。ここでも「ギリシア人」を，イェルヴェルのごとく，ユダヤ教の「神を畏れる」異邦人に限定することはできない[29]。

28　以上，J. Wanke, Ἕλλην, in：『釈義事典』Ⅰ，497 頁参照。
29　イェルヴェルは注 27 で指摘した自説をここでも貫いており，その典拠に使 14：1, 17：4, 18：4, 19：17, 20：21 を挙げている。確かに最初の二箇所ではユダヤ人と神を畏れる人を指しているが，後の二箇所では，文脈からみて，「ギリシア人」を「神を畏れる」異邦人に限るのは無理である。

さらにイェルヴェルは，「アジアに住んでいる者は皆」の「皆」を，彼の意味する「ユダヤ人とギリシア人」に限定しているので，これはルカに特徴的な誇張的表現ではないと主張している。しかし，この「皆」あるいは「すべて」は 17 節でも繰り返されており，この後の文脈（18-20 節）では明らかに，「〔魔術〕行為」を告白した者，あるいは魔術を行なっていた「多くの者」を「神を畏れ

11節 「主の言葉」(10節) の宣教に続いて，パウロによる「力ある業」(δυνάμεις) の行使について報告される。「力ある業」が「奇蹟」行為であることは，次節からも，また2：22 (「数々の力ある業と奇蹟と徴」)，14：3，15：12 (共に「徴」と「奇蹟」) の用語法からみても明らかである。しかも，パウロの「手を通して」(διὰ τῶν χειρῶν) という表現も5：12 (使徒たちについて)，14：3 (パウロとバルナバについて)，それぞれ用いられており，その上，4：29 f. では「御言葉」に続いて奇蹟行為が，14：3では，19：9と同様の表現で「大胆に語った」後で奇蹟行為が，それぞれ報告されており，ここでは奇蹟が「(主の) 恵みの言葉」の「証し」として意味づけられている。

以上要するに，イエスのみならず使徒たちは，彼らを介して神の業が行使される「神の器」であり，その業は彼らの宣教の裏づけであるという考え方は，他ならぬルカの奇蹟理解の特徴である。そのことは，それぞれの箇所の《釈義》において指摘した通りである[30]。なお，当節で「力ある業」に形容詞として付けられている「並々ならぬ」(οὐ τὰς τυχούσας．τυγχάνω のアオリスト分詞 τυχών 「ありふれた，並の」の複数・対格・女性形) という表現は，ルカの文体に特徴的な「緩叙法」(反対語の否定を用いて強い肯定を表わす言い方) である。

12節 「その結果，パウロの肌から手拭や前掛けが病人に持って行かれると，彼らから病気が去り，悪霊が出て行ったのである」(直訳)。「手拭や前掛け」と訳したギリシア語 σουδάρια (σουδάριον の複数形) と σιμικίνθια (σιμικίνθιον の複数形) は，それぞれラテン語 sudarium, semicintium にあたり，いずれも汗を拭き取る布を指し，前者は頭に巻いて目に汗が入るのを防ぐ布で，後者は一般的に汗を拭うために用いられる布のことである (バレット)[31]。新約

る」異邦人に限定することはできないであろう。ルカはむしろ魔術を「異教徒」に特徴的な行為とみている (バレット，フィッツマイヤー，M. Tellbe, *Christ-Believers in Ephesus*. p. 81 も同様)。

30　2：22，4：29については，荒井，上巻，146-147頁，299-300頁を，14：3については，荒井，中巻，259頁，15：12については，荒井，中巻，296頁を参照。

31　田川訳では「手ぬぐいや衣帯」。

19：8—12

で前者はルカ 19：20, ヨハ 11：44, 20：7 に, 後者は当箇所だけに用いられる名詞。「肌あるいは皮膚（χρωτός, χρώς の属格）もここでだけ用いられている名詞であるが, ギリシア語散文にはほとんど使用されていないのに対して, LXX ではレビ 13：1 以下「重い皮膚病」者の皮膚（ヘブライ語の bāsār の訳語になっている）[32]。ここからもルカの LXX 好みの一端を伺い知ることができるであろう。「持って行かれる」（ἀποφέρεσθαι, ἀποφέρω の受動相 ἀποφέρομαι の現在不定形), 「去り」（ἀπαλλάσσεσθαι, ἀπολλάσσω の受動相〔意味は現在能動〕の不定形), 「出て行った」（ἐκπορεύεσθαι, ἐκπορεύομαι の現在不定形）は, いずれも「結果」を表わす不変化詞 ὥστε を受ける不定形。なお,「悪（しき）霊」（πνεύματα τὰ πονηρά）もルカが好む用語である（ルカ 7：21 diff. マタ 11：2, ルカ 8：2, 使 19：13, 15, 16 参照)。

　病人がイエスの衣への接触によって, しかし究極的にはイエスに対する「信」によって癒されるという奇蹟物語は, ルカ 8：43-47／マコ 5：25-34 にも見いだされる。この物語にも通底する, いわゆる「マナ信仰」すなわち「一定の対象, 動物, 人間やその部分に宿っており, そこから直接ないし中間媒体をとおして, 他者に乗り移りうる, 超自然的, しかも物理的力に対する信仰」の「典型的例」（シュテーリン）が当箇所にも報告されており, このいわゆる「マナ信仰」は当時のヘレニズム世界に広く流布していた。しかしルカの場合は,「一定の対象」といわれる「人間やその部分に宿って」いる「超自然的」力に対する信仰ではなく, そのような「並々ならぬ力」を——イエスやパウロを介して——惹き起こす神に対する信仰である。こうしてルカは, 当時の「マナ信仰」を「神信仰」によってイデオロギー的に超えるメッセージを同時代の読者に提供した, といえるであろう。同時にルカは, この意味における「力ある業」を行使するパウロをペトロ（5：15 参照）と, 共に「神の器」として, 並行関係に置くことができた。

　しかしパウロ自身は, このような「力ある業」を「使徒の徴」として自らのうちに認めながらも（Ⅱコリ 12：12), これをむしろ否定的に媒介して, 自分

32　χρώς, in：『釈義事典』Ⅲ, 544 頁参照。

の「強さ」ではなく「自分のもろもろの弱さ」を誇っている（同12：9）。このような奇蹟力の逆説的認識はルカによって継承されてはいないのである。

　また，マルコ福音書に見いだされる病人の「苦しみ」とイエスによるそれからの「解放」（5：29, 34）についてルカは無関心であり（8：45, 47），これが使16：16-18にも妥当した（荒井，中巻，374頁以下参照）。同様のことが当箇所（および使5：15-16）についても言えるであろう。

《会堂から講堂へ》(19：8-12)

　この段落は，二つの部分から成っており，第一部（8-10節）ではパウロによる「主の言葉の宣教」について，第二部（11-12節）では彼によって行使された神の「並々ならぬ力ある業」について，それぞれ報告されている。第一部では，パウロの宣教がまずユダヤ人に会堂で開始されたがユダヤ人の一部によって拒否され，彼らから離れて（ユダヤ人を含む）異邦人地域で宣教し，そこで成功を収めたという，パウロ伝道のパターンが繰り返されているだけではなく，それを記す用語もルカ的である上に，彼の活動全体が未完了形の動詞によって「要約的に」報告されている。また，第二部においても，主動詞は，第一部と同様に，未完了形であり，神の器としてのパウロの「力ある業」が「要約的に」報告されている。

　したがってこの段落は，ルカが，エフェソで開始されたパウロの言葉と業による宣教活動の歴史的状況を要約的に報告し，もって物語の筋立てを読者に提示しようとする編集部分にあたるとみているであろう。もちろん，ユダヤ人会堂およびテュラノスの講堂におけるパウロの活動期間（3ヶ月＋2年）や「並々ならぬ業」を惹き起こす「神の人」としてのパウロ像などが伝承に遡るであろうことは認められてよいと思われる。

(3)　スケワの息子たち（19：13-20）

　¹³ところが，ユダヤ人の巡回霊能者数人が，悪霊を宿していた者に向かって，試みにイエスの名を唱えて言った，「パウロが宣べ伝えているイエスによってお前たちに命じる」。¹⁴このようなことをしていたのは，

19：13—20

スケワというユダヤ人の大祭司の七人の息子たちであった。¹⁵ ところが，悪霊は彼らに答えて言った，「私はイエスを知っており，パウロのこともわかっている。しかし，お前たちは何者だ」。¹⁶ そして，悪霊を宿していた男は彼らに飛びかかり，彼らすべてを押え込み，彼らに勝利した。そのために彼らは裸にされ傷つけられて，あの者の家から逃げ出したほどであった。¹⁷ このことが，エフェソに住んでいたユダヤ人とギリシア人のすべてに知れ渡ったので，恐れが彼らすべてに臨んで，主イエスの名が崇められるようになった。

¹⁸ 信仰に入っていた者が大勢来て，自分たちの〔魔術〕行為を告白し，それを公にした。¹⁹ また，魔術を行なっていた多くの者が〔魔術〕文書を持って来て，皆の前で焼き棄てた。その値段を合計すると，銀〔貨〕5万枚にもなった。²⁰ こうして，主の言葉は力をもってひろがっていき，勝利していったのである。

《釈　義》

13節　11〜12節におけるパウロの「並々ならぬ力ある業」に関する要約的報告の後，「ユダヤ人の巡回霊能者たち数人」による悪霊追放の試みが，パウロの場合とは対象的に物語られる。

「霊能者」と訳したギリシア語 ἐξορκιστής「エクソシスト，悪霊追放者，まじない師，祈祷師」は，新約ではここだけに用いられている名詞であるが，福音書ではイエス自身がガリラヤとその周辺を遍歴して悪霊追放の業を行なっているし（例えばマコ5：1-20／マタ8：28-34／ルカ8：26-39)，その弟子たちも師から悪霊追放の権限を与えられてガリラヤの各地に派遣されている（マコ6：7-13／マタ10：1, 5-15／ルカ9：1-6, 10：1-12)。その上，弟子以外の者でも，イエスの名で悪霊を追い出している例が報告されている（マコ9：38-40／ルカ9：49-50)。当時このようなエクソシストがディアスポラのユダヤ人社会に存在した例として興味深いのは，ヨセフスが報告している，「エレ

アザロスという男」の場合である[33]。彼はエクソシストの一人であったソロモン王の秘儀を用い，ローマの軍人たちが見守る中で悪霊を宿した者から悪霊を解き放ったところ，その悪霊が「水の一杯入った盃だか洗足の鉢だか」をひっくり返したといわれる（『ユダヤ古代誌』Ⅷ，45-49。秦剛平訳）。

彼らが「悪霊を宿している者たちに向かって，試みに主イエスの名を唱えて言った」。ギリシア語原文では，主動詞は「試みた」（ἐπεχείρησαν. ἐπεχειρέω「手をつける，着手する，企てる，試みる」のアオリスト形）である。これに「……の名を唱えることを」（ὀνομάζειν…τὸ ὄνομα）という目的句が不定形で続き，主語と同格で「（彼らが）……と言いながら」（λέγοντες…. λέγω の現在分詞・複数形）と説明されている。ἐπεχειρέω は新約の中でルカだけが使用している動詞（ルカ1：1，使9：29）。この動詞が当箇所で「厚かましくも……した」という否定的な意味で用いられていることを強調する向きもあるが（シュテーリン，ツミエフスキー），「（彼らは）試みた」がそれは成功しなかった，ほどの意味に留めるべきであろう（ルカ1：1の ἐπεχείρησαν「試みた」参照）。

彼らの言葉は，「（私は）パウロが宣べ伝えているイエスによってお前たちに命じる」（ὀρκίζω ὑμᾶς τὸν Ἰησοῦν ὃν Παῦλος κηρύσσει）というものであった。ここで用いられている ὀρκίζω という動詞は，ἐνορκίζω, ἐξορκίζω と共に，新約では直接話法の中で見いだされ，悪霊追放の呪文定式，すなわち，「私は……によって（ギリシア語では対格，もしくは κατά + 属格）……に（ギリシア語では対格）に命じる，懇願する」という定式の枠内で使われている。ただし，この種の定式は，新約に限られるものではなく，当時，ヘレニズム社会におけるいわゆる「魔術文書」の呪文の中で広く用いられていた。例えば，「（私は）ヘブライ人たちの神イエスによってお前に命じる」（ὀρκίζω σε κατὰ τοῦ θεοῦ τῶν Ἑβραίων Ιησοῦ. PGM〔『ギリシア語魔術パピルス』〕4, 3019)[34]。ただし，当箇所の文言で，「イエス」にかかる「パウロが宣べ伝えている」の句は，ルカがこの物語を前の文脈（11-12節）と結びつけるために付け加えた編集句であろう（ヴァイザー，バレットなど）。

---

33 ἐξορκιστής, in：『釈義事典』Ⅱ，35頁参照。

34 以上，F. Annen, ὀρκίζω, in：前掲書，Ⅱ，603頁参照。

19：13—20

14節 イエスの名で悪霊を追放しようと試みた「ユダヤ人の巡回霊能者数人」は、「スケワというユダヤ人の大祭司の七人の息子たちであった」ことが明らかにされる。当時の「大祭司」(ἀρχιερεύς) に「スケワ」という人物は特定されていないので、多くの注解者たちによって、ここで名指されている「スケワ」は、「ディアスポラ貴族祭司の一員」とみなされている（ヨセフス『アピオン』I，187，『古代誌』XII，108参照）[35]。しかし他方、Σκευᾶς という人名はセム語系にはなく、おそらくラテン語の Scaeva に対応する固有名詞と思われ、これは元来普通名詞で「左利き」の意味なので、家名（cognomen）というよりはむしろ別名（渾名）に用いられている。そして当時のローマ属州、とりわけアシア州において皇帝祭儀をも司っている州会議員 Ἀσιάρχεις（Ἀσιάρχης の複数形。使19：31参照）が ἀρχιερεῖς とも呼ばれていたので、スケワはその一員で、おそらく「背教」ユダヤ人であったとの仮説もある（フィッツマイヤー参照）。

しかし、そのような高位の「議員／神官」が「巡回霊能者」であったとは想定しがたいので、当時ローマの風刺作者ユヴェナーリスがユダヤ人女預言者を magna sacerdos「大神官／祭司」と呼んでいることを根拠に、ルカはこのようなローマ世界における用例を知りながら、スケワが大祭司家に連なるユダヤ人であることを読者にアピールしているとみなす説もある（バレット）。

いずれにしても、実際にはパウロを真似てイエスの名による悪霊を追放しようと試みたのが、このユダヤ人高位聖職者の「息子たち」、すなわちその家系に属する者たち「七人」であったことがルカにとって重要であったと思われる。「七」は「数の多さ」と同時に「力強さ」を強調する象徴的数であるから[36]、彼らが力を合わせ、いわば「束」になって、パウロ並みに悪霊を追放しようとしたが、それは、以下でみるような、みじめな失敗に終わった、というのであろう。

15節 ところが、彼らの呪文に対して「悪霊」(13節では複数なのに、ここでは単数。彼一人を追放しようとした「七人」との対照を示唆するためである

35　U. Kellermann, ἀρχιερεύς, in：前掲書，I，202頁参照。
36　H. Balz, in：前掲書，II，80頁参照。

かもしれない）は，彼らに答えて，「私はイエスを知っており，パウロのこともわかっている。しかし，お前たちは何者だ」と言った。悪霊がイエスの本質を超自然的に「知っている」ことは，ルカ 4：34／マコ 1：24，ルカ 4：41／マコ 1：34 の悪霊たちの場合と通底している。ただし，パウロのことも「わかっている」（ἐπίσταμαι）というのは，前の文脈を受けて，パウロの「並々ならぬ力ある業」は「神」に遡ることがわかっている，ということであろう。したがって，「しかし，お前たちは何者だ」という問いには，パウロと神信仰を共にしない「お前たち」にはイエスの名によって悪霊を払うことは許されない，というルカの見解が含意されていよう。

16 節 「悪霊を宿していた男は彼らに飛びかかり，彼らすべてを押え込み，彼らに勝利した」。「すべてに」と訳したギリシア語の ἀμφότεροι は，通常「両方」の意味であるが，ルカ時代のギリシア語では「すべて」の意味でも用いられていた（使 23：8 をも参照）[37]。しかもここでは，悪霊を宿していた（一人の）男が「七人」の霊能者たちに「飛びかかり」（ἐφαλόμενος, ἐφάλλομαι のアオリスト分詞），「彼らすべて」を「押え込み」（κατακυριεύσας, κατακυριεύω「圧倒する，打ち勝つ」のアオリスト分詞），彼らに「勝利した」（ἴσχυσεν, ἰσχύω のアオリスト 3 人称・単数）。こうして，一人が「七人」のすべてを圧制したことが強調される。なお，悪霊追放者に対する悪霊の暴力的抵抗は，この種の奇蹟物語の共通要素であっただけに[38]，この物語をたわいのない通俗的「お話」の例に入れる（リューデマン，パーヴォ）ことは，少なくともルカの意図には沿わないであろう。ルカはおそらく，イエスを介する神信仰に基づかないユダヤ人の悪霊追放者に対する悪霊の勝利をテーマとするこの物語を介して，「悪霊」そのものを追放する，神信仰に基づくパウロの「並々ならぬ力ある業」を対置し，後者の圧倒的優越性を誇示したものと思われる。

なお，この物語自体が伝承に遡るであろうことは，「（彼らは）あの者の家から（ἐκ τοῦ οἴκου ἐκείνου）逃げ出した」という，結果の説明文からも推定され

37　*WbNT,* S. 92 f.
38　G. Theißen, *Urchristliche Wundergeschichten,* S. 75 参照。

19：13—20

よう。伝承のレベルではおそらくこれは，巡回霊能者たちが悪霊払いのために入っていった，悪霊を宿していた男の家で起こった事件として物語られていたものと思われる[39]。

17節　「このことが知れ渡った」と訳したギリシア語文章 τοῦτο δὲ ἐγένετο γνωστόν はルカが好む文休（1：19，9：42とその《釈義》参照〔荒井，上巻，72頁，注47；中巻，130頁〕）。「ユダヤ人とギリシア人のすべてに」も，10節と同様に，ルカの誇張的定形。「そして，大いなる恐れが彼らすべてに臨んだ」も，使2：43，5：5，11の叙述と同様，ルカがその編集句で用いる表現。「そして，主イエスの名が崇められるようになった」については，ペトロによる「足の不自由な人の癒し」物語（3：1-10），とりわけ6節の「イエス・キリストの名によって歩きなさい」というペトロの命令とその結果に対する8節の対応「民は皆神を崇めた」を参照。これもルカ的用語による，ルカ自身の見解である[40]。当節では「イエスの名」が主語となり，「崇められた」が μεγαλύνω の受動・未完了形 ἐμεγαλύνετο で綴られているが，これはユダヤの巡回霊能者たちによる「イエス」の名による悪霊追放の試みに対する否定的反応が，信仰者のすべてに逆に「イエスの名」の崇拝を引き起こしたという，この物語に対するルカの結論であろう。要するに，当節全体は明らかにルカの編集句である。

18節　「信仰に入っていた者が大勢来て」。「信仰に入っていた者」に当たるギリシア語は，πεπιστευκότων。「大勢」（πολλοί）にかかる，πιστεύω「信ずる」の過去完了分詞・複数・属格。前の文脈の，恐れが臨んで主イエスの名を崇め

39　西方写本（D P[38] など）ではおそらくこの物語の整合性をつける目的で，すでに14節において次のように拡張されている。

「彼ら（巡回霊能者たち）のうちスケワという大祭司の息子たちも，同じことをしたいと思って――彼らはこのような人々から悪霊を追放することを慣わしとしていた――悪霊を宿している男のところ〔彼の家〕に入って行って，御名を唱えはじめて言った，「パウロが宣べ伝えているイエスによって，出て行くように，お前に命じる」と」。

40　荒井，上巻，208-212頁参照。

るようになった人々（17節）をも含めて，それ以前に「主の言葉を聞い」て（10節）「信仰に入っていた人々」を指していよう。

「彼らは自分たちの〔魔術〕行為を告白し，〔それを〕公にした」。ギリシア語の原文の ἐξομολογούμενοι καὶ ἀναγγέλλοντες は，両動詞共に，ἐξομολογέω「認める，告白する」と ἀναγγέλλω「知らせる，報告する」の現在分詞・複数形で，「来た」（ἤρχοντο. ἔρχομαι の未完了・複数形）を受け，それと同時の行為。過去における持続的あるいは反復的行為を示唆している。

「〔魔術〕行為」と訳したギリシア語名詞 πράξεις は πρᾶξις の複数形で，それ自体は「行なうこと，行為」の意味であるが，悪い意味で用いられる上に（ロマ 8：13 参照），次節との関わりから，その内容は明らかに「魔術」であろう。なお，この名詞は，ギリシア語では直接的には ἀναγγέλλοντες の後に目的語として置かれているので，ἐξομολογούμενοι は目的語をとらず，一般的に「罪を告白した」ととり，それの目的語に "their sins" を補う向きもある（バレット）。しかし，もしそうならば，例えば『十二使徒の教訓』4：14 のように，ἐξομολογέω の目的語に「罪科」（παραπτώματα）に類する目的語が置かれるべきであろう。当節で「告白した」は，「公にした」と同じように冗語法的に用いられ，共に「〔魔術〕行為」を目的語にとっていると想定されよう（とりわけツミエフスキー，フィッツマイヤー）。

19節　「魔術」と訳したギリシア語名詞 τὰ περίεργα は，形容詞 περίεργος（事物について用いられる場合，「奇妙な，魔術の」）の中性複数形に冠詞が付されて名詞的に用いられた単語。この名詞が「行なう」を意味する πράσσω の目的語として用いられると，準術語的に「魔術を行なう」の意となる（PMG12, 404 など）[41]。当節の πραξάντων は πράσσω のアオリスト分詞・複数属格。「魔術を行なった者たちの」の意で，「多くの者」（ἱκανοί）にかかっている。なお，この ἱκανοί（ἱκανός の複数形）は，「かなり多数」の意味でルカが好んで用いる形容詞の名詞形である（使 14：21 とその《釈義》〔荒井，中巻，276 頁〕参

41　*WbNT*, S. 1303 参照。

19：13―20

照）。

　「〔魔術〕文書を持って来て」(συνενέγκαντες τὰς βίβλους)。συνενέγκαντες は συμφέρω「持ち寄る，持って来る」のアオリスト分詞・複数・主格。τὰς βίβλους は ἡ βίβλος「パピルス，(パピルス製の) 巻物，書物」の複数対格。ここでは内容的には，その中に呪文の文字が書かれた τὸ γράμμα（複数形で τὰ γράμματα）と同意である。当時，「エフェソの「魔術」文書」('Εφέσια γράμματα) は有名であった[42]。

　彼らはそれを「皆の前で焼き棄てた」(κατέκαιον ἐνώπιον πάντων)。κατέκαιον は κατακαίω「焼き尽くす，焼却する」の未完了形。当時の為政者が著者不明の，あるいは怪しい著者の書物，とりわけ預言書を回収して焼却した例は多く証言されており（スエトニウス『ローマ皇帝伝』「アウグストゥス」31，リヴィウス『ローマ建国史』39，16，プリニウス『博物誌』13，84-88，ディオゲネス・ラエルティオス『ギリシア哲学史』9，25 など），それが公衆の前で実行されたことについても知られている（リヴィウス，同40，29，3-14，ディオゲネス・ラエルティオス，同9，52，キケロ『神々の本質』1，63参照）。しかし，当節におけるエフェソの信徒たちのように，他人に強制されたのではなく，自分で，しかも自分の所有本を焼却した例はわずかに知られているだけである（ルキアノス『アレクサンドロス』47)[43]。ただし，ルキアノスによれば，アレクサンドロスは自ら所有していたエピクテトスの著書を一冊焼き捨てただけであるのに対して，当節では焼却された文書の「値段を（彼らが）合計すると，銀〔貨〕5万枚になった」といわれている。「銀」(ἀργύριον) はギリシアの「銀貨」ドラクマのことで，「ドラクマ」はローマ貨幣「デナリオン」に

42　これらのギリシア語パピルスは K. Preisendanz によって，コプト語本文は A. M. Kropp によって，それぞれ収集・編纂され，公刊されている。K. Preisendanz, *Papyri Graecae Magicae. Die griechischen Zauberpapyri,* herausgegeben und übersetzt von K. Preisendanz, Bd. I, Berlin 1928, 2. Aufl. 1973, Bd. II 1937, Bd. III 1941, Bd. II - III, 2. Aufl. 1974. A. M. Kropp, *Ausgewählte Koptische Zaubertexte,* Bd. I：*Textpublikation,* Bd. II：*Übersetzungen und Anmerkungen,* Bruxelles 1931, Bd. III：Einleitung in Koptische Zaubertexte 1930.

43　P. Trebilco, *The Early Christians in Ephesus from Paul to Ignatius,* p. 150 f. 参照。

相当し,「一デナリオン」は当時の労働者の一日分の賃金額(マタ 20:2 参照)であるから,5 万ドラクマ = デナリオンは 5 万日分の賃金額になる。これは莫大な数字で,ルカによればエフェソにこれほど多額になるほどの魔術文書を買い込んでいた多くの信徒たちがいたことになる。これはおそらくルカ好みの誇張的表現であろうが,この記事には魔術による金儲けに対するルカの嫌悪感[44]も表明されていよう。

いずれにしても,前の文脈との関わりでいえば,キリスト信仰に基づかない悪霊追放者たちによる,魔術行為の試みに対する悪霊の勝利を介して,キリスト信仰に入った者たち(13-17 節)の,悪霊そのものを追放する神の業(11-12 節)に対する信仰が,彼らが行なっていた魔術行為を払拭した,ということになろう。

20 節「こうして,主の言葉は力をもってひろがっていき,勝利していったのである」。ギリシア語の語順 κατὰ κράτος τοῦ κυρίου ὁ λόγος から,「主の」を「力」にかけ,「主の力をもってみ言葉が……」と訳すこともできる。しかし,この意味を採れば,κράτος「力」の前に冠詞 τό が置かれるべきであろう(バレット)。「ひろがっていき」に当たるギリシア語動詞 ηὔξανεν は,αὐξάνω の未完了形で,「神の言葉」を受ける動詞として,使 6:7,12:24 におけるルカの「要約的報告」に用いられている。この場合の αὐξάνω は,宣教の拡大に基づいて,信徒の数の増加を示唆するものである[45]。「勝利していった」と訳した ἴσχυεν は ἰσχύω の未完了形で,信徒数の増大との関わりではルカ文書のどこにも用いられていないが,ルカが好んで使用する動詞で(新約で 28 回のうちルカ文書でその半数の 14 回),当節での文脈では,悪霊を宿した者が,神信仰なしに悪霊の追放を試みたスケワの子らに「勝利した」(16 節)ことを背景に,「力をもって」という副詞句と共に用いられていると想定される。ちなみ

---

44 ルカ 22:3-6 におけるユダの場合(diff. マコ 14:11 / マタ 26:15),使 8:4-25 における魔術師シモンの場合 19:23 以下におけるエフェソの銀細工師の場合も参照。

45 使 6:7 の《釈義》(荒井,中巻,15 頁)参照。

に,「力をもって」という副詞句は,通常軍力を記述する文脈で用いられている(例えばトゥキュディデス『戦史』8, 100, 5。バレット)。

以上要するに,主動詞がいずれも未完了形であることからも,当節は明らかに物語を総括するルカの要約的報告に特徴的な編集句である。

《スケワの息子たち》(19:13-20)

13-20節は全体としてルカの構成であり,特に17節と20節は物語を締めくくる「要約的報告」で,ルカの編集句であることは間違いない。

しかし,「ユダヤ人の巡回霊能者たち」,とりわけ「スケワというユダヤ人の大祭司の七人の息子たち」による悪霊追放の試みが,逆に悪霊を宿していた男による反撃によって惨めなかたちで失敗に終わったという物語(13-16節)それ自体が伝承に遡ることは,否定できないであろう。少なくとも「彼らがあの者の家から逃げ出した」という結末(16節)には,彼らの試みが元来,悪霊憑きの「家」で行なわれたという伝承の残渣が認められる。また,彼らの試みがこのような結末に終わった結果,エフェソのユダヤ人やギリシア人が「皆」信仰に入ったというルカの解釈(17節)と物語それ自体が必ずしもスムーズに結びつかず,むしろ11-12節と結びつくからである。信仰者がなお行なっていた「〔魔術〕行為」を「告白」してそれを「公け」にし,所有していた「〔魔術〕文書」を焼却したという報告(18-19節)も,ルカの「フィクション」とは思われない。それにしては,余りにも「〔魔術〕文書」で有名なエフェソの「地方色」が濃厚に出ており,その結果として「主の言葉」が「力をもって」拡大し「勝利していった」というルカの総括も(20節),報告それ自体との間に「落差」を感じざるをえないからである。

ルカはおそらく,複数の伝承を,「神が行なわれた」パウロの「並々ならぬ力ある業」(11節)と結びつけ,「主の言葉」の強力な拡大と勝利(20節)の証拠として読者に提示したものと想定される(イェルヴェル)。

ただし,──すでに12節の《釈義》(本書28-29頁)で指摘したように──パウロ自身は自らの奇蹟力を,とりわけ「キリスト」の働き,あるいは「〔神の〕霊力」の働きとして(ロマ15:18)認めている(Ⅰテサ1:5,Ⅱコ

リ 12：12 参照）ものの，「力は弱さにおいて完全になる」，「そこで自分のもろもろの弱さを誇る」（Ⅱコリ 12：9 f.）と言って，その奇蹟力を否定媒介的にしかみていない。このようなパウロ自身による奇蹟力の逆説的評価を度外視して，それを，この段落から読み取られるパウロの奇蹟力のルカによる強調と直接結びつける（イェルヴェル）ことはできないであろう。

なお，イェルヴェルはこの段落からも，不信のイスラエルとしての「ユダヤ人」と彼らの神を畏れる「ギリシア人」に対する，パウロの「言葉」と「業」に象徴される「真のイスラエル」としてのキリスト教の勝利を読み取っている。しかし，これもすでに 10 節の《釈義》（本書 26 頁）で言及したように，ここでも「信仰に入っていた」（18 節）「ユダヤ人とギリシア人」（17 節）の中の「ギリシア人」はユダヤ教の「神を畏れる異邦人」に限定されてはおらず，非ユダヤ人としての「異邦人」を含意している。ルカによれば，パウロは次節の段落の冒頭（21 節）で明らかにしているように，エフェソにおけるユダヤ人および異邦人宣教を土台にして「ローマ」を目指しているのである。

(4) パウロの決心（19：21-22）

²¹ エフェソでこれらのことが満ちた時，パウロは，マケドニアとアカイアを通って，エルサレムに行く決心をし，こう言ったのである，「私はそこへ行った後，ローマをも見なければならない」。²² そこで，自分に仕える者の中からテモテとエラストスの二人をマケドニアに送り出し，自分はなおしばらくアシアに留まっていた。

《釈　義》

21 節　「これらのことが満ちた時」。まず「時」を表わす ὡς δέ で副文章を導くのは，16：4 の《釈義》で指摘したように（荒井，中巻，334 頁），ルカに特徴的な用法である。

次に「これらのことが満ちた」と訳したギリシア語表現 ἐπληρώθη ταῦτα も，ルカの好む表現であるばかりではなく，この表現には歴史の経過に対するルカの神学的解釈が盛られている。確かに，πληρόω「満ちる」（当節ではその受動

相アオリスト形，文字通りには「満たされた」「成し遂げられた」）が主語「これらのこと」（ταῦτα）と共に用いられるのはここだけである。多くの場合，ルカ文書でこの動詞は出来事ではなく，それが起こった時間的経過の終結を表わす主語と共に用いられる（行伝では使9：23。συμπληρόω のアオリスト受動相ではルカ9：51，使2：1）。しかし，これと同種の動詞（πληροφορέω）が出来事それ自体を示唆する名詞を主語に持つこともある（ルカ1：1）。これらの用法は，すでにLXXにも認められるが，とりわけその影響下にあるルカによっては「時の成就」という神学的意味が加えられている[46]。

とすれば，「これらのこと」とは，当節に近い文脈ではエフェソにおけるパウロ伝道で起こった出来事（19：8-20。その時間的経過については8節「三ヶ月間」，10節「二年間」参照）を意味しているのであろう[47]。

「パウロは，マケドニアとアカイアを通って，エルサレムに行く決心をした」。「決心をした」にあたるギリシア語句 "ἔθετο（τίθημι「置く，留める」の中動相・アオリスト形）ἐν τῷ πνεύματι（「霊に」）" は，文字通りには「霊に留めた」の意。この場合の「霊」（πνεῦμα）は「心」（καρδία）とほぼ同意であって（「霊」についてはルカ1：47，使17：16を，「心」についてはルカ1：51，66，21：14を参照），このギリシア語句は，少なくともルカの用語法としては「霊（心）に留めた」，すなわち「決心した」と訳してよいと思われる（とりわけバレット，イェルヴェル，フィッツマイヤー）。ただし，他方においてルカは，「霊」

46　この点について詳しくは，使2：1の《釈義》（荒井，上巻，99頁，注14）参照。

47　イェルヴェルは，「これらのこと」の時間的経過のスパンをさらに長くとって，パウロの第二回伝道旅行を含むその宣教活動全体を含むという。——「パウロ伝道は今終結した。19：21以降は，そこでパウロの裁判が主として扱われている，行伝の最終的段階（21：27-28：31）へ移行する」。

しかし，パウロ伝道はここで「終結した」，とまでは断言できないであろう。これ以降もパウロによって広義の宣教はなされており，ルカによれば，パウロは最終的にローマに護送された後にも「実に大胆に，また妨げられることもなく，神の王国を宣べ伝え，また，主イエス・キリストについてのことを教え続けて」いる（28：31）。ただし，当節でこれまでの，とりわけエフェソにおけるパウロ伝道の叙述が一旦中断され，彼の「決心」によりこれからの道行きについて見通しが立てられていることは事実である。

にパウロの新しい道行きの導き手としての役割を与えている（16：7，20：22。13：4，16：6「聖霊」をも参照）。このことを根拠に当節の ἐν τῷ πνεύματι を「(聖霊と同意の)御霊(みたま)において，御霊にあって，御霊によって」の意にとる注解者もかなり多い（ブルース，マーシャル，ツミエフスキー，パーヴォ，真山，田川）。実際，口語訳では（RSVと同様に）「御霊に感じて決心した」と訳されている。しかし，ἐν τῷ πνεύματι は「御霊に感じて」と訳しえても，ἔθετο だけで「決心した」の意になりえないのが，この種の訳の難点であろう[48]。

　パウロの「決心」の内容は，まず「マケドニアとアカイアを通って，エルサレムに行く」ことである。このプランは，パウロ自身の手紙によって裏づけられる（Ⅰコリ16：3-8，ロマ15：25 f. 参照）。また，パウロが「決心」をして「行った」といわれる，「そこへ行った後，ローマを見なければならない」ということも，パウロの手紙に対応する（ロマ15：22-24参照）。ただし，パウロ自身が表明している，エルサレムへ行く目的，すなわちマケドニアとアカイアの諸教会から集めた献金をエルサレム教会に届けるという目的については，18：22におけると同様に（荒井，中巻，483-484頁参照），当21節でも全く言及されていない。その理由は，ルカがエルサレム教会への「援助」については一貫して沈黙していることと，とりわけ当節では21章以降パウロのエルサレムにおける「受難」に焦点を絞って描いていることにあると思われる[49]。

　なお，この点におけるパウロによるエルサレム行きの「決心」については，多くの注解者によってルカ9：51におけるイエスによるエルサレム行きの「決

48　このことを意識してR. C. Tannehill（*The Narrative Unity of Luke-Acts*. p. 239）は，ルカがこの句を用いる際に「聖霊」を少なくとも含意していたと主張している。この主張は否定できないであろう。

49　ただし，ルカはここでもパウロのエルサレム上京の目的（同教会への援助金の持参）を知っていたが，ここではエルサレムにおける彼の受難を強調するために上京の本来の目的には言及しなかった，その証拠に使24：17でパウロはエルサレム教会に援助金を持参している，という見解（とりわけウィザリントン，パーヴォ）には同意し難い。24：17における「施し」は献金の持参による「援助」を意味していないからである。

19：21—22

心」[50] との並行関係が強調されている[51]。こうしてルカがパウロのエルサレムにおける受難への道行きを神の「必然」(δεῖ「ねばならぬ」)として(使9：16, 23：11)イエスの「必然」(ルカ9：22, 13：33, 17：25, 24：7, 26, 使17：3)に重ねていることは事実であろう。しかし，当節における「ねばならぬ」は直接的には「ローマをも見る」にかかっている。実際パウロは，イエスのごとくここで受難死を遂げてはいない。ルカによればパウロは，エルサレムからローマに護送されたが，ユダヤ人と決別した後に，借家において実に大胆にまた妨げられることもなく宣教し続けた(28：31)。こうしてルカによればパウロは復活のイエスが行伝の冒頭で使徒たちに語った預言「あなたがたは，地の果て(行伝の叙述対象としてはローマ)[52] に至るまで，私の証人となるであろう」(1：8)が，究極的にはパウロによって実現されたのである。パウロはその「決心」を，今この時点でエフェソでした，とルカは読者に訴える。

22節「そこで，（パウロは）自分に仕える者の中からテモテとエラストスの二人を送り出し」。テモテについて，行伝では16：1-3, 17：14-15, 18：5, 20：4で言及されている。18：5で彼が（シラスと共に）マケドニアから下ってコリントでパウロと合流したと報告されて以来，彼については当節に至るまで言及されていない。しかし当節でテモテは，パウロに「仕えている者たち」の一人といわれているので，テモテはコリントからプリスキラとアクィラと共にエフェソまでパウロに同行して，ルカのつもりでは，この夫妻と共にエフェソに留まり(18：18 f. 参照)，パウロがアンティオキアからアジアの奥地を通ってエフェソに下って来た時(19：1)，ここでパウロと再会し，彼に「仕えていた」というのであろうか。

---

50 ここでも「イエスが〔天に〕取り上げられる日々が満ちた時」といわれており，彼が「その面をエルサレムに向けて〔決然と〕進もうとした」という表現は彼の「決心」を意味する(岩波版『新約聖書』231頁，注九参照)。
51 この指摘はW. Radl, *Paulus und Jesus im lukanischen Doppelwerk*, S. 374に遡る。
52 「地の果て」という表現がローマを含意していることについては，荒井，上巻，31頁以下参照。

19：21―22

　いずれにしても，パウロがテモテをエフェソからマケドニア（フィリピ）に派遣する希望を持っていたこと（フィリ2：19-23参照）については，また彼をコリントに派遣したこと（Ⅰコリ4：17，16：10参照）については，パウロがエフェソからコリント人およびフィリピ人に宛てた手紙によって裏づけられている。彼はおそらく，エフェソからマケドニアのフィリピ経由でコリントに遣わされたのであろう。なおルカは，この後ギリシアからマケドニアに至るパウロの旅行の同行者たちのリストにテモテを挙げている（20：4）。

　テモテはここでパウロに「仕えている者たちの」（τῶν διακονούντων．διακονέω「仕える」の現在分詞 διακονῶν の名詞的用法，複数，属格）の一人とされているので，彼の宣教活動の助手的存在と想定されるが，パウロ自身は彼を自分の「同労者」（Ⅰテサ3：2）と呼び，彼を自分と同格において評価している。ただし他方においてパウロは，自分と彼を親子関係にたとえているので（Ⅰコリ4：17，フィリ2：22参照），ここからテモテをパウロに「仕える者」に位置づける伝承が成立したこともありえよう。

　なお，パウロによれば彼は，テトスと共に「兄弟たち」を前もってコリントに派遣している（Ⅱコリ8：18，12：18）。この「兄弟たち」の一人がテモテであった可能性はあろう。ただし，その目的はエルサレム教会への援助金を彼と共に集めるためであった（Ⅱコリ8：16-24参照）。この目的に関してルカは，前節におけると同様，当節でも全く沈黙している[53]。

---

[53]　ツミエフスキーによれば，（バルナバと）パウロがエルサレム教会へ持参した援助金が διακονία といわれており（使11：29），当節でテモテがパウロ（の業）に「仕える者たち」（διακονοῦντες）の一人と呼ばれているので，当節でもテモテがマケドニア―ギリシアに派遣された目的をエルサレム教会への募金活動と想定しているが，この想定は無理であろう。使11：29の「援助」は，少なくともルカによれば，使徒会議における合意事項（ガラ2：10）に基づく「（聖徒たちへの）奉仕」（διακονία．Ⅱコリ8：4，9：1．Ⅰコリ16：15，ロマ15：31をも参照）のことではない。この点について詳しくは使11：29の《釈義》（荒井，中巻，185頁参照）。またパウロはテモテを，自分と共に「恵み（の業）」（χάρις）に「奉仕している」（διακονέω）者と呼んでいるが（Ⅱコリ8：19），当節ではテモテが「仕えている」のはパウロに，であって「恵み（の業）」（＝「援助」）に，ではない。

19：21—22

「エラストス」については、パウロはロマ16：23でロマ書の発信地（コリント）からパウロと共にローマ人へ「挨拶を送る」「市の会計係」としてその名を挙げている。また、パウロ偽書『テモテへの手紙』でも「エラストスはコリントに留まった」とその名を挙げられている（Ⅱテモ4：20）。しかし、このエラストスが当節でパウロがテモテと共に派遣したといわれている人物と同一人物であるかどうかは不明である。ただしパウロは、前述のように、Ⅱコリで二度テトスと共にコリントへ派遣した「兄弟」について、その名を挙げずに言及している。この「兄弟」の一人が伝承の過程でエラストスと同定された可能性は否定できないであろう。

パウロはこの「二人をマケドニアに送り出し、自分はなおしばらくアジアに留まっていた」。

「送り出し」にあたるギリシア語動詞 ἀποστείλας は ἀποστέλλω のアオリスト分詞。「留まった」にあたるギリシア語動詞 ἐπέσχεν は ἐπέχω のアオリスト形、過去における同時相である。ἐπέχω は χρόνος「時間、期間」の対格を目的語として、ほとんど熟語的に用いられており（例えば、ヘロドトス『歴史』1, 132, 3：ἐπισχὼν δὲ ὀλίγον χρόνον「それから暫時（の間）において」[54]）、「ある期間、しばらくの間、留まる」の意味となる。パウロ自身がエフェソに滞在中にテモテをマケドニア・アカイアに送ることを希望していたことは、フィリ2：19-23、Ⅰコリ16：8, 10から推定される。ただし、両方の記事が同一のことを指しているのかどうかは明確ではない。いずれにしても、ここでも彼らがマケドニアへ送りだされた理由は、ルカによれば、Ⅰコリ16：1以下で前提されているようなエルサレムの「聖徒たちへの献金」を集めるためではない。当節におけるパウロの決心と、デメトリオス騒動（23-40節）を挟んで記述されている、マケドニア・ギリシアに向けてのパウロの出立に関する記述（21節以下）から推定すれば、テモテとエラストスを先発させたパウロの目的は、彼のマケドニア・ギリシアへの旅程を備えることにあった。

なお、このようないわば「先発者たち」の派遣は、前節におけるパウロの決

---

54 松平千秋訳、上巻、岩波文庫、1971年、107頁。当節のD写本も χρόνον の後に ὀλίγον「僅かな」を挿入している。

心との関わりで挙げた，ルカ9：51以下におけるイエスによって「自分の〔赴く先々〕」への「使者たち」の派遣と並行を成す。彼らはイエスのために道を備えようとしているからである[55]。しかし行伝では，先にも述べたように，パウロ出立の目的地はエルサレムからローマであって，イエスの場合のようにエルサレムではない。

　以上，21-22節がルカによって構成されたことは，その用語からみても，前後の文脈から判断しても，明らかである。ただし，パウロの決心の内容（21節）およびテモテとエラストスの派遣（22節）の記事には，パウロの手紙における彼自身の発言とほぼ対応しているだけに，伝承資料が用いられていることは認められるべきであろう。

　いずれにしてもルカによれば，この時点でパウロは，アンティオキアからエフェソに至る伝道旅行を終え，マケドニア，ギリシア経由でエルサレムに（そして最終的にはローマに）至る最後の道行きに向けて出立する「決心」を述べた。ただしその前に，「デメトリオス騒動」が起こる。

(5)　デメトリオス騒動（19：23-40）

　この「騒動」に関する記述は，次の三部から成っている。
　①　銀細工師デメトリオスの扇動（19：23-27）
　②　女神アルテミスへの歓呼（19：28-34）
　③　町の書記官の説得（19：35-40）

① 銀細工師デメトリオスの扇動（19：23-27）
　　²³ その頃，この道に関連して，ただならぬ騒動が起こった。²⁴ というのは，デメトリオスという銀細工師が，アルテミス〔女神〕の銀製神殿〔の模型〕を造り，職人たちに少なからぬ利益を得させていたが，²⁵ この職人たちと，同じような仕事をしている者たちとを集めて，こう言っ

55　この点も，注51に挙げたRadl論文に拠り，多くの注解者たちによって指摘されている。

19：23—27

たのである，「諸君,よく知られているように，われわれが楽に暮しているのは，この商売のおかげです。²⁶ それなのに，諸君も見聞きしているように，あのパウロの奴が『〔人の〕手によって造られたものなどは神ではない』などと言って，このエフェソだけではなく，ほとんどアシア全域にわたって，かなり多くの群衆を説き伏せ，転向させてしまった。²⁷ これでは，私たちの〔仕事〕部門の評判が悪くなる恐れがあるばかりではなく，大いなる女神アルテミスの神殿もないがしろにされ，全アシア，全世界が崇拝している女神がそのご威光から，引き落とされてしまう恐れがあります」。

《釈　義》

23節　「その頃」（κατὰ τὸν καιρὸν ἐκεῖνον）は，同じ表現が 12：1 でも用いられており，すでにこの箇所の《釈義》に指摘したように（荒井，中巻，192頁），ルカが先行する出来事と後続する出来事を時間的に漠然と結びつける際に用いる副詞句である。

「この道」の「道」（ὁδός）は，とりわけ行伝において，集団としてのキリスト教徒たち（9：2, 22：4, 24：14）あるいはキリスト教の教え全体（16：17, 24：22）を指す象徴的用語。本節ではパウロの宣教内容（26節参照）を表わす。「ただならぬ」と訳したギリシア語 οὐκ ὀλίγος は，文字通りには「少なからぬ」。これもすでに 12：18 の《釈義》で言及したように（荒井，中巻，202頁），ルカが多用する修辞的表現，いわゆる「緩叙法」（反対語の否定を用いて肯定を表わす語法）で，11節でも次節でも繰り返されている。「騒動」（τάραχος）も，当節以外では 12：18 で用いられているのみ。

以上要するに，23節は 24節以下に記されている事件に先立ってルカが加筆した序言である。

24節　「デメトリオス」という名の「銀細工師」（ἀργυροκόπος）は，ギリシア語本文でこれに続く「アルテミス〔女神〕の銀製神殿を造っている（ποιῶν ναοὺς ἀργυροῦς Ἀρτέμιδος）という説明文を根拠に，エフェソ出土の碑文の

一つ（I. Eph. 2212. a6-7）に証言されている「銀細工師・神殿建築監督官（ἀργυροκόπος νεοποιός）」を当節のデメトリオスと同一視する仮説が古くからあり，それを現在でも肯定的に紹介している注解者もいる（バレット，ウィザリントン）[56]。この仮説は，第一に「銀製神殿」（の模型）は考古学的に全く確認されていないことに基づき，ルカが利用した元の本文に νεοποιός「神殿建築監督官」とあったものを彼が ποιῶν ναούς「神殿を造る者」と勘違いした，と想定するものである。しかし，この種の「ルカの勘違い説」は憶測の域を出るものではなく，両者を同一視することは不可能である（とりわけフィッツマイヤー）。

アルテミス（ラテン名「ディアーナ」）は，ギリシア神話ではゼウスの子，アポロンと双子の姉妹で，うら若き狩りの女神として崇拝されている。しかしアルテミスは元来，小アジアのリュディア系と想定されている。エフェソのアルテミスは頭に同市の城壁の冠を頂き，衣には野生の獣や蜂が描かれ，首の回りには獣の模様のある装身具が付けられて，ふくよかな胸には大小の卵のような形をした乳房と思われるものが多数飛び出しているが，乳首は認められない（1965年トルコで発見されたアルテミス女神像）。この神像は，世界の七不思議の一つといわれる豪華な神殿（120×70メートル，128の石柱，高さ19メートル）に立っており，「多くの乳房を持ったアルテミス」と呼ばれた（ストラボン『ギリシア地誌』14, 1, 20-23, パウサニアス『ギリシア旅行記』2, 2, 5；4, 31）。この女神は小アジアの母性的自然神に由来し，「アルテミス」として崇拝されたものと想定される[57]。

デメトリオスは，彼の支配下にあった「職人たち」（τεχνίται, τεχνίτης の複数形）に「少なからぬ」（前節と同様な緩叙法）「利益」（ἐργασία）を「得させていた」（παρείχετο, παρέχω「供給する，与える」の中動・未完了形）。これらの用語はいずれもルカ文書に頻出する（「利益」は新約6回中5回，「得させて

---

[56] この仮説について詳しくは，A. N. シャーウィン・ホワイト『新約聖書とローマ法・ローマ社会』99-100頁；C. J. Hemer, *The Book of Acts in the Setting of Hellenistic History*, pp. 235 f. 参照。

[57] C. Meister ＋ 岩村太郎「アルテミス」『聖書大事典』82頁；B. Schwank, "Ἄρτεμις, in：『釈義事典』I，196頁参照。

19：23—27

いた」は新約 16 回中 9 回）。ルカによれば，デメトリオスは銀製神殿（模型）職人たちのいわば「元締め」であった[58]。

25節 デメトリオスは，彼の配下にある職人たちだけではなく，（おそらく）彼の配下にいない「同業者たちを」(τοὺς περὶ τὰ τοιαῦτα ἐργάτας「同じような仕事をしている職人たち」）も「集めて」(συναθροίσας，συναθροίζω のアオリスト・分詞)，言った，「諸君，君たちは知っている，われらにとって裕福な生計はこの仕事からきているのだ，ということを」（直訳），と。デメトリオスは宗教と経済的繁栄との不可分な関係を同業者たちに訴えている。この職人たちはおそらく，アルテミス神殿の銀製の模型を造って，それを神殿巡礼者たちに「お土産かお守り」（フィッツマイヤー，真山）として，というよりはむしろ，アルテミス女神に捧げる「奉納物」として販売していたのであろう（ウィザリントン）[59]。

26節 「あのパウロの奴」と訳した ὁ Παῦλος οὗτος というギリシア語表現の οὗτος は軽蔑的呼び方である（ルカ 15：30，18：11 の οὗτος も参照)。「〔人の〕手によって造られたものなどは神ではない」というパウロによる偶像批判の言葉は，パウロのアレオパゴス演説における偶像批判の言葉（17：24-27，29）と類似する。当節の言葉はもちろん演説における言葉よりも非哲学的であるが，この言葉も，演説におけると同様に（荒井，中巻，434 頁)，パウロ自身の言

---

58 ウィザリントンは，前述の「銀細工師・神殿建築監督者」(ἀργυροκόπος νεοποιός) の一人「ヘルメイアス」という人物が「銀細工師ギルド」の組合長であったことを示唆するエフェソ出土の碑文（I. Eph. 636. 9-10）を当節のパラレルに挙げているが，当節の「銀細工師」デメトリオスは，前述のように，νεοποιός「神殿監督官」と同一視さるべきではない。ただし，ヘルメイアスとデメトリオスとの「職人組合長」という類似関係は考慮に入れる必要があろう。

59 このことは碑文（IGR 1，467）によって確認されている。「アルテミス女神へ，彼は誓約して小神殿（ναισκόν）を捧げた」。ただし，エフェソ出土の「小神殿」は，テラコッテあるいは大理石製で，銀製ではない。P. Treblico, "Asia", in: *The Book of Acts in its Greco-Roman Setting*, ed. by D. W. J. Gill, C. Gempf, Grand Rapids, 1993, pp. 336 f.

葉のルカによる再現であろう。

　パウロはこう言って,「このエフェソだけではなく,ほとんどアジア全域にわたって,かなり多くの群衆を説き伏せ,転向させてしまった」。この言葉の前半は19：10, 17を受けており,いずれの箇所でもルカによる誇張的表現であった。「かなり多くの」(ἱκανός) もルカ的用語 (19：19とその《釈義》〔本書,35-36頁参照〕)。「説き伏せ」(πείσας, πείθω「説得する」のアオリスト分詞) は18：4, 19：8の繰り返し。「転向させてしまった」。このギリシア語動詞 μετέστησεν は μεθίστημι「移す,転向させる,惑わせる」のアオリスト形。この意味で μεθίστημι が用いられるのは当節だけである。

　27節　「この〔仕事〕部門が私たちにとって不利になる恐れがある」(直訳)。デメトリオスはまず,パウロの宗教による経済的ダメージを訴える。そればかりではない。「大いなる女神アルテミスの神殿が無にされ,全アジアと全世界が崇拝している彼女がその威光から引き落とされようとする恐れがある」(直訳)。こう言ってデメトリオスは,経済的・宗教的ダメージに訴えて同業者たちを反パウロ運動へと扇動する。

　当時アルテミス女神がエフェソのみならずローマ帝国支配下のほぼ全域で認められ,崇拝されていたことは,パウサニアス『ギリシア誌』IV, 31, 8；(エフェソの) クセノフォン『エフェソ物語』I, 11, 5；リヴィウス『ローマ建国史』1, 45, 2[60] などに証言されている。したがって,当節の証言は必ずしもルカの誇張的表現とはいえない。ただし,「全世界」に当たる οἰκουμένη は,17：6の《釈義》で指摘したように (荒井,中巻,405-406頁),ルカが好んで用いる名詞である。いずれにしても,25-27節に報告されているデメトリオスの演説は,ルカがエフェソに関する宗教的・経済的知見を踏まえながらも,自ら構成したものであることは,その用語法や前の文脈との関わりからみても明らかである。

---

[60]　「当時,既に,エペッス市のディアーナ女神の聖所が名高かった。この聖所を小アジアの諸市民団が共同で建設したという評判が伝わっていた」(鈴木一州訳『ローマ建国史』上,岩波文庫,2007年,114頁)。

19:28—34

なお、キリスト教の布教が異教祭儀の衰退を招き、その祭儀にまつわる商売にダメージを与えたことそれ自体は、2世紀初期のビテュニア・ポントス州においてではあるが、新約以外でも実例がある（プリニウス『書簡』10, 96, 10）[61]。したがって、当箇所の証言には少なくとも歴史的核があることを否定することはできないであろう。

② 女神アルテミスへの歓呼（19：28-34）

²⁸ これを聞くと、彼らは怒りに満たされて、「大いなるかな、エフェソ人(びと)のアルテミス」と叫んだ。²⁹ そして、町が混乱(こんらん)に満たされた。彼らは、パウロの同行者(どうこうしゃ)であるマケドニア人ガイオスとアリスタルコスを捕(と)らえ、いっせいに劇場になだれ込んだ。³⁰ パウロも民会の中に入って行こうとしたが、弟子たちがそうさせなかった。³¹ また、パウロと親しくしていたアシア〔州の〕州会議員数人も、パウロのもとに使いを送って、〔危険を冒してまで〕劇場に入らないように説得(せっとく)した。³² さて、〔劇場では〕各々(おのおの)が〔勝手(かって)に〕叫び立てていた。集会(しゅうかい)は混乱(こんらん)し、ほとんどの者は何のために集まったかもわからなかったからである。³³ その時、群衆の中から〔ある者たちが、彼らの思いを〕アレクサンドロスに説明した。そして、ユダヤ人たちが彼を前に押し出した。彼は手で制(せい)し、〔民の〕会衆に弁明(べんめい)しようとした。³⁴ しかし、彼がユダヤ人であるとわかると、皆(みな)から一つの声が起こり、「大いなるかな、エフェソ人のアルテミス」と、二時間ほども叫び続けた。

28節 デメトリオスの挑発に乗った群衆は、「怒りに満たされ」、「大いな

61　ビテュニア・ポントス州総督プリーニウスが皇帝トラヤヌスに送った請訓書簡によれば、キリスト教徒に対する審議を一時中断した結果、「ほとんど人が訪れなくなってしまった神殿に訪問者が出始め、長い間中断された定例の祭式が再開され、今まで極稀にしか買い手のつかなかった犠牲獣（の肉）が至る所で市場に出回っている」（保坂高殿訳。同著『ローマ帝政初期のユダヤ・キリスト教迫害』365頁）。

るかな，エフェソ人のアルテミス」と叫んだ。このアルテミスに対する歓呼 "μεγάλη ἡ Ἄρτεμις Ἐφεσίων" は，27 節の「大いなるかな女神アルテミス」（μεγάλη θεὰ Ἄρτεμις）を受けるものである。このようなアルテミスの尊称は，（エフェソの）クセノフォンの『エフェソ物語』I, 11, 5「われらの父祖の女神，大いなるエフェソ人のアルテミス」だけではなく，エフェソ出土の碑文（I. Eph. 27, 12-13 など）によって裏づけられる。また，「大いなるかな」で始まる神に対する歓呼定式は，『ダニエル書補遺 ベルと竜』41 に見い出される（詩 86〔85〕：10, 99〔98〕：2, 135〔134〕：5 参照。〔 〕内は LXX）（フィッツマイヤー）。

29 節 彼らの怒りに満たされたアルテミス歓呼がきっかけになってエフェソの町が「混乱」（σύγχυσις）に満たされた」。彼らは，パウロの「同行者」（συνεκδήμους. συνέκδημος の複数・対格），共に「マケドニア人」（Μακεδόνας. Μακεδών の複数・対格）であるガイオスとアリスタルコスを「捕らえ」（συναρπάσαντες. συναρπάζω のアオリスト分詞），「いっせいに」（ὁμοθυμαδόν）劇場へ「なだれ込んだ」（ὥρμησάν. ὁρμάω「突進する」のアオリスト形）。

この「劇場」（τὸ θέατρον）は半円型の野外劇場で，1866-99 年に発掘され，少なくとも 2 万人分の座席がある。当時ここで演劇が上演されただけではなく，民会（ὁ δῆμος. 30, 33 節）あるいは「集会」（ἡ ἐκκλησία. 32, 39, 41 節）が開かれ，それがアテーナイだけではなく，フリュギアやミューシア（いずれも小アジア）においても，しばしば「扇動された大衆」による無思慮な議論によって運営され，到底「節度ある集会」とはいえない様相を呈していたことは，キケロによって報告されている（『フラックス弁護』6, 15-7, 16 f.）[62]。ただし，「いっせいに」と訳した ὁμοθυμαδόν は，すでに 7：57 の《釈義》で指摘したように（荒井，中巻，54 頁），ルカが好んで用いる副詞である。

彼らが劇場になだれ込んだ際に「捕らえた」といわれる「パウロの同行者」のうちガイオスは，コリントからパウロに同行した人々のリスト（使 20：4）

62　小川正廣訳。『キケロ選集』2, 岩波書店，2000 年，117-118 頁参照。

で言及されているが，彼は「デルベ人」といわれており，当節におけるように「マケドニア人」ではない。「ガイオス」については，パウロがコリントで授洗した人物の一人として（Ｉコリ1：14），またパウロがコリントに滞在中彼のホストであった人物として（ロマ16：23）その名を挙げているが，当節のガイオスと同一人物である（バレット）か別人である（真山）か不明（フィッツマイヤー）である。他方，アリスタルコスは20：4で「テサロニケ人」となっているが，27：2では「テサロニケ出身のマケドニア人」といわれている。彼についてパウロ自身はフィレ24で彼の同労者の一人として名を挙げており，コロ4：10によれば，彼の「捕虜仲間」の一人であった。

　いずれにしても，何故この二人だけが捕らえられ，当のパウロは捕縛を免れたかについては言及がない。パウロはどこかに隠れていて発見されなかったからであろうか。

30節　パウロもその中に入ろうとした「劇場」でもたれた「民会」(ὁ δῆμος)は民衆によってもたれた「集会」(ἡ ἐκκλησία)であるが（32節），「定例の集会」(ἡ ἔννομος ἐκκλησία)とは区別されている（39節。17：5のδῆμοςをも参照）。「弟子たち」すなわちエフェソの信徒たちは，おそらくパウロの身の危険を察知して，「彼をそうさ（劇場に入ら）せなかった」。当箇所に，パウロ自身の証言「エフェソ（の半円劇場）で野獣と戦った」（Ｉコリ15：32）証言が反映されているか否かをめぐっては議論が多い。この問題については後ほどまとめ《デメトリオス騒動》で言及することにしよう。

31節　「他方，アシア〔州の〕州会議員の数人も」(τινὲς δὲ καὶ τῶν Ἀσιαρχῶν)。Ἀσιαρχῶν は Ἀσιάρχης の複数・属格。その中の数人が「彼（パウロ）と親しい」関係にあったが，彼のもとに使いを送って，「〔危険を冒してまで〕劇場に入らないように」(μὴ δοῦναι ἑαυτὸν εἰς τὸ θέατρον)説得した。このギリシア語表現は，直訳すれば，「自らを劇場へと委ねないように」となるので，「危険を冒してまで」を含意していよう。

　Ἀσιάρχης は碑文でも通常複数形で挙げられており，「アシア州会議」(κοινὸν

Ἀσίας)のメンバーのことであろう[63]。彼らの中の数人はローマ属州における皇帝祭儀の組織と運営，祝祭を司る「最高神官」（Ἀσιάρχεις）と呼ばれていることは，14節の《釈義》（本書32頁）でも言及した。当節の「数人」がこの両方の役割を担っていたかどうかは不明であるが，いずれにしても，彼らはパウロとの交友関係にあり，彼が劇場の民会に巻き込まれる危険を冒さないように助言した，といわれる。これは，エフェソで野獣と戦った」というパウロ自身の証言（Ⅰコリ15：32）のほか，「アシア〔州〕において起こった私たちの患難」（Ⅱコリ1：8）や「甚だしい死〔の危険〕」（同1：10）という彼の言及にも矛盾する。この問題についても後述するが，いずれにしてもルカによれば，彼と出会って最初に受洗した人物はキュプロスの総督セルギウス・パウルスであった（使13：7，12）。属州議員がパウロと親交しており，彼の身を案じても，ルカにとっては何ら不思議ではい。

32節 ところが，劇場で開かれた民会では，各人が何かを勝手に「叫び立てていた」（ἔκραζον. κράζω の未完了形）。「集会」（ἡ ἐκκλησία. 30節の ὁ δῆμος「民会」）が「混乱し」（συγκεχυμένη. συγχέω「混乱させる」の受動・完了分詞。この動詞と同根の名詞が29節の σύγχυσις「混乱」），「ほとんどの者」（οἱ πλείους = πλείονες. πολύς「多くの」の比較級「より多くの」に冠詞 οἱ を付けて名詞化）は，何のために「集まったのか」（συνεληλύθεισαν. συνέρχομαι の過去完了形）「わからなかった」（ᾔδεισαν. οἶδα の過去完了形）からである。劇場で開かれた民衆の集会の混乱と無秩序については39節の《釈義》で挙げたキケロ『フラックス弁護』6，15-7，17参照[64]。

---

63 Ἀσιάρχης は ἀσιά と「筆頭者」を意味する ἄρχ- との合成語。アシア州を代表する高位者あるいは有力者の意。当時エフェソをはじめとするアシア州の各都市の連合組織として κοινός（総会）があり，これのメンバーのことを複数形で Ἀσιάρχεις と呼んでいたので，当節の ἀσιάρχεις を「アシア州会議員」と訳した。この名詞について詳しくは，L. R. Taylor, The Asiarchs, in: レイク・キャドバリー V, pp. 256-262 参照。田川はこれを「アシア役」と訳している。

64 バレットはアフロディシアスのカリントン『カイレアとカリロエ物語』Ⅰ，5，3を当節の並行記事として挙げているが，ここに物語られているのは，劇場では

19：28—34

33節 この時,「群衆の中から〔ある者たちが〕」(ἐκ δὲ τοῦ ὄχλου. 言外に τινές を意識して部分的属格の代わりを果たし,主語の位置を占めている) アレクサンドロスに (彼らの思いを)「説明した」(συνεβίβασαν. συμβιβάζω のアオリスト形。この動詞は LXX 的用法で,I コリ 2：16 ＝ イザ 40：13 LXX と同様,「説明する,教える」の意)。そして,「ユダヤ人たちが」(τῶν Ἰουδαίων. οἱ Ἰουδαῖοι の属格) 彼を「前に押し出した」(προβαλόντων. προβάλλω のアオリスト分詞,複数属格。Ἰουδαίων を意味上の主語として分詞の独立属格構文)。そこでアレクサンドロスは「片手を振り動か」す。κατασείσας は κατασείω「振り動かす」のアオリスト分詞。目的語の τὴν χεῖρα は ἡ χείρ の単数対格。「手で制する,合図する」の意味であろうが,行伝の他の三箇所において τῇ χειρί「手で」と共に用いられている (12：17, 13：16, 21：40)。「会衆に弁明しようとした」(ἤθελεν ἀπολογεῖσθαι τῷ δήμῳ)。ἤθελεν は θέλω「欲する,しようとする」の未完了形。ἀπολογεῖσθαι は ἀπολογέομαι の不定法。この動詞はルカ文書に頻出する (新約で 10 回のうちルカ文書に 8 回)。弁明の対象である δῆμος は 30 節を受けているが,当節では劇場での「民会」に集まった「会衆」を意味していよう。

ここで突然,会衆の中にユダヤ人もいたことがわかる。群衆はおそらくアレクサンドロスに,彼がユダヤ人であることを知らないで,民会で何が問題になっているのかを知りたいという彼らの思いを説明したのであろうが,彼は同信のユダヤ人により押し出されて,弁明しようとする。何故弁明する必要があったのか。

34節 彼がユダヤ人だと「わかると」(ἐπιγνόντες. ἐπιγινώσκω のアオリスト分詞・複数形。前節の ὁ ὄχλος「群衆」を複数形として受けている),「皆から一つの声が起こった」(φωνὴ ἐγένετο μία ἐκ πάντων)。ギリシア語本文では文法的に整合性のない (ここでは主語に統一性がない)「破格構文」。彼らは「大いなるかな,アルテミス」と二時間ほど「叫び続けた」(κραζόντων.「皆から」の

なく広場(アゴラ)に走り集まった民衆による「民会」(ὁ δῆμος) の無秩序さである。

「皆」（πάντων）を受けて，κράζω の現在分詞・複数形・属格）。このアルテミス歓呼は 28 節の場合と同様なので，群衆はアレクサンドロスの弁明を，「怒りに満たされて」（28 節）遮り，女神の名を歓呼したというのであろう。

ここにはユダヤ人に対するエフェソの群衆の反感が前提されている。彼らにとってユダヤ人は，パウロらと同様，彼らのアルテミス信仰を偶像礼拝として否定する存在と思ったからであろう。とすれば，アレクサンドロスは，自分たちは確かに一神教を信奉しているが，それは公的に彼らの特権として許されていること（『古代誌』XIV, 227, 263 f.）[65]，しかしパウロのようにエフェソ人のアルテミス崇拝を否定するものではないことを「弁明しようとした」のであろうか[66]。

いずれにしても，33-34 節でアレクサンドロスのことが言及されているのは，物語の筋からみるといささか唐突である。そのためにこの箇所を，「デメトリオス騒動」物語全体を「編曲」したルカによる「間奏曲」ととる（ヘンヒェン），あるいは伝承の過程で付け加えられた部分ととる（バレット）注解者もある。しかし，物語の筋が不均衡である方が逆に伝承の可能性を強化する場合もあるし，この部分には，前述したように，当時のエフェソを含むディアスポラにおけるユダヤ人の社会的位置づけが反映している[67]。またルカがこの箇所

---

[65] エフェソにおいてユダヤ人が受けていた特権については，*The History of the Jewish People in the Age of Jesus Christ (175 B. C. – A. D. 135)* by E. Schürer, Revised and edited by G. Vermes, F. Millar, P. Vermes, and M. Black, Vols. III, 1, pp. 129 f. 参照。

[66] これは，ヘンヒェン，コンツェルマンからウィザリントン，フィッツマイヤーに至るまで，大多数の注解者の想定である。しかし，これに対して，イェルヴェルは，ペトロと使徒たちを弁護したファリサイ人ガマリエルの例（5：33 ff.）を挙げて，アレクサンドロスはパウロらの立場を弁護しようとしたのだと主張している（バレットはアレクサンドロスがキリスト教徒であった，あるいはこの後に信徒になった可能性からこのことを示唆している）。しかし，この事件の文脈ではユダヤ人たちは明らかにパウロに抗っており（8 節），彼は彼らから「離れた」（9 節）といわれているので，イェルヴェルの見解は無理であろう。アレクサンドロスがキリスト教徒であった，あるいはこの後に信徒になった可能性はもちろん憶測にすぎない。

[67] P. Trebilco, *The Early Christians in Ephesus from Paul to Ignatius,* S. 160 f. 参照。

19：35—40

を挿入する動機づけを見いだし難い（シュナイダー）。したがって，この箇所を含むデメトリオス騒動物語（28-34節）は，全体としてルカの構成ではあるが，基本的には伝承に遡ることは否定できないであろう。

③ 町の書記官の説得（19：35-40）
　35 そこで，町の書記官が，群衆を押し鎮めて言う，「エフェソ人諸君，エフェソ人の町が，大いなるアルテミスと天から降って来た神像との神殿守であることを知らない者が，一人でもいるだろうか。36 これは抗いえないことであるから，諸君は静かにして，決して無分別なことをしてはならない。37 諸君はこの人たちをここに連れて来た。しかし，彼らは神殿荒らしではなく，またわれらの女神を冒瀆する者でもない。38 それ故に，もしデメトリオスと仲間の職人たちが，誰かに対して訴えごとがあるのなら，巡回裁判の日もあり，総督もおられるのだから，そこでお互いに訴え合うがよかろう。39 しかし，もし諸君がそれ以外のことで訴えごとがあるのなら，定例の集会で決めてもらうことができる。40 われわれは今日の事柄について，それをもって弁明できる理由がまったくないのであるから，騒乱の罪に問われる恐れがある」。彼はこう言って，集会を解散させた。

《釈　　義》
　35節　「町の書記官」（γραμματεύς）は，「人民の書記官」（γραμματεὺς τοῦ δήμου）あるいは「参事会の書記官」（γραμματεὺς τῆς βουλῆς）と呼ばれ，年ごとに選出された，「政務官」（στρατηγοί，フィリピの場合16：20参照）の補佐役であるが，時代によっては政務官と同等の上級公職者としての地位を与えられていた。この書記官は，町の参事会運営あるいは民会運営の議長役を努めている[68]。
　彼は群衆を「押し鎮めて」（καταστείλας，καταστέλλω「制止する，鎮める」の

---

[68] この卓越した地位については数多くの碑文によって確認されている。A. N. シャーウィン・ホワイト『新約聖書とローマ法・ローマ社会』95-96頁；C. J. Hemer, *The Book of Acts in the Setting of Hellenistic History*, p. 122 参照。

アオリスト分詞），言う。ここで言及されている「神殿守」（νεωκόρος）は，元来「神殿の番人，宮守」の意味であるが，ローマ皇帝祭儀が行なわれている神殿のある小アジアの町々に名誉ある称号として与えられた。ただし，他の神々の神殿のある町々，例えばエフェソのアルテミス神殿にも用いられていた（CIG 2966, 2972, MS Ⅰ, 127, No. 5 など）[69]。さらにエフェソは「天から降って来た神像の（τοῦ διοπετοῦς）」守護役といわれている。διοπετοῦς は形容詞 διοπετής の単数属格であるが，冠詞 τό が付加されているので名詞的に用いられ，おそらく τὸ ἄγαλμα「神像」が省略された形と想定されている。文字通りには，「ゼウスから，すなわち天から落ちた（神）像」[70]。それはアルテミス神殿に祀られている神像に関する言及と想定されるが，「エフェソ人の町」がこの神像そのものの官役であることを裏付ける直接的外証はない。

36 節「このことは（パウロらによっても）抗弁しえないことであるから（ἀναντιρρήτων οὖν ὄντων τούτων：複数属格の独立構文），諸君は静かにしていて（ὑμᾶς κατεσταλμένους：καταστέλλω「制止する，抑える」の受動・完了分詞 κατεσταλμένος の複数対格。ὑπάρχειν：ὑπάρχω「……している」の不定形），「無分別なことを（προπετές：προπετής「軽率な，向こう見ずの」の中性単数対格），「してはいけない」（πράσσειν：πράσσω「する」の不定形。不定形 ὑπάρχειν と πράσσειν は共に δέον ἐστίν」＝ δεῖ「……すべきである」にかかり，πράσσειν は否定詞 μηδέν と結んで「……してはいけない」の意味となる）。──こう言っ

---

69 *WbNT*, S. 1087；保坂高殿『ローマ帝国初期のユダヤ・キリスト教迫害』319-320 頁，注 173；佐竹明『ヨハネの黙示録』上巻，67 頁，注 4；中巻，117-118 頁参照。

70 Blass/Debrunner/Rehkopf, §241, 7, Anm. 10 参照。「空からこの社に降ってきた」アルテミス像については，エウリピデス『タウリケーのイーピゲネイア』87 f., 1384 f. にも言及されている（久保田忠利訳『ギリシア悲劇全集』7, 岩波書店，1991 年，318, 405 頁参照）。キケロ『ウェッレース弾劾』2, 5, 72 (187)「その（ケレース＝デーメーテル）の神像は……人の手によって造られたものではなく天から落ちてきたものだと思われるほどのものでした」（谷栄一訳。『キケロ選集』5, 岩波書店，2001 年，444 頁）をも参照。

て書記官は，アルテミス崇拝を無条件に前提した上で，パウロらにではなく，むしろデメトリオスに扇動されて集まった民衆の方に罪を犯す可能性があることを示唆している。

37節　「この人たち」，つまりここに連れて来られたパウロの同行者ガイオスとアリスタルコス（29節）は，「神殿荒らし」（ἱερόσυλος「聖物窃取者，聖物冒瀆者」）でも「われらの女神を冒瀆する者」（βλασφημῶν τὴν θεὸν ἡμῶν）でもない。当節では，27節のアルテミス「女神」（θεά）が女性冠詞ἡ付きのθεόςとなっている。θεόςは男性冠詞ὁ付でも女性冠詞ἡ付きでも用いられて，「女神」の場合，θεάよりもἡ θεόςと呼ばれる方がむしろ一般的である。なおルカによれば，パウロはエルサレム上京後，神殿を「穢した」罪に問われて（21：28），都中が騒乱状態に陥ったために彼を逮捕したローマの千人隊長が総督フェリクスに，パウロは死刑や投獄に相当する犯罪を犯していない，と報告しており（23：29），パウロ自身が，フェリクスの後任フェストゥスに，「私は，ユダヤ人の律法に対しても，神殿に対しても，カエサルに対しても，何も罪を犯したことはありません」と弁明している（25：8）。ルカによればパウロ（ら）は，神殿や女神像を批判しても，聖物窃取罪・瀆神罪を犯していない，その限りにおいて，ユダヤ教徒と同様なのである。

38節　そこで書記官は，パウロとその同行者たちを訴えたデメトリオスと彼の仲間たちに向かって，次のような提案をする。すなわち，彼らが「誰かに対して訴訟案件がある（ἔχουσι πρός τινα λόγον）のなら，巡回裁判の日がある（ἀγοραῖοι ἄγονται）。ἀγοραῖοςは形容詞で元来「広場(アゴラ)の」の意。使17：5ではοἱ ἀγοραῖοιが「広場(アゴラ)にたむろしているならず者」の意味で用いられていた。当節では，ἀγοραῖοιに名詞ἡμέραι「日」あるいはσύνοδοι「集会」を補って「（市場で開かれる）巡回裁判の日」またはその「集会」を意味する法律用語で，ἄγονται（ἄγω「導く，守る」の受動形「守られる，開かれる」）と共に，ラテン語のconventus agenturに当たる，ギリシア語のいわゆるラテン語法で

ある[71]。

そして,「総督もおられる」(καὶ ἀνθύπατοί εἰσιν)。ἀνθύπατοι は ἀνθύπατος (ラテン語の proconsul)の複数形であるが,これは総括的複数形,いわゆる「カテゴリーの複数形」(plurarius categoriae)で一属州に複数の総督が存在していたわけではない。当時ローマ総督は属州の主要都市を巡回して,特定の日に開かれた裁判を主宰した。――要するに書記官は,もしデメトリオスらにアルテミス神殿の銀細工模型の裁判がパウロらの宣教活動によって妨げられてしまうなど,民事上の訴えがあるなら,総督の法廷に訴え,パウロらと係争すべきであると提案したものと思われる。なお,「(当事者たちがお互いに)訴えあうがよかろう」と訳した ἐγκαλείτωσαν は ἐγκαλέω の命令形・三人称・複数形。

39節　「しかし諸君がそれ以上に何かを訴えるなら」(直訳)。「それ以上に……する」(περαιτέρω)とは,前の文脈を受けて「民事的事柄の上に」の意味で,アルテミス女神の威光と共にその「神殿守」エフェソの威光も失われるであろう(27,35節)と訴えるなら,という意味であろう。「定例の集会で解決されるであろう」(直訳)。「定例の集会」(ἡ ἔννομος ἐκκλησία)とは,月に一回(劇場で)合法的に開かれた集(民)会。「巡回裁判の他」にこのような定例の民会裁判が開かれていたことは,エフェソのサルターリス碑文 (I. Eph. 27, 468 f.) によって立証されている。そこで「解決されるだろう」にあたるギリシア語動詞 ἐπιλυθήσεται は,ἐπιλύω「解決する,決定する」の受動・未来形。

以上,書記官によって提案された事柄の内容は,1～2世紀におけるエフェソの都市行政機構がほぼ正確に反映されているものと想定されよう[72]。

40節　当節前半のギリシア語本文はとりわけ περὶ οὗ「それについて」と δυνησόμεθα「われわれはできないであろう」の間に οὐ「ない」を入れる写本(ℵ A B P Ψ など)と入れない写本(P[74] D E など)が拮抗しているために,

---

71　Blass/Debrunner/Rehkopf, §5, 4, Anm. 21 参照。
72　A. N. シャーウィン・ホワイト,前掲書,92-96頁;C. J. Hemer, op. cit., p. 123 参照。

19：35―40

その読みが困難である[73]。前者を採って直訳すれば,「なぜならわれわれは,今日の事柄について,理由が全くないのだから,反乱の罪で訴えられる恐れがあるからだ。われわれはそれ（理由）をもってこの無秩序の集会について弁明できないであろう」となり[74],後者を採れば,「われわれは今日の事柄について,この無秩序な集会に関してそれをもって弁明できる理由が全くないのだから,騒乱の罪に訴えられる恐れがある」となる[75]。私訳は大方の近・現代訳と共にοὐのない本文を採ったが,いずれにしても,ここで町の書記官は当面の騒動がローマ帝国に対して平和を乱す騒乱罪となる可能性を,訴えられたパウロとその同行者にではなく,彼らを訴えたデメトリオスとその同業者たちに問うていることは明らかであろう。

このような,属州民によって引き起こされた事件に関連して,事件を引き起こした属州民の方が騒乱罪に問われる恐れがあると属州支配者が警告する演説の並行例は,ディオ・クリュソストモス（プルサの）『演説集』46, 14；48, 1-3（バレット）[76]やプルタルコス『倫理論集』813 a（パーヴォ）などに見いだされる。ここにも当時のローマ属州統治機構が反映されているであろう。

彼は「こう言って,集会を解散させた」という文言をもって,デメトリオス騒動劇は終幕となる。

《デメトリオス騒動》（19：23-40）

この「騒動」は,「銀細工師」デメトリオスが,パウロのエフェソ伝道によって受けた経済的ダメージをアルテミス崇拝の衰退と結びつけ,それに対する反対運動を同業者などに呼びかけたことに起因し,それに呼応した民衆により

---

[73] ギリシア語底本では,そのためにοὐを［　］に入れて本文に残し,本文の決定を保留している（メッツガー）。

[74] 邦訳では,前田護郎訳,新改訳。最近の英訳では,REB, NRSV。最近の注解書では,バレット,フィッツマイヤーなど。

[75] 邦訳では,口語訳,新共同訳,塚本訳,フランシスコ会訳,田川訳など。最近の英訳では,NEB, REV。最近の注解書では,ツミエフスキー,イェルヴェル,パーヴォなど。

[76] A. N. シャーウィン・ホワイト,前掲書,93-94頁を支持。

19：35—40

劇場で開かれた，無秩序極まりない民会が，町の書記官によって解散されたことで決着した，という挿話風の物語になっている。それにもかかわらず，パウロその人は，同信徒のみならず，彼と親交していたといわれる「アシア〔州の〕会議員」の説得によってこの騒動に巻き込まれない。他方パウロ自身は，彼の手紙の中でこの事件について全く言及せずに，「アシア〔州〕において起こった私たちの艱難」の中で「死の宣告を受けた」（Ⅱコリ1：8 f.），あるいは，「私は……エフェソで野獣と戦った」（Ⅰコリ15：32）と報告している。

このように，エフェソにおいてパウロの宣教との関わりで起こった事件の報告に，パウロ自身と行伝記者ルカの間に差異があるので，デメトリオス騒動の位置づけをめぐって，注解者・研究者の意見が分かれている。これを大別すれば，(1) この騒動物語をルカの創作ととる。(2) その中に伝承が前提されている。ただし，(2) の場合でも (a) その中に史実が反映されている，(b) 必ずしも史実は反映されていない，という二つの立場がある。

(1) は，その中にごく僅かな資料を認める場合もあるが，ヘンヒェン，リューデマン，シュミットハルス，最近では真山，パーヴォなど。(2) は，伝承範囲の取り方はそれぞれ異なるが，比較的広範囲に伝承を認める，コンツェルマン，ペッシュ，ロロフ，シレ，ツミエフスキー，マーシャル，イェルヴェル，バレット，フィッツマイヤーなど。この中で (2a) の見解は最後の四人である[77]。

例えば (1) は，33-34節を，アレクサンドロスなどユダヤ人についての物語をルカが短縮して挿入した「間奏曲」と呼び，「騒動」物語全体をルカが編曲（集）した証拠とみなす（ヘンヒェン）。しかし，この二つの節が物語全体の中で浮いていることが，かえって伝承の目安となる可能性があろう。また，(1) はパウロをアシア州会議員たちが騒動に巻き込まれないように説得したこと（31節）や，町の書記官がパウロらよりもむしろ民衆の方に騒乱罪を犯す可能性を示唆していること（35-40節）が，行伝から一貫して読み取られる，ローマ帝国の属州支配に対するキリスト教の無害性を強調するルカの「護教的」編集姿勢であるとして，「騒動」物語全体をルカの創作とみなす。しか

---

[77] P. Trebilco, *The Early Christians in Ephesus from Paul to Ignatius*, pp. 157-170 も同様。

19:35—40

しこの主張は，ルカが採用した伝承にすでに「護教的」傾向があった可能性を排除できないであろう。

他方(2)は，エフェソにおけるアルテミス神殿をそれに寄生する経済活動との癒着(23-27節)，エフェソ人のアルテミスに対する熱狂的崇拝(28, 34節)，アルテミス神殿の「神殿守」としてのエフェソ(35節)，アシア州会議員(31節)，劇場での民会とその無秩序さ(29節以下，とりわけ32節)，町の書記官(35節)，総督による巡回裁判(33節)，「定例の集会」としての民会(39節)など，物語全体に見いだされる「地方色」があまりにも濃いことを伝承の証拠とみなす。しかしこれは，ルカがエフェソとその教会から得た知見である可能性を締め出すことができないであろう。

(2)におけるもう一つの難点は，エフェソでパウロが体験した死に至るほどの「艱難」，「野獣との戦い」と，パウロが直接関わることを免れた「騒動」とを「調和」する試みである。たとえパウロがその手紙の中で彼の体験を誇張して報告しているとしても，この「騒動」におけるパウロの位置づけと，パウロが他ならぬエフェソの「獄中」でフィリピ人への手紙やフィレモンへの手紙など，いわゆる「獄中書簡」を執筆している事実とはやはり調和をできないと思われる。

ただし，エフェソにおける伝道活動に関するパウロ自身の証言とルカの記述の間に接触点が全くないとはいえないであろう。例えば，パウロがエフェソの獄中からフィレモンへ送っている挨拶の中に「同労者」(συναιχμάλωτος)の一人としてその名を挙げているアリスタルコス(フィレ23 f.)は，デメトリオスらによって捕えられ劇場に連行されたパウロの「同行者」の一人アリスタルコスとほぼ確実に同一人物である[78]。他方パウロは，「アシア〔州〕において起

---

78 佐竹明(『使徒パウロ』224頁)も，この限りにおいてルカの記述(29節)とパウロ自身の発言との接触点を認め，「使徒言行録のデメトリオの騒動の物語がパウロの投獄にまつわる事件を核にしてできたと推定することは，行き過ぎとはいえない」と慎重な結論を出している。他方，佐藤研(『聖書時代史 新約篇』123頁以下)は，より大胆に，「彼(パウロ)は(おそらく使徒行伝一九章23節以下のデメトリオス騒動に巻き込まれて)逮捕され，アリスタルコス(使一九29，フィレ24，なおコロ四10参照)やエパフラス(フィレ23)らと共に投獄

こった私たちの艱難」について言及している（Ⅱコリ1：8）。この「私たち」の中にアリスタルコスがいた可能性は十分想定されよう。

とすれば，エフェソで「艱難」に遭遇したパウロは，彼の証言によれば「死の宣告を受けた」といわれるほど深刻なものであるのに対し（Ⅱコリ1：9），ルカによれば，パウロの同行者アリスタルコスは（ガイオスと共に）逮捕され民会に連行されて「艱難」を受けているが，パウロはこの艱難からアシア州会議員の説得を受けて免れている（28-29節）。この記事がもしルカの創作ではなく伝承に遡るとすれば，エフェソでパウロらが被った，「死に至るほどの艱難——投獄，野獣との戦い」に関する情報は，ルカが入手したエフェソ教会伝承には伝わっていなかった可能性があろう[79]。

パウロがエフェソで逮捕・投獄されたことは——「野獣と戦った」という表現がたとえ彼の修辞的誇張であったとしても——その歴史的事実性を否定はできない。しかし，この史実に関してはその後に成立したエフェソ教会伝承に伝達されていないのである。エフェソはペルガモンと共にアシア州におけるローマ皇帝祭儀の中心的都市であるが，ローマ帝国側は，ユダヤ人を——キリスト教徒とユダヤ教徒の区別は当時ローマ側には分からなかった——現地住民の彼らに対する反感（34節参照）からむしろ保護する政策を採っている（ヨセフス『古代誌』XIV，186-264〔アシア州諸都市〕，XIV，262-264〔エフェソ〕，XIV，247-255〔ペルガモン〕，XIV，256-258〔ハリカルナッソス〕）[80]。エフェソ教会はそれを甘受したために，パウロが——その福音宣教の故に——町の為政者によって迫害されたことを伝承して伝達する環境にいなかったのではなかろうか。

　　されてしまったと思われる（Ⅱコリ一8-10の暗示参照）」と想定している。
79　イェルヴェルによれば，ルカはアリスタルコスと共にパウロの「同労者」であったが（フィレ24），彼は「デメトリオス騒動」伝承を，デメトリオスからではなく，エフェソ教会の伝承を介して知った。イェルヴェルが想定しているごとく，パウロの「同労者」ルカと行伝著者のルカが同一人物とは思われないが，ルカが「騒動」についてのエフェソ伝承を受容している可能性は否定できないであろう。
80　保坂，前掲書，136頁，注25，229頁，注5参照。

19：35—40

　実際，おそらく行伝とほぼ同時代に成立したと想定されるヨハネ黙示録の著者も，一方においてはローマを「獣」にたとえ，悪魔化しているが（13：1 ff.），他方において同書の中に収録されている「エフェソ教会への手紙」（2：1-6）には，当時同地に建立されていたローマ皇帝像への言及はないし，そもそもヨハネ黙示録全体にドミティアヌス帝によるキリスト教迫害の痕跡が全くないのである[81]。

　いずれにしても行伝著者ルカによれば，すでにフィリピの政務官たち（16：38），コリントの総督ガリオ（18：14-17），テサロニケの公職者たち（17：9）の場合について確認したように，またこの後にエルサレムの千人隊長（22：28, 23：22-29），カイサリアの総督フェストゥス（26：32）の場合について再確認するであろうように，ローマ帝国属州の為政者たちやその指揮下にある軍人たちは，パウロらの宣教するキリスト教の福音に対し，一貫して中立的立場を守っており，結果としてそれを保護する機能を果たしている。ルカは当「騒動」物語においても，アシア州総督や町の書記官をパウロに対して好意的に描くことは，むしろ積極的であったと思われる。他方ルカによれば，すでに21節の《釈義》で指摘したように（本書41-42頁），パウロは逮捕・投獄にまで至る「艱難」を――イエスと同様に――エルサレムで被るのであって，エフェソにおいてではない。

　こうしてパウロは「デメトリオス騒動」物語を，エフェソ教会の伝承とエフェソのアルテミス崇拝に関わる知見とをもとに，いわゆる「劇的挿話スタイル」（ヴァイザー）で描き出したのである。

　なお，当「騒動」物語におけるデメトリオスの否定的位置づけには，人間の金銭欲に対するルカの嫌悪感が――エルサレムにおけるアナニアとサッピラ（5：1-11），サマリアにおける「魔術師」シモン（8：9-24），フィリピにおける少女奴隷の「主人」（16：16-18），総督フェリクス（24：25 f.）などの場合と共通して――反映しているように思われる。とりわけエフェソの銀細工師の場合，彼が実際に，アルテミス神殿への参詣者に対し神殿の模型を「奉納

───────
81　保坂，前掲書，330頁；佐竹，前掲書，上巻，2007年，92-94頁，中巻，117-118頁参照。

物」として販売する業者組合の総元締めをしていたとしても，それ自体としては不当な職業ではないからである[82]。

また，神は人の手の業を超えた存在であるという神観（26節）が，地方共同体の神殿祭儀それ自体を否定するものではない（35, 36節）という立場も，エルサレム神殿（7：46-50），リュストラの神殿（14：8-18），アテネの祭壇（17：22-29）などから共通して読み取られる，ルカのキリスト教的普遍主義と想定される。

最後に，この物語でクローズアップされているのは，「暴動」の先導者，それに乗せられた無知蒙昧な民衆，それを鎮める公正な町の書記官であって，肝心のパウロらによる伝道活動に反応したエフェソ人の実像がこの物語から見えてこない。この点もフィリポによるサマリア伝道（8：5-25），バルナバとパウロによるリュストラ伝道（14：8-20）においても，サマリア人，リュカオニア人の実態が見えてこないのと共通していよう[83]。

Ⅲ　エフェソからエルサレムへ（20：1-21：14）

(1) エフェソからトロアスへ（20：1-6）

¹騒動が終結した後，パウロは弟子たちを呼び集めて励まし，別れを告げ，マケドニア〔州〕に向かって出発した。²そして，この地方をめぐりながら，多くの言葉で人々を励まし，ギリシアに来て，³ここで三ヶ月を過ごした。シリア〔州〕に向かって出航するつもりであったが，

---

[82] 注59で言及したように，エフェソからテラコッタや大理石製の神殿模型が出土しているのに対し，銀製の模型は出土していない。あるいはルカは，それが「銀製」なるがゆえに高価な奉納物を神殿への参詣者に売りつけて同業者に「少なからぬ利益を得させていた」デメトリオスの金銭に対する強欲に嫌悪感を抱いていたのであろうか。

[83] その理由は，C. Petterson (Mission of Christ and Local Communities in Acts, in : *Identity Formation in the New Testament,* pp. 247-267) によれば，ルカが描く地方伝道物語には，地方共同体それ自体への「脱植民地的」視点が欠けているからである。

20：1—6

自分に対するユダヤ人の陰謀(いんぼう)が起こったので、マケドニア〔州〕を通って帰る決心をした。⁴彼と同行(どうこう)したのは、ピュロスの子ベレヤ人(びと)ソパトロス、テサロニケ人(びと)のアリスタルコスとセクンドゥス、デルベ人(びと)ガイオスとテモテ、またアシア人のテュキコスとトロフィモスであった。⁵彼らは先発(せんぱつ)して、私たちをトロアスで待っていた。⁶私たちの方(ほう)は、除酵(じょこう)祭(さい)の後(のち)、フィリピから船出(ふなで)し、五日のうちにトロアスで彼らのもとに着(つ)き、そこに七日間滞在(たいざい)した。

《釈　義》

1節　エフェソの町の書記官が、デメトリオスの扇動によって劇場で開かれた「集会を解散させた」(19：40)ことにより、「騒動」(θόρυβος)が終結した。その後にパウロは、「弟子たち」つまりキリスト信徒たちを「呼び寄せて」(μεταπεμψάμενος)「励まし」(παρακαλέσας)、「別れを告げ（た）」(ἀσπασάμενος)。ギリシア語ではいずれの動詞もアオリスト分詞形。μεταπέμπομαι は、新約では、行伝でのみ9回も用いられている。παρακαλέω は、当節では、「騒動」に巻き込まれて艱難を被った信徒たちを「元気づける、慰める、励ます」の意。ルカによれば、パウロ（とシラス）はフィリピでも同地を去ってテサロニケへ旅立つに先立ち同地の「兄弟たち」を「励ました」(παρεκάλεσαν) (16：40)。ἀσπάζομαι は、元来「挨拶する」を意味するが、ここでは「別れを告げる」の意で用いられている。

こうしてパウロは、「マケドニアに向かって出発した」。「出発した」にあたるギリシア語動詞 ἐξῆλθεν は、ἐξέρχομαι「出る」のアオリスト形。それに続く πορεύεσθαι (πορεύομαι「行く」の不定法) εἰς Μακεδονίαν を含めて、文字通りに邦訳すれば「マケドニアに向かって行くことを目的に、（エフェソを）出た」。したがって、ギリシア語文法の構成としては πορεύεσθαι は必ずしも必要ではなく、実際D写本などではこれを落としている。

いずれにしてもルカによれば、エフェソからマケドニアに向けてのパウロの旅立ちは、デメトリオス騒動とは直接関係がなく、この騒動の前に、「マケドニアとアカイアを通って、エルサレムへ行く」というパウロ自身の「決心」

（19：21）の実行なのである。したがって当節の前半は、明らかに、デメトリオス騒動（19：23-40）とパウロのエフェソからマケドニア、ギリシアへの旅（20：2-6）とを繋ぐルカの編集句であろう。ただし、当節の後半「マケドニアに向かって出発した」は、Ⅱコリ2：13に対応している。その限りにおいて、エフェソ→マケドニア→ギリシアという旅行ルートは伝承に遡る。

2節　「この地方をめぐりながら」の「めぐりながら」にあたるギリシア語動詞 διελθών は διέρχομαι のアオリスト分詞形。この動詞も、19：21におけるパウロの決心「マケドニア……を通って（διελθών）」を受けている。「この地方」の「この」とはマケドニアのことであり、「地方」はギリシア語で τὰ μέρη、すなわち τὸ μέρος の複数形なので、パウロがその第二回伝道旅行で宣教した、フィリピ、テサロニケ、ベレヤなどを含む「諸地方」を指していよう。とすれば、「多くの言葉で人々を（文字通りには、彼らを。ギリシア語では αὐτούς）励まし（1節と同じ παρακαλέσας）」の「多くの言葉で」（λόγῳ πολλῷ）は、パウロが諸地方で繰り返した「多くの」励ましの「言葉」を示唆していよう。それは、「多くの言葉」をもって構成された長いメッセージのことではない。パウロは、彼がかつて創設した諸地方の教会を問安してその都度メッセージを伝えたことを含意している。

彼はこうして「ギリシアに来た」。「ギリシア」と訳したギリシア語名詞 Ἑλλάς は、新約では当節だけに用いられており、他の箇所で10回用いられている属州名「アカイア」（Ἀχαία. 行伝では18：12, 27, 19：21）の民衆的な表現である（パウサニアス『ギリシア旅行記』Ⅶ, 16 も同様の表現）[84]。具体的には次節から判断しても、コリントを示唆していよう。

3節　パウロはここで「三ヶ月を過ごした」。「過ごした」にあたるギリシア語動詞 ποιήσας は、ποιέω のアオリスト分詞形で、この動詞は「（時を）費やす、過ごす」の意味でも用いられるが（行伝では15：33, 18：23。Ⅱコリ11：25,

---

84　J. Wanke, Ἑλλάς, in：『釈義事典』Ⅰ, 497頁参照。

20：1—6

ヤコ4：13,『古代誌』VI, 18をも参照), 元来は「造る, なす」の意で, ここでパウロが何をしていたのか, 全く報告されていない。パウロ自身の手紙から推測すると, 彼は三度目に訪問したコリントで (Ⅱコリ12：14, 13：1参照)[85], ガイオスの家に滞在してローマ人に宛てて手紙を送り (ロマ16：23参照), 彼はここで, 彼のエルサレム教会への募金事業にアカイア (およびマケドニア) の諸教会をも参加させることに成功している (同15：25-28参照)。しかしルカは, このようなパウロについてのコリントにおける業について, 次節における七人のリストが元来パウロによる募金事業に参加した諸教会の代表に遡ると想定されるにもかかわらず, これについてと同様に, 全く沈黙している。

いずれにしてもルカによれば, パウロは元来, コリント (の港町ケンクレイアイ) からシリア (のおそらくテュロス。21：3参照) に向けて出航する (そして, エルサレムを目指す。19：21, 21：15参照) つもりであったが, 彼に対してユダヤ人の陰謀が起こったので, マケドニア経由で (シリアに) 帰る決心をした。「決心をした」にあたるギリシア語動詞 ἐγένετο (γίνομαι「生まれる, 生ずる, 成る」のアオリスト形) γνώμης (γνώμη「心, 思い」の属格) の原意は,「心のものになる」,「心に生ずる」の意味である[86]。パウロはおそらく, エルサレムで過越祭を守るために巡礼に旅立とうとしたユダヤ人が乗る巡礼船でシリアに向かおうとした, というラムゼイ説が現在でも多くの注解者たちによって支持されている (ヘンヒェン, ロロフ, シュナイダー, イェルヴェル, ウィザリントン, フィッツマイヤー, パーヴォなど)[87]。

85　ただし, 行伝によれば当節の記事はパウロのコリントへの2度目の訪問にあたる。しかし, パウロの手紙によれば, パウロはエフェソに滞在中コリントに「2度目」の「中間訪問」をしているが (Ⅱコリ13：2参照), 行伝ではこれについて全く言及されていない。

86　所有の γνώμη については Blass/Debrunner/Rehkopf, §162, 7, Anm. 9参照。

87　この説をバレットは「おそらく可能性のある, 才気あふれるサジェスチョン」として紹介している。ボルンカムによる以下の説明 (G. ボルンカム『パウロ』150頁) 参照。「おそらく過越祭を機会に同じくエルサレムに向かって巡礼の旅に立ち, パウロと同じ船を利用しようとしたユダヤ人たちが, 彼に対する陰謀を企んだので, パウロは, 若干の同行者たちと共に, 海路による代りに, 先ず

4節 ギリシア（おそらくコリント）からパウロと「同行した」（συνείπετο. συνέπομαι の未完了形）という七人の名前が挙げられている。

「ソパトロス」（Σώπατρος）は，ロマ 16：21 にその名が挙げられている「ソシパトロス」（Σωσίπατρος）と同一視され[88]，実際に前者を後者と同じように綴る写本も存在するが，写本の弱さからみても，この写本の写字生が当節の「ソパトロス」をロマ 16：21 の「ソシパトロス」に合わせようとした意図からみても，ほとんどの注解者が一致して想定するように，ソパトロスは新約では当節だけに挙げられている人名である。彼は「ピュロスの子」で「ベレヤ人」（Βεροιαῖος）といわれている。パウロは（シラスと共に）第二回伝道旅行の際テサロニケ滞在後に「ベレヤ」で宣教している。「ベレヤ人」というのは，「ベレヤ教会出身の」という意味であろう。

次に，「テサロニケ人の（中からの）」（Θεσσαλονικέων. Θεσσαλονικεῦς の複数属格）二人「アリスタルコスとセクンドス」。前者は 19：29 に，パウロと同行した人物の一人として言及されていた。もっとも，19：29 では「マケドニア人」となっているが，テサロニケはマケドニアの首都でもあるから，どちらも同一人物であろう。彼は 27：2 でも「テサロニケ出身のマケドニア人」として言及されている。「セクンドス」は新約では当節以外に挙げられていない。両者とも「テサロニケ教会出身」ということになる。

次に，「ガイオスとテモテ」。「ガイオス」だけが「デルベ人」といわれている。「デルベ」は，隣接する町「リュストラ」と共に，パウロが（シラスと共に）第二回伝道旅行に出発した直後に宣教した，小アジア奥地の町である（16：1 参照）。「ガイオス」という名前は，19：29 にも，アリスタルコスと並んでパウロの同行者の一人として挙げられていたが，彼らは「マケドニア人」と呼ばれていた。すでに同箇所の《釈義》で指摘したように（本書51-52頁），19：29 と当箇所のガイオスが同一人物であるかは不明である。

いずれにしても，ガイオスと並記されているテモテはデルベに隣接するリュ

マケドニアを通っての陸路を選ぶこととなった」。

[88] C. J. Hemer, *The Book of Acts in the Setting of Hellenistic History*, p. 236 によれば，ルカは，同じ人名のうち「より短い，より一般的な人名を用いている」。

20：1—6

ストラ出身であるから（16：1 f. 参照），「デルベ」を「マケドニア」と結びつけることは無理であろう[89]。

最後に，「アシア人」（'Ασιανοί. 'Ασιανός の複数形）の二人「テュキコスとトロフィモス」。トロフィモスは 21：29 で「エフェソ人」として再登場する（IIテモ 4：20 をも参照）。テュキコスについてはコロ 4：7，エフェ 6：21，IIテモ 4：12，テト 3：12 で，多くの場合パウロの手紙を宛先に運ぶ役を負わされているが，これらの手紙はいずれもパウロの真正な手紙とみなされていない。

以上七人のリストは，——古くから現在に至るまで注解者たちがほぼ一致して想定しているように——パウロが各地に創設した教会の代表者で，彼らがそこから集めた献金をエルサレム教会に持参する任務を託された人々をリストアップした伝承に遡る。実際，パウロ自身がコリントに宛てて次のように手紙で記している。

「聖徒たちへの献金については，私がガラテヤの諸教会に指示したように，そのようにあなたがたもまた為しなさい。週のはじめの日ごとに，あなたがたのそれぞれは，もしも〔仕事が〕順調ならば〔そこで得た金を〕なにがしか貯えておいて，自分自身の脇にとって置きなさい。それは，私が〔そちらへ〕行った時，その時に〔ようやく〕献金がなされるということのないためである。私が到着した時には，あなたがたが吟味し〔て選んだ〕人たちを，手紙と共に私は送り出すことにしよう。あなたがたの好意をエルサレムに持参するためである。もしも私もまた赴くことが適当だとするなら，彼らは私と共に赴くことになるであろう」（Iコリ 16：1-4）。

パウロのこのような願いは，とりわけマケドニアとアカイアの教会によって受容されていた（IIコリ 8：1-15，9：1-15，ロマ 15：26 参照）。

ただ問題は，パウロが如上の手紙の中でその願いと感謝を述べているアカイアのコリント教会とマケドニアのフィリピ教会の代表者がこのリストの中に挙

---

89 西方写本の一部（D*vid など）は，Δερβαῖος（P74 ℵ A B2 D2 E Ψ など）を Δουβ[έ]ριος と読み，マケドニアの北部の町「ドベロ人」（Δοβήρος）とみなし，19：29 のマケドニア人ガイオスと結びつけようとしているが，これは明らかに後世の修正である（メッツガー）。

げられていないことである。それを主たる理由としてこのリストは献金問題とは無関係に，彼の旅行の同行者として読むべきであるという例外的な見解もある（リューデマン）。

　もちろん，ルカが意識的に，パウロが展開したエルサレム教会への募金運動を無視していること，また，パウロが援助金を実際にエルサレム教会に持参したであろう（が受理されなかった）ことについては，18：22 および 19：22 の《釈義》で繰り返し述べてきた。しかもこのリストに，ここでアカイア（コリント）の代表者が入っていないのは，コリントで各地の代表者たちを揃えたパウロ自らがコリントを代表していたからである可能性もあろう[90]。その上，計「七」人は象徴的な数でもあるので（19：14 の《釈義》本書 32 頁参照），あるいはルカがリストアップした人数を──テモテを加えて（ロロフ）──「七」人に限ったのかもしれない（パーヴォ参照）。それにしても，パウロの同行者として何の説明もなくこれほど多くの人数が挙げられているのは，やはりルカがここに用いた何らかの伝承を想定しないと説明がつかないと思われる。

5 節　「先発して」「私たちをトロアスで待っていた」といわれる「彼ら」（οὗτοι）とは誰のことであろうか。「私たち」にパウロが含まれているとすれば，「彼ら」とは前節に挙げられている七人（バレットなど多くの注解者）か，最後に挙げられている二人（レイク・キャドバリー）であろう[91]。彼らは──お

---

[90]　C.-J. Thornton, *Der Zeuge des Zeugen*, S. 306 によれば，コリントでパウロと共に援助金募集に貢献したテトス（IIコリ 8：6, 16 参照）がリストに挙げられていないのは，彼が七人とは別にパウロやルカと共にフィリピから海路トロアスに向かった「私たち」（7-8 節）の中に含まれていたからである。また，Thornton（S. 271）は，この「私たち」の一人ルカがフィリピ教会の代表者であったという（田川も同様）。しかし，このような Thornton／田川説は，「われら章句」をパウロの同行者ルカの旅行メモとみなす彼の仮説に基づいている。この仮説批判については 16：10 の《釈義》（荒井，中巻，341-342 頁以下）および次の 5, 6 節の《釈義》参照。

[91]　もし「私たち」の中にパウロが含まれていない可能性をも考慮に入れるとすれば（Thornton, S. 90 f.）「先行した」のはパウロを含む七人か少なくとも二人となる。この場合，「私たち」とは，「私たち」を主語とするルカ自身の旅行

20：1—6

そらくコリントから——海路「先発して」トロアスで「私たち」を待っていた。

6節 ここから突然，前節の「私たちを」を受けて主語が「私たち」となり，これを主語とする文章が8節まで，さらには彼らがトロアスから海路ミレトスに至る（13-16節）まで続く。私見によれば，この「われら章句」は，パウロの同行者ルカの旅行メモでも，それに遡る伝承句でもなく，行伝著者ルカが読者をパウロの——とりわけ海路を辿る——旅行へといざなう臨場感を持たせようとする，彼の修辞的文体ととる（前節の注90に挙げた16：10の《釈義》参照）。この意味で「私たちは」パウロと共に——おそらくコリントから——陸路北上してマケドニアのフィリピに至り，ここで「除酵祭」を過ごした。「除酵祭」（ギリシア語では ἡμέραι τῶν ἀζύμων「種なしパンの日々」）については，12：3の《釈義》（荒井，中巻，195頁，注5）参照。ルカによればパウロが「過越祭」に始まる「除酵祭」を実際に祝ったのか（イェルヴェル），これは単なる時期の区切りを表現するものなのか（ヘンヒェン，コンツェルマン，ブルース，バウエルンファイント，リューデマン），不明である（シュナイダー，ヴァイザー）。いずれにしても，パウロがトロアス教会でキリスト教の過越祭（イエスの受難・復活祭）を祝ったという仮説（マーシャル）は，バレットによって退けられている。ルカが当節の「除酵祭」をもってイエスの受難（ルカ22：1, 7で「除酵祭」と「過越祭」が同一視されている）とペトロの受難（使12：3）にパウロの受難を重ねているとみなす説（パーヴォ）もうがち過ぎと思われる。少なくともルカがペトロやパウロのクロノロジーをユダヤ教の祝祭日で区切っていることは事実である（12：3, 20：16参照）。

ルカによれば，「私たち」は，この祭の後に，フィリピから海路トロアスに着き，ここでフィリピから「先発し」ていた「彼ら」と合流して，「そこに七日間滞在した」。この最後の句は明らかに，7節以下に物語られる「エウテュコスの蘇生」物語を時間的に準備するために，ルカが加筆した編集句であろう。

メモとなる（6節参照）。

《エフェソからトロアスへ》(20：1-6)

　この記事を前の文脈における「デメトリオス騒動」物語（19：23-40）と結びつけた 20：1a（「騒動が終結した後、パウロは弟子たちを呼び集めて励まし、別れを告げ」）と、後の文脈における「エウテュコスの蘇生」物語と結びつけた 20：6b（「そこに七日間滞在した」）は、明らかにルカの編集句である。しかし、これらの句に囲われた 1b-6a は、パウロの旅行ルートを記述した伝承に遡ると想定される。少なくともエフェソからマケドニアを経てコリントに至る旅、コリントにおける一定期間の滞在、コリントからシリア経由でエルサレムに上りたいという希望そのものは、パウロ自身の手紙によって裏書きされるからである（Ⅰコリ 16：1-8, ロマ 15：25 f. 参照）。もちろん 20：1-6a に前提されている旅行ルートでは、パウロ自身が言及している旅程が大幅に短縮されていることは事実であるとしてもである。

　他方、パウロはギリシア（コリント）から、海路シリアに向かうつもりであったが、彼らに対するユダヤ人の陰謀が起こったので、陸路マケドニア経由で帰る決心をしたという記事（3節）は、パウロの手紙によって裏書きされない。確かにパウロの意図がユダヤ人の反抗に妨げられたという動機は行伝でステレオタイプ的に繰り返されている（9：23, 29 f., 14：5 f., 23：12 ff. など参照）。ただし、それを理由にパウロがコリントからマケドニアを経由してシリアに帰ったという記事をルカの創作ととる[92]必要はないであろう。パウロ自身、先に引用したコリント人たちの手紙の中で、彼がコリントに到着した時に彼らが「吟味し〔て選んだ〕人たちを（エルサレムに向けて）送り出す」、あるいはパウロ自身もこの人たちともに（エルサレムへ）赴くことを予告しているからである（Ⅰコリ 16：3-4）。おそらく 5-6 節における「先発」者たちと「私たち」とのトロアスにおける合流も、ルカ的動機づけがないだけに、伝承に遡ることは否定できないであろう（リューデマン、ツミエフスキー）。「私たち」という一人称複数形を主語とする文章は《釈義》で指摘したように、ルカが整えた修辞的文体ではあるが――。

92　W. Radl, *Paulus und Jesus im lukanischen Doppelwerk*, S. 113.

いずれにしても，4節でパウロと「同行した」人物として挙げられている七人は，先に引用した，コリント人たちが「吟味し〔て選んだ〕人たち」を反映する伝承に遡ることはほぼ定説になっているといえよう。もちろん伝承のレベルでは，これらの人たちはアカイア（コリント），マケドニア（フィリピ）など各地の教会を代表して，それらの地域からの献金をエルサレム教会へ持参する任務を帯びた人々である。パウロが苦労の果てに説得を果たしたこのエルサレム教会への援助金については一貫して無視する行伝記者ルカは，ここでもそれに言及していない。多くの注解者は，24：17を引き合いに出して，ルカはこのことを知ってはいたが，この献金はパウロが着服したなど厄介なスキャンダルを引き起こしたので，また，エルサレム教会は献金の受理を断った可能性があったので，ルカは敢えてそれに直接触れることをしなかった，と説明している（例えばイェルヴェル）。しかし，私見では——すでに18：22の《釈義》（荒井，中巻，483-484頁）で詳述したように——24：17の同胞への「施し」（ἐλεημοσύνη）は，ルカによればディアスポラのユダヤ人がエルサレムの「同胞」に果たすべき徳目であって，パウロのいわゆる「援助金」（διακονία, κοινωνία, λογεία）ではないのである。ルカによれば，エルサレム教会の中には「乏しい者が一人もいなかった」（4：34）のであるから，同教会が「援助」を受けたのは「大飢饉」が起きた時だけである（11：27-30）。

(2) **トロアスにて——エウテュコスの蘇生（20：7-12）**

7 さて，週のはじめの日に，私たちがパンを裂くために集まっていた時，パウロは翌日出発することになっており，人々に話をして，その話を真夜中まで続けた。8 私たちが集まっていた屋上の間には，ともし火がたくさんあった。9 その時，エウテュコスというある若者が窓に腰をかけていたところ，パウロがあまりにも長く話したので，深い眠りに陥り，眠りに圧倒されて，三階から下に落ちてしまった。そして彼は，引き起こされると，死んでいた。10 パウロは降りて行って，彼の上に身を伏せ，抱きしめて言った，「騒ぐことはない。命はあるのだから」。11 そして，上に行って，パンを裂いて食べ，夜明けまで長い間語り，こうして出

発した。¹² 人々は生きている少年を連れて行き，少なからず慰(なぐさ)められた。

《釈　義》

　7節　「さて，週のはじめの日に」（Ἐν δὲ τῇ μιᾷ τῶν σαββάτων）。文字通りには「週の一日（目）に」。「週の」にあたるギリシア語名詞 τῶν σαββάτων は τὸ σάββατον の複数属格。この名詞は単数でも複数でも「安息日」あるいは「週」の意味に用いられている。当節ではその「一日（目）に」となっているので，明らかに「週」の意味（ルカ24：1 diff. マコ16：1／マタ28：1，Ⅰコリ16：2参照）。ただし，「週」はユダヤ暦では「安息日」（金曜日の日没から土曜日の日没まで）明けから始まるので，太陽暦で「週の一日（目）」は土曜日の日没から日曜日の日没までとなる。この物語は時間的には「真夜中」（7節b）から「夜明け」（11節）までの間に設定されているので，「日曜日」にあたることになる。ユダヤ教では元来，「安息日」（土曜日）が「主（神）に献げられた日」と呼ばれるが，初期キリスト教では「主」イエスの復活を記念する日という意味で日曜日が「主の日」と呼ばれ（黙1：10），この日毎にキリスト信徒たちは集会を開き，聖餐を共にするようになった（『十二使徒の教訓(ディダケー)』14：1「主の日毎に集って，……パンを裂き，感謝を献げなさい」。『イグナティオスの手紙――エフェソのキリスト者へ』20：2をも参照）。

　なお，「一日（目）」にあたる ἐν τῇ μιᾷ の μιᾷ は基数詞「一」を意味する εἷς の女性形 μία の与格であるが，コイネーギリシア語では基数詞が序数詞にも用いられるので，ここでは序数詞「第一の」の意味。この数詞が女性形であるので，これがかかる女性名詞（ἡμέρα「日」）が省略された用語である。

　「私たちがパンを裂くために集まっていた時」。この文章はギリシア語では属格の分詞構文。συνηγμένων は συνάγω「集める」の受動「集められる，集まる，集まりをなす」（11：26とその《釈義》〔荒井，中巻，178-179頁〕参照）・完了分詞・複数属格。「パンを裂くために」にあたる副詞句 κλάσαι ἄρτον の κλάσαι は κλάω「裂く」のアオリスト不定法で目的を表わす。「パンを裂く」あるいは「パン裂き」は，元来はユダヤ人の家庭において家父長が「食事」を導く儀礼的行為であるが，ルカ文書では信徒たちが共にする「食事」（愛餐）

と共に「聖餐」をも意味していると想定される（ルカ 22：14 ff., 24：30, 35, 使 2：42, 46, 27：35）。当節（および 11 節）における「パンを裂く」はその典型的用語であろう[93]。なお，パウロの手紙においても，「愛餐」と「聖餐」は，「主の食事」として区別されていない（Ⅰコリ 11：20-24 参照）。

「パウロは人々に話をしていた」。διελέγετο は διαλέγομαι の未完了形。ルカはこの動詞を行伝で「論ずる，論じ合う」という意味で用いているが（17：2, 17, 18：4, 19, 19：8, 9, 24：12, 25），当節（および 9 節）では，より一般的に「話をする」あるいはこの場面においては「説教をする」の意味で用いている。「翌朝出発することになっている」は，ギリシア語ではパウロを受ける分詞句になっているが，おそらく後続する「（彼は）話を真夜中まで続けた」の理由句の機能を果たしていると思われる。παρέτεινεν は παρετείνω「伸ばす，長引かせる，続ける」の未完了形，「話をしていた」（διελέγετο）と同時称である。

8 節　「屋上の間」（τὸ ὑπερῷον）は，元来平屋立ての家の上に取り付けられた，日本流に言えば「二階の間」であるが，地階から数えると「三階」（9 節）にあたる（1：13 とその《釈義》参照）[94]。「私たちが集まっていた」（ἦμεν συνηγμένοι）は，ギリシア語では 1：13 における「彼らが集まっていた」と同様，本動詞の完了分詞 + be 動詞（εἰμί）の未完了形で，状況の背景を描写する「進行的パラフレーズ」，いわゆる「回説的用法」で，新約ではルカによって最もしばしば用いられている[95]。そこには「たくさんのともし火があった」（ἦσαν δὲ λαμπάδες ἱκαναί）。λαμπάδες は λαμπάς の複数形で「松明」（ヨハ 18：3, 黙 8：10）あるいは「ともし火」（マタ 25：1 など）の意。当節では屋内でたくさんともされているのであるから，後者の意であろう。

以上 7，8 節では前の文脈（5，6 節）を受けて，副文章の主語が「私たち」となっている。ただし，ここで「私たち」は，フィリピからトロアスについた

---

[93] この用語法について詳しくは，荒井，上巻，188 頁以下参照。
[94] 前掲拙著，53 頁。
[95] 1：10 とその《釈義》（前掲拙著，37 頁）参照。ただし，συνηγμέοι は完了分詞。

「私たち」（5, 6節）だけではなく，コリントからのパウロの同行者を含むすべての人々を意味している。そして，ここからパウロが，「エウテュコスの蘇生」の関わる伝承資料を再現していることは事実であろうが，ここでも「私たち」は，それを主語とする「われら資料」の指標というよりはむしろ，資料における物語の進行に読者をいざなうルカの修辞的文体の指標とみなすべきであろう。パウロが，主文章ではパウロが「私たちに」ではなく，「人々に」——文字通りには「彼らに」（αὐτοῖς）——「話をしていた」と記されている。このことは，——ルカがそれについて全く言及していないが——トロアスにキリスト教共同体が存在していることを前提しているだけに，これは，12節の「人々に」と共に，ルカが用いた資料の目安となるであろう（ツミエフスキー，リューデマン）。ルカは，「私たちが」という主語と「集まっていた」という述語の回説的用法などにもよって彼好みの文体に整えたのである。

9節 「エウテュコス」（Εὔτυχος）は，当時かなり一般的に用いられている人名であるが，この名詞は εὐτυχής「幸いな」という形容詞に由来する固有名詞なので，「幸いな人」——日本風に名づければ「幸男」？——の意味をもつ。「若者」にあたるギリシア語名詞 νεανίας はおよそ24歳から40歳までの男性を指すが，12節で彼は παῖς「子ども，少年」ともいわれているので，比較的に年少の「若者」を想定していよう。

「（窓〔枠〕に）腰かけている」（καθεζόμενος）も「（深い眠りに）陥り」（καταφερόμενος）も，それぞれ καθέζομαι「座る，腰かける」と καταφέρω「下ろす，落す」の受動相 καταφέομαι「落ちる，沈む，陥る」の分詞形で，エウテュコスを受ける。次の「（眠りに）圧倒されて」（κατενεχθείς）も καταφέρω の受動分詞であるが，ここではアオリスト形[96]。なお，ギリシア語では最初の「眠りに」は ὕπνῳ（ὕπνος の原因を表わす与格），次の「眠りに」は ἀπὸ = ὑπὸ τοῦ ὕπνου「眠りから，眠りによって」。——こうして彼は「（三階から下に）落ち

---

96 田川は「眠りにつつかれて」と訳し，「「つつく」（katanyssomai）という動詞の受身」とコメントしているが，2：37以外の箇所でこの動詞を用いている写本は見当たらない。

20：7—12

てしまった」(ἔπεσεν. πίπτω のアオリスト形)。

　エウテュコスがこのように眠り込んでしまった原因を,「パウロがあまりにも長く話した」と, ギリシア語では属格の独立構文で説明している。ところが多くの注解者たちは, エウテュコスが——部屋には「ともし火がたくさんあった」のに——「眠り込んでしまった」原因を「(油でともされる) ともし火」(マタ 25：3 参照) の煙と熱気が部屋にこもったためと想像している (ヘンヒェン, ロロフ, ウィザリントン, ヴァイザー, ペッシュ, フィッツマイヤーなど)。しかし, そこまで想像をたくましくしなくても, 文字通りに, パウロの長説教が若者を眠気に誘ったとみてよいのではないか[97]。

　「彼は引き起こされると, 死んでいた」(ἤρθη νεκρός)。ἤρθη は αἴρω の受動アオリスト形。νεκρός は形容詞で「死んでいる」の意。

10 節　「パウロは降りて行って, 彼の上に身を伏せた」。主文章のギリシア語動詞 ἐπέπεσεν αὐτῷ の ἐπέπεσεν は, ἐπιπίπτω のアオリスト形で文字通りには「彼の上に落ちる, 身を投げかける」の意。ルカ 15：20 の「彼の首をかき抱いた」(ἐπέπεσεν ἐπὶ τὸν τράχηλον αὐτοῦ) と同じ動詞の用法。συμπεριλαβών「抱きしめた」は συμπεριλαμβάνω のアオリスト分詞。

　「騒ぐことはない」。θορυβεῖσθε は, θορυβέω「騒がせる」の受動・現在命令形。エウテュコスが死んだと思って泣き騒ぐことはやめなさい, の意 (ルカ 8：52 diff. マコ 5：38 参照)。「彼の命 (魂) は彼のうちにあるのだから」(ἡ γὰρ ψυχὴ αὐτοῦ ἐν αὐτῷ ἐστιν の直訳)。この表現についても, ルカ 8：55「彼女の霊が戻って来た」(ἐπέστρεψεν τὸ πνεῦμα αὐτῆς. diff. マコ 5：42) を参照。この限りにおいて, ルカにとっては ψυχή は πνεῦμα と共に人を生かす力なのである (ルカ 23：46 f. diff. マコ 15：37 をも参照)[98]。

---

[97] おそらく注解者の多くが教会の牧師をも兼ねている (少なくともその資格を持っている) ので, 説教者パウロの責任を軽くしたいという気持ちが働いているのではないか。信徒の側からみれば, 長説教が居眠りの原因になることはよくあることだ！

[98] パウロの場合は, Ⅰコリ 15：45 で ψυχή と πνεῦμα をはっきりと区別している。

当節における「若者／少年」に対するパウロの振舞いは、やもめの「息子／子供」に対するエリヤ（王上17：17-24 LXX）、あるいは「子供」に対するエリシャ（王下4：18-37）の振舞いと類似している（バレット）。特に「彼の上に身を伏せた」（ἐπέπεσεν αὐτῷ）というパウロの所作は、「子供の上に伏した」（ἐκοιμήθη ἐπὶ τὸ παιδάριον）というエリシャの所作（4：34）と――両箇所で用いられているギリシア語動詞は異なるが――いずれの場合も体の接触によって死人を生かす蘇生行為として共通している（王上17：21をも参照）。しかも後者の場合、「子供に（παιδαρίῳ）」三度「（身を伏せて）息を吹きかけた」（ἐνεφύσησεν）上で、次のように「主」に祈願している。――「わが神なる主よ、この子の命（ψυχή）が彼に戻りますように（ἐπιστραφήτω）」と。そしてエリヤは母親に言った、「見なさい、あなたの息子は生きている」（βλέπε, ζῇ ὁ υἱός σου）と（17：21, 23）。LXX好みのルカが、伝承から採用したパウロによる「エウテュコスの蘇生」物語を、LXXにおけるエリヤ／エリシャによる「子供の蘇生」物語に重ねて構成した可能性は十分にあるであろう。

このエリヤ／エリシャ物語の並行関係は、実はペトロによる「タビタの蘇生」物語（使9：36-42）においても言及した（荒井、中巻、127頁以下参照）。そしてこの物語と「エウテュコスの蘇生」物語の間にも――もちろん細部においては相違が認められるが――少なくとも次の三点においては類似関係が認められる。

① 両物語のテーマが死から生への蘇生である。
② 主人公がいずれもキリスト信徒で、その名前が挙げられている。
③ 場面が共に「屋上の間」に関連している。
④ 両物語が、ペトロとパウロの伝道活動の最終段階に設定されている[99]。

ここでもルカは、パウロを神の力の行使者としてペトロと――そして究極的には「神の器」としてのイエスと――並行関係に置いていることは明らか

「最初の人アダムは生ける〔自然的な〕命と（εἰς ψυχὴν ζῶσαν）となった。〔そして〕最後のアダム〔すなわちキリスト〕は、〔人を〕生かす霊と（εἰς πνεῦμα ζωοποιοῦν）なったのである」。

99 R. C. Tannehill, *The Narrative Unity of Luke-Acts*, Vol. 2, p. 247 参照。

20：7—12

であろう（タビタについては荒井，中巻，130-131頁参照）。

11節 パウロは「上に行って，パンを裂いて食べ……語り」。ἀναβὰς, κλάσας, γευσάμενος, ὁμιλήσας，四動詞共に，ἀναβαίνω, κλάω, γεύομαι, ὁμιλέω，のアオリスト分詞形で「出発した」（ἐξῆλθεν, ἐξέρχομαι のアオリスト形）が本動詞になっている。

「パンを裂いて食べ」は，7節における「私たちはパンを裂くために集まっていた」を受けたパウロの行動であるが，7節の「パンを裂く」が聖餐を意味しているとすれば，当節ではパウロが一人でではなく，「会衆と共に」を含意していよう。多くの注解者たちは，パウロのこの行動を，エウテュコスの蘇生のための中断された聖餐の継続とみなしているが（イェルヴェルなど），パウロが聖餐をこの時点で執り行ったともみることができよう。もし後者の解釈が正しいとすれば，これが説教の後に聖餐を執行するという礼拝式順の祖形をなす可能性がある[100]。

パウロは「夜明けまで長い間語った」。「語った」にあたるギリシア語動詞 ὁμιλέω は，新約ではルカ文書だけに用いられており（当節の他，ルカ 24：14, 15, 使 24：6），いずれの箇所でも「話し合いをする」という意味なので，これを 7 節の διαλέγομαι と同じ意味にとる[101]必然性はないと思われる。この動詞が「説教する」（ὁμιλίαν ποιέω）という述語として用いられるのは 2 世紀に入ってからのことである（例えば『イグナティオスの手紙——ポリュカルポスへ』5：1）。

なお，イグナティオスとほぼ同時代にビテュニア・ポントス州の総督プリニウスがトラヤヌス帝に送った請訓書簡の中で，同地のキリスト教徒たちについて，彼らが「特定の日の夜明け前に一同集まり……これらの儀式を終えると

---

100 バレットは γεύομαι という動詞がルカ文書では——ルカ 9：27／マコ 9：1 を例外として——一般的に「食べる」という意味で用いられているので（ルカ 14：24 diff. マタ 22：10，使 10：10, 23：14），当箇所においてもこれを聖餐行為ととるべきではないとコメントしている（土戸は「パンを裂く」を「聖餐」，「食べる」を「愛餐」）。しかしすでに 7 節の《釈義》で言及したように，ルカは聖餐と愛餐を区別していない。

101 M. Latke, ὁμιλία, in：『釈義事典』II，578 頁参照。

（一旦は）解散し，その後食事のために，再度一同集合する慣わしでありました」と報告している（X, 96, 7）[102]。

このように，「夜明け前に」(ante lucem) 信徒たちが集会を開き，その後に食事を共にしたという外証が，2世紀に入ってからのことではあるが存在するので，パウロの話が深夜まで続き，パウロがパンを裂いて食べ，「夜明けまで」(ἄχρι αὐγῆς)[103] 語ったという当節の記事は，成立しつつあるキリスト教において必ずしも特殊な事例ではないのである。

12 節　人々は「生きている少年を」(τὸν παῖδα ζῶντα. παῖδα は παῖς の，ζῶντα は ζάω の現在分詞の，それぞれ対格)「連れて行った」(ἤγαγον. ἄγω のアオリスト3人称複数形)。そして人々は「少なく」(μετρίως「適当に，加減して」)では「なく」(οὐ),「慰められた」(παρεκλήθησαν. παρακαλέω の受動アオリスト・3人称複数形)。この「少なくなく，少なからず」という副詞句はルカが好んで用いる「緩叙法」で，「非常に」を意味する。

この文章は，全体として，「エウテュコスの蘇生」をテーマとする奇蹟物語を締めくくる，奇蹟効果の「誇示」(Demonstration) にあたるであろう。とすれば，奇蹟物語としてはこの12節が10節に直接続いている方がよりスムーズであり，11節はパウロの行動を締めくくるルカの編集句と想定される（最近ではツミエフスキー，バレット，イェルヴェル，真山など）。とすれば，人々が「生きている」少年を連れて行った先は，伝承のレベルでは「屋上の間」が想定されていよう。11節の続きとして12節を読めば，人々は少年を「家に」連れて行った（ロロフ）ことになろうか[104]。

102　保坂高殿訳．『新約聖書とローマ法・ローマ社会』365頁。
103　ちなみに，このギリシア語副詞句は，ウルガータでは"usque in lucem"とラテン語に訳されている。
104　いずれにしても「連れて行った」先が明らかにされていないので，D写本では次のように筆写している。「人々が別れの挨拶をしていると，彼（パウロ）が生きている少年を連れて行き，人々は少なからず慰められた」。

20：7—12

《エウテュコスの蘇生》（20：7-12）

　　ルカは行伝の中で，パウロがトロアスに伝道したことについては一言も触れていないが，当の《蘇生》物語には，パウロとその一行がギリシア（コリント）からトロアスに到着した以前にすでに同地に信徒たちが存在したことが前提されている。他方パウロは，エフェソからコリントに宛てて書いた第二の手紙の中で，彼がエフェソからトロアスに宣教したことを証言している（Ⅱコリ2：12）。したがって，パウロが創設したトロアス教会に創始者を主人公とする伝承が成立していた可能性は十分にあるであろう。ルカはおそらく，一方においてエフェソからマケドニア―ギリシアを経てトロアスに至るパウロの旅を――旅行ルートに関わる伝承に基づいて――辿りながら，他方においてトロアスに成立していた《蘇生》物語伝承を採用し，それに彼の立場から手を加えて当箇所に編み込んだと想定される。

　　《釈義》で繰り返し指摘したように，この物語は全体としてルカによって構成されていることは明らかなので，彼による編集部分と彼が採用した伝承部分を明確に腑分けすることは困難である。ある程度の蓋然性をもってルカの編集部分と推定されるのは，ルカが前の文脈を前提している部分，すなわち，5，6節の「私たち」を受けた「私たちが……集まっていた時」と，後の文脈（13節のミレトスへの出発）を想定している部分，すなわち「翌日出発することになっており」（7節）および「こうして彼は出発した」で終わる11節，つまり7節の一部と11節である。この他に，10節におけるエウテュコスに対するパウロの所作には，ルカがLXXにおける「子ども」に対するエリヤ／エリシャの所作に重ねた筆致が認められる。とすれば，他の部分からおそらく次のような物語伝承が想定されるであろう。

　　週のはじめの日，信徒たちの集会がある家の屋上の間で開かれ，ともし火のもとパウロが共同の食事を伴う礼拝を司った際に，彼の説教が長く続いたため，部屋の窓枠に腰掛けてそれを聞いていたエウテュコスという若者が居眠りをして，屋上から下に転落して死んでしまったが，パウロが彼を蘇生し，会衆は生き返った若者を屋上の間に連れ帰って，パウロの言行によって大いに慰められた。

20:7—12

　M. Dibeliusによって提起された有名な仮説によれば，このような伝承が成立する以前に，居眠りをして会場から転落した若者が死んだかに見えたが息を吹き返したという，いささかユーモラスな逸話が民間に流布していた。これに基づいて形成されたエウテュコスの蘇生物語伝承をルカが行伝のこの箇所に書き込んだ[105]。この仮説を——適当な修正を加えて——採用する注解者が現在でもかなり多い（ヘンヒェン，コンツェルマン，ヴァイザー，ロロフ，シュナイダー，ペッシュ，リューデマン，パーヴォなど）[106]。もちろんこの仮説を採用しない注解者もいるが（フィッツマイヤーなど），いずれにしても如上のような伝承をルカが，パウロらのトロアス滞在中の出来事に関する叙述の中に改訂の上取り込んだことは疑いないであろう。

　とすれば，遅くとも使徒行伝が成立した頃（90年代）には地中海沿岸のキリスト教共同体において，「週のはじめの日」（土曜日の夕方から日曜日の夕方）の深夜から早朝にかけて，つまり日曜日の「夜」に，集会が開かれて共同体の食事（後世のいわゆる「聖餐」）がもたれていたことになる。この限りにおいてこれは，キリスト教の外部からも，例えばプリニウス書簡によって裏書きされる（11節の《釈義》参照）。ルカが採用した伝承では，それをパウロが司り，その間に集会に参加していたエウテュコスを蘇生させるという奇蹟行為を伴なった。

　ルカがこの伝承を他ならぬトロアス滞在中の記述の中に取り込んで，福音書—行伝の読者に訴えようとした点は，次の二つにまとめられるであろう。

　第一は，パウロがエルサレムに上って受難するに先立ち，トロアスで「パン裂き」を伴なう礼拝を主催し，その中で説教と共に「エウテュコスの蘇生」という神の力の行使をしたことである。こうしてパウロは，説教と聖餐からなる礼拝を導く範例として自らを示すと共に，死人の「蘇生」という神の力を行使することによって，ペトロの場合と同じように（9：36-43），行伝における伝

105　M. Dibelius, Stilkritisches zur Apostelgeschichte in : *Aufsätze zur Apostelgeschichte*, S. 22 f.
106　ただしリューデマンは，「逸話」から——「伝承」段階を経ないで——直接ルカが「蘇生」物語を構成したと想定する。

20：13—16

道旅行の最終場面を語った[107]。

　第二は，イエスが受難を前にして弟子たちと過越しの食事を「別れの食事」として共にしたように（ルカ22：14-20），パウロが「週のはじめの日」，つまりイエスの甦りの日に，信徒たちと「別れの食事」を共にしたということである（ツミエフスキー）。しかもそれが，イエスと弟子たちの場合と同じように「夜」（Ⅰコリ11：23）行なわれた。もちろん，このような日時の設定は伝承に遡るであろうが，すでに「主の日」（黙1：10）を守っていたであろう行伝の読者にとって，トロアスで果たされたパウロの役割は，彼らの教会生活の基盤として機能したと思われる。

　なお，この物語の中で長々と話されたというパウロの説教の内容については，物語の中では言及されていない。パウロの「別れの言葉」は，この後の文脈でミレトスにおいてエフェソの長老たちへ長々と語られることになる（18-35節）。

(3) トロアスからミレトスへ（20：13-16）

　13 さて，私たちは先に船に乗り，アソスに向かって出航した。そこからパウロを船に乗せることになっていた。というのは，彼が自分は陸路を行くことにしていたので，そうするように指示していたからである。14 彼がアソスで私たちと落ち合った時，私たちは彼を船に乗せて，ミテュレネに着いた。15 翌日，ここから船出し私たちはキオス〔島〕の沖合に達し，その次の日はサモス〔島〕に渡り，その翌日にはミレトスに着いた。16 これは，パウロがアシア〔州〕で手間どらないように，エフェソには寄らないで航海を続けることに決めていたからである。彼は，できるならば五旬節の日にはエルサレムにいたいと，〔旅を〕急いでいたのである。

107　とすれば，「この段階で強調されているのは，奇蹟物語ではなく，パウロの宣教である」（真山。田川も同様）とは断言できないであろう。田川は12節 παρεκλήθησαν を（「慰められた」ではなく），パウロの説教（呼びかけ）に対応して「呼びかけられた」と訳し，「パウロの説教を十分に心に刻んだ」とコメントしている。

20：13—16

《釈　　義》

13 節　当節から再び（ただし 15 節まで），7，8 節を受けて，「私たち」が主語となる。しかし，「出航した」にあたるギリシア語動詞 ἀνήχθημεν（ἀνάγω の受動アオリスト形）は，16：11，18：21 の《釈義》で指摘したように（荒井，中巻，347-348，482 頁），ルカが好んで用いる航海用語である上に，この動詞は「われら章句」だけにではなく（16：11，21：1），「彼ら（あるいは彼）章句」にも（13：13，20：13，22：12，21）ほとんど定型的に用いられている。「われら章句」が「彼（ら）章句」と文体的に区別できない所以である。いずれにしても，この書き出しが——旅行ルート伝承を前提しながらも——ルカの筆になることは確実である。

「私たち」すなわちパウロの同行者全員が，パウロよりも「先に船に乗り，アソスに向かって出航した」。アソスはレスボス島と向かい合う小アジアの海岸都市[108]。彼らはこのアソスからパウロを「船に乗せることにしていた」。ἀναλαμβάνειν は元来「取り上げる」の意であるが，ここでも「同船させる，船に乗る」の意。パウロ自身はアソスまで「陸路を行く」（πεζεύειν．文字通りには「歩いて行く」）つもりでいたので，「私たちが」トロアスから「先に出航」するように「指示していた」からである。διατεταγμένος ἦν は διατάσσω「指示する」の受動完了分詞 + be 動詞にあたる εἰμί の未完了形で，ルカが多用する「回説的用法」。パウロがなぜ一人でトロアスからアソスまで陸路（約 35 キロメートル）をとったのかは不明である[109]。

108　アソスについて詳しくは，エドウィン・ヤマウチ『小アジアの古代都市　パウロと黙示録への考古学的探訪』野町裕次訳，新教出版社，2010 年，18-26 頁参照。
109　C. Meister + 保坂高殿「アソス」（『聖書大事典』47 頁）には，「おそらく暴風雨の激しいトロアスからの航路を避けるためであろう」とコメントされており（ヘンヒェン，ペッシュなども同様），ヤマウチ（前掲書，19 頁）は，「パウロは，彼の最愛のアジアの仲間と二度と会えないかもしれないと考えて，一人旅をしたかったのかもしれない」と推定し，「パウロがトロアスで信徒たちに教えるために長居をし，そのため，早い陸路を，多分馬に乗ってアソスに向かって旅立った」（J. C. ヘマー），あるいは，「パウロがアソスへの旅の途次で信者たちに教えようとした」（D. W. バーディック）などの諸説を紹介しているが，い

20：13—16

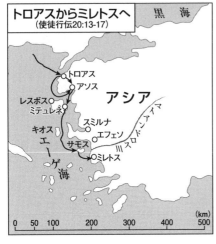

14節 パウロが「アソスで私たちと落ち合った時」。「落ち合った」にあたる συνέβαλλεν は συμβάλλω の未完了形。この動詞は新約ではルカだけが6回用いている。「時」を表わす ὡς δέ で副文章を導くのも，16：4, 19：21 でも指摘したように（荒井，中巻，334頁および本書39頁参照），ルカに特徴的な用法である。「私たちは彼を船に乗せて，ミテュネレに着いた」。ミテュレネはレスボス島の東部に位置する島の首都。アソスの南約70キロメートルの地点にある[110]。

15節 「翌日」と訳したギリシア語 τῇ ἐπιούσῃ は ἐπιουσῶν（ἔπειμι「近寄る，次に来る」の現在分詞）の女性単数与格で，ἡμέρᾳ を補って「次の日に」の意[111]。「船出した」（ἀποπλεύσαντες）は ἀποπλέω のアオリスト分詞複数形で，新約では行伝のみに4回用いられている航海用語（13：4, 14：26, 27：1）。「私たちはキオス〔島〕の沖合に達した」。「沖合に」と訳したギリシア語副詞 ἄντικρυς は元来「向かいに」の意。キオスは小アジア西海岸から約10キロメートル，スミルナと同緯度に位置する島で，この島は良港に恵まれ，数多くの祭儀場があった[112]。ルカはこの島の東岸にある有名な港町のことを念頭においていたと思われる（バレット）。「私たちは達した」の κατηντήσαμεν は καταντάω「……下って来る，到着する」のアオリスト1人称複数形。

　　ずれもその根拠はない。
110　C. Meister + 古沢ゆう子「ミテレネ」（『聖書大事典』1150頁）参照。
111　田川は τῇ ἐπιούσῃ を「……の沖に着き」にかけ，「その日のうちに」（マタ6：11参照）と訳している。しかしこれを「船出し」にかけることもでき，「「翌日」と訳すのは間違いである」と断定することはできない。
112　K. H. Rengstorf + 勝村弘也「キヨス」（『聖書大事典』389頁）参照。

「その次の日」は τῇ ἑτέρᾳ に ἡμέρα を補って「翌日」。「サモス〔島〕に渡り」の「渡り」にあたるギリシア語動詞 παρεβάλομεν は παραβάλλω のアオリスト1人称複数形で，新約では当箇所だけに航海用語として「船で渡る，寄航する」の意で用いられている。「サモス」はエフェソの南西約10キロメートルに位置するエーゲ海の島。この島の東岸にアウグストゥス帝以来自由市として栄えた港町があった[113]。

「その翌日には」はギリシア語では τῇ ἐχομένῃ (ἡμέρᾳ)。ἐχομένῃ は ἔχω「接続する，次の」の現在分詞・女性・単数与格。「ミレトスに着いた」。「着いた」はギリシア語で文字通りには「来た」(ἤλθομεν, ἔρχομαι のアオリスト・1人称複数形)。「ミレトス」はローマ時代に栄えた小アジア西海岸の町。ラトモス湾に面し，マイアンドロス川の河口の南，ラトモス湾を越えた南海岸に位置する[114]。

16節 ここでパウロがミテュレネからエフェソに寄らないで，キオス—サモスを経て三日間で直接ミレトスに着いた理由を説明している。パウロが「決めていた」。κεκρίκει は κρίνω「決める」の過去完了形。「(エフェソに) 寄らないで航海を続けることに」と訳した παραπλεῦσαι は παραπλέω「船で通り過ぎる，寄航せずに通り過ぎる」のアオリスト不定法。アシア〔州〕(具体的にはエフェソ) で「時を空費すること，手間どること」(χρονοτριβῆσαι, χρονοτριβέω のアオリスト不定法) が「彼に起こらないために」(ὅπως μὴ γένηται αὐτῷ)。γένηται は γίνομαι のアオリスト接続法。μή と結んで「起こることがない，避ける」の意となる。

「彼は急いでいた」(ἔσπευδεν, σπεύδω の未完了形)。「彼はできるならば」(εἰ δυνατὸν εἴη αὐτῷ) の δυνατόν は δυνατός の中性形。εἴη は非人称の be 動詞 εἰμί の希求法。未来の可能性をぼんやりと仮定する定形的副文章。εἰ + 希求法は古典的で新約ではルカ文書以外に用いられていない。「五旬節の日に」(τὴν ἡμέραν τῆς πεντηκοστῆς) は 2:1 と全く同じ表現。πεντηκοστή は，この箇所の

---

113 F. V. Filson + 古沢ゆう子「アソス」(『聖書大事典』522頁) 参照。
114 T. Lohmann + 古沢ゆう子「ミレト」(『聖書大事典』1154頁), より詳しくはヤマウチ，前掲書，112-124頁参照。

20：13—16

《釈義》で説明したように[115]、ギリシア語で「五十」の序数「五十番目」の女性単数形で、副詞的に用いられた名詞 ἡμέρα と結んで、過越祭の安息日の翌日から七週を数えたその翌日、すなわち「五十日目」に行なわれた収穫祭。「七週祭」と呼ばれ、ユダヤ教の三大巡礼祭の一つである。その「日に」(τὴν ἡμέραν. ἡ ἡμέρα の対格。副詞的用法)「エルサレムにいることを望んで〔旅を〕急いでいた」(直訳)の中で「いる」と訳した γενέσθαι は εἰμί と同意で用いられている γίνομαι のアオリスト不定法である。

パウロがエフェソに寄ると「手間どる」ことになる理由については、ここでは言及されていない。パウロの手紙によれば、彼がこの時点でエルサレムに上った目的は——19：21 や 20：4 の《釈義》で言及したように(本書 41, 70-71 頁)——彼がマケドニアやアカイアの諸教会から募った援助金をエルサレム教会へ持参するために、エフェソで再び「艱難」に遭って(Ⅱコリ1：8-10 参照)時間が取られること避けようとしたのであろうか(コンツェルマン、ヘンヒェン、シュナイダー、バレットなど)。しかし、ルカはもちろんここでも、「援助金」の持参というパウロ上京の本来の目的については沈黙しているし、ルカによればパウロはエフェソでの「騒動」からさえ免れている (19：30-31 参照)。

他方、パウロが旅を急いだのは、彼が五旬節の日にエルサレムにいたかったからだ、といわれている。ルカはここで、エルサレム教会に対するパウロの援助行為を、ユダヤ教の最大巡礼祭の一つである五旬節をエルサレムで守りたいという忠実なユダヤ教徒としてのパウロの敬虔に替えた(ヘンヒェン)のであろうか[116]。いずれにしてもルカは行伝において、一貫してパウロのユダヤ人としての宗教的敬虔を強調しているので (16：3, 18：18, 21：26 など参照)、

---

115 荒井、上巻 106 頁。
116 イェルヴェルは、ここでも 24：17 を引き合いに出して、エルサレム教会へのパウロの援助金持参は彼の「同胞への施し」なのだから、ヘンヒェンの想定は成り立たないとコメントしている。しかし、私見によれば、「施し」は確かにユダヤ教徒としての敬虔の表われであるが、これは「援助金」とは区別されるべきである。

20：17―18a

　ここでもパウロが上京を急いだ理由にエルサレムで五旬節を祝いたいという彼の希望を挙げているのは，ルカがパウロのユダヤ人としての敬虔を強調したかったからと想定されよう。

　いずれにしてもルカによれば，次節以下でパウロは，ミレトスからエフェソへ人を遣わし，教会の長老たちを呼び寄せて，彼らに「別れの言葉」を語っている。もしパウロがエルサレム行きを「急いだ」とすれば，なぜ彼は，ミレトスに着く以前にエフェソにもっと近い所，例えばサモスで，エフェソ教会の長老たちを呼び寄せなかったのか。ミレトスとエフェソの間は約50キロメートル以上離れているので，サモスの方が時間を節約できたはずである（コンツェルマン，ヘンヒェン，ヴァイザーなど）。ルカはおそらくこのような問いには無関心で，パウロの旅行ルートに関する伝承に基づいて記述しながら，パウロがエルサレムへ急いだ理由として彼のユダヤ人としての敬虔を強調したかったのであろう。

　以上，トロアスからミレトスに至るパウロの船旅に関する叙述には，「私たち」をはじめとしてパウロの敬虔の強調など，かなりの程度ルカの手が加えられてはいる。しかし，旅行ルートそのものの叙述は極めて単純で，その間にとったパウロの行動について合理的に説明し難い点があるだけに（13，16節）かえって伝承の転写と想定されてよいと思われる。

⑷　**エフェソの長老たちへの別れの言葉**（20：17-38）
　この段落には，エフェソの長老たちに対するパウロの別れの言葉（18節b-27節）を挟んで，その前にこの言葉が語られた状況設定が（18節a），その後にパウロと長老たちとの離別の場面が（36-38節）それぞれ配されている。

状況設定（20：17-18a）
　17 さて，彼はミレトスからエフェソに人を遣（つか）わし，教会の長老（ちょうろう）たちを呼び寄せた。18 そして，彼らが彼らの前に参集（さんしゅう）した時，次のように語ったのである。

20：17—18a

《釈　　義》

17-18節 a　前節の《釈義》で言及したように、ミレトスはエフェソから50キロメートルは離れていたので、エフェソから人を「遣わして」（πέμψας, πέμπω のアオリスト分詞）、教会の長老たちを「呼び寄せた」（μετεκαλέσατο, μετακαλέω の中動相「（自分の所へ）呼び寄せる、招く」のアオリスト形）とすれば、往復少なくとも5日間はかかることになる。この記述は、ルカによれば「（旅を）急いでいた」パウロ（16節）とは整合性がないだけに、基本的には伝承に遡る可能性があろう（イェルヴェル）。ただし、μετακαλέω（「呼び寄せる」）は、同義異語の μεταπέμπομαι （20：1）の場合と同様に、新約ではルカが行伝だけに用いている動詞である（7：14, 10：32, 24：25 参照）。

エフェソ「教会の長老たちを」（τοὺς πρεσβυτέρους τῆς ἐκκλησίας）呼び寄せたといわれるが、パウロ自身は、その手紙の中ではもとより、行伝の前の文脈でも、エフェソ教会の「長老たち」については言及していない。ただし、ルカによればパウロ（とバルナバ）は、リュストラ、イコニオン、アンティオキアの信徒たち「のために教会ごとに長老たちを選定し、断食をして祈り、彼らをその信じている主に委ねた」（14：23）。ルカはパウロが、エフェソでもこれらの諸教会の場合と同じように、教会を司牧する職務を帯びた「長老たち」を「選定し」、彼らを「主／神に委ねた」（32節参照）ことを前提していると想定される。このような「長老（職）」についてパウロ自身は、前述のように、全く言及しておらず、他方、行伝とほぼ同時代に成立した公同書簡や牧会書簡ではこの職務について詳述されているので（例えばⅠペト5：1-4, テト1：5 f., Ⅰテモ5：17 参照）、14：23 の《釈義》で指摘したように（荒井、中巻、278頁）、この場面にもルカが自らの時代の教会における長老職を投影したと想定されよう[117]。

117　なお、P. Treblico（*The Early Christians in Ephesus from Paul to Ignatius*, pp. 187-188）は、Ⅰコリ5：12-13, フィリ1：1を引き合いに出して、パウロ自身が共同体の「監督」をその機能とする「指導者たち」の存在を前提しているので、パウロがエフェソから「長老たち」を呼び寄せたことの信憑性を擁護しようとしている（田川も同様。「「主だった人々」ぐらいのつもり」）。しかし、パウロ自身が「指導者たち」を「長老たち」とは一度も呼んでいない！

この関連で注目すべきは，同じく牧会書簡成立時代にミレトスは，パウロ伝道の「分岐点」(Knotenpunkt) とみなされていた（シレ）ことであろう（Ⅱテモ4:20参照）[118]。やはり当節には，ルカと同時代のミレトスの位置づけが反映されていると想定される。

　「彼らが彼（パウロ）の前に参集した時」(ὡς δὲ παρεγένοντο πρὸς αὐτόν)。「時」を表わす ὡς δέ で副文章を導くのは，すぐ前の文脈では19:21の《釈義》でも言及したように，ルカに特徴的な文体。また，「参集した」にあたるギリシア語動詞 παρεγένοντο (παραγίνομαι のアオリスト形) もルカが多用する動詞である（マタイで3回，マルコで1回，ルカで8回，ヨハネで3回，行伝で20回。その他新約で3回）。

　18節b以下にパウロが語ったといわれる「別れの言葉」は，次の四部から成っている。

　　①回顧（20:18b-21）
　　②現状（20:22-24）
　　③将来（20:25-31）
　　④勧め（20:32-35）

以上，②，③，④の区切りは，それぞれの部分が文体的にも「そして今」(καὶ νῦν) という副詞句によって導入されていることから明らかであろう。

別れの言葉（20:18b-35）

①　回顧（20:18b-21）

「¹⁸ᵇあなたたちは知っています，どのように私が，アジア〔州〕に足を踏み入れた最初の日から，いつもあなたたちと共にいたかを。¹⁹私は謙遜の限りを尽くし，涙を流し，ユダヤ人の陰謀によって私の身にふりかかった〔数々の〕試練の中にあって，主に仕えて来ました。²⁰私は益になることの何一つをも言わずにおくようなことはなく，公衆の前でも

118　G. Ballhorn, Die Miletrede–ein Literaturbericht, in : F. W. Horn (Hg.), *Das Ende des Paulus*, S. 39 参照。

20：18b—21

家々でも，あなたがたに告げ知らせ教えてきました。²¹ ユダヤ人にもギリシア人にも，神への悔い改めと，われらの主イエスへの信仰を証しして来たのです。

《釈　義》

18節b　当節から21節までの段落のギリシア語本文は，次のような構成になっている。すなわち，18節bの冒頭に主文章「あなたたちは知っている」（ὑμεῖς ἐπίστασθε）が置かれて，「知っている」ことの内容を言い表わす副文章が「（私が）どのようにして」（πῶς）という接続詞によって導かれ，「あなたたちと共にいた（μεθ' ὑμῶν … ἐγενόμην）かを」で終わり，19節で「共にいた」時の振舞いを，「私は」を受けて，「仕えている」（δουλεύων）という現在分詞で説明している。次に20節でも，「あなたたちは知っている」の目的的副文章をὡς（＝ὅτι「……のこと」）で導き，「（益になることの何一つをも）言わずにおくようなことはなかった」（οὐδὲν ὑπεστειλάμην．ὑποστέλλω のアオリスト・中動相）で結び，21節で，19節の場合と同様に，「私は」を受けて，その振舞いの内容を「（私は）証しする」（διαμαρτυρόμενος）という現在分詞で説明されている。このように，18bから21節のギリシア語本文は一つの文章からなっていることを注意しておきたい。

ここで呼びかけられている「あなたたち」は，パウロがミレトスから呼び寄せたエフェソの「長老たち」であるから（17節），彼が「足を踏み入れた」「アシア〔州〕」とは，具体的にはエフェソのことである。

パウロがコリントから——プリスキラとアクィラと共に——エフェソに着いたのは，第二回伝道旅行の最終段階，アンティオキアへの帰途においてである（18：19）。しかし彼が実際にエフェソに滞在して伝道活動を開始したのは，アンティオキアから第三回伝道旅行に出発し，ガラテヤやフリュギアで，第一回伝道旅行に際して創設した諸教会を問安し（18：23），小アジアの奥地を通って，再度エフェソに入った以後においてである（19：1以下，特に19：8以下参照）。

なお，「足を踏み入れた」にあたるἐπέβηνは，ἐπιβαίνωのアオリスト形で，

この動詞は新約には——マタ 21：5（ただし，ゼカ 9：9 LXX からの引用）を例外とすれば——他の 4 回すべて行伝で用いられている。

「最初の日から」と訳したギリシア語句 ἀπὸ πρώτης ἡμέρας には πρώτης の前に冠詞がない。特定の日を意味する場合には冠詞が付くので，これがない場合は，より漠然と「はじめの日々に」を示唆する（バレット）[119]。しかも，それらの「日（々）」から「いつもあなたたちと共にいた」というのであるから，19：9 f. を念頭に置いているのであろう。この箇所でパウロがテュラノスの講堂で「日々」論じ，それが「二年間も続いた」といわれている。

なお，「いた」と訳した ἐγενόμην は，γίνομαι のアオリスト・一人称・単数形で，εἰμί と同意。πῶς と共に用いられて，「どのようにして（あなたたちと共に振舞ったか）」の意となる（I テサ 2：10 をも参照）[120]。

19 節 「主に（奴隷として）仕えて来ました」は，前に言及したように，18 節 b の「（私が）あなたたちと共にいた」時の振舞いを，現在分詞で説明している句でパウロ自身がその手紙で用いている表現と類似している（I テサ 1：9，ロマ 12：11 参照）[121]。この「仕える」という動詞が，共に μετά 「……をもって」に続く三つの名詞を伴なう副詞句によって修飾され，主への奉仕の仕方について語られている。

第一は，「謙遜の限りを尽くし」（μετὰ πάσης ταπεινοφροσύνης），直訳すれば「あらゆる謙虚さをもって」。この ταπεινοφροσύνη という名詞も，行伝では当節だけに用いられているのに対し，パウロ書簡および第二パウロ書簡では，5 回使用されている（フィリ 2：3，コロ 2：18，23，3：12，エフェ 4：2。その他は I ペト 3：8，5：5 に二回のみ）。これらの用例のうち，エフェ 4：2（μετὰ πάσης ταπεινοφροσύνης）は当節と全く同じ表現である[122]。

---

119 Blass/Debrunner/Rehkopf, §293, 3e, Anm. 14 にその実例が挙げられている。
120 Blass/Debrunner/Rehkopf, §432, 2, Anm. 5。
121 δουλεύω は「奴隷である，奴隷として仕える」の意。「イエス・キリストの奴隷」というパウロの自称をも参照（ロマ 1：1，ガラ 1：10，フィリ 1：1）。
122 パーヴォによれば，この表現はエフェ 4：2 から採用された。

20：18b—21

　第二は，「涙を流し」(μετὰ δακρύων)，直訳すれば「涙をもって」。この表現はⅡコリ 2：4 とほぼ共通している。

　第三は，「〔数々の〕試練の中にあって」(μετὰ πειρασμῶν)，文字通りには「〔数々の〕試練をもって」。ここで πειρασμός は，ほぼ「艱難」(θλῖψις) と同意で用いられていることは，これにかかる「ユダヤ人の陰謀によって私の身にふりかかった」という修飾句からみて明らかである。しかし，パウロ書簡の中で πειρασμός が θλῖψις と同意に用いられている例はない。これはむしろ，ルカ 22：28 における πειρασμός の用法に近い（パーヴォ）。ここでルカは，マタイ福音書の並行記事（19：28）を受難に先立ってイエスが十二人の弟子たちに話した「別れの言葉」の中に移し，マタイ福音書にはないイエスの言葉「あなたたちは，私の〔数々の〕試練に私と共に留まりぬいてくれた人たち」と補っている。そして，この句を直前の 22：26「指導する者たちは仕える者のように〔なるがよい〕」というイエスの言葉と共に読めば，当節の πειρασμός はむしろルカ的用法とみなしえよう。ルカによればパウロは，イエスの弟子たちと同様に，「試練の中にあって，主に仕えている (δουλεύων)」(20：19)。しかも彼は，「主から受けた奉仕としての職務 (διακονία)」の遂行をその使命としている (20：24)[123]。パウロはエフェソの長老たちにとって「指導者」として「仕える者」(ὁ διακονῶν) の模範なのである。

　なお，パウロが被ったといわれる「ユダヤ人の陰謀 (αἱ ἐπιβουλαί τῶν Ἰουδαίων)」については，行伝ではダマスコ（9：24），コリント（20：3），そしてエルサレム（23：30）における事件として報告されているが，エフェソ伝道に関連する記事（19 章）において言及されていない。他方パウロ自身は，エフェソで受けた迫害について言及しているが（Ⅰコリ 15：32。16：8-9 をも参照)，これは「野獣と戦った」という表現から判断してもローマ人によるものであろう[124]。この表現はやはり，パウロが受けた「〔数々の〕試練」を「ユ

123　R. C. Tannehill, *The Narrative Unity of Luke-Acts. A Literary Interpretation,* Vol. 2, pp. 259 f. 参照。

124　P. Treblico (*The Early Christians in Ephesus from Paul to Ignatius,* p. 183) は，これらの箇所で言及されている迫害者の中にユダヤ人も含まれていると想定して

ダヤ人の反抗」に基づくものと総括してパウロの口に入れたルカに帰するべきであろう。この意味でルカは，パウロの「別れの言葉」を，彼の過去における振舞いを要約して，エフェソの「長老たち」を超え，行伝の読者に伝えようとしているのである[125]。

20節　前述のように，当節も18節冒頭の「あなたたちは知っている」をὡς（＝ὅτι）で受けてその内容を説明する文章である。ὡςに続くοὐδὲν ὑπεστειλάμην τῶν συμφερόντων のうち，ὑπεστειλάμην は ὑποστέλλω の中動相「退く，恐れる，忌避する，秘密にする，言わずにおく，隠す」のアオリスト・一人称・単数形。οὐδὲν … τῶν を目的語として「益になることの何一つをも（隠して）言わずにおくようなことはなかった」の意味となる。συμφερόντων は動詞 συμφέρω「役に立つ，有益である」の現在分詞・中性形の名詞化 τὸ συμφέρον の複数属格。同様の表現でパウロ自身が用いており（Ⅱコリ12：1，Ⅰコリ12：7）とりわけⅠコリ12：7 ff. に，「霊の現われ」として教会の「益のため」(πρὸς τὸ συμφέρον) 信徒たちに与えられた種々の賜物が挙げられている。

これに続く τοῦ μὴ＋不定法（ἀναγγεῖλαι, διδάξαι, 共に ἀναγγέλλω「知らせる」，διδάσκω「教える」のアオリスト不定法）は，先行する動詞に含まれている否定的概念（ὑποστέλλω の中動相 ὑποστέλλομαι「言わずにおく，隠す」）から μή が加わっているが，実際には「告げ知らせること，教えること」を意味する。

いる。しかしこれは，行伝におけるパウロ像をできる限りパウロの実像に近づけようとする，著者の意図的解釈である。パウロはもちろん，——Treblico が主張しているように——ローマ人による迫害と共にユダヤ人による迫害にも言及している（Ⅱコリ11：24 f.）。しかしここで挙げられているユダヤ人による鞭打ち刑が執行された場所についてはパウロの手紙で（行伝においても）特定できないのである。

125　Treblico（前掲 *The Early Christians in Ephesus from Paul to Ignatius*, p. 181, n. 107）によれば，パウロのエフェソにおける伝道に関する伝承（19章）とパウロの「別れの言葉」に関する伝承は共にエフェソ教会に由来するが，それらは別々の伝承に属する。しかし，互いに内容が異なる伝承を同一の出自とみなすのは，私見によれば不可能である。

20：18b—21

「公衆の前でも家々でも」（δημοσίᾳ καὶ κατ᾽ οἴκους）という表現でルカは，行伝の個別的物語ではパウロによるアテネの広場(アゴラ)における伝道（17：17）とトロアスの「屋上の間」における説教（20：9）のことを念頭においているのかもしれない。ルカによれば元来使徒たちがエルサレムの「神殿〔境内〕や家々で，教えることとキリスト・イエス〔の福音〕を告げ知らせることを止めなかったのである」（5：42）。ルカはここでもエフェソの長老たちというよりも，行伝の読者に使徒たちをはじめとするパウロの宣教と教えを要約的に伝えている[126]。

いずれにしても当節の主動詞 ὑποστέλλω の用法は，27節における用法に類似している。

パウロがその宣教と教えにおいて，何一つ隠して言わないでおくようなことはなかったという文言の背後に，それを特定の人々にだけ隠して伝えた，パウロに対する反対者の存在を想定できるであろうか。多くの注解者たちはこれを，すでにパウロ時代にキリスト教へ侵入したグノーシス主義の秘教的福音理解と特定する（ヘンヒェン，コンツェルマン，シレ，バレットなど）[127]。しかし，ナグ・ハマディ文書発見・解読後の最近のグノーシス研究によれば，キリスト教「グノーシス派」が成立したのは2世紀以後で，パウロ時代にはその萌芽（「前グノーシス主義」）が見いだされるにしても，彼がグノーシス主義それ自体の脅威にさらされ，それに反論をしたとみるのはアナクロニズムである[128]。しか

---

[126] Trebilco（前掲 *The Early Christians in Ephesus from Paul to Ignatius,* pp. 184 f.）によれば，「公衆の前で」という表現でパウロのエフェソ伝道，特にテュラノスの講堂における宣教活動（19：9）を示唆している（原口尚彰『ロドス・エートス・パトス』139頁も同様）。しかし，19章には「家々で」という表現はない。その上，「講堂」（σχολή）には「教室」の意味もあるので（本書25頁参照）「（屋外に集まった）公衆の前で」という表現にふさわしくないと思われる。

[127] この解釈は，パウロによって創設された小アジアの諸教会は1世紀末にはグノーシス主義に陥ったというW. Bauer（*Rechtgläubigkeit und Ketzerei im ältesten Christentum,* 2. Aufl., hrsg. von G. Strecker, Tübingen, 1964, S. 253 ff.）説に遡る。

[128] この問題については，拙稿「コリント人への第一の手紙におけるパウロの論敵の思想とグノーシス主義の問題」（『荒井献著作集』3，83-113頁所収）；同「グノーシス主義の本質と起源について」（『荒井献著作集』6，1-25頁所収）参照。この限りにおいて，Trebilco（*The Early Christians in Ephesus from Paul to*

もルカが，行伝においてグノーシス主義と対決している痕跡は認められない。

他方，如上のようにバウアー／ヘンヒェン説に否定的な注解者は，当節の背後にユダヤ教徒による反パウロキャンペーンに関わる「偽りの教えと預言」を想定する（例えば，イェルヴェル）。しかし，次節からみても，パウロがここで反論を意識していると仮定しても，ユダヤ教側からだけの反対論を前提しているとは思われない。

私見では，当節におけるパウロの回顧的発言の背後に特定の反パウロ的言説を想定する必要はない。ここで——ルカによれば——パウロは自らの宣教と教えを，場所的にも対象的にも内容的にも隠すことなくすべての人々に恐れもせずに伝達してきたことを[129]，いわば牧会者の模範としてエフェソの「長老たち」に伝えている，と想定すべきであろう。このことは次節からも明らかである。

21節　当節でも前節の主語（「私」）が，διαμαρτυρόμενος という διαμαρτύρομαι「証言する」の現在分詞で受けている。この動詞は，パウロの別れの言葉で繰り返される「ライト・モチーフ」であるだけではなく（23，24節参照），行伝全体においてペトロの最初の説教から始まり（2：40），パウロの最後の説教に至る（28：23），福音宣教の「キーターム」（パーヴォ）である（8：25，10：42，18：5，23：11をも参照）。

パウロが「証しする」対象が，ここで「ユダヤ人にもギリシア人にも」（Ἰουδαίοις τε καὶ Ἕλλησιν）といわれている。この表現はパウロ自身もその手

　Ignatius, p. 182）によるバウアー／ヘンヒェン説批判は正しいと思われる。
129　この意味で，バレットが挙げている ὑποστέλλω のプラトン『弁明』における用法がむしろ参考になろう。「わたしは諸君に対して，大小いずれのことも，かくしだてせず，恐れもせずに，話をしているのです」（『ソクラテスの弁明』24a。田中美知太郎訳（ただし訳文の一部を修正）。『プラトン全集』1，岩波書店，1975 年，67-68 頁。

　この他に，パーヴォが挙げているプルタルコス『倫理論集』60a（ママ，Alc. 10 ?）をも参照。——自由人たる者は，「大胆に語り，益になることを言わずにおいたり，沈黙したりするべきではない」（παρρησιάζεσθαι καὶ μηδὲν ὑποστέλλεσθαι μηδ' ἀποσιωπᾶν τῶν συμφερόντων）。

20：18b―21

紙において用いており（ロマ1：16，2：9-10，3：9。Ⅰコリ12：13をも参照）。これは「すべての人々に」の象徴的表現である。同様にルカも，パウロによるエフェソ伝道の対象としてこの表現を用いていた（19：10，17，14：1をも参照）[130]。

しかし，パウロの証しの内容「神への悔い改めと，われらの主イエスへの信仰」は，「キリスト教信仰のルカ的要約」（パーヴォ）といえよう。

確かにパウロはその手紙において「悔い改め」（μετάνοια）という言葉を用いてはいる（ロマ2：4，Ⅱコリ7：9 f.）。しかし，一度もこれを「神への」（εἰς θεόν）と結びつけ「主イエスへの信仰」と並立させて用いていることはない。Treblicoによれば，ロマ10：9においても事柄としては前提されており，それが「Ⅰテサ1：9，ガラ2：16によって強化されている」という[131]。しかし，パウロがロマ10：9で強調しているのは，救いの前提としての「告白」と「信仰」であり，Ⅰテサ1：9，ガラ2：16で言及されているのは，神への「悔い改め」ではなく，偶像から「神へ立ち返ること」（ἐπιστρέφω）であり，神による義認の条件としての「キリストへの信仰」である。

これに対して「悔い改め」はルカが新約の著書の中では最も好んで用いる用語だけではなく（マルコ福音書で1回，マタイ福音書で2回，ルカ福音書で5回，行伝で6回，パウロ書簡で3回），ルカだけが「悔い改め」と「立ち返り」を並行して用いており（使3：19，26：20），しかも彼にとって「神への悔い改め」は「主イエスへの信仰」によって「具体化される」[132]のである（20：21，26：18，20。19：4をも参照）。

以上，パウロはエフェソの長老たちの「別れの言葉」を，彼の伝道活動の

---

130 イェルヴェルは当節でも「ギリシア人はユダヤ教の『神を畏れる』異邦人である」と主張しているが，この説が成り立たないことはすでに19：10の《釈義》で言及した（本書26-27頁，注29参照）。

131 Treblico（*The Early Christians in Ephesus from Paul to Ignatius*, p. 178）。ここで挙げられているガラ2：15は2：16のミスプリント。

132 H. Merklein, μετάνοια, in：『釈義事典』Ⅱ，484頁；木原桂二『ルカの救済思想』77頁参照。

「回顧」ではじめている。そして，この中に若干のパウロ的用語（「謙遜」，「涙」，「主への（その奴隷としての）」奉仕），「ギリシア人にもユダヤ人にも」など）が用いられている。しかし全体としてここには，パウロ伝道の仕様が——エフェソの「長老たち」を超えて——行伝の読者に，ルカによって伝えられている。

② 現状（20：22-24）

22 そして今，私は霊(れい)に縛(しば)られて，エルサレムに行こうとしています。そこでどのようなことが私の身に起こるのか，何もわかりません。23 ただわかっているのは，聖霊(せいれい)が町々で，捕縛(ほばく)と苦難(くなん)とがあそこで私を待っていると証ししていることです。24 しかし，私は自分の〔走るべき〕道(どう)程(てい)と，神の恵(めぐ)みの福音(ふくいん)を証しするという主イエスから受けた任務(にんむ)とを果たし終えるために，自分の命のことなど口にする値打ちもないと思っています。

《釈　義》

22 節　パウロは自らの伝道に関する回顧から現在自分が置かれている立場に話を進め，将来自分に起こるであろう運命について予告する。

「そして今」，文字通りには「そして今，見よ」（καὶ νῦν ἰδού）という導入句は，聴衆（読者）にそれをもって注意を促し，話題を新しく展開する際に用いる，ルカが好む（13：11，20：22 参照）LXX 的用法（創 12：19，サム上 12：13 など）である可能性がある（ヴァイザー，ツミエフスキー，バレット）[133]。

「私は霊に縛られて」（δεδεμένος ἐγὼ τῷ πνεύματι）の「霊」は，次節からみても，21：11 から判断しても，「聖霊」を意味するであろう（ヘンヒェン，ヴァイザー，イェルヴェルなど）。ルカによれば，パウロは実際にエルサレムにおいて逮捕され，「縛られる」が（21：11, 13, 33, 22：29, 24：27 参照），それは「神の強制」（バレット）として「（聖）霊に縛られた」結果であり，神的必然（δεῖ「ねばならぬ」）なのである（23：11 参照）。なお，「エルサレムに行

---

[133] 特にツミエフスキーは，サム上 12：13 でこの句がエルサレムの民に対するいわゆる「別れの言葉」の途中に用いられていることに注意を促している。

20：22—24

く」(πορεύομαι εἰς Ἰερουσαλήμ) という文言は，行伝の文脈では 19：21 を受けているが，パウロ自身も同じ文言をロマ 15：25 で用いている。ただ，パウロ自身は 15：26 ff. でエルサレム上京の目的を同地における聖徒たちの貧しい者たちのために集めた献金を持参することにあると明言しているが，この実際上の目的について行伝におけるパウロは，19：21 でも当箇所でも一貫して沈黙している[134]。ルカによれば，パウロがエルサレムに行くのは，聖霊による強制であって，彼自身は「そこでどのようなことが私の身に起こるのか，何もわからない」のである。

23 節　パウロが「わかっている」のは，他ならぬ「聖霊が町々で，捕縛と苦難とが」エルサレムで彼を「待っていると証ししている」ことだけである。ここで言及されている「町々」(κατὰ πόλιν) とは，パウロがエルサレムへの途上，この後で通るテュロスやカイサリアを示唆しているであろう。これらの町で「（聖）霊」がエルサレムにおけるパウロの受難を予告しているからである (21：4，11 参照)[135]。

「捕縛」と訳したギリシア語名詞 δεσμά (ὁ δεσμός の複数対格) は，前の文脈の「（霊に）縛られて」(δεδεμένος, 22 節)，後の文脈の「縛って」(δήσας, 21：11a)，「縛り」(δήσουσιν, 21：11b)，「縛られる」(δεθῆναι, 21：13) など，同根の動詞 δέω「縛る，逮捕する」との掛け言葉として用いられている。そして実際にルカは，エルサレムにおけるパウロの受難が同じ動詞 (21：33, 22：29, 24：27) と同じ名詞 (23：29, 26：29, 31) を用いて物語っている。なお，ὁ δεσμός の複数対格に (τὰ) δεσμά をあてる用例は，ルカ文書だけに見いだされる (ルカ 8：29 diff. マコ 5：4，使 16：26 参照)。

134　その理由については，19：21 の《釈義》(本書 41 頁参照)。
135　ウィザリントンによれば，この表現でパウロが念頭に置いているのは，彼がアンティオキア，イコニオム，リュストラ，テサロニケ，ベレヤ，コリントで伝道の際に「仲間のユダヤ人たち」から受けた「陰謀と投獄」のことである。しかしパウロはこのような町々で一度もエルサレムにおける受難を予感してはいない。しかも，少なくともルカによれば，パウロはユダヤ人を自分の「仲間」(fellow) とみなしてはいない (パーヴォ)！

「苦難」（θλῖψις. ここでは複数形の θλίψεις）については，パウロ自身もまた，それへと「定められて」おり，「まさに受けようとしている」ものとして語っている（Ⅰテサ3：3 f.）。しかし，それが「私を待っている」（με μένουσιν）という表現は用いられていない。しかも，多くの場合「留まる」という意味の自動詞にも使用される μένω が，「待つ，待ち受ける」を意味する人称代名詞の対格を目的語にとって他動詞で用いられているのは行伝だけにおいてである（当節の他では 20：5）。他方，パウロ自身もエルサレムで「不信の徒(やから)」によって苦境に立たされることを予感しているが（ロマ 15：31），そこで「捕縛と苦難が待っている」とは明言していない。

なお，「証しする」（διαμαρτύρομαι）という動詞は，行伝において使徒たちとパウロの宣教を示す述語になっているが，ここでは「（聖霊が）確言する」という意味で用いられている。これは，人知を超えた神の人格化された働きとしての「聖霊があなたたちに教える」というルカ的用法に近いであろう（ルカ 12：12 diff. マコ 13：11／マタ 10：19）。

24節 パウロは神の霊の不可避性としてエルサレムで被る苦難を予感しながらも，それに自分の命をかける思いを表明する。「私は自分（にとって）の命のことを何ら言う価値がないと思う」（直訳）。ποιοῦμαι は ποιέω の中動相で，「私は……を……とする，と思う」の意。「自分にとって」（ἐμαυτῷ）の「命（のこと）を」（ψυχήν）「言う価値がない」（οὐδενὸς λόγου … τιμίαν）。これに続く ὡς は不定法を伴なって目的を表わす名詞句[136]。「私の〔走るべき〕道程と任務を果たし終えるために」（τελειῶσαι〔τελειόω のアオリスト不定形〕τὸν δρόμον μου καὶ τὴν διακονίαν）。「〔走るべき〕道程を走り終えた」（τὸν δρόμον τετήρκα

---

[136] *WbNT*, S. 1794, 3. b, 参照。田川は ὡς を「時に」と訳して，ὡς＋動詞の不定法を「目的」にとって「無理にひねくれることもあるまい」とコメントしている。しかし，ルカ 9：52 "ὡς ἑτοιμάσαι αὐτῷ" を田川自身が「彼のための準備をするために」と訳して，「目的」にとっている！ ὡς が「時に」の意味で用いられる場合，それに動詞のアオリスト形が後続することが多い（当箇所の前後では，21：1, 12, 22：25, 27：1, 27, 28：4 など）。

20：22—24

〔τηρέω の過去完了形〕）は，パウロ晩年の述懐としてⅡテモ 4：7 に見いだされる。このⅡテモテ書はパウロの死後その名によって（90 年代末に）記された「牧会書簡」の一つなので，行伝の成立年代（90 年代）にはパウロがその生涯を終えるにあたって述べたと言われる言葉が同じような表現で伝承されていった可能性を示唆するものであろう。

同じく「果たし終える」の目的語となっている「任務」はギリシア語では διακονία である。元来は「奉仕」を意味するこの名詞は，パウロ自身，福音の告知という使徒的奉仕と（Ⅱコリ 4：1, 5：18, 6：3, 11：8 など），とりわけエルサレム教会に対する「援助」という（Ⅱコリ 8：4, 9：1, 12-13, ロマ 15：31 など）二重の意味で用いている。当節では同じ διακονία がパウロのエルサレム上京との関わりで用いられているので，元来の伝承では「援助」を意味していた可能性はあろうが，繰り返して指摘したように，ルカは——飢饉の際にエルサレム教会へパウロとバルナバによって届けられた「援助」（διακονία. 使 11：29, 12：25）を例外とすれば——パウロによるエルサレム教会への援助金持参に関しては全く沈黙している上に，「神の恵みの福音を証しするという主イエスから受けた」という副文章が「任務」にかかっているので，ここではパウロ自身のいわゆる「使徒的奉仕」の意味で用いられている。しかも，「恵み」（χάρις）はもとより「神の福音」（τὸ εὐαγγέλιον τοῦ θεοῦ）も，パウロ自身が多用している（ロマ 1：1, 15：16, Ⅱコリ 11：7, Ⅰテサ 2：2, 8, 9 参照）。

しかし，これらを当節におけるように結合して，「神の恵みの福音」と表現している箇所はパウロ書簡には見いだされない。この表現はむしろ，エフェ 3：2, 6-7「私は，神の働きに従って私に与えられた神の恵み〔，この恵み〕の贈物に従い，この福音の奉仕者となった」に近いと思われる[137]。ルカ福音書の中では「（神／イエスの）福音」という概念は避けられており，行伝におけ

---

[137] パーヴォは，当節の表現をこの第二パウロ書簡から導出したとコメントしているが，これはむしろエフェソ書と行伝が共有している「キリスト教メッセージの完全にヘレニズム化された要約」とみなすべきであろう（レイク - キャドバリー）。

る2回の用例（当節と15：7）は，いずれも異邦人に向けてのパウロとペトロの宣教を指しており，同様のことが「恵み」という概念にも妥当する（当節および32節と15：11）からである。

　神の恵みの福音を「証しする」という用語もルカ的であることについては，21，23節の《釈義》で指摘した。ルカによれば，これが「主イエスから受けた任務」なのである。

③　将来（20：25-31）

²⁵ そして今，見よ，あなたたちは誰も再び，私の顔を見ることができないことを，私は知っています。私は，〔神の〕王国を宣べ伝えながら，あなたたちすべての間をめぐり歩いたのです。²⁶ ですから，いかなる者の血についても私には責任がないことを，とくに今日，あなたたちに断言しておきます。²⁷ 私は，神の意思をすべてあなたたちに告げ知らせずにおくようなことはしなかったのですから。²⁸ あなたたちは，自分自身と，その中で聖霊があなたたちを監督者として定められた群れのすべてに気を配りなさい。それは，（神が）ご自身の〔子〕の血で獲得された神の教会を牧させるためなのです。²⁹ 私が立ち去った後に，凶暴な狼どもがあなたたちの間に入り込んで来て，群れを〔荒らして〕容赦しないことを，私は知っています。³⁰ また，あなたたちの中からさえ，邪説を唱えて，弟子たちを自分たちの方に引きずりこもうとする者が起こるでしょう。³¹ ですから，私が三年の間，夜も昼も涙を流してあなたたち一人一人を終始訓戒して来たことを思い起こし，目を覚ましていなさい。

《釈　　義》

25節　「そして今，見よ」という22節と同様の導入句をもって，パウロは自らの現在から将来へと話題を移す。パウロが，「〔神の〕王国を宣べ伝えながら，その間をめぐり歩いた」という「あなたたちすべて」とは，エフェソの長老たちだけではなく，過去における彼の伝道旅行においてキリスト者となった人々全体を含意していよう（ヘンヒェンからツミエフスキー，バレット，イ

20：25—31

エルヴェル，パーヴォ，真山に至るまでの多くの注解者）。その理由は第一に，「あなたたちすべての間をめぐり歩いた」と訳したギリシア語動詞 διῆλθον (διέρχομαι のアオリスト）は行伝における 20 回の用例のうち——17：23 を例外として——そのすべては「旅をする」の意味で用いられている。第二に，この動詞の主語であるパウロが「〔神の〕王国を宣べ伝えながら」と説明されている。「神の」はギリシア語本文にはないが，28：31「神の王国を宣べ伝え」との並行関係からみて，当節の「王国」は明らかに「神の王国」の意がある。しかも，ルカ 8：1，9：2 (diff. マコ 6：7／マタ 10：7)，ルカ 9：6 (diff. マコ 6：12) の用法から判断して，この句はイエスの宣教内容，「福音」を意味するルカの術語なのである[138]。

その上にルカは，フィリッポスのサマリア伝道について，フィリッポスが「御言葉〔の福音〕を告げ知らせながら，めぐり歩いた」と要約的に述べている（8：4。8：40 をも参照）。なお，ルカは当節において，共に巡回しながら「神の王国」をあるいは「福音」を宣べ伝えた（ルカ 9：2, 6）という点でパウロをイエスに重ねている可能性があろう（パーヴォ）。

そして最後に，「あなたたちは誰も再び，私の顔を見ることができないことを，私は知っています」の中で，「私は」（ἐγώ）という人称代名詞が強意的に用いられていることと，「あなたたちすべては見るであろう」の否定辞に οὐκέτι「もう二度と……ない」を意味する強調語が用いられていることが目立つ。パウロはここで，いわば永遠に「あなたたちすべて」に再会することがないことを断言しているのである。これによってルカは，ほとんどすべての注解者が指摘しているように，パウロの死を含意していよう（29 節「私が立ち去った後」の《釈義》をも参照）[139]。

138　U. Luz, βασιλεία, in :『釈義事典』Ⅰ，244 頁参照。
139　ウィザリントンは，パウロが当節（および 29 節）で暗示しているのは，エルサレム上京後エフェソに戻ることはないことであって，自らの死ではないことを強調している。確かにパウロ自身，エルサレムにおける受難について予感はしているが（ロマ 15：31 参照），その後のローマにおける殉教死については予想していない。ルカもまた，ローマにおけるパウロの宣教に関する記述で行伝を閉じているので（28：31），パウロの殉教死については沈黙している。しか

26節 「ですから」にあたるギリシア語接続詞 διότι が前述の「結果・帰結」の意味で用いられるのは,新約では行伝においてだけである（当節の他 13：35）。パウロは今の時点以後,「あなたたちすべて」に再会できない「のであるから」,その「（あなたたち）いかなる者の血についても私には責任がない」。この文言はすでに 18：6 におけるパウロの言葉に見いだされ,この箇所の《釈義》（荒井,中巻,460 頁）ですでに指摘したように,「血」とは,サム下 1：16,王上 2：33,エゼ 33：4 に遡る,死者に対する神の裁きによる「第二の死」つまり「永遠の死」の隠喩で,その責任は（あなたたち自身にあって）私にはない」の意。パウロはこのことを,あなたたちと永遠に離別する「特に今日,断言する」,と言う。この「特に今日」にあたる,σήμερον「今日」に ἡμέρα「日」を重ねたギリシア語の副詞句 ἐν τῇ σήμερον ἡμέρα も行伝ではここだけに用いられる強調句である（バレット）。

27節 その理由としてパウロは,あなたたちと共にいる間に「神の意思(おもい)をすべてあなたたちに告げ知らせずにおくようなことはなかった」と言う。「神の意思」とは,人類に対する神の救済計画の意であって（2：23, 4：28, 5：38, 13：36 参照）,この意味で βουλή という名詞を用いるのはルカだけである。しかもこの言葉は,ここでは,「パウロの宣教の総体を表わす」[140]。これをすべて「あなたたちに告げ知らせずにおくことはなかった」という表現は,ギリシア語本文でも 20 節における表現と同様で,自らの宣教を余すところなくすべての人々に恐れずに伝達してきたことを意味している。

28節 ここからパウロは「長老たち」に,「牧（羊）者」としての使命を想起させ,彼らとパウロとの離別を前提した上で,彼らに改めて「自分自

し,如上のように,ルカがパウロの「別れの言葉」を——たとえパウロ伝承によってパウロ的表現を用いているにしても——パウロの死を前提して構成していることは否認できないであろう（原口尚彰『ロゴス・エートス・パトス』142 頁も同様）。

140　H.‐J. Ritz, βουλή, in：『釈義事典』Ⅰ,266 頁参照。

20：25―31

身」と群れのすべてに気を配るようにと訓戒を与えている。「群れ」と訳したποίμνιον（＝ποίμνη）は元来「羊の群れ」の意で，彼らを「牧する」（ποιμαίνω）「牧羊者」（ποιμήν）である（ヨハ10：16，Ⅰペト2：25；5：2をも参照）。聖霊が「あなたたちを」この群れ「の中に監督者として定めた」。ルカによれば，パウロとバルナバを宣教者としての「仕事」に召し出したのは，他ならぬ「聖霊」であった（13：2）。

ここで，「監督」ではなく「監督者」と訳したἐπίσκοποιは，ἐπίσκοπος（フィリ1：1）の複数形であるが，当時の文脈からみても，また行伝全体の教職観から判断しても，独立の教職としての役職（Ⅰテモ3：2 ff.）ではなく，「長老たち」の役割を表わしている。もっともテト1：7では，当箇所と同じように，「長老たち」と「監督」が等置されており，これは，「パウロが伝道した時代と地域の教会の制度的な在り方を映すものではなく，むしろ後1世紀の末に使徒行伝（やテトス書――筆者）が成立した時期のキリスト教の教会職掌を前提するものである」[141]。

いずれにしても，聖霊が長老たちの監督に定めた目的は，「神がご自身の〔子の〕血で獲得された神の教会を牧させるため」といわれている。ギリシア語本文のδιὰ τοῦ αἵματος τοῦ ἰδίουを「ご自分の〔子〕の血で」と訳したのは苦肉の策である。αἷμα「血」にかかるἴδιοςは一般的に「自分自身の」を意味する形容詞で（使4：32参照），これを直訳すれば「彼が自分自身の血で獲得した神の教会」となって，神が自ら「血を流して」受難したことになる。これは，2～3世紀に正統的教会から「天父受苦説」（patripassionism）というレッテルを貼られた異端説に連なることになろう。おそらくこのような解釈を避けるためもあって，「神の教会」という写本（ἡ ἐκκλησία τοῦ θεοῦ．ℵ Bなど）と並んで（キリストを意味する）「主の教会」という写本（ἡ ἐκκλησία τοῦ κυρίου．P[74] A C* D E Ψ など）が存在する。後者を採れば，この文章の主語は「主（キリスト）が」となり，「自らの血で」とうまく繋がることになる。このように読めば，パウロ自身のキリスト贖罪説（ロマ3：25）に通底することに

141　J. Rohde, ἐπίσκοπος, in：『釈義事典』Ⅱ，66頁。

なろう。しかし，パウロ自身は，「神の教会」という言葉は用いているが（Ⅰコリ1：2，10：32，11：22，15：9，Ⅱコリ1：1，11：16，ガラ1：13），「主の教会」には一度も言及していない。しかも，本文批評学的には後者よりも前者の表記が一般的に採用されている（メッツガー）。

このような事情も反映して，ἴδιος を名詞的に解釈して，「彼自身のもの（者）」の意に解し，この用法がパピルスにも「近親者」の意で見いだされることを引用して，「神ご自身の子」，すなわち「キリスト」ととる見解が現在は一般的になっている（ヘンヒェン，コンツェルマン，シュナイダー以下パーヴォに至るまで）。この方が用語的にもロマ8：32に近いからである。

いずれにしても，「神がご自分のものとして獲得された神の教会」という表現は，「救う」をも含意する「（自分のものとして）獲得する」（ποιέομαι）の用語法からみても，詩73：2 LXX「あなた（神）がご自分のものとして獲得され救われたあなたの会衆（συναγωγή）」と並行しており（73：1ではこの「会衆」が「羊の群れ」といわれている），他方，「ご自分の子の血で」は前に挙げたロマ3：25の表現に近い。ルカがこの両方のモチーフを結合したとみることができよう。ただしルカは，キリストの死をパウロ自身のように贖罪死とはみなしていない。これもまたルカによれば「神の意思(おもい)」（27節）なのである。

29節　当節は，ギリシア語本文では25節と同じように，「私は知っています」という主文章に導かれ，その目的となる二つの副文章が「また」（καί）を介して30節まで続いている。そして，これらの副文章では「私が立ち去った後に」教会に外部から「入り込んで来るであろう」「凶暴な狼ども」（29節）と内部から「起こって来るであろう」「邪説を唱える者たち」（30節）とが，それぞれ予言されている。

「私が立ち去った後に」，文字通りには「私の出立の後に」（μετὰ τὴν ἄφιξίν μου）の中の ἄφιξις は元来「到着」の意味で，「エルサレムに，あるいは天に到着後に」という意味にも解しうるが，ここでは25節との関連からみても，むしろ「（エフェソから）出立・出発・旅立ちの後に」と一般的には解されている。しかも，同じような意味でヨセフスも ἄφιξις を用いている（『古代誌』

Ⅱ，18；Ⅳ，315；Ⅶ，247）。そして，24，25 節にパウロの死を想定する注解者たちはこの「私の出立後に」を「死後に」と意味づける（パーヴォによれば ἄφιξις は「死の婉曲句_{エウフェミズム}」）。実際，当節と次節で予告されている事柄は，パウロの死後に成立した「牧会書簡」においてエフェソ教会が直面している問題として批判の対象とされているので（Ⅰテモ 1：3-6，6：3，20 f．。テト 1：10-12 をも参照），ここで予告されている事柄もパウロの死後と想定してよいと思われる[142]。

29 節の予告は，「羊の群れ」とそれに危害を加える「狼」の比喩で語られている。同種の比喩はユダヤ教においても（Ⅱエノク 89：13 f．，Ⅳエズラ 5：18 など），ヘレニズム・ローマ文学でも（エピクテトス『人生談話』Ⅰ，3，7-9；3，22；フィロストラトス『アポロニオスの生涯』8，22 など）広く用いられているが，福音書でもマタ 10：16／ルカ 10：35 やヨハ 10：1-16，特に 10：12 に見いだされる。その中でも目立つのは，「羊の衣を着てあなたたちのところに来るが，内側は強奪する狼」として警告されている「偽預言者たち」（マタ 7：15）である。彼らは教会に「入り込んで」伝道の代償として信徒たちに金銭を要求した（教会側からみれば「金銭を強奪した」）ユダヤ人キリスト教巡回預言者を指していると想定される（『十二使徒の教訓_{ディダケー}』6：3 をも参照）[143]。ところがルカは福音書の並行箇所（6：43-44）でこの句を引用しておらず，当節でパウロの死後に，彼が創設したエフェソ教会に「入り込む」「凶暴な狼ども」として警告の対象にしている。しかもパウロは，この後の文脈（33 節）で，「金銀」欲に警告しており，牧会書簡では「恥ずべき利益のために〔教えては〕ならないことを教えて」いるユダヤ人キリスト者の「偽教師たち」が批判されている（テト 1：10-11）。もちろんパウロ（ルカ）は当節で「凶暴な狼ども」を特定してはいないが，あるいは上述の「偽預言者たち」や「偽教師

---

142 ウィザリントンは，25 節におけると同様，ルカがこの意味では ἄφιξις ではなく ἔξοδος を用いている（ルカ 9：31）ことを理由に，ἄφιξις で死を暗示しているとはとらない。しかし，すでに注 139 で指摘したように，如上の理由からみて，ウィザリントン説には無理がある。

143 岩波版『新約聖書』95 頁，注九参照。

たち」のような存在を暗示している可能性はあろう。もっともパウロ自身の手紙では，「〔あなたがたのところ（コリント教会）に〕やって来て」パウロとは「異なった福音」を説く者，あるいは「偽使徒たち」が，パウロの生前に出ている（Ⅱコリ11：4, 13参照）。

30節 次いでパウロは，教会の中から「起こって」「邪説を唱え」，教会員を自分の側に「引きずりこもうとする者ども」の出現を予告している。「邪説」と訳した διεστραμμένα は διαστρέφω「歪める，曲げる」の受動・完了分詞の中性・対格・複数形で「邪悪なこと」の意で，ここではパウロの宣教内容を歪めた「異端的教え」のことである。使13：10では同じ動詞がパウロの説いた「主の直き道を曲げて止まぬ」エルマについて用いられている。

　パウロがその晩年にエフェソに滞在しているテモテへ宛てて書いたといわれる手紙では，「偽りなき信仰」から「迷い出て，無為な議論へと走った」パウロとは「異なった教え」を説く者どもがエフェソ教会の一部に出ていることに警告が与えられている（Ⅰテモ1：3-7。6：2-6, 20 f. をも参照）。この手紙は行伝とほぼ同じ時代に成立しているので（90年代後半），ルカは当節でこのような「邪説を唱えて，弟子たち（信徒たち）を自分の方に引きずりこもうとする」異端者たちが，パウロの死後にエフェソ教会で起こったことを知っていて，パウロをしていわゆる「事後予言」をせしめた可能性が十分にあるであろう[144]。

31節 「ですから」（διό）は26節の繰り返し。「三年の間」については，使19：8（「三ヶ月」），10（「二年間」），20：1を参照。「夜も昼も」（νύκτα καὶ ἡμέραν）は26：7で繰り返されている。「涙を流して」は，19節の《釈義》で指摘したように，パウロ書簡にも見いだされる（Ⅱコリ2：4, フィリ3：18）。

---

[144] なお，Ⅰテモ6：20で言及されている「偽称『知識』の〔私たちの教えに〕反対する議論」が，2〜3世紀に正統的教会から批判された「異端」グノーシス主義とは特定されず，それに発展して行った可能性のある「前グノーシス主義」にあたることについては，すでに20節の《釈義》で言及した。この関連について，最近では辻学「牧会書簡」（『新版 総説 新約聖書』330-331頁）をも参照。

20：32—35

「終始訓戒して来た」，文字通りには「私は訓戒することを止めなかった」(οὐκ ἐπαυσάμην μετὰ δακρύων νουθετῶν) の οὐ παύομαι＋動詞の現在分詞「……を止めない」はルカが行伝で好んで用いる用語法（5：42, 6：13, 13：10 をも参照）。とりわけ5：42で「（使徒たちに）毎日，神殿〔境内〕や家々で教えることとキリスト・イエス〔の福音〕を告げ知らせることを止めなかった」と記されており，ここはルカによる「要約的報告」なので[145]，当節でルカがパウロの振舞いを使徒たちに重ねて描写している可能性がある。特にそれが「あなたたち一人一人に」といわれているので，これはエフェソ教会の長老たちというよりは，パウロが「訓戒して来た」諸教会のメンバー各自を含意していよう（バレット）。ただし，動詞 νουθετέω そのものは，パウロ書簡に多く使用されているパウロ的言葉である（ロマ15：14, Ⅰコリ4：14, Ⅰテサ5：12, 14。コロ1：28, 3：16 をも参照。名詞 νουθεσία ではⅠコリ10：11, エフェ6：4, テト3：10）。

このような，パウロのいわば「模範」的行為を「（あなたたちは）思い起こして，目を覚ましていなさい」と勧められている。パウロはこの「別れの言葉」の最後に，自らの言行を模範として提示し，彼がそれに従ったイエスの言葉を「思い起こすこと」(μνημονεύειν) を聴衆に求めている（35節）。注目すべきはルカがここで，終末に備えて弟子たちに与えた「目を覚ましていなさい」(γρηγορεῖτε) というイエスの勧め（マコ13：37, 14：38）を福音書の並行箇所において削除し（ルカ22：34-36, 46参照），当節ではパウロ風に（Ⅰテサ5：6, Ⅰコリ16：13参照），彼をして語らしめていることである（パーヴォ）。ルカはここで，イエスの終末論的「目覚め」の勧めをパウロの教会論的射程に入れ替えたと想定されよう。

④　勧め（20：32-35）

32 そして今，私はあなたたちを，神とその恵みの言葉とに委ねます。この言葉は，〔あなたたちを〕建て，すべての聖められた者たちの間で，

145　荒井，上巻，396頁以下参照。

〔あなたたちに〕遺産を与える力があるのです。³³私は誰からも，金銀や衣服を欲しがったことはありません。³⁴あなたたち自身が知っているように，〔私の〕この両手は，私の必要のためにも，また，私と一緒にいた人たちのためにも働いたのです。³⁵あなたたちも同じように苦労して，弱っている人々を助け，主イエスご自身が言われた『受けるよりは与えるほうが幸いである』という言葉を，心に留めておくべきであるように，私はあらゆる点においてあなたたちに模範を示したのです」。

《釈　　義》

32節　22, 25節と同様に，「そして今」という導入句によって，パウロは三度目に話題を転じ，エフェソ教会の長老たちを「神とその恵みの言葉とに委ね」，「受けるよりは与える方が幸いである」というイエスの「幸いの詞」を引用し，彼らに，自らの言行を模範に「弱っている人々」を助けるようにと勧告して，「別れの言葉」を終える。

当節を導く「そして今」という句は，22, 25節（καὶ νῦν ἰδού）と類似しているが，ギリシア語ではκαὶ τὰ νῦνという表現になっている。この表現は，4：29, 5：38, 27：22でも用いられており，これは新約ではルカのみが用いる句である。

パウロがエフェソ教会の長老たちに「委ねる」という「神とその恵みの言葉」とは，前の文脈との関連では「神の恵みの福音」（24節）にあたる。両語をルカは，「同意異語」として用いている（バレット）可能性があろう。なお，「神に」（τῷ θεῷ：P⁷⁴ ℵ A C D E Ψなど）には「主に」（τῷ κυρίῳ）という異読（B 326 pcなど）があって，ヘンヒェンや口語訳は後者を採っている。しかし，本文批評学上前者の可能性が高く，後者は14：23「二人（バルナバとパウロ）が……彼ら（リュストラ，イコニオン，アンティオキアの長老たち）を……主に委ねた」の「主に」を当節に合せた結果と想定される（メッツガー）。「神とその恵みとに委ねる」は，使14：26, 15：40とほぼ同様の表現。

「私は委ねる」（παρατίθεμαι）という動詞をルカは，福音書におけるイエスの最期の言葉にも使用している（23：46 diff. マコ15：34／マタ27：46）。弟子

たちに対するイエスの「別れの言葉」をも参照。この場合動詞は διατίθημι で，目的語は「(神の) 王国」(ルカ 22：29 diff. マタ 19：28)。この意味でルカは，パウロとイエスをパラレルに置いた可能性があろう (パーヴォ)。

ギリシア語本文ではこれに続く「力ある」(δυναμένῳ. δύναμαι「力がある」の現在分詞・単数・与格)は，「(神とその恵みの) 言葉」(τῷ λόγῳ) を受ける。そして，この「力ある」という現在分詞は第一に，「〔あなたたちを〕建てること」(οἰκοδομῆσαι. οἰκοδομέω のアオリスト不定法) という目的句をとる。教会に関わる動詞 οἰκοδομέω は，行伝でも前の文脈で用いられているが (9：31)，パウロの手紙でもしばしば使用されている (Ⅰテサ 5：11 など)。「建物」(οἰκοδομή) としての教会についてはⅠコリ 3：9 参照。次に，「力ある」は「すべての聖められた者たちの間で〔あなたたちに〕遺産を与えること」という目的句をとる。「与えること」(δοῦναι) は δίδωμι のアオリスト不定法で，「建てること」と同時称であるから，前者は現在の，後者は未来の事柄と解する (バレット) ことはできないであろう。両者とも，ルカによれば，現在の事柄なのである (パーヴォ)。「(神の) 遺産」(κληρονομία) については，パウロ自身も一回だけ言及しているが (ガラ 3：18)，彼はむしろ κληρονομέω あるいは κληρονόμος という表現を多く用いている。当節の用法とパラレルをなすのは，むしろエフェ 1：18 (κληρονομία) の場合であろう。ここでは「遺産」が現在の所与として語られている上に，当節とほぼ同様に「聖なる者たちの間で」(ἐν τοῖς ἁγίοις) と言われている。当節では「(すべての) 聖くされた者たちの間で」(ἐν τοῖς ἡγιασμένοις) と言われているが，「聖なる者 (聖徒) たち」(ἅγιοι) も「聖くされた者たち」(ἡγιασμένοι. ἁγιάζω の受動・完了分詞) も同意で，パウロの手紙でも「神の召しとキリストの救済の故に信仰者とされた者たち」の隠喩として共に用いられている[146]。

33 節　パウロは再び自らの過去における模範的行為について，サム上 12：3 LXX と類似の文言でエフェソ教会の長老たちに語りかける。「欲しがる，欲

146　H. Balz, ἅγιος, in：『釈義事典』Ⅰ，47 頁参照。

望する」(ἐπιθυμέω) こと,すなわち「欲望」(ἐπιθυμία) に対する否定的言説は,もちろんパウロ自身の手紙にも確認される(例えばロマ 7:7 ff.)。しかしパウロの場合,欲望を禁ずる律法(出 20:17,申 5:21)によって触発される「罪」としての「欲望」一般であって,それは,当節のように「金銀や衣服」,つまり所有に対する欲望には限定されていない。所有あるいは所有欲に対する否定的言説は,むしろルカが描くイエスあるいはパウロの特徴である[147]。もちろん,パウロがその宣教の業において誰にも金銭的負担をかけさせなかったことについては,彼の手紙の中でも言及されてはいる(Ⅰテサ 2:9,Ⅱコリ 11:7-11 参照)。

34 節 「あなたたち自身が知っている,この両手が,私の必要のために,また私と共にいる人たちのために働いたことを」(直訳)。パウロがコリントでアクィラとプリスキラと共に「天幕造り」として働いたことを,ルカは使 18:3 で報告している。他方,この章節の《釈義》(荒井,中巻,455 頁)で言及したように,パウロ自身もエフェソからコリントに送った手紙の中で,その伝道生活において自分の手の業で生活を立てたことを記している(Ⅰコリ 4:12。Ⅱコリ 11:7 をも参照)。ルカはこのことを,「あなたたち(エフェソ教会の長老たち)自身も知っている」と強調しているが,エフェソにおける伝道生活に関するルカの報告(使 19 章)ではこのことについては一言も触れていない。ルカはここでも,この点を――パウロの口を介して――エフェソ教会を越えて行伝の読者に強調しているのである[148]。

35 節 ギリシア語本文では「私はあらゆる点においてあなたたちに模範を示した」(πάντα ὑπέδειξα ὑμῖν) が文頭に置かれている。「私は模範を示した」

---

147 この問題について詳しくは,拙論「ルカにおける『個人倫理』と『共同体倫理』」(『荒井献著作集』3,290 頁以下所収)参照。

148 P. Treblico (*The Early Christians in Ephesus from Paul to Ignatius*, p. 186) は,ルカもまたパウロがエフェソで天幕造りの仕事を継続していたとみなしていた可能性が高いと想定しているが,そのような可能性については少なくともルカは行伝 19 章で暗示さえしていない。

20：32—35

と訳した ὑπέδειξα は ὑποδείκνυμι のアオリスト形。その目的文が ὅτι で導かれ，前節を受けて，「あなたたちも（自分と）同じように苦労して……すべきであることを（ὅτι οὕτως κοπιῶντας δεῖ…）となっている。この文言はほぼ正確に，パウロがエフェソからコリントの信徒たちへ宛てて記したⅠコリ4：12「私たちは自らの手で働きながら苦労している」に対応するであろう。しかし，当節で「すべき」内容が，まず，「弱っている人々を助けること」（ἀντιλαμβάνεσθαι τῶν ἀσθενούντων）と言われている。ἀσθενούντων は ἀσθενέω「無力である，弱っている」の現在分詞複数属格で，分詞の名詞的用法。ルカはこの表現を肉体的に弱っている者，すなわち「病人」の意味で用いていることが多いが（ルカ4：40 diff. マコ1：34／マタ8：16，9：2，使19：12など），当節では，文脈からみても，むしろエフェ4：28の文言「（あなたたちは）むしろ苦労し，〔自分の〕手で糧を稼ぐべきである。欠乏する者に分け与える物を手にするため〔である〕」に近い。この場合の「弱っている人々」は，パウロの手紙に特徴的な「信仰的に」（ロマ4：19，14：1 f., Ⅰコリ8：11 f., Ⅱコリ11：29）「弱い人々」ではなく，これに続く言葉から判断しても，「病人」（田川）というよりはルカ文書や第二パウロ書簡に特徴的な経済的に欠乏している人々である（ペッシュ，シュナイダー，バレット，イェルヴェルなど）[149]。

「すべき」内容は次に，「主ご自身が言われたように『受けるよりも与えるほうが幸いである』（μακάριόν ἐστιν μᾶλλον διδόναι ἢ λαμβάνειν）という言葉を心に留めておくこと」である。四福音書にはこれにあたるイエスの言葉はない。ただし，1世紀末以降，これに類似する言葉が「主の教訓」として伝えられている（『十二使徒の教訓(ディダケー)』1：5「……与える人はさいわいだ。……（ものを）貰う人はわざわいだ」。同4：5（=『バルナバの手紙』19：9）に次のような言葉もある。「貰うために手を伸ばすが，与えるためには手を引っ込める人になってはならない」[150]。また，96年頃にローマ司教クレメンスがコリントの信

---

149 *WbNT*, S. 231, 2；Z. Zmijewski, in:『釈義事典』Ⅰ，209頁も同様；F. Prast (*Presbyter und Evangelium in nachapostolischer Zeit*, S. 153) も同様。シュテーリンは「あらゆる種類の困っている人々」と説明して，その中に病人をも含意している。
150 以上，佐竹明訳。荒井献編『使徒教父文書』28, 31, 79頁。

徒たちに宛てた第一の手紙の中に，クレメンスがコリント人たちを賞賛する言葉として「（君たちは）受取ることよりもむしろ与えることの方に喜びを抱いている」という言葉を連ねている（2：1）[151]。

しかし，当節のイエスの言葉に最も近いのは，トゥキュディデス『戦史』Ⅱ，97，4である。この記事によれば，トラキア人はペルシア人と反対に，「与えるよりも受ける（λαμβάνειν ἢ διδόναι）を徳とする風習があった」[152]。とすれば，ペルシア人は当節のイエスの言葉とほとんど同じ言葉を用いていたことになる。この他にも，アリストテレス『ニコマコス倫理学』Ⅳ，2，7；プルタルコス『倫理論集』Ⅱ，173 d；セネカ『書簡集』81，17；シラ書4：31などにも類似の言葉が見いだされる。このように，この種の言葉はおそらくギリシアの格言として当時のヘレニズム・ローマ世界に広く知られており，それが1世紀末以降イエスの言葉伝承の中に入れ込まれたものと想定される（コンツェルマン，ヘンヒェン，ペッシュ，シュナイダー，バレット，パーヴォ，真山など）[153]。

いずれにしても，例えばQ伝承やマルコ福音書におけるイエスの言葉に「施し」の一句を加えたのはルカであるから（ルカ11：41 diff. マタ23：26，ルカ12：33 diff. マタ6：19 f. 参照），当節に引用されているイエスの言葉を，少なくとも思想的にイエスにまで遡るとみるのは（ウィザリントンなど）無理であろう[154]。むしろこれは，ルカによるイエスの言葉の「代喩」（一部で全部を表わす語法。真山によれば「この言葉はイエスの教えのルカの要約」）であり，ルカはここでイエスの言葉を「心に留めるように」と訴えてエフェソ教会の長老たちに対するパウロの「別れの言葉」を締めくくったととる（パーヴォ）べきであろう。

151　小河陽訳。前掲『使徒教父文書』83頁。
152　久保正彰訳。トゥーキュディデース『戦史』(上)，岩波文庫，1966年，290頁。
153　J. Jeremias, *Unbekannte Jesusworte*, S. 37 も同様。
154　このことを曖昧にして，これを究極的にはイエス自身に帰してはなるまい。この言葉は「持てる者」を視点として語られているが，イエス自身は，私見によれば「持たざる者」をも含む「罪人」の位置に立って振舞った（拙著『イエスとその時代』69-175頁参照）。最近の著作としては，ウィザリントン，土戸，B. W. Longenecker, *Remember the Poor,* pp. 151 f. などに反対して！

20：36—38

長老たちとの離別（20：36-38）

³⁶こう語った後、パウロは、皆と一緒にひざまずいて祈った。³⁷皆の者は、激しく泣き、パウロの首をかき抱き、彼に接吻した。³⁸もう二度と自分の顔を見ることはないであろうと言ったパウロの言葉に、とりわけ心を痛めたからである。彼らは彼を船まで送って行った。

《釈　義》

36 節　パウロが「皆と一緒にひざまずいて祈った」という離別の描写は、この後、テュロスにおける同じ場面で繰り返されている（21：5。9：40をも参照）。ルカによれば、イエスもまたゲツセマネで「ひざまずいて祈った」（ルカ 22：7 diff. マコ 14：35／マタ 26：39）。

37 節　「皆の激しい泣き声が起こった」（直訳）。「激しい」にあたる ἱκανός は、14：21の《釈義》（荒井、中巻、276頁）で指摘したように、ルカが好んで用いる形容詞。「首をかき抱き、彼に接吻した」は親愛の情の表現で、LXXに用いられており（創 33：4、45：14 f.。トビト 7：6 をも参照）、ルカ 15：20 でほとんど文字通りに使用されている。

38 節　「皆の者が心を痛めたからである」と訳した ὀδυνώμενοι は ὀδυνάω の受動分詞複数形で、この動詞は新約では当箇所とルカ 2：48、16：24 f. 以外に用いられていない。「もう二度と自分の顔を見ることができないであろう」と言ったパウロの言葉は 25 節のパウロの言葉とほぼ同様である。「彼らは彼を船まで送って行った」は、21：5 でもほぼ同じ描写が繰り返されている（15：3 をも参照）。

以上、長老たちとの離別の場面は明らかにルカによる構成である[155]。

155　バーヴォによれば、この「離別」の場面は、21：5-6、10-18 と共に、ホメーロスからソクラテス伝承にまでフォローされるギリシア文学のパターンに見いだされる「悲劇的パトス」によって構成されている。F. Bovon, Le Saint-Esprit, l' Église et les relations humaines selon Actes 20, 36-21, 16, in : *Les Actes des Apôtres,*

《別れの言葉》(20：18b-35)

　以上，パウロがミレトスにおいてエフェソ教会の長老たちに話した「別れの言葉」は，その中に多くの「パウロ的」句が散りばめられているものの，全体としてはルカによるパウロの訣別の辞の「模写」(Nachbildung)であって(コンツェルマン，ヘンヒェン，リューデマン，ムスナー，ヴァイザー，シュナイダー，ツミエフスキー，イェルヴェル，真山など)[156]，それのいわば「実写」(Abbildung)である(ブルース，マーシャル，ムンク，ウィザリントンなど)可能性は低いと想定される[157]。

　もともと死を目前にした人物が残された人々にいわば「遺言」として語る「訣別の辞」は，ヘブライおよびギリシア文学に定着した文学様式であり，それぞれの間で様式を構成する次のような「共通様式」(トポイ)が確認されている。

　①死期が切迫していることの報告，②残された者たちへの訣別，③彼らの不安・恐れ・嘆きとそれに対応する慰め，④過去の回顧，⑤遺訓，⑥未来への幸いと禍いの予告，⑦神への嘆願または感謝の祈り[158]。

　実際，ルカが構成したパウロの「別れの言葉」においても，如上のトポイが――③は直接的に前景に出されていないが[159]――ほとんど揃っている。

---

　　pp. 339-358 参照。
156　Prast, op. cit., S. 28-38 も同様。
157　両説の中間をとり，「別れの言葉」は全体としてパウロの言葉伝承に遡り，それにルカが手を加えたとする立場もある(ペッシュ，シュミットハルス，バレットなど)。Treblico, op. cit., pp. 176-196，田川もこれに近い。しかし，「別れの言葉」を全体として，ルカ以前に形成されていたエフェソ教会の伝承とみなすことは無理であろう。
158　ヘブライ文学から新約に至る「訣別の辞」の文学様式については，すでに H. - J. Michel, *Die Abschiedsrede des Paulus an die Kirche APG 20, 17-38*, S. 35-72 によって詳細に論じられている。以下は大貫隆「古代文学における「訣別の辞」――ヨハネ文学と『パイドン』を中心に」(『福音書文学と文学社会学』210頁以下)を参照。ギリシア文学における文学様式としての「訣別の辞」については，原口尚彰『ロゴス・エートス・パトス』141頁以下をも参照。
159　これはギリシア悲劇に出てくる離別の言葉の中に，「親しい者と別れ死へと赴く者と残される者たちの悲哀の感情」(原口，前掲書，142頁)として語られ

20：36—38

　パウロの「別れの言葉」の場合目立つのは，④，⑤，⑥がパウロを模範として提示されており，とりわけ⑥がパウロの死後，彼の名によって記された「第二パウロ書簡」と「牧会書簡」の中でエフェソ教会に起こった現実の事柄として記されていることである。もし「別れの言葉」が部分的にパウロ伝承に遡るとすれば，パウロの死（60年代前半）後「牧会書簡」成立（90年代後半）に至る時期にエフェソ教会との関わりにおいて流布されていた言い伝えと想定されるであろう（パーヴォ）。

　更に目立つのは，ルカがすでに福音書において，イエスの受難物語における「過越しの食事」に続くイエスの言葉（22：21 ff.。とりわけ22：24-30）を，マルコ福音書においてはイエスのエルサレムへの旅の途中で話されていた言葉（10：35-45／マタ20：20-28）であり，マタイ福音書ではイエスがガリラヤで語っている言葉（19：28）であるにもかかわらず，それら全体をイエスの「遺言」として組み立てていることである[160]。この部分，特にルカ22：26（「仕える」こと）と29（「委ねる」こと）が使20：19と32とに並行していることについては，各節の《釈義》で指摘したとおりである。

　とすればルカは，一方においてエルサレム神殿で「教える」イエス（ルカ21：37-38）をエルサレムにおける十二使徒たちの活動（使2：42-47，5：42）に重ね，他方においてエルサレムにおけるイエスの言葉とミレトスにおけるパウロの言葉とを共に「遺言」として重ねることによって，使徒たちとパウロをイエスと並行関係においたことになろう[161]。

　　ているが，このトポスはパウロの「別れの言葉」の中には，原口が想定しているほど出されておらず，むしろ，前述したように（注155），「別れの言葉」に続く「離別」の場面が前景に出されている。

160　三好迪『福音書のイエス・キリスト3　ルカによる福音書 旅空に歩むイエス』121-125頁参照。

161　イェルヴェルによれば，ルカはパウロに十二使徒を越える「全き意味における使徒そのもの」（der Apostel schlechthin）とみなしていた，と主張する。しかしこれは，──ペトロの口を介した──ルカによる「使徒」の定義（使1：21-22）と合致していない。ルカによればパウロはむしろ，使徒たちを越えるイエスの「証人」であり（「証人」については使1：8，22：15参照），イエスに

いずれにしても，トロアスからミレトスを経由してエルサレムに至るパウロの旅行ルートは伝承に遡る。また，パウロがミレトスでエフェソ教会の長老たちに説教したであろうことがパウロの死後に流布されていたエフェソ出自の伝承に遡ることは否定できないであろう。しかし，それをパウロの「遺言」として文学様式を整えたのはルカ自身である。

(5) ミレトスからエルサレムへ（21：1-14）

パウロはすでにエフェソにおいてエルサレムへ行く決心を表明しているが（19：21），彼はまず同行者たちと共にエフェソからトロアスに至り，当地においてエフェソの長老たちに向けて「別れの言葉」を遺した際に，再度エルサレム行きを披瀝し（20：22），ミレトスから海路シリアのテュロスに至って，三度目のエルサレム上京の意思を弁明している（21：13）。

当段落は，エフェソからエルサレムへ至るパウロの旅の最終報告にあたり，次の三つの部分から成り立っている。

① ミレトスからテュロスへ（21：1-6）
② テュロスからカイサリアへ（21：7-9）
③ アガボスの預言（21：10-14）

カイサリアにてパウロのいわゆる「第三回伝道旅行」は終結し，パウロの一行はエルサレムに上る。

① ミレトスからテュロスへ（21：1-6）

¹ さて，〔以下のようなことが〕生じた，〔すなわち〕私たちは彼らから離れて出航し，直行してコス〔島〕に，翌日ロドス〔島〕に，そこからパタラに着いた。² そこで私たちは，フェニキアへ渡る船を見つけ，それに乗って出航した。³ やがて，キュプロス〔島〕が見えて来たが，それを左に通り過ぎ，シリア〔州〕に向かって航海を続け，テュロスに

よってイスラエルの民と異邦人に遣わされた「選びの器」なのである（9：15。26：17をも参照）。この意味でパウロは，ルカによれば，十二使徒を越える「全き意味における宣教者そのもの」であろう。

21：1—6

入港した。この船はここで積荷を降ろすことになっていたからである。⁴私たちは弟子たちを見いだして、そこに七日間滞在した。彼らは霊によって、パウロにエルサレムにのぼってはいけないと言った。⁵しかし、〔滞在〕期間を終えると、私たちは〔そこを〕出て、旅立った。皆の者は、妻や子と共に、町はずれまで私たちを見送って来た。そして、浜辺で共にひざまずいて祈り、⁶互いに別れを告げた。それから、私たちは船に乗り込み、彼らは自分の家へ帰って行った。

《釈　義》

1 節　14：1，16：16，19：1におけると同様、当節もギリシア語本文では、ἐγένετο＋対格＋不定法「……が生じた」あるいは「……が起こった」というルカが好むLXX的用法で始まっている（14：1の《釈義》荒井、中巻、257頁参照）。しかもこのギリシア語本文は、使13：13（パポスから「出航して」ベルゲへ）、16：11（「私たちは」トロアスから「出航して」サマトラケ、ネアポリス、フィリピへと「直行した」）、20：13（「私たちは」アソスへ「出航した」）ときれいな並行を成している（16：11の《釈義》荒井、中巻、347-348頁参照）。その上当節で始まる21：1-18節も、16：10-17、20：5-15と同様、主語が「私たち」になっている。

さらに注目すべきは、当節の書き出し「私たちが出航して」が、16：10の場合「彼がその幻を見た時」と同じように、ὡς δέ に導かれる副文章になっており、これもまたルカの文体の特徴であることは、すでに16：4の《釈義》（荒井、中巻、334頁）で指摘した。

以上から判断して、1-18節にわたる「われら章句」も、——16：10-17、20：5-15、（そして27：1-28：16）と同様——行伝著者ルカがパウロの伝道旅行に同行して、それが「聖霊」による預言の成就であり（11節）、それによって「主の意思」が満たされる（14節）ことを読者に訴えようとする著者の文学的レトリックと想定される（詳しくは、荒井、中巻、《釈義》345頁以下を参照）。

「出航して」と訳した ἀναχθῆναι は ἀνάγω のアオリスト不定法、ἐγένετο（γίνομαι のアオリスト形）を受ける。ἀνάγω は、上記13：13、16：11におけ

ると同様に，ルカ文書，とりわけ行伝に頻出する航海用語。εὐθυδρομήσαντες は εὐθυδρομέω「直航する」のアオリスト分詞。この動詞も，上記 16：11 と当節にのみ用いられている。

「コス」(Κῶς) は，小アジアの西南沿岸近くに位置する島の名。島の首都も同名で，医学の祖と言われるヒポクラテスの生地でもある[162]。

「翌日」と訳した τῇ δὲ ἑξῆς (ἡμέρᾳ) もルカ文書のみに出る用語（ルカ 7：11, 9：37 diff. マコ 9：14／マタ 17：14, 使 25：17, 27：18）。「ロドス」('Ρόδος) は小アジアの，アナトリア半島南西岸に面する島の名。島の首都も同名。この島は後 1 世紀には一時ローマ帝国のアシア州に属していたが，それ以外は自由市（civitas libera）であり続けた[163]。

「そこから」にあたる κἀκεῖθεν (= καὶ ἐκεῖθεν) も，16：12 の《釈義》で指摘したように（荒井，中巻，348 頁），新約 10 回のうち圧倒的に多く（9 回）ルカによって用いられている。「パタラ」(Πάταρα) は，小アジアのリュキア地方の西南に位置する港町[164]。

2 節　パタラで「私たち」は，「フェニキアへ渡る「船」(τὸ πλοῖον) を見つけ，それに乗って出航した」。πλοῖον は福音書では「小船」の意味で用いられているが（マコ 1：19 など），行伝ではむしろ海洋を航海する「大船」を意味する（27：2-44, 28：11 をも参照）。当節で言及されている「船」は，3 節で，

162　B. Joannidis + 古沢ゆう子，「コス」『聖書大辞典』473-474 頁参照。
163　'Ρόδος, in；『釈義事典』Ⅲ，250-251 頁参照。
164　西方型の写本（P^{41vid} D など）では，「パタラ」の後に「そしてミュラ」(Πάταρα καὶ Μύρα) となっており，いわゆる "homoeoteleuton"（同一語句結尾。隣接する二つの節の文が同一語句〔当節では二つの ρα〕で終わっていること。筆写の際にしばしば文の一部が脱落する原因となる）によって καὶ Μύρα が脱落したとみなして，パウロらは「パタラとミュラに着いた」ととる説もある（前掲『聖書大辞典』付録地図Ⅱにおけるパウロの第三回伝道旅行ルートはこの説をとっている。真山も同様）。しかし，この写本は第三回伝道旅行でとったパウロらのルートをパウロのローマへの護送ルート（パウロは 27：5 によればミュラを経てローマへ護送されている）に合わせようとした結果である，と現在は一般的に想定されている（メッツガー）。

21：1—6

テュロスに至り、そこで「積荷を降ろした」といわれているので、「商船」の意であろう。パウロの一行はミレトスからパタラに至るまでは小船で海岸沿いに海を渡って来たが、パタラから地中海を横切ってフェニキア（3節によればテュロス）へ渡る商船に乗り換えた、ということであろう。「渡る」と訳した διαπερῶν は διαπεράω の現在分詞・中性形、「船」にかかる。「乗って」にあたる ἐπιβάντες は ἐπιβαίνω のアオリスト分詞。「出航した」は1節と同じ ἀνάγω のアオリスト形。

「フェニキア」（Φοινίκη）は——11：19の《釈義》（荒井、中巻、173頁）で言及したように——パレスチナの地中海沿岸にある地域を指すギリシア語の名称。この地方は前64年、ポンペイウスによってローマ帝国のシリア州（3節）の一地方に編入された。行伝では後の文脈でこの地方の町々が 21：3、7（テュロスとプトレマイス）、27：3（シドン）で言及されている[165]。

3節 「見えて来た」と訳した ἀναφάναντες は、ἀναφαίνω「見えるようにする」のアオリスト分詞であるが、ここでは「キュプロス〔島〕」（11：19、13：4—12参照）を目的語にとって、それを「視野に入れる、それが見えて来る」の意味。「それを左に通り過ぎ」（καταλιπόντες αὐτὴν εὐώνυμον）は、直訳すれば、「それを左側に残して」。καταλιπόντες は καταλείπω「後に残す」のアオリスト分詞。「私たちもシリア〔州〕に向かって航海を続けた（ἐπλέομεν、πλέω の未完了・一人称・複数形）」。ここでは「……に向かって」（εἰς）という行動の方向を描写する未完了形が用いられている[166]。「そしてテュロスに入港した（κατήλθομεν、κατέρχομαι のアオリスト・一人称・複数形）」。「テュロス」（Τύρος）はフェニキア／シリアの港町。福音書ではほとんどの箇所で「シドン」と並んでこの町の名が挙げられている（マコ 3：8、7：31、マタ 11：21、22／ルカ 10：13、14、マタ 15：21、ルカ 6：17）。

テュロスに入港した理由は、「この船がそこで積荷を降ろすことになってい

---

165 新約時代の「フェニキア」については、H. Balz, Φοινίκη, in；『釈義事典』Ⅲ、484頁参照。
166 Blass/Debrunner/Rehkopf, §327, 1, Anm. 1 参照。

たからである」と説明されている。「降ろすことになっている」にあたるギリシア語動詞はἦν（εἰμίの未完了形）ἀποφορτιζόμενον（ἀποφορτίζομαιの現在分詞）。この現在分詞は2節の「（フェニキアへ）渡る（船）」と同様，近未来の行為を指し[167]，ἦνと結んでその状態を表わす。その目的語が「積荷」（γόμος）となっているので，2節の《釈義》で示唆したように，この「船」（τὸ πλοῖον）は「商船」であることが当節で明らかになる。

4節 パウロはテュロスで「弟子たち」すなわちキリスト信徒たちを「見いだして」（ἀνευρόντες, ἀνευρίσκωのアオリスト分詞），そこに「七日間」滞在したという。少なくともパウロがこの町で宣教したという記事は行伝にはなく，他方，エルサレム教会で起こったユダヤ教徒による迫害のために「散らされて行った人々」（8：1，4参照）が「フェニキア」に行き，当地のユダヤ人に宣教活動をしたと11：19に記されており，その後パウロ（とバルナバ）が使徒会議のためにエルサレムにのぼる途上で「フェニキア」を通って兄弟たち（キリスト信徒たち）を「大いに喜ばせた」と記されているので（15：3），当節の記事も伝承に遡る可能性はあろう。この記事ではテュロスの信徒たちはパウロの影響下になかったことが前提されているからである。ただし，「七日間」はルカの編集句と思われる20：6でも用いられている（本書72頁参照。28：14をも参照）。この表現は特に深い意味を持たない数字で，多くも少なくもない期間を象徴的に表わしている可能性があろう[168]。

テュロスの信徒たちはパウロに，「霊によって」言った，「エルサレムにのぼってはいけない」と。この「霊」を20：22の「霊」と，あるいは20：23，21：11の「聖霊」と同じ意味にとれば，当箇所における「霊」と20：22，23，21：11の「霊」あるいは「聖霊」との果たす預言内容が矛盾する。しかし，彼らが「霊によって」パウロのエルサレムにおける苦難を知っていたが，人間的配慮からパウロに，「あえてエルサレムで苦難を受けることはない」と言った，ととれば，21：10 ff.，特に「土地の人々」（テュロスの信徒たち）と共に

167　Blass/Debrunner/Rehkopf, §339, 2, Anm. 7参照。
168　H. Balz, ἑπτά, in ;『釈義事典』Ⅱ，79-80頁参照。

21：1—6

「私たち」がパウロに，「エルサレムにのぼってはいかないようにと懇願した」（21：12）場合と必ずしも矛盾しないと想定される（コンツェルマン，ロロフ，シュナイダー，バレット，真山など）[169]。

いずれにしても4節bは，20：22, 23, 21：11, 12との関連からみても，ルカによる構成と想定される（ヘンヒェン，ツミエフスキーなど）。

5節 「しかし，私たちは〔（テュロスにおける）滞在の〕日々を終えると」（直訳）。この文章がギリシア語本文でἐγένετο ἡμᾶς ἐξαρτίσαι（ἐξαρτίζωのアオリスト不定法）τὰς ἡμέραςとなっており，1節で指摘したようにルカが好んで用いる構文で始まっている。「私たちは〔そこを〕出て，旅立った」。「旅立った」にあたるἐπορευόμεθαはπορεύομαι（「行く」）の未完了・一人称・複数形（20：22参照）。

その後に描写されている「涙の別れ」の場面に用いられている語句は，そのほとんどがミレトスにおける場面（20：36-38）と同じである。「皆（の者）」（20：36），「見送る」（20：38），「ひざまずいて祈る」（20：36）。もっとも当箇所はミレトスの場面よりもその描写が修辞的に「漸層」している。「妻や子と共に」，「町はずれまで」，「浜辺に」など。この「浜辺」にあたるαἰγιαλόςは，「岩場にあたるἀκτήとは対照的に，テュロスの平らな海岸を正確に描いている」[170]。

---

169 イェルヴェルによれば，当節の「霊」はその預言内容が「吟味」すべきもの（Ⅰコリ14：29参照）で，「聖霊」とは異なる。しかしルカが，パウロ自身のように「諸霊」間の「吟味」について知っていたことを裏づける箇所がルカ文書にはない。ちなみにイェルヴェルが，自説を支持するものとしてレイク-キャドバリーを挙げているが，後者はこの可能性に"？"を付けている！

170 C. J. Hemer, *The Book of Acts in the Setting of Hellenistic History*, p. 125。シューリンは更に詳しく，「ここで言及されている砂浜はおそらく，かつてのティルス島を陸と結ぶためアレクサンドロス大王が造らせた突堤の南側にまで広がっていたであろう」と注解しており，ハンソンは「（この描写によって）テュロスの海岸に相違ないことが確認される。これは目撃者の活きた描写ではないか」とさえ注解している。しかし，ミレトスにおける長老たちとの離別（20：36-38）について注記（本書116-117頁，注155）したように，F. Bovon, Le Saint-Esprit, l'Église et les relations humaines selon Actes 20, 36-21, 16, in : *Les Actes des*

6節 「私たちは互いに別れを告げた」と訳した ἀπησπασάμεθα は, ἀπάσπαζομαι のアオリスト・一人称・複数形で, 20：1の ἀσπάζομαι の場合と同じ訳になっているが, 当節では20：1の動詞の前綴に ἀπο- を付して, 20：1の場面よりも意味が強調されている。実際ここでお互いの「別れ」（20：35 参照）は決定的となり, パウロの一行は「船に乗り込み」, テュロスの信徒たちは「自分の家へ帰って行った」。「自分の家」にあたる τὰ ἴδια は, 元来「自分の場所」の意。

② テュロスからカイサリアへ（21：7-9）

⁷私たちはテュロスから航海を続け, プトレマイスに着き, 兄弟たちに挨拶をして, 一日彼らのもとに滞在した。⁸翌日,〔ここを〕発って, カイサリアに行き, 七人の一人, 福音宣教者フィリッポスの家に入り, 彼のもとに滞在した。⁹この人には四人の娘がいて, 預言する処女であった。

《釈　義》

7節　パウロらが「航海を続け」にあたる διανύσαντες は διανύω のアオリスト分詞で, διανύω は元来「（旅路を）終える」の意。したがって, 彼らは（ここで）「航海を終え」,「テュロスからプトレマイスに着いた」と訳すこともできる。しかし, διανύω を「（航海を）続ける」という意味に用いる用例もあるので（エフェソのクセノフォン『エフェソ物語』I, 11, 2, 5；14, 6）, ブルース, コンツェルマン以下多くの注解者は,「テュロスから航海を続け, プトレマイスに着いた」と訳している。プトレマイスはテュロスから南方約50キロ下った港町なので, この距離を徒歩で下ることは考えられないこともその理由に挙げられている。

彼らは「兄弟たちに挨拶をして, 一日彼らのもとに滞在した」といわれているので, ここプトレマイスにも信徒たちが存在したことが前提されている。この町もフェニキアの南端に位置するので, テュロスの場合（21：4）と同様

Apôtres, Traditions, redaction, théologie, pp. 339-358 によれば, この離別の場面は, ギリシア文学のパターンに見られる「悲劇的パトス」によって構成されている。

21：7—9

に，この記事にもエルサレムから「散らされて行った人々」により宣教されて（11：19）キリスト者となったユダヤ人が存在したという伝承が想定される可能性はあろう。ただし，彼らがテュロスの場合のように「七日間」ではなく「一日」だけ滞在したというのは，彼らが乗ってきた船がプトレマイス港に一晩だけ停泊したことを示唆している（バレット）のであろうか。

いずれにしても，「プトレマイス」（Πτολεμαΐς）は，旧約（士1：31）の（また現在の）アッコ。前312年にエジプトのプトレマイオス1世によって破壊されたが，同2世が新たにプトレマイスと命名，再建した。前65年ローマ帝国領となり皇帝クラウディウスはここも「植民市」としている」[171]。

8節 翌日，パウロらはここを発ってカイサリアに行った。「カイサリア」（Καισάρεια）は，10：1の《釈義》（荒井，中巻，135頁）で説明した通り，フィリッポスがエチオピアの高官に洗礼を授けた後，アゾトスから地中海岸沿いに伝道旅行して，最後に到着した（8：4-40参照），テュロスから約55キロの距離にある海岸の町。前4世紀に建てられた「ストラトンの塔」という町を，ヘロデ大王が改築し，カエサル・アウグストゥスに因んで「カイサリア」と命名した，パレスチナ最大の港湾都市。後6年以降，ローマ総督の常駐地となっており，ヘロデ・アグリッパ1世の死（後44年）後，ローマ軍の駐屯地となった（23：23 ff. 参照）。パウロらがここまで陸路をとったのか（協会訳他），海路だったのか（新共同訳他），意見が分かれている。しかし，55キロの距離を徒歩で歩くのは事実上困難であろう（バレット）。

パウロらはここで上述の「フィリッポスの家に入り，彼のもとに滞在した」といわれる。そして，このフィリッポスが「七人の一人で」（ὄντος ἐκ τῶν ἑπτά），「福音宣教者」（ὁ εὐαγγελιστής）と説明されている。フィリッポスがステファノなど「七人」の一人であったことは，6：5で言及されており，彼がサマリア→ガザ→アゾトス→カイサリアに「福音を告げ知らせている」（εὐαγγελίζομαι）ことについては，8：4-40で報告されている。しかし，「福音宣教者」という

---

[171] Πτολεμαΐς, in；『釈義事典』Ⅲ，229頁参照。

名称は，新約ではエフェ4：11とⅡテモ4：5以外に見出されない。エフェ4：11では，「使徒」，「預言者」の後に，そして「牧者」，「教師」の前にこの名称が挙げられており，Ⅱテモ4：5ではテモテの働きにこの名称が付けられている。いずれにしてもこの名称は，使徒を含む「伝道者としてではなく，福音宣教を通して教会に仕える者として位置づけられている」[172]。おそらくこの名称は，第二パウロ書簡や牧会書簡の成立時代（これはルカ文書の成立時代とほぼ重なっている）に用いられるようになったと想定されよう（パーヴォ）[173]。

9節　「この人（フィリッポス）には四人の娘がいて，預言する処女であった」。ルカが唐突にこの一句を当節に置いたのは，10節以下に記述する「預言者」アガボスの言行を「預言する処女たち」によって際立たせるためであると想定されてよいであろう（ツミエフスキー，バレット，イェルヴェル，パーヴォなど。ルカの編集上のテクニックについては後述）。それにしても，初期キリスト教において女性預言者たちが活動していたことは事実であり[174]，カイサリアの「福音宣教者」フィリッポスの娘たちもこの流れに属する事例として伝承に遡る可能性があろう。問題はこの「娘たち」（θυγατέρες）に「処女」（παρθένοι）という同格名詞が付されていることである。

παρθένοςは一般的には新約で「単に〈結婚適齢期の娘〉，いわゆる「乙女(おとめ)」を

172　G. Strecker, εὐαγγελίζω, in；『釈義事典』Ⅱ，105頁参照。
173　エウセビオスはこの称号を，「使徒たちが各地に置いた基礎の上に教会を建て……外国の地に遣わされて福音宣教者の業を果たす」人々に適用している（『教会史』Ⅲ，37，2。秦剛平訳。エウセビオス『教会史』1，山本書店，1986年，195頁。一部訂正）。しかしこの呼称は2世紀以降教団の職制を表わすものとしては使用されなくなっている。その理由は，使徒の呼称が12人に保留されるに伴なって，使徒を継承する「監督（司教）」「長老（司祭）」「執事（助祭）」などの職制者が次第に言葉の告知と典礼の執行を取り込んでいったからと想定される（ブルトマン『新約聖書神学 Ⅲ』18頁参照）。他方，ヒッポリュトス（『反キリストについて』56）とテルトゥリアヌス（『プラクセアス反論』21，23）以降，新約の福音書記者たちがεὐαγγελισταίと呼ばれるようになった。
174　A. C. ワイヤ『パウロとコリントの女性預言者たち――パウロの修辞を通して再構築する』絹川久子訳，日本基督教団出版局，2001年，524-532頁参照。

21:7—9

表わす（マタ25：7, 11, Iコリ7：25, 28, 34。ルカ2：36のπαρθενία「乙女である状態」をも参照）。当節においてフィリッポスの四人の娘も「（性的に成熟している）若い〈娘〉（恐らく、おとめ）であった。彼女たちはその預言の賜物の故に言及されているのである」[175]のか、マリアのように厳密な意味での「処女」（ルカ1：27）、とりわけその預言活動の故に独身で「聖霊の内に生きた」処女（エウセビオス『教会史』III, 31, 3；V, 24, 2)[176]である（パーヴォ）[177]のか、判断が分かれている。私見では、ルカが当節で負っている伝承のレベルでは、第一の説が、そしてルカによる編集のレベルでは第二の説が、それぞれ妥当するように思われる。

この関連で注目すべきは、「ファヌエルの娘（θυγάτηρ）のアンナという女預言者（προφῆτις）についてのルカによる記述である（ルカ2：36-38）。彼女は「乙女として〔嫁いだ〕後（ἀπὸ τῆς παρθενίας αὐτῆς）七年間夫と暮したが、〔その後〕寡婦となり、八十四歳になってから昼夜を問わず断食と祈願をもって神に仕え、幼子（イエス）のことを語るのであった」。この記事でルカはπαρθένοςと同語幹のπαρθενία（παρθένοςである状態）を「結婚適齢期に達するまでの「乙女である状態」という意味で用いているが、彼女が「女預言者」としての役割を果たすのは、夫と死別した後老年期で「断食と祈願」に徹する禁欲生活の中においてであった。この記事を背景にして当節を読むと、ルカはここでπαρθένοςを二重の意味で用いている可能性がある。——フィリッポスの四人の娘は、「乙女」であり、「預言をする処女」であった、と。もちろんここでルカは、後者の意味における「処女」性を強調しているものと思われる。

もう一つ注目すべきは、ルカはここで処女たちの「預言」の内容については何も語らず、これを当節に後続するアガボスの預言内容（パウロがエルサレム

175　J. A. Fitzmyer, παρθένος, in；『釈義事典』III, 68頁。イェルヴェルも同様。
176　ただし、エウセビオスが引用しているエフェソ教会司教ポリュクラテスの書簡では、当節のフィリッポスが十二弟子の一人であるフィリッポスと混同されており、四人の娘のうち二人だけが「処女」となっている。
177　ただしパーヴォは、当節をパピアス証言とは別伝承と想定している。ワイヤ（前掲書, 181頁）は、女性の「預言活動が処女性ならびにやもめであることと関連づけられている」例の一つとして当節を挙げている。

21：7—9

でイエスと同じような仕方で受難するであろうこと。後述の11節の《釈義》参照）を詳しく伝えていることである。この点においても，「女預言者」アンナと「男預言者」シメオン（ルカ2：25-35）についてのルカによる対照的描写と類似している。すなわち，シメオンはイエスに対して，彼が「救い」であり，「異邦人たちの啓示となり……イスラエルの栄光となる光」となるであろうことを預言している（2：31-32）だけではなく，マリアに対しても，彼女の「御子」の救いと受難について預言しており（2：34-35），ルカはそれをシメオンの言葉として引用している。これとは対照的にアンナの言葉は引用されていないのである。

このようにルカが，当節において「預言する処女たち」の預言内容について沈黙し，彼女たちの預言活動を男「預言者」アガボスのいわば前座的立場に位置づけていることに関しては，とりわけフェミニスト神学者たちによって批判的にコメントされている[178]。

いずれにしてもルカが，女性預言者の場合，男性預言者とは対照的に，その預言内容について沈黙していることは，彼の女性観と関連していよう[179]。なお，ルカが採用した伝承においてフィリッポスの四人の娘たちが女預言者としてどのような活動をしていたかについては種々の解釈がある。しかし，いずれも憶測の域を出ないと思われる[180]。

178　山口里子『マルタとマリア——イエスの世界の女性たち』134-135頁；ゲイル・R・オデイ「使徒言行録」（C・A・ニューサム／S・H・リンジ編『女性たちの聖書注解——女性の視点で読む旧約・新約・外典の世界』荒井章三／山内一郎：日本語版監修，加藤明子など訳，新教出版社，1998年，528-529頁）；クラリス・J・マーティン「使徒言行録」（エリザベス・シュスラー・フィオレンツァ編『聖典への探索へ フェミニスト聖書注解』絹川久子，山口里子：日本語訳監修，日本基督教団出版局，2002年，589頁）など。
179　ルカの女性観に関する私見については拙著『新約聖書の女性観』岩波書店，1998年，127-171頁；拙論「「男も女も」——ルカの女性観再考」（『荒井献著作集』3，331-348頁所収）参照。
180　イェルヴェルによれば，ヴェントは，この娘たちは元来（アガボスと同じように）エルサレムにおけるパウロの受難について預言をしたと想定している。山口里子（前掲書，同頁）はフィオレンツァ（『彼女を記念して』417頁）に拠

21:10—14

③　アガボスの預言（21:10—14）

　¹⁰幾日か滞在している間に，アガボスという預言者がユダヤからくだって来た。¹¹そして，私たちのもとに来て，パウロの帯を取り，それで自分の両足と両手を縛って，こう言った，「聖霊がこう言われる，『ユダヤ人がエルサレムで，この帯の持主を同じように縛り，異邦人の手に渡すであろう』」。¹²私たちはこれを聞いて，土地の人々と一緒になって，パウロに，エルサレムにのぼって行かないようにと懇願した。¹³するとパウロは答えた，「あなたたちは泣き，私の心をくじいて，どうしようと言うのですか。私は主イエスの御名のためなら，エルサレムで縛られるだけではなく，死ぬことさえも覚悟しているのです」。¹⁴彼は〔私たちの〕説得を聞き入れようとしないので，私たちは，「主の意思がなりますように」と言って，口をつぐんだのであった。

《釈　　義》

10節　「幾日か滞在している間に」と訳したギリシア語本文 Ἐπιμενόντων δὲ ἡμέρας πλείους は，いわゆる独立属格構文。文脈からみて，意味上の主語 ἡμῶν

って，エウセビオス『教会史』Ⅲ，39，1-17 を引き合いに出し，「フィリポの娘たちは非常に有名だったので小アジア地方の諸教会は自分たちの使徒的起源を彼女たちに依拠していた」と記している。しかし，この文章は，引き合いに出されているエウセビオス『教会史』Ⅲ，29，7-17 からフィオレンツァが想定したもので，この箇所には直接これにあたる言葉は見いだされない。

　いずれにしてもエウセビオスの『教会史』は後4世紀の作品で，この中に言及されているパピアスは後2-3世紀前半に小アジア・フリュギアのヒエラポリス教会の司教であった人物。彼が「使徒たちに従った人々」から聞いたといわれる「使徒たちの言葉」には，「毒物を飲んでも害をうけなかったというバルサバについての言及や，身体中がふくれあがったユダの報告では，物語的粉飾が顕著であって，史的信憑性は乏しい」（佐竹明「「パピアス」の断片解説」『使徒教父文書』476頁）。しかも，Ⅲ，31，5でエウセビオスは，ルカの証言として，当節そのものを引用している。エウセビオス／パピアスによるフィリッポスの四人の娘に関する伝承は，むしろ当節に基づいて行伝後の時代に形成された二次的伝承である可能性も排除できないであろう。

「私たち（の）」がない（これを補った異本もあるが，これは文脈を考慮に入れた写字生の加筆）。また，「アガボスという預言者」は 11：28 に登場しているのに，ここでは彼の活動について行伝の読者が知らないかのように言及されている。しかも彼は，11：27-28 では「預言者たちの中の一人」として「エルサレムから（アンティオキアに）くだって来た」といわれているのに，ここでは「ユダヤからくだって来た」と記されている。これらの理由から，当節にはじまる「アガボスの預言」物語は，前の文脈のフィリッポスとその四人の娘たちの報告（8-9 節）と同様に，伝承に遡ると想定する注解者たちが多い（コンツェルマン，ロロフ，リューデマンなど）[181]。

もちろん，8-9 節の場合と同様に，10-11 節も伝承に遡る可能性はあろう。しかし，両方の伝承を「預言者」というキーワードで前後に配し，この場面を構成したのはルカである。まず，前述のような「独立属格構文」をもって主文章をはじめるのは，ルカの文体の特徴である（20：7，21：14 など参照）。また，「……という（名の）」というギリシア語表現に ὄνομα「名」の与格 "ὀνόματι…" を用いたのもルカ文書に多い（ルカ 1：5，10：38，19：2，23：50，使 10：1，11：28）。ルカはその上，「ユダヤ」をその中心都市である「エルサレム」と呼び直している（11：29「ユダヤ」，12：25「エルサレム」）。こうしてルカは共に異邦人の居住都市である「アンティオキア」（11：27）と同様に，カイサリア（21：8）をユダヤ人の居住地「ユダヤ」と区別したのである（パーヴォ）[182]。

11 節　「アガボス」は「私たち」すなわちフィリッポスの家に滞在しているパウロとその一行の「もとに来て，パウロの「帯」（ζώνη．マコ 1：6／マタ 3：4［＝王下 1：8 LXX］，マコ 6：8／マタ 10：9，ヨハ黙 1：13，15：6 参

---

[181] マーシャルは，11：27-28 におけるアガボス預言とは異なって，21：10-14 は「われら章句」に入っているので，それぞれが別伝承に由来すると主張する。しかし，私見によれば「われら章句」における「私たち」はルカの文学的レトリックなので，この章句全体が伝承に遡るとは思われない。

[182] C. J. Hemer (*The Book of Acts in the Setting of Hellenistic History*, p. 126) によれば，この区別にはユダヤ人のパースペクティブが反映されている。カイサリアはこの時代，公式には「シリア—パレスティナ」の首都であった。

21:10—14

照）を取り，自分の両足と両手を縛って，こう言った」。このようなアガボスの振舞いは，預言がこれから実現される事件を先取りし，それを身をもって象徴する，預言者のいわゆる「象徴行動」。同じような行動は旧約預言者にもしばしば見いだされる（王上11：29-40〔アヒア〕，イザ8：1-4, 20：1-6〔イザヤ〕，エレ13：1-11, 19：10-13, 27：1-22〔エレミヤ〕，エゼ4：1-5：17〔エゼキエル〕）。

「聖霊はこう言われる」（τάδε λέγει τὸ πνεῦμα τὸ ἅγιον）は，LXX における旧約預言者の定型句「主はこう言われる」（τάδε λέγει κύριος）にあたる（イザ31：9, エゼ5：5, 7 など）。当節で旧約の「主」（マソラ本文では「ヤハウェ」）が「聖霊」に置き換えられているのは，旧約の定型句の「キリスト教化された定形」（パーヴォ）というよりは，ルカが20：23を受けて「主」を「聖霊」に換えたとみなすべきであろう（13：2をも参照）。「聖霊（主）」が言われる預言内容は，21：27以下で実現されることになるのだが，——パウロを告発したのは確かにユダヤ人であるものの（21：27-28参照）——彼を「縛るように命じた」のはローマの千人隊長であり（21：33。22：27をも参照）。ユダヤ人がパウロを「異邦人（ローマ人）」に引き渡してはいない（21：30-33参照）。この預言内容の後半はむしろルカ18：32（マコ10：33／マタ20：19）におけるイエスの受難についての預言「彼（人の子）は異邦人に引き渡されるであろう」と類似している。それにしても，ルカ18：32ではイエスを「異邦人に引き渡す」行為者が当節におけるように「ユダヤ人」と明記されていない。ここで「ユダヤ人」を前景に出したのは行伝では一貫して反パウロ運動の先導者を「ユダヤ人」とするルカであろう[183]。いずれにしても，ルカは当節でエルサレムにおける苦難を軸に，パウロをイエスに重ねたことは明らかである。そのために，21：27以下でパウロの身に実際に起こった艱難とそれに対する預言内容との間にズレが生じたものと思われる。

---

[183] 行伝において，「〈ユダヤ人〉は反キリスト教扇動の担い手であり，至る所でキリスト教宣教者と対立し，繰り返しパウロを殺そうと試みる（9：23, 29, 14：19など）」（H. Kuhli, Ἰουδαῖος, in；『釈義事典』II，244頁）。19：9, 20：3 をも参照。

12節　「私たち」とはパウロを除く彼の同行者。「土地の人々」(οἱ ἐντόπιοι) とはカイサリア在住のキリスト信徒。4節では，テュロス在住のキリスト信徒だけがパウロに，「エルサレムにのぼってはいけない」と言ったが，ここカイサリアではパウロの同行者も「パウロに，エルサレムにのぼって行かないように懇願した」といわれている。これは危険を恐れる人間的配慮の「漸増」とみなしえよう。なお，「懇願する」(παρακαλέω) の目的語「のぼって行かないように」(μὴ ἀναβαίνειν) の前に冗語的 τοῦ を付するのはルカ文書の特徴である（バレット）。

13節　パウロは彼らの懇願を，「あなたたちは泣き，私の心をくじいて」と表現し，「どうしようというのか」と修辞的疑問をもって退ける。このような叙述によってルカは，パウロの道行きに対する彼の同行者の「泣き悲しみ」をゲツセマネにおけるイエスの道行きを「悲しみのあまり眠り込んでしまっている」弟子たち（ルカ 22：45 diff. マコ 14：37／マタ 26：40）に擬している可能性がある（パーヴォ）。

彼らに対するパウロの反応の後半における「主イエスの御名における」の「御名」(ὄνομα) は，5：41, 9：16, 15：26 におけると同様，「宣教され (8：12)，教会において活動している主イエス・キリストというニュアンスが強い」[184]。

「エルサレムで縛られるだけではなく，死ぬことさえ覚悟している」というパウロの言葉には，「主よ，あなた様と共になら，私は獄にも，死にも就く覚悟がございます」という，イエスに対するペトロの言葉（ルカ 22：33 diff. マコ 14：31／マタ 26：33）と同じような響きがある。しかし，ペトロの言葉では，「獄にも，死にも」と，獄と死が並列されているのに対し，パウロの言葉では，「縛られるだけではなく，死ぬことさえ」と，捕縛よりも死の方がドラマティックに強調されている。また，両者は同じく「覚悟がある」と表明しているが，ペトロは，その後イエスを否認しており，パウロはその「覚悟」を貫徹した。このことをルカは読者に訴えようとしているのであろう（パーヴォ）。

---

[184]　L. Hartman, ὄνομα, in；『釈義事典』II，589頁。コンツェルマン『時の中心』259頁によれば，「名前の働きはキリスト現在の特にルカ的表現形式である」。

21：10—14

　もちろん，ローマにおけるパウロの殉教死についてルカは行伝で言及していないが，ルカがパウロの殉教を知っていたことは，彼の「死」への示唆が前の文脈で繰り返されていることから見て明らかである。

　14節　「彼は説得を聞き入れようとしないので」と訳したギリシア語本文 μὴ πειθομένου δὲ αὐτοῦ は，21：10 の場合と同様に，独立属格構文で，πειθομένου は πείθω の受動・現在分詞の属格。「私たちは口をつぐんだ」にあたるギリシア語動詞 ἡσυχάσαμεν は ἡσυχάζω「静かにしている，沈黙している」のアオリスト・一人称・複数形。ここでは 22：1 の場合のように「静かになる」というよりも，むしろ 11：18 の場合のようにペトロの話に同意して，あるいは当節のようにパウロの覚悟に身を開き，「主の意思がなりますように」と言って「口をつぐみ」パウロにあえて抗弁しなかった，という意味であろう。
　このような，パウロの受難への道行きに抗いながらも究極的にはそれを神の「意思」(τὸ θέλημα) として受容する，パウロの同行者の最後の言葉は，受難の「杯を私から取り除いてください」と神に祈願しながらも，「しかしながら，私の意思ではなく，あなた（神）の〔意思〕がなりますように」と祈るオリーブ山におけるイエスの最後の祈り（ルカ 22：42 diff. マコ 14：36／マタ 26：39）に類似している。このようにしてパウロの同行者たちは，パウロがエルサレムで被る苦難の不可避性に，その限りにおいてはイエスと同様に，人間的には同意を拒否しながらも，それを「主の意思」の成就として是認したということを，ルカは読者にアピールしようとしている。
　13-14 節の場面も「パウロの"ゲツセマネ"」と総括することができる（パーヴォ）かどうかは別として，ルカがこの場面で，共にエルサレムにおける受難を前にしたパウロとイエスを重ねて読者に提示していることは明らかである。

《ミレトスからエルサレムへ》(21：1-14)

　ミレトスから小アジア西岸沿いに南下して小アジア西南岸のパタラに至り，パタラから地中海を横切ってシリアの西岸テュロスに入港，そこから南下してプトレマイス経由でカイサリアに至る。このようなパウロとその同行者たちの

航海旅行ルートに関する記事は，極めて詳細であり，しかも個々の報告の間に必ずしも因果関係がないだけに，伝承に遡ることは——これもルカのフィクションと想定するシュミットハルスは例外として——ヘンヒェン，コンツェルマンはじめほとんどの注解者が認めている。同様に，この伝承にルカが文体的のみならず内容的にも手を加え，次の点を強調しようとしたことも，——この段落を全体として伝承に帰するペッシュは例外として——一般的に承認されている（特にツミエフスキー，バレット，イェルヴェル，パーヴォなど）。すなわちそれは，ミレトスからカイサリアに至るパウロらの航海をエルサレムにおけるパウロの受難への旅路であること（4節b, 11-14節），また，テュロスの信徒たち（4節）やカイサリアの信徒たち（12節）のみならず，カイサリアではパウロの同行者たちまで（12節）パウロのエルサレム上京を戒めたにもかかわらず，パウロはそれを退け，彼らも究極的にはエルサレムにおけるパウロの受難を「主の意思」として容認したことである。その際ルカは，エルサレムにおけるパウロの受難予告を，エルサレムにおけるイエスの受難への道行きと部分的に並行関係において「アガボスの預言」物語を編集した。預言者アガボスに関する記事が，同一人物に関する11：27-28と比較して，それ自体としては伝承に遡るであろうこと，しかしこれをもルカは両記事におけるアガボスの出自（エルサレム／ユダヤ）と彼の預言が他ならぬエルサレムで実現したことを示唆して並行関係に置き，カイサリアにおける福音宣教者フィリッポスの四人の娘，預言する「処女たち」をアガボスのいわば「前座」に置いたことは，9節の《釈義》で想定した通りである。アガボス伝承とフィリッポス伝承は，おそらくカイサリア教会出自の別伝承と思われるが，これらを，アガボスがフィリッポスの「家」（8節）に滞在していた「私たち（パウロとその同行者）のもとに来た」（11節）という叙述をもって結びつけたのはルカであろう（リューデマン）。

　いずれにしてもルカによれば，パウロのいわゆる「第二回伝道旅行」はカイサリアで終わり，彼らはここからエルサレムにのぼって行った（15節）。

2 エルサレムにおけるパウロの逮捕とローマへの護送
（21：15-28：31）

I エルサレムにおけるパウロの逮捕（21：15-23：22）

　福音書・行伝のルカによる執筆構想によれば，エルサレムにおけるイエスの，弟子たちに対する受難予告（ルカ 21：12 diff. マコ 13：9／マタ 24：9）は，同じエルサレムにおいて，まずペトロと使徒たち（使 4-5 章），次いで最終的にはパウロの身に実現する。21：15-28：31 は，すでにパウロ自身第二回伝道旅行中にエフェソで「決心し」（19：21），トロアスでエフェソの長老たちに遺した「別れの言葉」の中で（20：22-24），またその後カイサリアで（21：13）披瀝した，エルサレム上京とそこで被る苦難の詳細な叙述である。

　パウロ自身もまたその手紙の中で，ローマへ赴くに先立ちエルサレムへのぼる計画をローマの信徒たちに打ち明けている（ロマ 15：25）。しかし彼はそこで，「ユダヤにいる不信の徒たち」から迫害を受けるであろうことを予想している（15：31）。その限りにおいては，パウロの証言とパウロについてのルカの叙述は，基本的に重なっている。しかし，両者の根本的差異は，パウロのエルサレム上京の目的である。パウロ自身によれば，それはマケドニアとアカイアの諸教会から集めた献金をエルサレム教会へ持参し，「聖徒たちのうち貧しい者たちへ何らかの援助を行なうこと」にあった（ロマ 15：26）。ところがルカは，このような目的には一切触れず，それは「聖霊の導き」（使 21：11），「主の意思」（21：14），神の「ねばならぬ」（19：21）に尽きる。

　もっとも，以下におけるルカの叙述にも，パウロが持参した援助金をエルサレム教会によって快く受け取られないのではないかというパウロの疑念（ロマ 15：30）が反映している可能性がある。そのような可能性を認めうるか否か，もし認めうるとすればどの範囲においてであるのか，この問題をも意識しなが

ら，パウロのエルサレムにおける最後の活動とローマへの護送に関するルカの記述を《釈義》していくことにする。これは以下の5つの部分によって構成されている。

Ⅰ　エルサレムにおけるパウロの逮捕（21：15-23：22）
　(1)　パウロのヤコブ訪問（21：15-26）
　(2)　ユダヤ人の扇動とパウロの逮捕（21：27-36）
　(3)　パウロの弁明（21：37-22：21）
　(4)　千人隊長の尋問（22：22-29）
　(5)　最高法院の尋問（22：30-23：11）
　(6)　パウロ殺害の陰謀（23：12-22）
Ⅱ　カイサリアにおけるローマ総督への告訴（23：23-25：12）
Ⅲ　アグリッパ王の謁見とパウロの弁明（25：13-26：32）
Ⅳ　ローマへの護送（27：1-28：16）
Ⅴ　ローマにて（28：17-31）

(1) パウロのヤコブ訪問（21：15-26）

「パウロのヤコブ訪問」（21：15-26）は，次の三段落に分けられる。

①　エルサレム到着（21：15-17）
②　ヤコブ訪問（21：18-19）
③　ヤコブと長老たちの勧め（21：20-26）

①　エルサレム到着（21：15-17）
　　¹⁵数日後，私たちは旅仕度を終えて，エルサレムにのぼって行った。¹⁶カイサリア出自の弟子たち数人も，私たちと一緒に来て，キュプロス人で古くからの弟子であったムナソンの家へ案内してくれた。私たちはそこに滞在することになっていたのである。¹⁷私たちがエルサレムに着くと，兄弟たちは温かく迎えてくれた。

《釈　　義》

21：15—17

15節 「数日後」（Μετὰ δὲ τὰς ἡμέρας ταύτας）は，パウロがカイサリアに滞在していた「幾日」（10節：ἡμέρας πλείους）を受けていよう。「旅行仕度を終えて」と訳したἐπισκευασάμενοι はἐπισκευάζομαι のアオリスト分詞・複数形・主格。「エルサレムにのぼって行った」「私たち」の説明句である。カイサリアからエルサレムまでは100キロ弱の距離があるので，少なくとも一泊二日の旅程を組まなければならない（23：31 f.参照）。そのために，おそらく馬や荷車，それに積む日用品などの「旅仕度」を含意しているであろう（ツミエフスキー）。

「私たちはのぼって行った」にあたるギリシア語動詞 ἀνεβαίνομεν は，ἀναβαίνω の未完了・一人称・複数形。21：3における ἐπλέομεν「私たちは航海を続けていた」（πλέω 未完了・一人称・複数形）の場合と同様に，ここでは「エルサレムに（εἰς）」という方向を示す副詞句を伴なって，行動の方向を描写する未完了形が用いられている（本書122頁参照）。前述したように，パウロ（ら）がローマに行く前に「エルサレムにのぼって行った」ことは，パウロ自身の手紙における彼の願望（ロマ15：25）と一致しているが，その目的（ロマ15：26）についてルカはここでも言及していない。ルカによればそれは「聖霊」の導きであり，「主の意思がなる」行動なのである（21：11，14）。

16節 「カイサリア出自の弟子たち数人も」の中の「弟子たち」にあたるギリシア語名詞には「弟子たちの中の」を意味する τῶν μαθητῶν が部分属格として用いられている。このままで συνῆλθον（συνέρχομαι のアオリスト・3人称・複数形）の主語として用いられる用例もあるが，通常 τῶν μαθητῶν の前に τινές「（……の中の）数人」を補う[1]。ただし「カイサリアから」にあたる ἀπὸ Καισαρείας を「弟子たち」にではなく，動詞 συνῆλθον にかけることもできる。――「弟子たち数人も，私たちと一緒にカイサリアから来た」（バレット）。

「彼らは（私たちを），私たちがそのもとに滞在することになっていた，キュプロス人で古くからの弟子・ムナソンのもとに連れて行った」（直訳）。「連れて行った」にあたるギリシア語動詞 ἄγοντες は ἄγω の現在分詞で συνῆλθον「一

---

1 Blass/Debrunner/Rehkopf, §164, 2, Anm. 6 参照。

緒に来た」を受ける。「そのもとに滞在することになっていたムナソン」と訳したギリシア語構文 παρ' ᾧ ξενισθῶμεν Μνάσωνι は先行詞（Μνάσων）が関係文章の中に入って（παρ' ᾧ）, ᾧ と同格，すなわち与格になっている例。文字通りには ἄγοντες (ἡμᾶς) πρὸς Μνάσοντα παρ' ᾧ……という構文になろう（バレット）。もっとも ἄγοντες を，目的を表わす「導く，連れて行く」の未来分詞の代用ととることもできる[2]。しかし，παρ' ᾧ に続く ξενισθῶμεν は ξενίζω の受動・アオリスト・接続法・一人称・複数形なので，この動詞の用法（アオリスト・接続法）が含意されている。したがって，ἄγοντες を目的にとる必要はないであろう（バレット）。

　前節の《釈義》で指摘したように，カイサリアからエルサレムまでの旅程としては少なくとも1泊2日かかるので，パウロらが宿泊したムナソンの家はカイサリアからエルサレムに至る中間にあった（ヴァイザー，ロロフなど）のか，あるいはエルサレムにあって，パウロらがエルサレムで彼の家に宿泊していた（ヘンヒェン，マーシャル，シレ，シュナイダー，ツミエフスキー，真山など）のか，注解者の意見が分かれている。

　前者は，すでにD写本に反映されている[3]。しかしこれは，明らかに原本文の不明確な筆記の補正・拡大である（メッツガー）。それにしても，少なくともルカが加筆した17節（この説がルカの編集句であることは後述）によれば，パウロらは「そこ（ムナソンの家）から出発して，エルサレムについた」ように読める。その限りにおいてD写本の写字生はルカの意図に沿って本文を拡大したとみなしいえよう（パーヴォ参照）。

　それに対して後者は，ムナソンが「キュプロス人で古くからの弟子であった」といわれていることを重視して，「古くからの」（ἀρχαῖος）を「エルサレム原始教会時代からの」の意味にとり，あるいは「キュプロス島生まれのレビ

2　Blass/Debrunner/Rehkopf, §339, 2, γ 参照。
3　「¹⁶ そして彼ら（カイサリアの弟子たち）が私たちを，私たちが泊まることになっていた人々の（家）に連れて行った。そして私たちがある村に着いた時，私たちはキュプロス人で古くからの弟子であったムナソンのもとに滞在した。¹⁷ 私たちはそこから出発して，エルサレムに着いた」。

21:15—17

人」バルナバのような古くからのエルサレム教会をサポートしていた人物（使4:36），あるいはステファノなど「七人」に代表される「ギリシア語を話すユダヤ人」（ヘレニストユダヤ人信徒）で（6:1, 5），ユダヤ教徒に迫害されエルサレムから「散らされ」，「フェニキア，キュプロス，アンティオキアまで行き」それらの地のユダヤ人に宣教したヘレニストたち（11:19-22）の一人ととる。あるいは，バルナバとパウロが最初に伝道活動をしたキュプロス島の「ユダヤ人」をも考慮に入れる（13:4-5）。しかし，もしムナソンが「ヘレニストたち」の一人であったとすれば，20節以下に前提されているようなユダヤ教の祭儀律法を遵守するエルサレム教会が，エルサレム市内でパウロらに宿を提供するようなムナソンの振舞いを許容することがありえないと思われる。ただし，ルカの視点からみれば，エルサレム教会はパウロを「温かく迎え」（17節），エルサレム教会に対するパウロの「異邦人」への宣教活動報告を聞いて「神を賞め讃えた」（20節）のであるから，エルサレムにおけるムナソンのパウロに対する振舞いを甘受することができたことになる。

いずれにしても，「ムナソン」（Μνάσων）というギリシア語人名は当時，同語系の人名（例えばΜνασίας）はキュプロス島出自の碑文に存在するが[4]，一般的には稀である（バレット）[5]。そしてこれはむしろ，セム語系の人名（例えば「マナセ」（menaššeh）あるいは「メナヘム」（menahēm））のギリシア語綴りと想定される[6]。この人名から判断しても，ムナソンがキュプロス出自のユダヤ人であった可能性は高いであろう。

17節 「私たちがエルサレムに着くと」は，ギリシア語本文では独立属格構文（Γενομένων δὲ ἡμῶν εἰς Ἱεροσόλυμα）。文章のはじめに独立属格を配するのは21:10の場合と同様にルカに特徴的な文体。それだけではなく「……に来る，着く」という意味でギリシア語の"γίνομαι εἰς…"を用いるのもルカ的用語（使25:15をも参照）。キリスト信徒を意味する「兄弟たち」（ἀδελφοί）も，

---

[4] *WbNT*, S. 1062 参照。
[5] C. J. Hemer, *The Book of Acts in the Setting of Hellenistic History*, p. 237 参照。
[6] Blass/Debrunner/Rehkopf, §53, d, Anm. 9 参照。

「迎える」の意味に ἀποδέχομαι を用いるのもルカ文書のみ(ルカ8：40 diff. マコ5：21／マタ9：18，ルカ9：11 diff. マコ6：33／マタ14：13，使2：41，18：27，24：3，28：30参照)。しかも，「私たちを温かく迎えてくれた」という文章の意味するところが，彼らの中にパウロらをユダヤ教の律法破りとして疑っている者がいることを前提している20節以下におけるエルサレム教会の信徒たちの言葉(特に22節)と矛盾する。もっとも，パウロらを「温かく迎えてくれた」のはエルサレム教会員の中の——ムナソンと同じ——「ヘレニストたち」であると主張する注解者たちもいるが(ヘンヒェン，マーシャル，真山など)，少なくとも，エルサレム教会とパウロらの間に何の緊張関係もないというルカの視点からみれば(15：4をも参照)，当節の「兄弟たち」はエルサレム教会員全員を意味していると思われる。20節によれば，ヤコブや「長老たち」もまたパウロの報告を聞いて「神を賞め讃えた」のであるから(シュナイダー，ツミエフスキー，イェルヴェルなど)。

以上の諸点から判断して当節は全体としてルカの編集句と想定される。

② ヤコブ訪問 (21：18-19)

¹⁸翌日，パウロは私たちと一緒にヤコブのもとに行った。長老たちが皆〔集まって〕いた。¹⁹彼は彼らに挨拶してから，自分の奉仕を通して神が異邦人の間でなされたことをくわしく報告した。

《釈　義》

18節　「翌日」にあたる τῇ ἐπιούσῃ (ἡμέρᾳ) は 16：11 の《釈義》(荒井，中巻，348頁)で指摘したように，行伝だけで用いられているルカ的用法である。パウロは同行者たちと共に「ヤコブのもとに行った」(εἰσῄει … πρὸς Ἰάκωβον)。εἰσῄει は εἴσειμι の未完了・3人称・単数形。εἴσειμι は πρός「……へ，……のもとに」と共に用いられて，「……のもとに行く」の意となる。これが未完了形になっているのは，3節の ἐπλέομεν εἰς の場合と同様に，方向(当節では πρός)を示す叙述の中で用いられているからである。「ヤコブ」とは「主の兄弟」(ガラ1：19)。ペトロがエルサレム教会を去った後(12：17参照)，ヤコブは使

21：18—19

徒会議が開かれる頃には，ペトロがこの会議に出席し発言はしているものの（15：6 ff.），同教会の代弁者的役割を果たしており（15：13 ff. 参照），「使徒たちや長老たち」(15：6, 22, 23) よりも上位に立っていた。このことはパウロ自身による使徒会議に関する報告によっても裏づけられる（ガラ 2：9 参照）。

「長老たちが皆（ヤコブの傍らに）〔集まって〕いた」。「いた」と訳した動詞の παρεγένοντο は παραγίνομαι のアオリスト形であるが，その時全長老たちが「〔集まって〕来た」(コンツェルマンなど）のか，すでに「〔集まって〕いた」(ヘンヒェンなど）のか定かではない。D写本は後者の意味にとって本文を ησαν … συνηγμενοι に替えており，この読みは本文批評的には二次的である。しかし，もしこの時点でヤコブを議長とする「長老団」が形成されていたとすれば，後者の読みが原意に近いであろう[7]。

21節から続いていた「われら章句」は当節で終わり，次節からパウロが単独で登場する。

19節 「彼（パウロ）は彼ら（ヤコブと長老たち）に挨拶してから」(ἀσπασάμενος αὐτούς. ἀσπασάμενος は，7節におけると同様，ἀσπάζομαι のアオリスト分詞)，彼らに「くわしく報告した」。「報告した」にあたるギリシア語動詞は ἐξηγεῖτο で，ἐξηγέομαι (10：8, 15：12, 14 参照) の未完了形。「くわしく」は，文字通りには「一つ一つ」(καθ' ἓν ἕκαστον)。これにギリシア語本文の目的句を導く ὧν

---

7 使5：21 b における「大祭司」と「彼の党派」の集合（παραγίνομαι），「最高法院」＝「全長老会議」の召集に関する記事が，当節におけるヤコブと全長老たちに関する記事にかなりの程度重なるので，あるいはルカは，エルサレム教会のヤコブと長老たちを，ユダヤ教の大祭司と長老全員に擬して叙述しているのかもしれない。

なお，「長老たち」の前に位置づけられている「使徒たち」は行伝はで 15：4 以降言及されていない。いわゆる「使徒教令」がヤコブの「判定」(15：19-20) に従って「使徒たちや長老たち」により出されている (15：22, 16：4) のに，21：25 では，「私たち」(ヤコブと長老たち) が出したといわれている。この間に，「使徒たち」はエルサレム教会のトップグループから脱落したと少なくともルカはみなしている。

= τούτων ἅ…「(した)ことの」がかかる。目的文章「彼の奉仕を通して神がなされたこと」は，用語的にも内容的にも 15：12 とほぼ同様。ただし 15：12 では当節の「神がなされたこと」は「多くの徴と奇蹟」である。当節では「彼の奉仕 (διακονία) を通して」といわれているので，「徴と奇蹟」だけには特定されず，むしろ 15：4 における「神が彼ら（パウロとバルナバ）と共になさったこと」に近いであろう。当節の διακονία は 20：24 におけるパウロのいわゆる「使徒的奉仕」（宣教の業）を意味している。ただし，20：24 の《釈義》(本書 102 頁) でも指摘したように，この διακονία という名詞は「援助金」という意味にも用いられている（Ⅱコリ 8：4, 9：1, 12-13, ロマ 15：31)。あるいはここに実際にはパウロがエルサレム教会に持参した「奉仕＝援助金」(ロマ 15：31) のことが反映されている可能性もあろう。しかしルカは，同じ名詞を飢饉の際にエルサレム教会へバルナバとパウロによって届けられた「援助金」に限って用いているものの（使 11：29, 12：25)，パウロが使徒会議での合意に基づいて（ガラ 2：10) エルサレム教会の「貧しい人たち」のために持参した διακονία については当節でも全く沈黙している。ルカによれば，パウロの報告を聞いたエルサレム教会のヤコブをはじめとする長老たちは「神を賞め讃えた」(20 節)。こうしてルカは，使徒会議の時と同様（15：4 参照)，パウロ(ら) とエルサレム教会の間で意見がむしろ一致していたのである。

③　ヤコブと長老たちの勧め（21：20-26）

20 彼らはこれを聞いて，神を賞め讃え，彼に言った，「兄弟よ，あなたが見ているように，ユダヤ人たちのうちですでに信仰に入った者が何と幾万といて，彼らは皆，律法の熱愛者であります。21 ところが，彼らがあなたについて聞かされていることによると，あなたは異邦人の間にいるすべてのユダヤ人に対して，子どもに割礼を施してはならない，〔ユダヤ人の〕慣例に従って歩んではならないと言って，モーセからの離反を説いているということです。22 はてさて，どうしたらよかろうか。あなたがここに来ていることを，彼らはきっと耳に入れるでしょう。23 ──ですから，私たちの言う通りにしなさい。私たちのもとに誓願を立

21：20—26

てた者が四人います。²⁴ この人たちを連れて行って，彼らと共に清めにあずかり，彼らのために頭を剃る費用を出してやりなさい。そうすれば，あなたについて聞かされていることは，根も葉もないことであり，あなた自身は律法を守って歩んでいる，ということが皆にわかるでしょう。²⁵ 信者になった異邦人については，私たちはすでに，偶像へ供えたものと，血と，絞め殺したものと，不品行とを避けるべきことを定めて書き送ってあります。

　²⁶ そこで，パウロはこの人たちを連れて行って，翌日彼らと共に清めにあずかって神殿〔境内〕に入り，清めの期間が満ちて一人一人のために供え物を献げる日のことを，〔祭司に〕告げたのである。

《釈　　義》

20節　当節のギリシア語本文は，カイサリアにおけるコルネリウス家の異邦人の受洗に関するエルサレム教会へのペトロの報告に対する，人々の反応（11：18）とほとんど同一である。ただし，11：18では「神を賞め讃え」るにあたるギリシア語動詞がἐδόξασανとアオリスト形であるのに対して，当節ではἐδόξαζονと未完了形になっている。これは「彼らが言った」（εἶπον，廃語ἔπωのアオリスト形）まで神への讃美がさまざまな仕方で継続したことを示唆していよう[8]。なお，主語の「人々」あるいは「彼ら」は，18節のヤコブを含む長老たちを受けている。

　彼らはパウロから，異邦人の間における伝道の成果報告を聞いて，それを神の業として承認し，パウロに対し親愛の情を込めて「兄弟よ」と呼びかけている。しかし——ルカによれば——内心では，エルサレム教会で多数を占める律法に熱心なユダヤ人信徒たちの手前（しかも彼ら自身もそれら信徒たちの代表である！），律法からの自由を説くパウロを自分たちの教会にどのようにして受け容れたらよいのか，困惑して彼に話しかける。——あなたは見ているだろう，「ユダヤ人たちのうちですでに信仰に入った者が何と幾万もいて，彼

8　Blass/Debrunner/Rehkopf, §327, 1 参照。

らは皆,律法の熱愛者であることを」と。

「何と幾万もいて」と訳した「何と」にあたるギリシア語 πόσαι は πόσος の女性複数形で,「幾万」(μυριάδες, 女性名詞 μυριάς「一万」の複数形)にかかる感嘆的な間接疑問詞として用いられている。μυριάδες は「無数の」の意味にも用いられ,ルカに特徴的な誇張的表現(ルカ 12：1 diff. マコ 8：14／マタ 16：5 参照)。これは実際にはありえない数であるため,種々の異本や注解書による修正が存在する[9]。しかし,多くの写本(ＡＢＣＥなど)はあくまで誇張的表現であって,これを修正する必要はなかろう(イェルヴェル)。

「彼らが皆,律法の熱愛者(ζηλωταὶ τοῦ νόμου)である」という表現については,Ⅱマカ 4：2, ヨセフス『古代誌』XII, 271, フィロン『律法詳論』Ⅱ, 253 を参照。なお,パウロ自身も,回心以前の自らについて,「私の父祖たちの伝承の熱愛者であった」と証言しており(ガラ 1：14),行伝では「律法」を「神」に替えて,過去における自らの振舞いを「神の熱愛者」(ζηλωτὴς τοῦ θεοῦ)と特徴づけている(22：3)。

21 節 ところが,律法に熱心なユダヤ人信徒たちがパウロについて「聞かされている」(κατηχήθησαν, κατηχέω の受動アオリスト形)ところによると,彼は「異邦人の間における(すなわちディアスポラの)すべてのユダヤ人」に対して「モーセ(律法)からの離反を説いている」。具体的には彼は彼らに,「子どもたちに割礼を施さないように,〔ユダヤ人の〕慣例に従って歩まないように,と言っている」(直訳)。ここで「慣例」は単数形(ἔθος)ではなく複数形(ἔθεσιν)で用いられているが,だからといってそれは(ユダヤ人)文化に基づく生活上の諸慣例を意味する(ヴァイザー)のではなく,文脈からみても,特に 28：17 から判断しても――すでに 6：14, 15：1 の《釈義》で指摘したように(荒井,中巻 22 頁,287 頁参照)――,「モーセ」がイスラエルの民に与

---

9 ℵ pc は,ἐν τοῖς Ἰουδαίοις「ユダヤ人たちのうちで」を削除し,ここはキリスト信徒たち一般を指していると意味づけ,D gig などは ἐν Ἰουδαίᾳ に替えて,「ユダヤにおける」信徒たちとし,ムンクなどは πεπιστευκότων「すでに信仰に入った者たちの」を削除して,「幾万ものユダヤ人たち」と読む。

21：20—26

えたといわれる。「割礼」を含む「律法(トーラー)」の諸規定を意味している。

パウロ自身の律法観は両義的(アンビバレント)である。「不信心〔で神なき〕者を義とする方(神)を信じる」者はその「信仰」のみによって義とされる限り（ロマ4：5。5：6をも参照），ユダヤ人の「割礼」は（異邦人の「無割礼」もまた）取るに足りないものである（Ⅰコリ7：19）。しかし，このような（律法から）自由へと召された信徒たちは，「全律法」の究極としての「愛」を通して互いに仕え合わなければならない（ガラ5：13 f.）。これに対してルカの（描く）パウロもまた，「モーセの律法では義とされることができなかったあらゆることから，信ずる者はすべてこの方（神）によって義とされる」と宣言しているが（使13：38 f.），他方，パウロは回心後もユダヤ律法にあくまで忠実であった（23：29，28：17参照）。ルカによれば，彼はリュストラで第二回伝道旅行に同伴した，ギリシア人とユダヤ人信徒女性との子テモテに割礼を授けさえしている（16：1-3）。

したがって，ルカによれば，当節におけるパウロに対するユダヤ人信徒たちの非難は，明らかに誤報に基づくものである。しかし，それが誤報であることをパウロに証明させようとするヤコブや長老たちもまた，律法の遵守ということではパウロに対する批判者たちの側に立っている。ここに，少なくとも彼らとパウロとの間に緊張関係があったという歴史的事実が反映されているであろう（リューデマン，イェルヴェル）。この点についてはまた後述することにしよう。

22節 「はてさて，どうしたらよかろうか」と訳したギリシア語本文 τί οὖν ἐστιν; は，Ⅰコリ14：15でも用いられている。語り手はパウロの異邦人伝道成果を受け入れながらも，パウロがエルサレムに来ていることを「耳に入れるであろう」ユダヤ人信徒たちのことに気を配って，困惑しつつ，提案する。

23節 「私たちの言う通りにしなさい」と。「私たちのもとに誓願を立てた者が四人います」。「誓願を立てた」と訳したギリシア語 εὐχὴν ἔχοντες ἐφ᾽ ἑαυτῶν は，文字通りには「自分たちの上に誓願を立てている」。この場合の「誓願」は，後の文脈から判断していわゆる「ナジル人」の誓願（申6：1-21）を意

味している。したがって，一般的に近代語訳では訳出されていない ἐφ' ἑαυτῶν「彼らの上に」は，民6：7（LXX：εὐχὴ θεοῦ αὐτοῦ ἐπ' αὐτῷ ἐπὶ κεφαλῆς αὐτοῦ「その者の神（へ）の誓願が彼の上に，彼の頭の上にある」[10]）の中の「彼の上に」という用語に由来すると想定される（バレット）。

　いずれにしても，──すでにケンクレアイにおいてパウロが「立てていた」「誓願」を「頭髪を切り落とし」て果たしたという記事（18：18）の《釈義》で部分的に言及したように（荒井、中巻，478-480頁参照）──ナジル人の誓願は，①ぶどう酒を飲んだりその実を食べたりしない，②剃髪をしない，③死体に近づかない，という規定を自分に課して，身を清め，「聖別」の期間を終えた後に剃髪して，神殿で犠牲の奉献を行なう，というものであった。

24節　これを踏まえたヤコブと長老たちのパウロに対する提案は，(1) この四人を神殿に連れて行って，彼らと共に「清めにあずかる」こと，(2)「彼らのために（誓願を果たして）剃髪する費用を出すこと，の二点である。

　提案(1)には問題がある。これを文字通りに読めば，パウロも「誓願を立てている」四人と共に神殿でナジル人の「清めにあずかるように」（ἁγνίσθητι. ἁγνίζω「清める」の受動・アオリスト・命令法。意味は中動相）ということである。ところが，ルカによれば，パウロはすでにケンクレアイでこの「誓願」を完了して剃髪している（18：18参照）。その上，ルカはこの誓願期間を「七日」と記しているのに対して（27節），これは元来一生，後世には一定期間，ミシュナ・ナズィール3：1では少なくとも「三十日」間である。もっとも，「（穢れを受けたナジル）人は三日目と七日目に潔めた水を振りかけてもらい，七日目に髪を切り落とし，八日目に彼の献げ物を供える」とも規定されている（ミシュナ・ナズィール6：6）ので，パウロはこれの規定に従って「誓願を立てた」四人と共に「清めにあずかるように」指示されているととることもできる。それにしてもパウロは，少なくともルカによれば，前述のように誓願を果たして剃髪しており，ミシュナの規定に前提されているような誓願期間中に頭

10　秦剛平訳。『七十人訳ギリシア語聖書 IV 民数記』河出書房，2003年，44頁。

21：20—26

髪に穢れを受けた者に対する規定に当てはまらない。そこでパウロは，「外国からの土」（ミシュナ・オホロート 2：3）に触れて受けた穢れを清めてもらう必要があったと想定する（ヘンヒェン，リューデマン，シュミットハルス，ヴァイザー，真山など）か，ルカは元来のナジル人の誓願と直接関係のないレビ的規定（民 19：12 LXX：ἁγνισθήσεται「彼は清められるだろう」をナジル人の規定（民 6：4）と結びつけたと想定する（コンツェルマン，シュナイダー）。前者は，四人とパウロとの「清め」の原因が異なっていることを，後者は死体に触れた穢れを受けた者に対する規定を，それぞれ前提しているので，これらの解釈には無理がある。

いずれにしても，この提案に関するルカの記述は，「4人の男の εὐχή については説明可能であるが，パウロの七日間のナジル人誓願については説明不可能である」[11]。

(2) の提案については，ヘロデ・アグリッパにみられるユダヤ教徒としての模範的敬虔の一つとして，ヨセフスが挙げている例証がある。「彼は非常に多数のナジル人（に費用）をも用意し，剃髪させた」（『古代誌』XIX, 294）[12]。しかし問題は，パウロが四人ものナジル人に満願の剃髪後に神殿へ献げ物を供える（26節参照）費用を出すことができたのかということである。彼は「天幕造り」として（使 18：3）「自らの手で働きながら苦労して」おり（Ⅰコリ 4：12），「無償で」宣教の業に専念していた（Ⅱコリ 11：7）。彼には元来金銭的余裕はなかったはずである。

そこで想起されるのが，——何度も前述したように——パウロは元来，マケドニア，アカイアの諸教会から集めていたエルサレム教会の貧しい人々に対する援助金を持参して上京しようとしていたが，「ユダヤにおける不信の徒から」の反対に遭って，それをエルサレム教会が受け取ってくれないのではないかと危惧していたことである（ロマ 15：31 参照）。パウロはその援助金の一部を，四人のナジル人の費用に役立てたと想定される（ヘンヒェン，ペッシュ，ロロフなど）。このような想定を歴史的には支持しない（コンツェルマン，シ

11　H. Balz, εὐχή, in：『釈義事典』Ⅱ，123 頁。
12　秦剛平訳『ユダヤ古代誌 6』ちくま学芸文庫，2000 年，217 頁。（　）内は筆者。

レ）にしても，少なくとも当節におけるルカの記述にパウロが持参した援助金のことが，あるいはそれに基づく伝承が反映されている可能性は否定できないのである。

それはともかくとして，ルカがヤコブや長老たちの口を通して強調したいのは，パウロが彼らの提案を容れてそれを実行することにより，パウロを非難するユダヤ人信徒たちが「皆」，彼に対する噂が「根も葉もないこと（ギリシア語の文字通りには οὐδέν「無」）であり」，パウロ「自身は律法を守って歩んでいることがわかる」ことである。

25節 「律法を守って歩む」ことは，パウロを含めてユダヤ人信徒たちに対する要求であって，「信徒たちになった異邦人」に対する最小限の要求は，「私たち」（ヤコブと長老たち）が彼らに「書き送ってある」。それは①「偶像に供えたもの」，②「血」，③「絞め殺したもの」を避けるべきことである（15：20, 29とその《釈義》荒井，中巻，301-302頁，308-309頁参照）。このいわゆる「使徒教令」は元来，使徒会議においてヤコブによって提案され（15：19），使徒たちや長老たちがエルサレム教会全体と共に選んだユダとシラスに託して「アンティオキア，シリア〔州〕，キリキア〔州〕にいる異邦人の兄弟たち」に向けて送られた書簡に盛られたものである。そしてその際，アンティオキア教会を代表して会議に参加したバルナバとパウロもユダとシラスと一緒にアンティオキアに派遣されている（15：22-29）。しかも，パウロはその後に行なった第二回伝道旅行の途上，シリアとキリキア，さらにはデルベ，リュストラにも行って，その町々をめぐり，「エルサレムにおいて使徒たちや長老たちによって定められた規定を守るようにと，それを人々に手渡した」（16：4）。しかもこの規定の順序と文言はギリシア語でも全く一致している。

したがって，パウロはこの規定を当然知っているはずであるが，当節ではヤコブと長老たちは，パウロがそれを知っていなかったかのように話している。しかし少なくともルカにとっては，ヤコブらが異邦人信徒たちに求めているのはこの規定のみであって，割礼を含む律法全体ではないことをここで確認しておく必要があった。彼らはこの発言の冒頭（20節）で，パウロによる異

21：20—26

邦人伝道の成果に関する報告を聞いて，「神を賞め讃え」ているのであるから。この異邦人信徒たちへの規定を，「シリア，キリキア」など一定地域に限らず，伝道の対象となる全域に妥当する原則としたのは，この段落を全体として構成したルカであろう。その意味で当節は，20節と同様に，ルカの編集句と想定されよう（コンツェルマン，シュナイダー，ヴァイザー，リューデマン，イェルヴェル，真山など）。

26節 パウロはヤコブと長老たちの提案を実行に移す。すなわち彼は，四人を「連れて行って，翌日彼らと共に清めにあずかって（24節参照），神殿〔境内〕に入り」，「彼ら一人一人のために供え物が献げられた（時まで続く）清めの期間の満了（の時）を告げた」（直訳）。ギリシア語本文の ἕως οὗ = ἕως τοῦ χρόνου ᾧ は関係代名詞の ᾧ が τοῦ に牽引されて οὗ となっている例。「献げられた」にあたる προσηνέχθη は προσφέρω「差し出す，献げる，供える」の受動アオリスト。この時のことを神殿に「入って」（εἰσῄει, εἴσειμι の未完了形）「告げた」（διαγγέλλων, διαγγέλλω の現在分詞）のであるから，その相手は祭司（たち）と想定される。ルカは，パウロがナジル人の誓願を立てていた四人と共に「清めにあずかった」と報告しているが，ナジル人の満願は少なくとも30日は要したのに，ルカはそれを「七日間」（27節）とみなしている。そのために，パウロは（四人と共に）穢れを祓ってもらうために「七日間清めにあずかった」ととる注解者が多い。しかしこの解釈にも，すでに24節の《釈義》で指摘したように，無理があるので，結局ルカは当時のナジル人誓願制度に──18：18の場合と同様──必ずしも正確な知識を持ち合わせていなかったとみなせざるをえないであろう（バレット，パーヴォ）。

《**パウロのヤコブ訪問**》（21：15-26）

この段落はかなりの程度伝承に遡ると思われる。──パウロらはカイサリアから同地の信徒たち数人を伴ってエルサレムへと旅立ち，キュプロス人で古くから信徒であったムナソンの家に泊まる（15-16節）。翌日パウロは「主の兄弟」ヤコブを訪れる。彼のもとには長老たちが集まっていた。パウロは彼

らに異邦人伝道の成果を報告する（18-19節）。これを聞いたヤコブと長老たちはパウロに，エルサレム教会で大半を占めていたユダヤ信徒の間に流布している，彼がユダヤ人信徒たちに対して割礼をはじめとする律法からの離反を説いているという噂を打ち消すためにナジル人の誓願を立てていた四人を神殿へ連れて行って，彼らと共に清めを受け，彼らの満願の徴として剃髪するための費用を出してやることを提案する。パウロはこの提案を受け容れ，四人と共に清めを受けて神殿境内に入り，満願の後供え物を献げる日を祭司に告げた（20節 b-24，26節）。

ルカはこのような伝承に用語的（17節 b）にも文体的（20節 b-25節の直接話法，特に20節 b のルカ的誇張法）にも手を加え，17節ではエルサレムの「兄弟たち」がパウロらを「温かく迎えてくれた」ことを，20節ではパウロの異邦人伝道の成果をヤコブと長老たちが「神を賞め讃えて」受容したことを，それぞれ報告することによって，ヤコブをはじめとするエルサレム教会と異邦人伝道の成果をもって上京したパウロとの立場上の一致を強調し，ユダヤ人信徒たちの律法遵守は異邦人信徒たちには「使徒教令」以外には適用されていないことを，ヤコブと長老たちの口を通して読者に訴える（25節）。

以上のような物語伝承とルカの編集作業の背後に，パウロが最後にエルサレムに上京した目的は，彼がいわゆる第三回伝道旅行の途上，マケドニア，アカイアの諸教会から集めたエルサレム教会の「貧しい人々」に対する援助金を——使徒会議の決議事項の一つに従って——同教会へ持参するためであったが，それはヤコブをトップとする同教会の長老団によって受理されなかった，という歴史的事実が隠されている可能性は承認されてよいであろう。それが率直に受理されなかった理由は，当時ユダヤ人の間で高まりつつあった対異邦人（とりわけ対ローマ人）ナショナリズムの中で同地の教会がパウロによって「異邦人」から集められた献金を受理することはユダヤ人社会の中で教会の孤立をもたらすという危機感によるものであったと想定される。そのために教会当局はパウロに対して，ナジル人の誓願を立てていた四人のために，彼らの剃髪費用を出してやることによって，彼にユダヤ人としての敬虔の証しを実行するように要求し，パウロはそれを受け容れた。

21：27—30

ルカはこのような事情を背景に成立した伝承に手を加え，ヤコブの影響下にあるエルサレム教会とパウロの伝道によって成立した異邦人諸教会における信仰による一致を強調しつつ，神殿におけるナジル人の誓願儀礼が終わる前に，パウロに対するユダヤ人たちの告発に起因してエルサレムにおけるパウロの「受難」が始まったことを読者に訴えようとしている。

(2) ユダヤ人の扇動とパウロの逮捕（21：27-36）

「ユダヤ人の扇動とパウロの逮捕」（21：27-36）は，次の二つの段落に分けられる。

① ユダヤ人の扇動（21：27-30）
② パウロの逮捕（21：31-36）

① ユダヤ人の扇動（21：27-30）

27 さて，七日〔の期間〕が終わろうとしていた時，アシア〔州〕から来たユダヤ人たちが，神殿〔境内〕で彼を見かけ，すべての群衆を騒ぎ立たせ，彼に手をかけて，28 こう叫んだ，「イスラエルの人々よ，手を貸してくれ。この男は，いたるところですべての人々に，民と律法とこの場所とに逆らって教えている。その上，ギリシア人を神殿〔境内〕に連れ込み，この聖なる場所を穢したのだ」。29 彼らは，エフェソ人トロフィモスが，都で彼と一緒にいたところを先に見かけていたので，パウロが彼を神殿に連れ込んだと思ったのである。30 そこで，都中が大騒ぎとなり，民が馳せ参じて来て，パウロを捕らえ，神殿〔境内〕の外に引きずり出した。そして，すぐに門は〔いずれも〕閉ざされた。

《釈　義》

27節　「さて，七日〔の期間〕が終わろうとしていた時」（Ὡς δὲ ἔμελλον αἱ ἑπτὰ ἡμέραι συντελεῖσθαι）。「時」を表わす副文章を ὡς δέ で導入するのは，その都度指摘したように（比較的近い文脈では 19：9, 21 とその《釈義》本書 24 頁；39 頁参照），ルカが好んで用いる文体である。「七日」は前節の「清め

の期間」を受けている。この期間は，24, 26節の《釈義》で言及したように，ルカによれば，ナジル人の誓願を立てている四人のユダヤ人信徒にとっては誓願期間中に死体に触れて穢れた身を清める日数にあたり（民19：11-13参照），パウロにとっては「外国からの土」に触れた穢れの清めにあずかる日数である。ルカはこれをいずれもナジル人の誓願に関連させて考えている。この「七日」が「終わろうとしていた」（ἔμελλον … συντελεῖσθαι. ἔμελλον は μέλλω「……しようとしている」の未完了・複数形〔より一般的には単数形で ἤμελλεν. 12：6, 16：27参照〕。συντελεῖσθαι は συντελέω「完了させる，終える」の受動不定法）とは，清めの期間が終わろうとしていたが未だ完了しておらず，それが完了した後に献げられるべき「供え物」（26節。民6：13 ff. 参照）が奉納される以前に，という意味であろう。前の段落からみれば，この時点ではパウロは未だ，「彼らのために頭を剃る費用を出して」いないことになる（24節）。

「アシア〔州〕から来たユダヤ人たち」とは，エフェソにおけるパウロの宣教を「頑なになって信じようとせず，会衆の前でこの道を悪しざまに言った」人々（19：8 f.）のことを指しているのであろうか。彼らはこの時期に，五旬節の巡礼にエルサレムに来ていた（20：16参照）のであろうか（イェルヴェル）。

ユダヤ人たちは「神殿〔境内〕で彼（パウロ）を見かけ」。彼らは，前の文脈からみれば，ナジル人の誓願を立てている四人と共に「神殿〔境内〕に入っていた」（26節）パウロを見かけた，というのであろう。「神殿〔境内〕」にあたるギリシア語名詞は，τὸ ἱερόν であり，これは神殿領域全体を意味して，元来の「神殿」（ὁ ναός）そのものとは原則として区別される。次節bの用語法から判断すると，当節でルカが「神殿〔境内〕」と表現している場所は，異邦人が入ることを禁じられていた内庭（「イスラエルの男子の庭」「女子の庭」）のことと想定される（詳しくは次節の《釈義》参照）。

「騒ぎ立たせた」と「手をかけた」にあたる動詞 συνέχεον と ἐπέβαλον は，それぞれ συγχέω と ἐπιβάλλω の未完了形とアオリスト形。συγχέω は新約では当節だけに用いられている動詞である。ただし別形 συγχύν[ν]ω は行伝でのみ4回用いられている（2：6, 9：22, 19：32, 21：31）。「すべての群衆」（πᾶς ὄχλος）は，「ユダヤの民衆」総体を意味するルカの用語（イェルヴェル）。「手をかける」も，

21：27―30

ユダヤ当局が使徒たちを迫害する,あるいはイエスを殺害しようとする行動の描写にルカが好んで用いる動詞である（使4：3,5：18,ルカ20：19 diff. マコ12：12／マタ21：46,ルカ22：53b diff. マコ14：49,マタ26：55参照）。

28節 アシア出自のユダヤ人たちがエルサレムに住む「すべての（ユダヤ人）群衆を騒ぎ立たせた」叫びの言葉は,ペンテコステの後ペトロがエルサレムにおいて行なった説教の中で用いている呼びかけの言葉（2：22）と同じように――群衆に「神の民」としての自覚を促しながら――「イスラエルの人々よ」との呼びかけをもってはじまっている。パウロに対する彼らの告発は二つあって,その第一は,「この男は,いたるところですべての人々に,（イスラエルの）民と律法とこの場所（神殿）に逆らって教えている」ということである。

この告発内容は,パウロ（ら）に対するユダヤ人信徒たちの非難（21：21）と類似しているが,その相違点は,21：21ではこれが「異邦人の間にいるすべてのユダヤ人」に向けて説かれているのに対して,当節では「いたるところですべての人々に」向けて説かれている点である。この「すべての人々」には異邦人も含意されており,次の文脈における「ギリシア人を神殿〔境内〕に連れ込んだ」という第二の告発の前提となっていると思われる。いずれにしてもルカはここで,同じユダヤ人でも,パウロに対する信徒（21：21）と非信徒との告発の仕方の異同を読者に明確化しようとしている。

他方,このパウロに対する第二の告発は,内容的にみて,やはり「アシア〔州〕から来た人々」をも含むエルサレム在住のディアスポラユダヤ人によるステファノに対する告発（6：13）とも類似している。「この男は民と律法とこの場所に逆らって教えている」／「この男は聖なる場所と律法とに逆らう言葉を吐いて」いる（6：13）。あるいはルカは,これを機にして受難するパウロと,やはりこれを機に殉教するステファノとをパラレルに置こうとしている可能性もあろう。

すでに21：21の《釈義》（本書146頁）で指摘したように,パウロ自身の律法観は――キリスト信仰との関わりにおいて――両義的であり,その限りにおいてイスラエルの「民」に対しても同様であったが（特にロマ11：1-12参

照)，彼は自らの手紙の中で少なくともエルサレム「神殿」に逆らう言葉を記していない。それに対してルカが描くパウロはイスラエルの民，律法，神殿に対して肯定的であり，それらに彼が逆らったというユダヤ人の告発は——ステファノの場合も含めて（6：13）——すべて「偽証」であると一貫して主張している（使24：5 f., 13, 25：8 参照）。

さて，ユダヤ人によるパウロ告発の第三点は，彼が「ギリシア人を神殿〔境内〕に連れ込み，この聖なる場所を穢した」ことである。「ギリシア人」はここで複数形であるが，次節から判断すると「トロフィロモス」一人を指しているので，当節では「誇張」あるいは「カテゴリーの複数形」として用いられているのであろう（バレット）。いずれにしてもルカは多くの場合，「ギリシア人たち」を「ユダヤ人たちとギリシア人たち」という句の中に入れて使用しており（アシア／エフェソに関連しては，19：10, 17 参照），「ルカがここで考えているのは（シリア人や小アジア人も含めて）ギリシア諸都市の住民の総体である」[13]ので，当節の「ギリシア人」とは「非ユダヤ人」の意味であろう。

パウロが「ギリシア人」を「連れ込んだ」と訴えられている「神殿〔境内〕」（τὸ ἱερόν）とは，——すでに 27 節の《釈義》にも触れたように——厳密には，τὸ ἱερόν の中でも「聖域」とみなされていたその内庭（「イスラエルの男子の庭」と「女子の庭」。その奥に「至聖所」「聖所」「祭司の庭」があった）と想定されている。実際当時，ヨセフスによれば，「非ユダヤ人」（ἀλλόφυρος あるいは ἀλλοεθνής）が神殿外庭から内庭に入ることは，この間を囲って設定されていた石造りの仕切りにつけられていた碑文の中で死刑をもって禁じられていた（『古代誌』XV, 417；『戦記』V, 193 f.。同 VI, 124；『アピオーンへの反論』II, 103 f. をも参照）。そして，おそらくこれと同定されるギリシア語碑文の一つが 1871 年に，二つ目の断片が 1936 年に，相次いで発見されている。第一の「エルサレム神殿立ち入り警告文」（OGIS 598）は，以下のとおりである。

何人も非ユダヤ人（ἀλλογενής）は，神殿周囲の，柵格子で囲い込まれた領域

---

13 J. Wanke, Ἕλλην, in：『釈義事典』I, 497 頁。

21：27—30

に立ち入らないこと。(内部に入ったところを) 捕えられた者は，自らに，その帰結として，死を引き受ける責任がある[14]。

29節 アシア出自のユダヤ人による第二のパウロ告発の理由は，彼らが，エフェソからパウロと同行した者たちの一人「エフェソ人トロフィモス」（20：4 では「アシア人」）がエルサレムの都でパウロと一緒にいたところを「先に見かけていた」（ἦσαν προεωρακότες. εἰμί の未完了 + προοράω の完了分詞。過去完了を表わす「回説的」用法）からである，という。彼らはトロフィモスと同じ「アシア（エフェソ）人」なので，彼と顔見知りであった，というのであろうか。パウロがナジル人の誓願を果たしてやるために神殿に連れて行ったユダヤ人信徒四人（21：24, 26）のうちの一人をトロフィモスと誤解したというのであろうか。いずれにしても，実際にはありえないことである。ルカはこれが事実ではないことを読者に示唆しているのかもしれない。実際，後の文脈でパウロが，これはアシアから来たユダヤ人たちによる偽証であることを総督フェリクスの前で証言している（24：18-20 参照）[15]。

---

14 秀村欣二訳（『ギリシヤ，ローマ，ユダヤ，エジプトの資料による 原典新約時代史』蛭沼寿雄，秀村欣二編，112頁）と保坂高殿訳（同『ローマ帝政初期のユダヤ・キリスト教迫害』351頁）を参照した拙訳。保坂訳にはこの「エルサレム神殿立ち入り警告文」（OGIS 598）のファクシミリと翻刻が掲載されている。なお，この禁令はエルサレム神殿当局によってではなく，ローマ当局によって神殿を中心としたエルサレムの都全体の治安を保持するために設置されているものと想定される。

A. N. シャーウィン・ホワイト（『新約聖書とローマ法・ローマ社会』210頁，注48）によれば，この「文面は一風変っていて，公式処刑というよりは私刑を示唆する」。

15 もっとも，G. Theißen (Paulus-der Unglücksstifter. in: *Biographie und Persönlichkeit des Paulus,* hrsg. von E. - M. Becker, P. Philhofer, S. 232 f.) によれば，パウロが異邦人を神殿に連れ込んだという噂の基に，パウロ自身が（エフェソから）ローマ人に宛てて書いた手紙の中で，彼のエルサレム上京の計画に関連して言及した言葉（15：16）がなっている可能性を否定できない。——「それは私が異邦人たちのためにイエス・キリストに仕える者となり，祭司の務めをする者として神の福音を伝え，その結果，異邦人たちの献げ物が，聖霊によって聖められた

30節 パウロに対するエフェソから来たユダヤ人の告発に触発されて「都中が大騒ぎとなった」(ἐκινήθη τε ἡ πόλις ὅλη)。ἐκινήθη は κινέω「動かす」の受動アオリスト(「激昂する，騒ぎ出す」の意)。「民の(暴動的)集合が起こった」(ἐγένετο συνδρομὴ τοῦ λαοῦ の直訳)。「民」(λαός) とは，ユダヤ人の「群衆」(27節)，とりわけ告発の中で呼びかけられている「イスラエルの人々」(28節) のこと。彼らはパウロを「捕らえ」(ἐπιλαβόμενοι. ἐπιλαμβάνομαι のアオリスト分詞)，「彼を神殿〔境内〕の外に引きずり出した」。「引きずり出した」にあたる εἷλκον は ἕλκω の未完了形。「そして門(複数形)は閉ざされた」。「閉ざされた」にあたる ἐκλείσθησαν は κλείω の受動アオリスト形。εἷλκον は，21：3「航海を続けた」，15「のぼって行った」の場合と同様，行為が完了する(「門が閉ざされた」。アオリスト形)まで経過した行動の時相(「引きずり出した」。未完了形)を表わす[16]。

この場合の「神殿〔境内〕」も前の文脈からみて，神殿の「内庭」なので，パウロがそこに引き出された場所は「外庭」であろう。とすれば，その直後に閉ざされた「門」(複数形)は，内庭の周りに設置されていた石造りの仕切り(柵)に付けられていた複数の入り口と想定される(ヘンヒェン，マーシャル，イェルヴェルなど)。それらが(神殿当局者によって？)閉ざされた理由は，私刑(リンチ)により「聖域」が再び穢されることを防ぐためだったのであろうか(バレット)。いずれにしてもルカは，内庭と外庭の区別を知らず，パウロは「神殿〔境内〕」そのものの門外に引きずり出されたと考えていたものと思われる(バレット，イェルヴェルなど)。

② パウロの逮捕 (21：31-36)

  [31] 人々が彼を殺そうとしていた時，「エルサレム中が騒乱状態(じゅうそうらんじょうたい)に陥(おち)いっている」という報告(ほうこく)が〔守備(しゅび)〕部隊(ぶたい)の千人隊長(せんにんたいちょう)のもとに届(とど)いた。[32] 彼は直(ただ)ちに，兵士たちと百人隊長(ひゃくにんたいちょう)たちを率(ひき)いて，彼らのもとに駆けくだった。人々は，千人隊長と兵士たちを見ると，パウロを打(う)つのを止(や)めた。[33] そ

ものとして〔神に〕快く受け容れられるものとなるためである」。

16 Blass/Debrunner/Rehkopf, §327, 1, Anm. 1 参照。

21：31―36

のとき，千人隊長は近づいて来て彼を逮捕し，二本の鎖で縛るように命じた上，一体何者なのか，何をしたのかとたずねた。³⁴ しかし，群衆の中で各々が違ったことを叫びたてていた。千人隊長はそうぞうしくて正確なことがわからなかったので，彼を陣営に連れて行くように命じた。³⁵ しかし，パウロが階段にさしかかった時，群衆の暴行のために，兵士たちに担がれなければならないほどであった。³⁶ 民の多くの群れが，「そいつを片づけろ」と叫びながらついて来たからである。

《釈　義》

31 節　「彼（パウロ）を殺そうとしていた時」と訳したギリシア語本文は独立属格構文。ζητούντων（ζητέω の現在分詞・複数属格）τε αὐτὸν ἀποκτεῖναι（ἀποκτείνω のアオリスト不定法）。「エルサレム中が騒乱状態に陥っている」は 30 節「都中が大騒ぎとなり」を受けている。「騒乱状態に陥っている」にあたるギリシア語動詞は συγχύννεται は συγχύν[ν]ω（27 節の συγχέω「騒ぎ立てる」の後期ギリシア語形）の受動相「騒ぎ立つ」。そのような内容の「報告」（φάσις）が「〔守備〕隊の千人隊長のもとに届いた」。

「千人隊長」（χιλίαρχος）は，兵士 500～1000 人から編制されたローマ軍の「部隊」（σπεῖρα，ラテン語で cohors）の隊長（ラテン語で tribunus militum）。カイサリアに通常 5 部隊が置かれており（使 25：23 参照），ここからエルサレムに 1 部隊が派遣されて，神殿の北西側に隣接したアントニア要塞の「陣営」（34 節参照）に駐留し，千人隊長の指揮下に置かれていた（岩波版『新約聖書』，「用語解説」25 頁参照）。この要塞には四隅に四つの塔が立っており，その中の一番高い塔から番兵たちは神殿〔境内〕全体を見張ることができた。ここに駐留していた兵士たちは都内で暴動が起こることのないように監視していたのである（『戦記』V，242-244。『古代誌』XX，106-107 をも参照）¹⁷。

このような部隊の指揮官であった千人隊長のもとに，エルサレム中に起こっ

17　エルサレムにおける千人隊長の役割については I. Brink, *Soldiers in Luke-Acts*, pp. 112 f.; A. Kyrychenko, *The Roman Army and the Expansion of the Gospel*, pp. 40 f. 参照。

た騒乱に関する報告が「届いた」（ἀνέβη, ἀναβαίνω「上がる，（上に）達する」のアオリスト形）。

32節　彼は「直ちに（その指揮下にある）兵士たちと（彼ら数十人を擁する，少なくとも二人の）百人隊長たち（10：1とその《釈義》荒井，中巻，135-136頁参照）を率いて」，アントニア要塞から騒乱を起こしているユダヤ人たちのもとに「駆けくだった」（κατέδραμεν, κατατρέχω のアオリスト形）。この介入は功を奏し，彼らは「パウロを打つのを止めた」。

33節　近づいて来た千人隊長はパウロを「逮捕し」（30節「捕らえ」と同じ動詞 ἐπιλαμβάνομαι のアオリスト形 ἐπελάβετο），「命じた」（ἐκέλευσεν, κελεύω のアオリスト形）。パウロが「二本の鎖で（兵士たちによって）縛られるように」（直訳）と。「二本の鎖」という表現には，パウロを挟んで両側に立つ二人の兵士によって，彼らがそれぞれ一本ずつ持っている鎖（つまり二本の鎖）によって縛られることが示唆されている（12：6をも参照。バレット）。「縛るように」（δεθῆναι）は，21：13におけると同じように，δέω の受動アオリスト不定法。こうして，先にアガボスが預言し（21：11），パウロがそれを「主の意思」として追認した（21：13-14）ことが，ここで実現したことになる（リューデマン）。

その上で千人隊長は，パウロが何者で何をしたのかと「たずねた」（ἐπυνθάνετο, πυνθάνομαι の未完了形。「たずねはじめたの意」（バレット）か）。この質問のうち，第一の「いったい何者なのか」の動詞には εἰμί の希求法 τίς εἴη が，他方第二の「何をしたのか」の動詞には τί ἐστιν πεποιηκώς と ποιέω の完了分詞を伴なう直説法が回説的に用いられている。この表現にルカは，パウロが何かユダヤ人の間に暴動を引き起こすような罪を犯したことは認めながら，その種類を問うているのに対して，パウロがどのような人物であるかについて明確にはわかっていないという千人隊長の意識が（38節参照）反映されている（バレット）。なお，この質問の相手は，次節から判断すると「群衆」ともとれる（ヘンヒェン，ヴァイザー，シュナイダー）。しかし，後の文脈における千人隊長とパウロとの問答（21：39）とそれに続くパウロの弁明（22：3 ff.）からみ

21：31―36

ると，ここで千人隊長はパウロに問いかけている（イェルヴェル）ととった方がよいであろう。

34節　「各々が違ったことを」（ἄλλοι δὲ ἄλλο τι）は19：32と同様の表現。「叫び立てていた」にあたるギリシア語動詞ἐπεφώνουν はἐπιφωνέω の未完了形。「喧騒のために」（διὰ τὸν θόρυβον の直訳）彼は「正確なことを知ることができなかったので」にあたるギリシア語本文は独立的属格構文。「彼を陣営に連れて行くように命じた」（直訳）の中の「連れて行くように」は，文字通りには「彼が連れて行かれるように」（ἄγεσθαι. ἄγω の受動アオリスト形）。「陣営」（παρεμβολή）は，すでに31節の《釈義》で言及したように，アントニア要塞におけるローマ軍の兵営。千人隊長はここでパウロに「正確なことを知ることができ」るように質問したかったのであろう。

35節　「さしかかった」と訳したἐγένετο（γίνομαι のアオリスト形）は，このギリシア語動詞が場所を表わす副詞句（ここではἐπὶ τοὺς ἀναβαθμούς「階段（複数形）に」）を伴って「……に至る，達する」の意に用いられる（ルカ1：44，使25：15，ガラ3：14など参照）。神殿領域からアントニア要塞に上る「坂」（ἀναβαθυμούς. ἀναβαθυμός の複数形）があったことについては『戦記』V, 243参照。「（彼は）兵士たちに担がれなければならないほどであった」と訳したギリシア語本文 συνέβη βαστάζεσθαι αὐτόν の συνέβη は，συμβαίνω「（事が）起こる，生ずる，ふりかかる」のアオリスト形。「群衆の暴行のために」（διὰ τὴν βίαν τοῦ ὄχλου）は，彼がそれによって弱りきっていたためととる（ヘンヒェン）[18]よりも，むしろ，次節の理由句から判断しても兵士たちがそれによる危険からパウロを保護するためにととる（バレット）べきであろう。少なくともルカによれば，パウロは，ユダヤ人の暴行からローマの兵士たちによって保護された（イェルヴェル）[19]。

18　ヘンヒェンによれば，この表現は，すぐ後に記されているパウロの弁明演説（22：3 ff.）とその仕草（21：40）から読み取れる彼の意気軒昂さと矛盾する。
19　L. Brink, op. cit., p. 112 も同様。

36節　「ついて来た」($\dot{\eta}\kappa o\lambda o\acute{\upsilon}\theta\epsilon\iota$, $\dot{\alpha}\kappa o\lambda o\upsilon\theta\acute{\epsilon}\omega$ の未完了形) は，前節の「群衆の暴行のために……」の説明句になっている。ただし当節では，前節の「群衆」($\ddot{o}\chi\lambda o\varsigma$) が「(イスラエルの) 民の多くの群れ」($\tau\grave{o}$ $\pi\lambda\hat{\eta}\theta o\varsigma$ $\tau o\hat{\upsilon}$ $\lambda\alpha o\hat{\upsilon}$) と言い替えられている。それは彼らが「叫んだ」言葉「そいつを片付けろ」と関連しているであろう。この言葉 $\alpha\hat{\iota}\rho\epsilon$ ($\alpha\check{\iota}\rho\omega$ の命令法。文字通りには「とり除く」の意) は，後の文脈 (22：22) でも同じ集団によって用いられているが，目立つのは，これと同じ動詞の命令法がルカ福音書においてローマ総督ピラトゥスに対してイエスの死刑を求める「(人々の) 群れ」によって用いられていることである (23：18 diff. マコ 15：13。使 8：33 ＝ イザ 53：8 をも参照)。しかもルカ福音書では，この後でイエスの十字架への途上，「民の多くの群れ (と女たち) が彼に従って来た」と当節とほぼ同じ表現で記されている (23：27)。ルカは不特定多数の「群衆」とイスラエルの「民」を区別して用いており，後者に福音書以来行伝の 5：42 まで神の救済史の担い手という役割を担わせているので[20]，当節でこの「民の多くの群れ」がパウロの説くイエスの福音を決定的に拒否し (ペッシュ，イェルヴェル)，その役割を失ったことを読者に訴えようとしていると想定されよう。

《パウロの逮捕》(21：31-36)

　ルカがこの物語を構成するにあたり，以下のような伝承を資料として用いたことは，ある程度の蓋然性をもって想定できよう。——パウロがナジル人の誓願を立てている四人のユダヤ人信徒と共に神殿に入り，供え物を献げる直前に，アシアからエルサレムに来ていたユダヤ人たちによって，彼が異邦人を神殿の内庭に連れ込み神殿を穢したと告発され，エルサレムに騒乱が起こり，パウロが私刑(リンチ)の危険に晒された。その報告を受けたローマの千人隊長が配下の兵士たちと共にアントニアの陣営から馳せ参じ，騒乱の原因となったパウロを逮捕し，パウロを陣営に連行して尋問しようとした。しかしその途上，パウロを私刑しようとしていたユダヤ人たちが千人隊長に向かって彼を死刑にすること

---

[20]　G. Lohfink, *Die Sammlung Israels*, S. 55 参照。

21：37—40

を要求した。

　ルカはこのような伝承を資料として採用し，冒頭にユダヤ人によるパウロ告発の言葉を配し（22節），最後に彼らによるパウロ死刑の要求を置き（36節），エルサレムにおけるパウロの受難をステファノの殉教，とりわけイエスの受難と重ね，全体を自らの言語表現によって構成した。結果としてパウロはローマの官憲によって保護され，その弁明を介してローマへ護送される道筋を読者に用意したことになる。

(3) パウロの弁明（21：37-22：21）

　(3) は次の二段落からなる。
　①　状況設定——千人隊長とパウロとの対話（21：37-40）
　②　弁明（22：1-21）

　①　状況設定（21：37-40）
　　 ³⁷ 陣営に連れ込まれようとした時，パウロが千人隊長に，「お許しがあれば，あなたに一言(ひとこと)申し上げたいのですが」と言うと，千人隊長は，「お前はギリシア語ができるのか。³⁸ それではお前は，先頃(さきごろ)暴動を起こして，四千人の刺客を荒野に連れ出したあのエジプト人ではないのだな」と言った。³⁹ そこでパウロは言った，「私はキリキア〔州〕のタルソス出身(しゅっしん)のユダヤ人で，名前の知れた都市の市民(しみん)です。お願いです，〔あの〕民(たみ)に話すことを許してください」。⁴⁰ 彼がそれを許可したので，パウロが階段に立ち，手で民に合図(あいず)をした。すっかり静かになった時，彼はヘブライ語で次のように話しかけたのである。

《釈　　義》

37 節　μέλλων ではじまる「時」を表わす副詞句は，ギリシア語では，31 節と同様に，独立属格構文。εἰσάγεσθαι は εἰσάγω「連れ込む」の受動不定法。「陣営」（παρεμβολή）については 31 節の《釈義》（本書 158 頁）参照。千人隊長に対するパウロの懇願の言葉は，ギリシア語本文では εἰ ではじまるが，それだ

けで直接疑問文を導く（使1：6，7：1も同様）。それに対する千人隊長の反応「お前はギリシア語ができるのか」は，直訳すれば「ギリシア語でわかるのか」（Ἑλληνιστὶ γινώσκεις;）。具体的には，「ギリシア語で話すことができるのか」という意味である。

38節　「それではお前は……あのエジプト人ではないのだな」と訳したギリシア語本文 "οὐκ ἄρα σὺ εἶ ὁ Αἰγύπτιος…;" は，二様に意味づけられている。
　(1) ἄρα を驚きを示唆する不変化詞ととって[21]，千人隊長はパウロを「あのエジプト人」ではないかと思っていたが，パウロはギリシア語ができることをわかって，「それではお前はあのエジプト人ではないのだな」と自分の思い違いを確認する意図をもった疑問（ヘンヒェン，コンツェルマン，イェルヴェルなど多くの注解者）。
　(2) εἰ ἄρα は疑問を強める不変化詞に過ぎないととって[22]，（千人隊長はエジプト人がギリシア語を話すことを知っているはずなので，パウロがそのエジプト人であるかもしれないという自分の憶測を確かめる意図をもって）「それならお前は，あのエジプト人でないのか」と問うた（マーシャル，バレットなど）。
　私見ではやはり (1) の方に蓋然性がある。確かに当時，ヘレニズム・ローマ世界においてギリシア語は共通語であり，多くのエジプト人もコプト（当時のエジプト）語の他にギリシア語を話すことはできた。しかし，ここで千人隊長はかのエジプト人をローマ帝国支配に反抗する野蛮な「刺客たち」の指導者とみなしており（次節参照），彼はローマ市民権を多額のお金で買い取ったほどの上昇志向を持った人物なので（22：28参照），かのエジプト人はパウロのように丁寧な教養あるギリシア語ができるはずがないと思って[23]，「それではお前は，……あのエジプト人ではないのだな」と自分の思いを確かめるために問いかけた可能性はあろう。もちろん，当節における両人の問答は歴史的場面を

21　Blass/Debrunner/Rehkopf, §440, 2, Anm. 4 参照。
22　*WbNT*, S. 207 f. 参照。
23　コンツェルマンは，不明瞭なアクセントでギリシア語を話すエジプト人の子供について記しているルキアノス『航海』2を引き合いに出している。

21：37—40

記しているのではなく，千人隊長によるパウロの逮捕とそれに対する彼の弁明をつなげるためにルカが設定した場面なので，ギリシア語にかかわる両人の問答にはルカ自身のパウロ／千人隊長／エジプト人に対する位置づけが反映していよう（パーヴォ）。

千人隊長がここで言及している「エジプト人」については，ヨセフス『戦記』Ⅱ，261-263；『古代誌』XX，169-172に当節とほぼ並行する記事がある。

　エジプト人偽預言者は，これよりもさらに大きな打撃をもってユダヤ人を苦しめた。魔法使いとでもいうべき人物がこの地方にやって来て，預言者だと信じ込ませ，だまされた者たち約三万人を自分の周囲に集めて，荒野からオリヴ山と呼ばれるところへ彼らを連れて行ったのである。彼の計画は，そこからエルサレムへ突入し，武器を持って彼と共に決起している者たちを用いてローマ人守備隊を支配下に置き，僭主として市民を支配しようというものであった。しかしながらフェリクスは彼の攻撃の機先を制してローマ人歩兵隊と共に先制攻撃を加え，全市民も防戦に参加したので，合戦が行なわれるとあのエジプト人はわずかの者と共に逃げ出し，彼と一緒にいた大部分の者は殺されるか生捕りにされた。残りの群衆は散らばって各々自分の家へ身を隠した[24]。

　またそのころ，自分は預言者であると宣言した一人の男がエジプトからエルサレムにやって来た。彼は一般民衆に話しかけ，都の反対側五スタディオンの地点にあるオリーブ山と呼ばれる山へ彼とともに登るようにすすめた。
　彼が命ずれば，エルサレム城壁はたちまちのうちに崩れ落ちてそこから都の中へ入場できるようになるが，その奇跡をオリーブ山から彼らに見せてやりたいのだ，というのである。
　フェリクスはこの話を聞くと，ただちに兵士たちに武装を命じた。そして彼は騎兵と歩兵の大部隊を率いてエルサレムからくだりだすと，そのエジプト人と彼にしたがっている者たちを急襲し，そのうち四〇〇人を殺し，二〇〇人を

24　土岐健治訳。『ユダヤ戦記ⅡⅢ』（ヨセフス全集2），日本基督教団出版局，1985年，64-65頁（一部修正）。

捕えた。ただしエジプト人自身は，その戦闘から逃げ出して姿を消した[25]。

　このエジプト人について，当節では「先頃暴動を起こした（者）」（ὁ πρὸ τούτων τῶν ἡμερῶν ἀναστατώσας）といわれているだけであるが，ヨセフスはこの「暴動」の内容について，上に引用した二つの著書で詳しく報告しており，しかも彼はこれをローマ総督フェリクスの時代（52-60年）に起こった事件とみている。他方行伝では，この後でパウロがフェリクスのもとへ護送されている（23：24参照）。したがって，上に引用した両記事は当節の並行記事と想定されてよいであろう。さらに，ヨセフスによれば，エジプト人は，「わずかの者と共に逃げ出した」（『戦記』II，263）／「逃げ出して姿を消した」（『古代誌』XX，172）といわれているので，当節での千人隊長はこのエジプト人がパウロではないかと思っていたことになろう。

　しかし，当節とヨセフスの両記事の間には異なる点も見いだされる。「四千人の刺客を荒野に連れ出した（ἐξαγαγών）」（当節）が，「彼は……（彼によって）だまされた者たち約三万人を……荒野からオリヴ山と呼ばれるところへ彼らを連れて行った（περιαγαγών）」（『戦記』II，261 f.）となっている。

　まず，「四千人」と「三万人」の数の相違が，ギリシア語の字母で表わされる数価 Δ（＝4）とΛ（＝30）との混同を想定する向きもあるが，ヨセフスのテキストには τρισμύριοι「三万（人）」とあって数価を表わす字母を用いた写本は見いだされないので，この想定には今のところ裏づけがない。ただし，ヨセフス自身も，『戦記』II，263では「彼（エジプト人）と一緒にいた（約3万人の）者は殺されるか生捕りにされた」と記し，『古代誌』XX，171では，フェリクスが「そのエジプト人と彼にしたがっている者たちを急襲し，そのうち四〇〇人を殺し，二〇〇人を捕えた」と記している。このように同一人物が著した二つの著書にもエジプト人に従った者の人数については差異があるほどなので，この数については異なった伝承が存在したと想定したほうがよいであろう。

　次に，「荒野に連れ出した」（ἐξαγαγὼν εἰς τὴν ἔρημον）／「荒野から……連れ

25　秦剛平訳。『ユダヤ戦記6』筑摩書房，2000年，284頁（一部修正）。

21：37—40

て行った」（περιαγαγών…ἐκ τῆς ἐρημίας）の相違について興味深いのは、ヨセフスが『戦記』Ⅱ, 261 ff. のすぐ前の文脈（Ⅱ, 258-260）で、その直前（2, 254-257）に報告している「シカリ派」（当節の「刺客」）とは「別の悪人の一団」について報告しており、彼らが群衆を「荒野へと導いた」（προῆγον εἰς τὴν ἐρημίαν）と記していることである。ルカは、ヨセフスが「エジプト人」でも「シカリ派」でもなく、「別の悪人の一団」によって起こされた反乱として伝えている伝承を「四千人の刺客を荒野に連れ出した」「エジプト人」に関する報告として記した可能性もあろう。

ほぼ同様のことが、当節における「刺客」にも妥当するのではないか。「刺客」と訳したσικαρίοςについては、前述のように、ヨセフスが「偽預言者」エジプト人に関する叙述の前（『戦記』Ⅱ, 254-257）に言及している。この記事によれば、シカリ派はネロ時代（54-68年）にエルサレムに現われて、隠し持った「短刀」（ラテン語で sica）で親ローマ的ユダヤ人の殺害をも辞さなかった「盗賊団」あるいは「無頼の徒」（『古代誌』ⅩⅩ, 186）、つまりユダヤ教徒の過激派である。ただし、ルカ時代にはこの名称が単純にパレスチナの熱狂的なユダヤ人暴動者と同義語で用いられており、ルカも当節ではこの意味で用いているのであろう[26]。

39節 パウロは千人隊長の質問を受けて、まず自分はエジプト人ではなく、「キリキア〔州〕のタルソス出身のユダヤ人で、名前のよく知られた都市（タルソス）の市民である」と自分の素性を述べる。タルソスにユダヤ人が居住していたことは碑文などによって確かめられている[27]。パウロはそれを前提した上で、ここでまず、自分は「キリキアのタルソス人」（Ταρσεὺς τῆς Κιλικίας の直訳）である（9：11をも参照）、と誇りを持って名乗り出ている。彼がタル

---

26 「シカリ派」について詳しくは、M. ヘンゲル『ゼーロータイ――紀元後一世紀のユダヤ教「熱心党」』大庭昭博訳、新地書房、1986年、335-356頁、特に349頁以下参照。

27 M. シュテルン「ユダヤ人ディアスポラ」（川島貞雄訳。『総説・ユダヤ人の歴史 上』S. サフライ、M. シュテルン編、長窪専三ら訳、156頁、437頁、注139）参照。

ソス出身であることは，すでに9：30,11：25で示唆されており，この後に続く弁明の冒頭にも言及されている（22：3）。実際この町は，前64年以来ローマ属州キリキアの首都となっており，社会経済的のみならず，「知的学系の点でも……ローマ世界屈指の国際的な都市の一つ」であった[28]。ストラボン『ギリシア地誌』によれば，タルソスは，哲学者，文法家，詩人の活躍では，アテネやアレクサンドリアに勝っていた，といわれているほどである[29]。

　パウロはさらに，この「名の知られている都市の市民」（οὐκ ἀσήμου πόλεως πολίτης）と名乗っている。このギリシア語表現は，「実にヘレニズム的な追加句であり，また，古典学文献からの引用という高級な手段を駆使すれば，それがディオ・クリュソストモスの元老院ないし民会演説におけるテーマの一端にも通底することがわかる」[30]。そして，ここで挙げられている「古典文献」とはギリシアの悲劇作家エウリピデス『イオン』8；『ヘラクレス』849を示唆していると思われ（バレット），こうしてパウロは自らのギリシア的教養の高さを千人隊長に誇示しているとも想定される。ただし，「名の知られた」にあたるギリシア語 οὐκ ἄσημος（「名もない」の否定），いわゆる「緩叙法」（反対語の否定を用いて強い肯定を表わす言い方。ここでは「著名な，れっきとした」の意）はもともとルカの文体の特徴でもあったことは，例えば12：18の《釈義》（荒井，中巻，202頁）で指摘した通りである。

　なお，パウロはここでタルソスの「市民」（πολίτης）であったことを強調している。この呼称が，ギリシア都市タルソスの裕福なユダヤ住民に与えられた特権である[31]のか，より一般的にこの都市のユダヤ人共同体の構成員を意味す

28　A. N. シャーウィン・ホワイト『新約聖書とローマ法・ローマ社会』183頁。
29　H. E. Wilhelm ＋ 吉田大輔「タルソス」『聖書大事典』741頁。同時代の碑文にも「[最大の] そして最も美しい，第一のメトロポリス・タルソス」という証言が見いだされる（コンツェルマン）。
　　なお，パウロの「精神的な母なるタルソス」について詳しくは，M. ヘンゲル『サウロ』梅本直人訳，6-24頁参照。
30　シャーウィン・ホワイト，前掲書，同頁。
31　S. アップルバウム（「ディアスポラにおけるユダヤ人共同体の法的位置」前掲『総説・ユダヤ人の歴史 中』77頁）によれば，「小アジアの至る所でユダヤ人住

21：37—40

るのか（バレット）[32]，資料不足のために明確化することは困難である[33]。いずれにしてもルカは，ヨセフスが「ぺてん師」（『戦記』Ⅱ，259）あるいは「無頼漢」（『古代誌』XX，172）と同列に置いている「あのエジプト人」とは異なり，パウロが著名な都市タルソスのユダヤ人「市民」であることを読者に印象づけようとしているのであろう（パーヴォ）。

このようにパウロは，その名誉ある素性に言及したのち，千人隊長に対して，「民に話すことを許してください」と願い出ている。「民」（λαός）は 36 節を受けて，彼に死刑を要求するイスラエルの「民の多くの群」を指している。

40 節　「彼（千人隊長）がそれを許可したので」。ギリシア語本文 "ἐπιτρέψαντος（ἐπιτρέπω のアオリスト分詞属格）αὐτοῦ" は独立属格構文。パウロは「階段に」（35 節参照）「立ち」（ἑστώς, ἵστημι の完了分詞），「手で民に合図をした」（κατέσεισεν τῇ χειρὶ τῷ λαῷ）。「手で合図をする」は演説者のジェスチュア（13：16 とその《釈義》荒井，中巻 233 頁参照）。「民に」は 36 節を受けている。「すっかり静かになった時」もギリシア語本文 "πολλῆς δὲ σιγῆς γενομένης" では独立属格構文。「彼はヘブライ語で話しかけた」にあたるギリシア語動詞 προσεφώνησεν は προσφωνέω のアオリスト形。

「ヘブライ語で」にあたるギリシア語名詞 Ἑβραΐδι διαλέκτῳ は Ἑβραΐς διάλεκτος の与格（22：2 参照）。実際に使用されたと想定される言語は当時の話し言葉であったアラム語以外に考えられない[34]。しかしここでルカが，パウロが「ヘブライ語」で話しかけたことを強調しているのは，聴衆がイスラエルの「民」だからである。このことは，「弁明」の冒頭（22：1 f.）でも繰り返されている。

　　民間の若干の裕福な個人や家族は，一世紀の前半にこの市民権を得ていたのである」。ヘンゲル，前掲書，18-24 頁もほぼ同様。
32　H. W. Tajra, *The Trial of St. Paul*, pp. 78-80 に基づく。
33　このことはアップルバウム自身，前掲論文（74-75 頁）で認めている。ヘンゲル，前掲書，24-25 頁，注 57 もほぼ同様。
34　Ἑβραΐς, in：『釈義事典』Ⅰ，424 頁。

千人隊長がパウロを「エジプト人」のような暴徒と誤解して逮捕したことを，またパウロの素性に関する情報を，ルカが伝承を介して知っていたことは否定できない。しかしパウロの弁明（22：1-21）の状況設定としての千人隊長とパウロの問答は——多くの注解者たちが想定しているように——明らかにルカの編集による。この段落がルカ的文体（独立属格構文の多用・緩叙法など）で綴られているだけでなく，この場面は，ルカがパウロの受難をイエスの受難に重ねて記している35節を前提として描かれているからである。さらに，パウロの死刑を求めて激昂するユダヤ人民衆が，パウロが「ヘブライ語で」語りかけると聞いて「すっかり静かになった」などということは歴史的には考えられない。この段落でルカがパウロの弁明を準備していることは明らかであろう。

② 弁明（22：1-21）

「弁明」（22：1-21）は，次のような順序で行なわれている。

a) 呼びかけ（22：1-2）

b) 自伝的回顧（22：3-5）

c) 回心（22：6-11）

d) アナニアの勧め（22：12-16）

e) 異邦人への派遣（22：17-21）

a) は7：2（「ステファノの弁明」の冒頭）と並行しているが，b) の出生・養育・教育については当箇所ではじめて言及される。キリスト教徒迫害については9：1-2と，c) およびd) については9：3-18と，それぞれほぼ並行しているが，e) は当箇所で独自な発言である。この「弁明」全体に通底している論調は，パウロが自分を告発したユダヤ人（というよりもむしろルカが行伝のユダヤ人および彼らの「神を畏れる」異邦人読者）に対して異邦人伝道者としてのパウロの立場を正当化するために，パウロこそが正統的ユダヤ人・キリスト教徒であることを強調している点である。したがって，この「弁明」でルカは，9章の回心物語を前提しつつも，それに，当箇所の強調点に合わせて，短縮・修正・加筆の手を加えている。この「弁明」は，後述するように，文

22：1—5

体的には「交錯配列法(キアズム)」によって修辞的に整えられており，思想的にはその中でパウロの言行が全体として神の「意思」（14節）に帰されている。これは，――パウロの口を借りた――ルカの「弁明」と想定されよう。これは，ルカによるパウロの「弁明」として行伝の文脈では十分機能しており（ヴァイザー，バレット，パーヴォ）[35]，弁明がユダヤ人聴衆の抗議（22節）によって中断されたためにその論拠部分や結語が欠落している（マーシャル，ウィザリントン）[36]とみなされるべきではなかろう。

a)－b)　呼びかけと自伝的回顧（22：1-5）

¹「兄弟たち，ならびに父たちよ，今あなたたちに申し上げる私の弁明を聞いて下さい」。²彼がヘブライ語で語りかけるのを聞いて，人々はますます静かになった。そこで，彼は言う，³「私はキリキア〔州〕のタルソスに生まれたユダヤ人ですが，この都で育ち，ガマリエルの膝下で父祖の律法についてくわしく教育を受け，今日のあなたたち皆さんと同様，神の熱愛者です。⁴私はこの道を迫害し，男も女も縛り上げて獄に引き渡し，死に至らしめたのです。⁵このことについては，大祭司も長老会一同も私のために証言してくれます。この者たちからダマスコにいる兄弟に宛てた手紙までもらって，そこにいる者たちを縛り上げ，エルサレムに連行して処罰するために出かけたのです。

《釈　義》

1節　「兄弟たち，ならびに父たちよ，聞いてください」（Ἄνδρες ἀδελφοὶ καὶ πατέρες, ἀκούσατε）という聴衆への呼びかけは，7：2におけるステファノの聴衆への呼びかけと全く同じである。「兄弟たちよ」という呼びかけは聴衆との信仰的同胞関係の表白として相手を自分の懐(ふところ)に包み込む呼称であり，これはステファノの場合と同様である。しかし，「父たちよ」という呼びかけは，ステファノの場合，最高法院において大祭司の尋問に応えて行なった「弁明」

35　H. Omerzu, *Der Prozeß des Paulus*, S. 371-374 も同様。
36　原口尚彰『ロゴス・エートス・パトス』151頁も同様。

である。したがってそれは，最高法院の議員たちに向かって，傾聴を訴える呼びかけであるのに対し，当節におけるパウロの場合，前の文脈からみて，そのような議員たちを聴衆の中に前提していない。これは，パウロを告発したユダヤの民衆の「父祖たち」を念頭においた呼びかけであると解釈する向きもある（マーシャル，ウィザリントン，フィッツマイヤーなど）。しかし，この「弁明」は，——前述したように——直接的文脈を超えて，主としてユダヤ人とユダヤ人の「神を畏れる人々」からなる行伝読者に向けてパウロの立場を説得しようとするルカによって構成されたものである。実際，後の文脈でパウロは，キリスト信徒に対する迫害行為の証人として「大祭司と長老会一同」を挙げている（5節。22：4をも参照）。行伝の著者ルカにとって，「弁明」の聴衆には「兄弟たち」と並んで「父（祖）」たちも必要なのである。

「弁明」は元来，裁判長の尋問に対して被告人が行なう法廷用語である。行伝におけるパウロはこれを実際に法廷用語として後の文脈でも用いているが（25：8, 16, 26：1, 2, 24），ルカにとってこの用語は，Ⅰペト3：15の場合と同様，「キリスト教信仰の核心の〈宣教としての意見陳述〉である」[37]（ルカ12：11 diff. マタ10：19，ルカ21：14 diff. マコ13：11 参照）。

この意味でも，ルカの視点からみれば，ここでパウロは，「兄弟たち」だけではなく，「父たち」にも語りかける必然性があった。

2節 「弁明」の状況設定（21：37-40，特に40節）を受けて，ユダヤの民衆はパウロが「ヘブライ（アラム）語で語りかけるのを聞いて，ますます静かになった」，といわれる。パウロがディアスポラ（タルソス）出身の教養あるユダヤ人であるから，千人隊長には上手なギリシア語で語りかけ，それに隊長が驚いたのと同様に，ここでは，パウロが聴衆のユダヤの民衆に「ヘブライ語で」語りかけたので，彼らは驚いて「ますます静かになり」耳を傾けた，というのであろう。ルカはこうして，パウロが言語的にもユダヤの民と自己を同一化して弁明しはじめたことを行伝の読者に訴えようとしている。

---

[37] K. Kellermann, ἀπολογία, in：『釈義事典』Ⅰ，173頁。

22：1—5

3節　パウロはまず自己紹介をするに際し，ギリシア語本文では，「私はユダヤ人である」(ἐγώ εἰμι ἀνὴρ Ἰουδαῖος) と「神の熱愛者である」(ζηλωτὴς ὑπάρχων τοῦ θεοῦ) という現在形と現在分詞の間に，「私は」を受けて，「生まれ」(γεγεννημένος, γεννάω の受動・完了分詞)，「育ち」(育てられ)」(ἀνατεθραμμένος, ἀνατρέφω の受動・完了分詞)，「教育を受け（教育され）」(πεπαιδευμένος, παιδεύω の受動・完了分詞) という三つの完了分詞を挿入し，自分の出生・養育・教育について説明している。

出生については，21：39を受けて「キリキア〔州〕のタルソス」を挙げているが，「養育」の場所に関する言及「この都で」(ἐν τῇ πόλει ταύτῃ) は21：39のタルソスという「都市 (πόλις) の市民」との関連で，「タルソス」を指すととれなくもない[38]。しかし，まずギリシア語本文では，「生まれ」と「この都で育てられ」の間に不変化詞 δέ「しかし」が置かれており，この後に続く「教育された」が δέ で受けられていない。その上でパウロは，この「弁明」でエルサレム在住のユダヤの民衆に自己を同一化しているので（パウロは自分自身を「今日の皆さんと同様，神の熱心者です」と言っている！），「この都で」の「都」は，大方の注解者と共に，エルサレムを指すととるべきである[39]。とすれば，パウロは生後まもなくタルソスからエルサレムに移住し，そこで「育てられた」ことになろう。7：58 ff. によれば，「青年」サウロ／パウロはステファノの処刑に立ち会っており（22：20, 26：4 をも参照），23：16によれば，パウロの「姉妹の息子」がエルサレムにいる。ただし，このことの史実性はパウロ自身がその手紙の中で全く言及していないので，次の文脈の「ガマリエルの膝下で教育を受けた」と同様に，立証は不可能である。

「父祖たちの律法についてくわしく（使18：25 f. 参照）教育を受け，神の熱心者である」という自己紹介は，パウロ自身の手紙（ガラ1：14「父祖たちの伝承のより一層の熱愛者」によってほぼ裏づけられ，「ガマリエルの膝下で」も，もしガマリエルが「ファリサイ人で，民全体に尊敬されている律法の教

---

[38]　バレットによれば，この点を N. Turner, *Grammatical Insights into the New Testament*, Edinburgh, 1965, pp. 83 f. が強調している。

[39]　M. ヘンゲル（『サウロ』57-65頁）も同様。

師」であったとすれば（5：34），フィリ3：6「律法の点からすればファリサイ人」というパウロ自身の言葉と，共にファリサイ人という点ではある程度重なる。しかし，すでに5：34の《釈義》で言及したように[40]，実際にはガマリエルがファリサイ人であったことについては確証がなく，彼がパウロの師であったという当節におけるパウロの証言も歴史的に確実ではない（ヘンヒェン，コンツェルマン，真山，パーヴォなど）[41]。

いずれにしても，「出生・養育・教育」は，多くの注解者たちによって指摘されているように（ヘンヒェン，バレット，リューデマン，フィッツマイヤー，ウィザリントン，パーヴォなど）[42]，ヘレニズム文学の伝記的叙述に共通する三つが一組になった「文学的定型ユニット」である（7：20-22におけるモーセの生涯に関する叙述をも参照）。

ただし，これらの例証の中で注目すべきは，キケロ『発想論』の論述である。この文書は「法廷弁論を念頭において弁論術の基本を教えるための教育手段とされたものである」[43]だけに，当節の「文学的定形ユニット」との並行関係は重要と思われる。すなわちキケロは，この文書の中で，弁論における「確証についての指針」の「順番」（Ⅰ，33）を挙げており，まず「確証とは，論証によって自分の主張に信頼と権威と根拠を確証するための手段である」と定義した上で（Ⅰ，34），「生まれ」（Ⅰ，35）と「どの家で，どうやって，誰の管理の下に教育されたか，初等教育ではどの教師についたのか，誰を人生の師と仰

---

40 荒井，上巻，381-382頁，注19参照。

41 G. ボルンカム『パウロ』41頁，W. Radl, Γαμαλιήλ, in :『釈義事典』Ⅰ，277頁参照も同様。これに対し，ペッシュ，ロロフ，シュナイダー，マーシャル，ウィザリントン，田川などは当節の史実性を擁護（ヘンゲル，前掲書，69頁も同様）。ヴァイザー，イェルヴェル，バレット，フィッツマイヤーなどは中立。

42 原口，前掲書，153頁；ヘンゲル，前掲書，61頁も同様。この主張は，W. C. van Unnik, *Tarsus or Jerusalem: The City of Paul's Youth*, London, 1962, repr. Sparsa Collecta, 1. pp. 259-327に遡る。プラトン『クリトン』50E；『アルキビアデス』1, 122, 2b；オヴィディウス『悲しみの歌』4, 10, 3 ff.；キケロ『フラックスへの反論』158など。

43 片山英男訳「発想論」，『キケロー選集』6，岩波書店，2000年の中の「解説」215頁。以下の引用は片山訳による。

22：1—5

いだか」を述べる必要がある（Ⅰ，35）ことを指摘している[44]。

　ルカがこのような弁論術の指針を知っていたか否かはもちろん確証不可能である。しかし，当節との並行関係は無視できないであろう。もちろんルカは当節において，パウロの「弁明」の聴衆に向けて彼らと「同様」なパウロの自伝を提示することによってパウロをユダヤ教の正当な継承者であることを「確証」させているのであるが，その方法はルカ当時の修辞学に則っているのであるから，その限りにおいてルカは，パウロが教養人として養育され，教育されたことを，行伝の読者に向かって話しかけているのである[45]。

　ところでパウロは，「今日のあなたたち皆さんと同様，神の熱心者である」ことの証拠として，あなたたちがキリスト信徒としての私を迫害しているのと同様に，自分もキリスト信徒たちを迫害したということを，次節で提示する。

　4節　「私は」は，ギリシア語本文では，3節の「私は」（ἐγώ）を受ける関係代名詞 ὅς。これによって導かれる文章全体が，8：3, 9：2とほぼ同様の論述である（26：10をも参照）。「この道を」（ταύτην τὴν ὁδόν）は「この道に従う者」（9：2），すなわちキリスト信徒の意。ただし，信徒たちを「道」と言ったのでは，この「弁明」の聴衆にはその意味がわからない。ルカはその意味をわ

44　原口（前掲書，153頁）は『発想論』Ⅰ，9，27を，パーヴォはⅡ，30を，それぞれ挙げているが，いずれも表記が不正確。正確には，Ⅱ：29であろう。ただしこの箇所は，筆者が挙げたⅠ，33以下を，「人物に基づく推定」（Ⅱ，23）として再論しているところで，当節の並行箇所としてはⅠ，33以下がベターと思われる。

45　イェルヴェルは，ルカがパウロのヘレニズム的「教養」を強調しているというリューデマンの主張に対して，パウロの「正統的ユダヤ教」性を強調していると反論しているが，イェルヴェルはルカが直接的文脈における聴衆と同時に行伝の読者を意識していることへの配慮に欠けている。私見によれば，ルカはユダヤ教の「神を畏れる」異邦人出自であり，ルカ福音書／行伝の読者は，ユダヤ人と共に，いわゆる彼らの「神を畏れる人々」を想定している（拙論「ステファノの弁明——その使信と伝達」〔初出：1988年〕『聖書の中の差別と共生』259-264頁参照）。なお，F. Bovon（*Das Evangelium nach Lukas*, S. 22-24）も同様の見解。

かっている行伝の読者に向けてこの用語を用いている。「男も女も縛り上げて」も 9：2 の繰り返し。「男も女も…獄に引き渡した」は 8：3 と同様の表現。ただし，「迫害し死に至らしめた」（ἐδίωξα ἄχρι θανάτου）という表現は，8：3 にも 9：2 にも見いだされない。

すでに 8：3 の《釈義》（荒井，中巻，56-57 頁）で言及したように，パウロが教会を迫害したことは自ら証言している（ガラ 1：13, 23，Ⅰコリ 15：9，フィリ 3：6 参照）。しかし，パウロ自身はそれをどこで行なったかについては直接言及していない。ガラ 1：17 からそれがダマスコに関連していたであろうと推定できるだけである。ところがルカによれば，当節の叙述が前節の関係文章となっているところからみても，これは「この都」すなわちエルサレムにおいてであった。このことは 8：2 f. からも推定され，26：10 によると，パウロは「それをエルサレムで実行した」と断言している。

ところがパウロ自身は，エルサレムから「シリア地方とキリキア地方に行った」以前には「キリストにあるユダヤの諸教会には，私は顔を知られないままであった」と証言している（ガラ 1：22）。ここで言及している「ユダヤの諸教会」の中にエルサレム教会も含まれているとすれば，パウロのエルサレムにおけるキリスト信徒迫害はルカのフィクションとみなさざるをえなくなる（ヘンヒェン，コンツェルマン，パーヴォなど）[46]。

ただし，パウロ自身が，先に引用したガラ 1：22 に続いて，次のように証言している。──「ただ彼ら（ユダヤの諸教会）は，『かつて私たちを迫害した者が，今は，かつて自分が荒らしまわっていた信仰を福音として告げ知らせている』と聞いていた」（1：23）。すなわち，パウロがガラテヤ人への手紙を執筆した当時（54 年頃），ユダヤの諸教会の間に，彼が「私たち」教会員を「迫害していた（がその後 180 度転換してキリスト信仰の宣教者となっている）」という噂が広がっていた，ということである。このような噂が核になって，あるいはルカが行伝執筆当時（90 年代），パウロが教会への迫害を始めたのはエルサレムにおいてのことであったという伝承が成立していたことを少なくとも否

---

[46] ボルンカム，前掲書，46-47 頁も同様。

22：1—5

定はできないであろう[47]。

いずれにしても,パウロがエルサレムで信徒たちを迫害した結果,彼らを死に至らしめたという記述は,パウロ自身の手紙では全く裏づけられず,ルカの誇張的表現であろう[48]。

5節 9：1 f.の再話。ただし,「この者たち」にあたる「大祭司と長老会一同」は,9：1では「大祭司」のみ。両者合わせてエルサレムのユダヤ教「最高法院」(サンヘドリン)のことであるが,その議員に「長老会」(πρεσβυτέριον)という用語を用いるのはルカ文書だけである(ルカ22：66 diff.マコ15：1／マタ27：1)[49]。この「大祭司と長老会一同」が,「私のために」パウロによるエルサレムにおけるキリスト信徒迫害行為を「証言している」という表現も9：2にはない。「証言する」(μαρτύρομαι)という動詞を法廷用語上の「弁明」の場面も用いるのも行伝においてのみ(26：5。23：11をも参照)[50]。「そこにいる者たち」すなわちダマスコ在住の信徒たちを「縛り上げ,エルサレムに連行する」目的を表わす副文章に「処罰する(彼らが処罰される)ために」(ἵνα τιμωρηθῶσιν. τιμωρέω の受動・アオリスト・接続法・3人称・複数形)が置かれているのも当節のみ。これは4節の「獄に引き渡し,死に至らしめる」を受けていよう。なお,エルサレムの大祭司と長老会がユダヤ人に対する裁判権をユダヤの境界を超えて,シリアのダマスコスまで有していたことの歴史的可能性が多くの注

47　ヘンゲル(前掲書,149頁以下)は,ガラ1：22の「ユダヤの諸教会」の「ユダヤ」はエルサレムではないことを一つの理由として(151頁),パウロがエルサレムで教会への迫害を始めたことの歴史性に肯定的で(150頁),その「見解の論拠」として,C. Burchard, *Der dreizehnte Zeuge*, S. 50, Anm. 37 を挙げている。しかしBurchardは,「ユダヤの諸教会にエルサレム教会も含まれているという」見解であり,ルカは使8：3でガラ1：23のようなパウロの個人伝承の「原年代付け」(Urdatum)に基づいて叙述している,と主張している。

48　この限りにおいて,ヘンゲル(前掲書,140頁,148頁)とBurchard (op. cit., S. 49 f.)は同意見。

49　この他に新約ではもう一つの箇所(Ⅰテモ4：14)で,教会の役職としての「長老会」に言及されている。

50　J. Beutler, μαρτύρομαι, in :『釈義事典』Ⅱ,453頁。

解者によって疑われていることについては,すでに9:2の《釈義》で指摘した（荒井,中巻,90-91頁参照）[51]。

更に,パウロが当節で「証人」として引き合いに出している「大祭司」はこの「弁明」に前提されている年代（56年頃）ではアナニア（47-59年頃在職）であり（23：2参照),この人名を付加した写本も見いだされるが（614 *pc* sy[h**]),パウロが回心直前に教会を迫害した年代（32-33年頃）の大祭司はカヤファ（18-36年在職。ルカ3：2,使4：6参照）であり,パウロが「弁明」している時点では過去の人物である。彼らはパウロの行動の「証言」者としては歴史的に弱いであろう（フィッツマイヤー,パーヴォ）。要するにルカは,このような年代付けの差異を超えて,聴衆（あるいはむしろ読者）を意識し「証言」内容を権威づけ,その信憑性を訴えるために,「大祭司と長老会一同」を引き合いに出したとみるべきであろう。

c)　回心（22：6-11）

　　　６ところが,私がダマスコスに近づいた時,真昼頃,突然,天から強烈な光が私の周りを照らしたのです。７私は地面に倒れました。そして『サウル,サウル,なぜ私を迫害するのか』という声を聞いたのです。８そこで私が,『主よ,あなたはどなたですか』とたずねると,『私は,お前が迫害しているナゾラ人イエスである』と言いました。９私と一緒にいた者たちは,その光を見たのですが,私に話された方の声を聞きませんでした。１０私は言いました,『主よ,どうすればよいのでしょうか』。すると主は私に言われました。『立って,ダマスコスに行け。お前に行なうように決められているすべてのことが,そこで告げられるであろう』。１１私はその光の輝きのために,目が見えなくなっておりましたので,一緒にいた者たちに手を引かれて,ダマスコスに着きました。

《釈　　義》

51　この点ヘンゲル（前掲書,140-141頁）も同意見。

22：6—11

6節 9：3 ff. を受けている。ただし，文体的には主語が1人称単数（「私」）となり，書き出しがギリシア語本文では Ἐγένετο δέ μοι…（文字通りには，「私に……が起こった」）となっている（22：17の場合と同様）。この μοι に「出かけて行く」と「ダマスコスに近づく」がそれぞれ現在分詞単数・与格がかかり，「真昼頃，突然，天から」と副詞句が続き，「強烈な光」（φῶς ἱκανόν, 中性・単数・対格）が「私の周りを照らした」の意味上の主語として用いられている。「照らした」（περιαστράψαι, περιαστράπω のアオリスト不定法）は文頭の ἐγένετο にかかっている。

以上のような本文の中で，9：3にない句は，22：5の「出かけた」を受けた，とりわけ「真昼頃」（περὶ μεσημβρίαν）という副詞句，「強烈な光」の「強烈な」という形容詞（ἱκανός, 文字通りには「十分な，強力な，明るい」の意）である。

当節で「真昼頃」が追加されたのは，それによって語り手が天的顕現の（夜中個人的に現われた「幻」ではない）「客観性」を強調したとみなす注解者もいる（ツミエフスキー，ウィザリントンなど）。しかし，天的顕現が「真昼に」起こり（ロンゴス『ダフニスとクロエ』Ⅱ，4，1におけるエロース，使10：9におけるペトロの場合参照），それによって召し出された者に，むしろ個人的に使命が与えられ，それへの応答をためらう，あるいは拒否する者には，狂気ないし盲目が預言される（申28：28-29参照）という，「召命」あるいは「任職」の顕現様式は古代文献には広く見いだされる（パーヴォ）。「光」の「強烈さ」の強調は，この後の文脈，つまりそれをパウロと一緒にいた者は「見た」が顕現者の「声は聞かなかった」（すなわち召命はパウロに個人的に与えられた）こと（9節），それによってパウロが「目が見えなくなった」ことを準備するためであると思われる。

7節 9：4の再話。相違点は9：4の「地に（ἐπὶ τὴν γῆν）倒れた」が当節では「地面に（εἰς τὸ ἔδαφος）」となっているだけである。両副詞句は異語同意。ルカによる書き換えと思われる。

なお，9：4の《釈義》（荒井，中巻，92頁）で指摘したように，「サウロ」（正確には「サウロス」）は，パウロ（正確には「パウロス」）のヘブライ名

「シャウール」のギリシア語化で，サウロ／パウロに対する神の呼びかけ「サウル」は，この「シャウール」にあたり，こうしてルカは，神がヘブライ語で語りかけていることを読者に印象づけようとしている。また，相手の名を二度呼んで語りかけるのは，ルカ文書におけるイエスの特徴であり，これは旧約における神の呼びかけに対応しており，ルカはここで，旧約における神顕現に則ってサウロ／パウロに対するキリスト顕現を物語っている。更に，サウロ／パウロはキリスト信徒を迫害しているのに，ここでイエスが彼に向かい，「なぜ私を迫害するのか」と問うているのは，共に被迫害者としてキリストとキリスト信徒を同一化するルカの思想の反映である。

8節 9：5の再話。相違点は，顕現者へのパウロの質問に対する応答が，9：5の「お前が迫害しているイエスである」の「イエス」に「ナゾラ人」(ὁ Ναζωραῖος) が付加されているだけである。すでに使2：22の《釈義》で言及したように[52]，新約ではとりわけルカがこれを特に行伝において「古い」キリスト論的称号として用いている（3：6，4：10，6：14。24：5，26：9ではユダヤ教の一分派としてのナジル（＝ナザレ）派の意）。当節では語り手の念頭に，ペトロがペンテコステの後「ユダヤ人たち並びにエルサレムに住む全ての人たち」に向かって行なった説教の中で，彼が「あなたたちは（神の定めた計画と予知によって渡された）この方（ナゾラ人イエス）を不法の者どもの手で釘づけにして殺した」と告発している箇所（2：22 f.）を置いている可能性が大きいであろう。当節でこの「ナゾラ人」イエスがその名の故に迫害されている弟子たちに自らを同一化しているのである。

9節 この句にあたる9：7（「パウロと共に来た者たちは（イエスの）声を聞いたが，誰をも見なかった」）と矛盾する。――彼らは「光を見たが」イエスの「声は聞かなかった」。当節は6節における天的顕現に伴なう「光」の強烈さを受けながら，次節におけるイエスによる召命がパウロのみ対象とするこ

---

52 荒井，上巻，144-146頁。

22：12—16

とを準備している。こうして，9章におけるパウロの「回心」物語は，22章においてその文脈に合わせ，「召命物語」へとシフトされはじめる（パーヴォ）。

10節 9：6ではパウロに対するイエスの言葉が5節から続いており，「起きて町（ダマスコス）に行きなさい。そうすれば，お前のなすべきことが告げられるであろう」と言われている。しかし当節では，まず，「主よ，どうすればよいのですか」というイエスに対するパウロの問いかけが挿入されている。この問いかけは，回心の例に際してルカが好んで用いている[53]。次に，この問いに対してイエスが，先に引用した命令を伝えている。この両方を比較すると，ほとんど同じ文言であるが，相違点は，「町」が「ダマスコス」と特定され，「お前のなすべきこと」が「お前に行なうように決められているすべてのこと」と文言が拡大されていることである。「決められている」にあたるギリシア語動詞 τέτακται は τάσσω の受動完了形で，「神によって」が含意されている。これからとるべきパウロの行動の「すべて」は，神によって「決められている」というのはユダヤ人の聴衆を意識した「弁明」の語り手ルカの強調点なのである。これは同時に，この後に続くアナニアの宣告，すなわち「われらの父祖たちの神」によるパウロの「選び」（14節）を準備していよう。

11節 9：8の再話であるが，パウロが盲目になった原因「その光の輝きのために」（ἀπὸ τῆς δόξης τοῦ φωτὸς ἐκείνου）は，当節での補足。6節の「強烈な光」を受けている。パウロと「一緒にいた者たち」も，8節によれば「その光を見た」のに，パウロだけがそのために盲目となったばかりではなく，「彼は一緒にいた者たちに手を引かれてダマスコスに着いた」というのは，やはり9：8の伝承を前提とした当節の「光」についての誇張的表現であろう。

d）アナニアの勧め（22：12-16）
　　　[12]そこに，アナニアという人がいました。律法に従う信仰深い人

53　H.コンツェルマン『時の中心』174頁参照。

で，そこに住むすべてのユダヤ人に評判のよい人でした。¹³ 彼が私のところに来て，傍らに立って言いました，『兄弟サウルよ，再び見えるようになりなさい』。すると，まさにその時に，私は見えるようになって，その人を見ることができました。¹⁴ そこで，アナニアが言ったのです，『われらの父祖たちの神は，〔あなたに〕その意思を知らせ，義なる方を見させ，その口から御声を聞かせるために，あなたを選ばれたのです。¹⁵ それは，あなたが見たこと聞いたことについて，すべての人々の前でその方の証人になるためなのです。¹⁶ そして今，何をためらっているのですか。立って，洗礼を受けなさい。そして，その方の御名を唱え，あなたの罪を洗い清めなさい』。

《釈　　義》

12節 9：10aと並行するが，9：10ではアナニアが「一人の弟子」つまりキリスト者の一人として紹介されているのに対し，当節では，「律法に従う信仰深い人で，そこに住むすべてのユダヤ人に評判のよい人でした」といわれている。彼が9章におけるようにキリスト信徒であることは，13節以下におけるパウロへの彼の勧めの言葉から明らかになるが，当節では少なくとも「弟子」といわれておらず，むしろその模範的ユダヤ人性が（エルサレムの「全」住民に「評判のよい」！）強調されている。これは明らかに，パウロを告発したイスラエルにおけるユダヤの「民」（21：30, 40）を意識した発言である。同様に「律法に従う」（κατὰ τὸν νόμον）は，パウロに対する元来の告発者「アシア〔州〕から来たユダヤ人たち」（21：27 f.）の訴因「律法に逆らった」（κατὰ τοῦ νόμου）に対する反論をしつつ，アナニアを「信仰深い人」（ἀνὴρ εὐλαβής）と特徴づけている。ちなみに，εὐλαβής という形容詞は新約でルカだけが用いており，いずれも模範的ユダヤ教徒を表わす。――「義しく，敬虔な」シメオン（ルカ2：25），エルサレムに世界各国から集まって住んでいた「信仰深い」ユダヤ人たち（使2：5），殉教者ステファノを葬ったエルサレム在住の「信仰深い人たち」（8：2）。

なお，9章ではこの後（10節b-14節）アナニアに幻の中で「主」が現われ，

22：12—16

アナニアによって再び見えるようになることを「幻で見た」サウロ／パウロを訪ねようとしたという,「二重の幻」の物語が続く。しかしこの物語は,当節以下では削除されている。行伝の読者には既知であるし,焦点をパウロにしぼったためであろう。

13節 当節では9：17-18節が短縮されて語られている。ただし,9：18の「たちまち」（εὐθέως）が当節では「まさにその時に」（αὐτῇ τῇ ὥρᾳ）となっている。このギリシア語副詞句表現は,ルカの好むLXX的表現（例えばダニ3：6〔テオドチオン〕）に対応していよう（バレット）。

14-15節 パウロに対するアナニアの勧めは,内容的には9：15における,アナニアに対する「主」の勧めに対応する。ただし14-15節は,9章にはない,パウロに対する「主の勧め」（17-21節）を前提しているだけに,勧めの主旨が,「異邦人や王たち,またイスラエルの子らの前で私（イエス）の名を担う,私の選ばれた器」としてのパウロ（9：15）から「父祖たちの神」によって「選ばれ」「すべての人々の前でその方（神）の証人となる」パウロへと大きくシフトされている。こうしてパウロの「回心」が神による「選び」へと焦点が移された結果,回心に関する彼の自己証言（ガラ1：14 ff.）に内容的には接近している（パーヴォ）といえよう。

「われらの父祖たちの神」という表現ではパウロの「弁明」の聴衆への呼びかけを受け,語り手と受け手とのユダヤ教徒としての一体性が強調されている。その神が「あなたを選ばれた」。この「選んだ」に当たるギリシア語動詞 προεχειρίσατο は προχειρίζομαι「選ぶ,定める,任じる」のアオリスト形で,この動詞は新約においてルカのみによって,しかも行伝だけで用いられている。イエスについては3：20を,パウロについては26：16をも参照。3：20の《翻訳》で指摘したように[54],この動詞そのものの προ- に「あらかじめ」（口語訳,フランシスコ会訳[55]）の意味はないが,ルカが読者にパウロの選びと「神の計画」

---

54 荒井,上巻,227頁。
55 H. コンツェルマン（前掲書,256頁,注1）も同様。

として理解されることを望んでいる可能性はあろう（ヘンヒェン，パーヴォ）。

　この動詞の後に3つの目的句がいずれも不定法で続く。第一の「その（神の）意思を知ること」（γνῶναι τὸ θέλημα αὐτοῦ）は，それ自体としてはパウロ自身がその手紙でユダヤ人に勧めているが（ロマ2：18。コロ1：9をも参照），後の文脈との関連では「主」がその内容（「お前を遠く異邦人のもとに遣わす」）をパウロに告げている。第二の「義なる方を見ること」（ἰδεῖν τὸν δίκαιον）は，後の文脈で，パウロはエルサレムに帰って実際に「彼を見た」（18節）ことによって実現している。その「彼」が当節では「義なる方」と呼ばれているが，これもまた，ペトロの説教（3：14），とりわけステファノの弁明（7：52）におけると同じように，新約ではルカ文書にのみ用いられている，イエスを罪無き殉教者の模範的存在とみなすルカ（ルカ23：47 diff. マコ15：39参照）に特徴的なキリスト論的称号である（7：52の《釈義》中巻，47-48頁参照）。そしてこれは，ユダヤ黙示文学（エチ・エノク38：2，53：6）にも確認されるメシア称号でもある（パーヴォ）[56]。第三の「その口から御声を聞くこと」（φωνὴν ἐκ τοῦ στόματος αὐτοῦ）は，顕現のイエスの声をパウロだけが聞いたこと（7-10節）を前提しながら，後の文脈で再び，その最終的「主」の命令を受けること（21節）によって実現されている。

　こうしてパウロが神によって選ばれたのは，彼が見聞したことについて，「すべての人々の前でその方の証人となるため」なのである。9：15でパウロは，「異邦人や王たち，またイスラエルの子らの前で私の名を担う，私の選ばれた器である」とイエスによって告げられていたが，当節でパウロはアナニアによって「すべての人々の前でその方（イエス）の証人となる」と言い換えられている。これは，前の文脈でパウロがアシアから来たユダヤ人により，「いたる

---

[56] G. Schneider（δίκαιος, in;『釈義事典』Ⅰ，375頁）は，さらにソロ詩17：32，ソロ知恵2：12-20，5：1-7を挙げ，ユダヤ教の「この伝統にのっとって恐らく既に原始キリスト教はキリスト論的称号 ὁ δίκαιος を形成したものと思われる。／ルカは（ユダヤ教ないしは）原始キリスト教の「正しい者」（「義なる者」）なる名称を採用し，これを用いてイエスをメシアと言い表す」と記している。なお，A. Kyrychenko, op. cit., pp. 149 f. によれば，ルカはこの称号をもってイエスの「無罪性」（innocence）を強調している。

22：12―16

ところですべての人々に民と律法とこの場所（神殿）に逆らって教えている」と批判されていること（21：28）を意識しながら，後の文脈でパウロが「主」によって「遠く異邦人のもとに遣わ」されていること（22：21），そして何よりも行伝の冒頭でイエスが使徒たちに与えた使命預言「エルサレム，ユダヤとサマリアの全土，そして地の果てに至るまで，私の証人となるであろう」（1：8）が十二使徒を超える「十三番目の」証人パウロによって実現されるためなのである[57]。

16節　「そして今，何をためらっているのですか」というパウロに対するアナニアの問いは，「主よ，どうすればよいのでしょうか」というイエスに対するパウロの問い（10節）を受けている。これからとるべき自分の行動に躊躇することはない，というパウロに対するアナニアの勧めが含意されていよう。

「立って，洗礼を受けなさい」（ἀναστὰς βάπτισαι）という勧めは，9章におけるパウロの回心物語ではその締めくくり（18節）における「そこで，彼（パウロ）は立って，洗礼を受けた」（καὶ ἀναστὰς ἐβαπτίσθη）と並行する。ただし，「立って」は共にἀνίστημιのアオリスト分詞であるが，9：18で「洗礼を受けた」はβαπτίζωの受動相アオリスト形（文字通りには「洗礼を授けられた」）であるのに対し，当節で「洗礼を受けなさい」は中動相アオリスト形（文字通りには「自分を水に浸しなさい，自分で洗礼を受けなさい」）である。同じ「洗礼を受けなさい」でも，原始キリスト教において定式化されたギリシア語の用法は受動相アオリスト命令法なので（2：38。ロマ6：3，Ⅰコリ12：13をも参照），当節ではパウロに主体的受洗行動が勧められている可能性があろう。

同様のことが次の勧め「罪を洗い落としなさい」（ἀπόλουσαι τὰς ἁμαρτίας）にも妥当するであろう。この動詞は前述のβάπτισαιの場合と同様に，ἀπολούωの中動相命令法になっているからである（Ⅰコリ6：11をも参照）。ただし，これらの動詞がいずれも，「その方（イエス）の名を唱えて」（ἐπικαλεσάμενος τὸ ὄνομα αὐτοῦ）というアオリスト分詞と共に用いられているので（9：14, 21

57　C. Burchard, *Der dreizehnte Zeuge*, S. 135 f. 参照。

では「(イエスの) 御名を呼ぶ者たち」がキリスト教徒の意味で用いられている)，行伝の読者にとっては，当時のユダヤ教で行なわれていた罪を払い落とす禊(みそぎ)行為としての沐浴ではなく，入信儀礼としての洗礼を示唆していよう[58]。もっとも，原始キリスト教の場合は，「罪の赦しに至るために，イエス・キリストの名において (あるいは「名へと」)」と定式化されてはいる (2：38。19：5 をも参照)。ただし，いずれの場合も「罪」は複数形，ギリシア語の ἁμαρτίαι で，キリスト信徒迫害の「罪」に限られてはいない。

以上，12-16節におけるパウロに対するアナニアの勧めでは，9章におけるアナニア物語を前提しながら，ルカが，顕現のイエスとの出会いによるパウロの回心 (6-11節) とイエス自らによるパウロの「異邦人への派遣」(17-21節) とを結びつけるために，9章のアナニア物語を短縮改編した結果，パウロの回心が神による選定へと方向づけられている。

e) 異邦人への派遣 (22：17-21)

17 さて，私はエルサレムに帰った後(のち)，神殿〔境内〕で祈っていると忘我(ぼうが)の状態に陥(おちい)り，18 その方を見ました。私にこう言ったのです，『急(いそ)いで，すぐエルサレムから出て行け。私についてのお前の証(あか)しを，彼らは受け入れないからである』。19 そこで，私は言いました，『主よ，この私がもろもろの会堂(かいどう)で，あなたを信じる者たちを牢(ろう)に入れたり，鞭(むち)で打(う)たせたりしていたことを，彼らは知っております。20 また，あなたの証人(しょうにん)ステファノの血が流された時，私もその場に立っていて，それに賛成(さんせい)し，彼を殺した人々の上着(うわぎ)の番(ばん)をしていたのです』。21 すると，彼が私に言いました，『行け。私はお前を遠く異邦人のもとへ遣わすのだから』」。

《釈　義》

---

[58] ウィザリントンは，クムラン教団で行なわれていたユダヤ教の沐浴を示唆していることを強調しているが，この主張にはパウロの「弁明」の歴史的文脈に捉われて行伝の読者を念頭に入れない彼の立場が反映されている。

22：17—21

17節 当節から18節aまでギリシア語本文は極めて珍しい構文になっている。22：6と同様に、Ἐγένετο（γίνομαι のアオリスト形。「……が起こった」の意）で始まり、これに μοι「私に」が続き、μοι と同格で ὑποστρέψαντι（ὑποστρέφω「帰る」のアオリスト分詞・単数・与格）εἰς Ἰερουσαλήμ が置かれ、καί に導かれて προσευχομένου（προσεύχομαι「祈る」の現在分詞・単数・属格）ἐν τῷ ἱερῷ という独立属格構文がきて、文頭の Ἐγένετο の内容として二つの動詞 γενέσθαι（γίνομαι「……になる」のアオリスト不定法）と ἰδεῖν（18節。ὁράω のアオリスト不定法）が続く。γενέσθαι には με（意味上の主語、ἐγώ の目的格）ἐν ἐκστάσει「忘我の状態に（エクスタシー）」がかかっており、ἰδεῖν は αὐτὸν（意味上の主語、αὐτός の目的格）λέγοντα（λέγω「言う」の現在分詞・目的格で αὐτόν を受ける）を目的語としてとっている。

このように本文の構成が特異であるばかりでなく、当節で始まるイエスによるパウロの「異邦人への派遣」物語は、パウロ自身の手紙にだけでなく、行伝における彼に関する記事にも矛盾するのである。まず、行伝の文脈についてみると、9章ではパウロの回心後、ダマスコのユダヤ人諸会堂で宣教活動を始めたが、数日後にユダヤ人による迫害に遭い、ダマスコから逃亡し（19節b-25節）、その後に初めてエルサレムにのぼり、バルナバの案内で使徒たちを訪れ、自らの回心について報告し、ここでもユダヤ人に宣教したが、ヘレニストユダヤ人による殺害計画を避け、カイサリア経由でタルソスに帰っている（26-30節）。この記事にはイエスによるパウロに対する「異邦人への派遣命令」は入る余地がない。

次に、パウロの手紙によれば、神の「恵みをとおして」パウロを「召された方」（神）が「御子」（イエス）を彼に「啓示」して、その「神の御子を異邦人たちに告げ知らせる」ために彼を派遣された時に、彼は「血肉に相談する」こともせず「エルサレムに上って」使徒たちを訪れることもせず、アラビアに出て行き、「そして再びダマスコへ戻った」（ガラ1：15-17）。その「三年後に」彼は「ケファ（ペトロ）と既知になるためにエルサレムにのぼり彼のところに十五日間滞在したが、しかし、主の兄弟ヤコブ以外には、使徒たちのうちの他の者には誰にも会わなかった」（同1：18 f.）。このようなパウロ自身の証言

は，当節におけるパウロの第一回エルサレム上京の記事とは内容的にも明らかに矛盾している。彼はダマスコから「エルサレムに帰った後，神殿〔境内〕で祈っていると忘我(エクスタシー)の状態に陥り，その方を見ました」というのであるから。

「神殿で祈っている」については，ペトロ（とヨハネ）の場合3：1を参照。この箇所の《釈義》で指摘したように，これは当時の敬虔なユダヤ人の習慣と一致しており，これを理想化して「教会のはじめの時」を「真のイスラエル」として描き出したのが他ならぬルカである[59]。とすれば，3：1と同様に，この句もルカによって導入された可能性があろう。前の文脈との関連でみれば，この句はパウロを「聖なる場所（神殿）を穢した」との理由で告発したユダヤ人（21：28）に対する挑発ともなる（ロロフ，ツミエフスキー）。

「祈っていると忘我の状態に陥り」についても，ペトロの場合，10：10，特に11：5を参照。パウロもそのような状態になって「幻を見た」[60]。

18節 パウロは同じ状態で「その方を」（αὐτόν）見た。「その方」とは，前の文脈からみると，「義なる方（イエス）」（14節）を受ける（16節「その方の御名を唱え」をも参照）とみるのが最も自然であろう。次節でパウロはこの方を「主よ」と呼びかけている（8節をも参照）[61]。彼がパウロに言った。「急いで，すぐエルサレムから出て行け。私についてのお前の証しを，彼らは受け入れないからである」と。この命令は，すでに前述したように使9：26-29に合致しない。9：28でパウロは，少なくともユダヤ人の間で宣教しているからである。

59　荒井，上巻，202頁。
60　「ἐ.（ἔκστασις）は図式的に祈りと幻に結び付いて現れるため，ごく抽象的にしか叙述され得ないἐ.自身には殆ど［物語の展開における］固有の重要性は認められない。夢（→ὄναρ）と並び，ἐ.はそれ自体叙述の目的ではなく，啓示を叙述する際に用いられる黙示文学の一手法である」(M. Lattke, ἔκστασις, in :『釈義事典』Ⅰ，481頁）。神殿における神（あるいは御使い）顕現と召命については，サム上3：1-15，王上3：5以下，ダニ9：20-27，ヨセフス『古代誌』XIII，282-283参照（パーヴォ）。
61　イェルヴェルは「この方」を「神」とも「イエス」ともとっている。より正確には「（神的）イエス」ととるべきであろう。

22：17―21

ルカによれば，イエスはパウロに彼を告発したユダヤ人，彼らの扇動に乗って彼に死刑を求めたエルサレムの民に対して，彼の回心直後に宣教を拒絶し，エルサレムから離れるべきことを勧告した。もちろんこれは，「弁明」の文脈を考慮した「勧告」であって，これによりイエスがパウロにユダヤ人伝道そのものを禁じた（ロロフ）のではない。ルカによればパウロは，この後もユダヤ人会堂を介して伝道を継続しているからである（イェルヴェル）。

19-20節 イエスの勧告に対してパウロは率直に従うことはせず，それに躊躇を示す。その論拠は，自分がエルサレムの諸会堂で信徒たちを投獄し，鞭打刑に処し，迫害したことをエルサレムのユダヤ人は知っている（22：4。8：3，9：13をも参照），ということである。そしてこの論拠は，20節でさらに補強される。――「また，あなたの証人ステファノの血が流された時，私もその場に立っていて，それに賛成し，彼を殺した人々の上着の番をしていたのです」（7：57-58，8：1a参照）。

ここでステファノの殉教に対するパウロの参与について言及されているのは，イエスの「証人」ステファノの殉教に関わったパウロが自らそのイエスの「証人」として選ばれたこと（14-15節参照）と関連していよう[62]。

このような「神の熱愛者」として自分と同じ立場にあったユダヤ人たちは（3節参照），自分を回心せしめた神の「義なる方」（14節）に関する自分の「証し」（18節）をむしろ「受け入れる」のではないか，というのがイエスの勧告に対するパウロの消極的反応の「思い」と想定される（コンツェルマン，シュナイダー，ツミエフスキー，イェルヴェルなど）[63]。

---

[62] したがって，ここでステファノの称号として用いられている「証人」（μάρτυς）は，「彼の血が流された時」といわれているだけに，「殉教者」という殉教者文学において用いられる意味合い（例えば『ポリュカルポスの殉教』2：2，14：2，15：2，17：3，19：1）に傾いている可能性もあろう（コンツェルマン）。*WbNT*, S. 1001；J. Beutler, μάρτυς, in：『釈義事典』Ⅱ，458-459頁；C. Burchard, *Der dreizehnte Zeuge*, S. 130, Anm. 291 をも参照。

[63] もっとも，回心者の証言がエルサレムのユダヤ人に特に印象深かったであろう（コンツェルマン）とまでは深読みできないであろう（イェルヴェル）。

22：17—21

　ところで，すでに 22：4 の《釈義》（本書 175 頁）で言及したように，パウロがエルサレムでキリスト信徒たちに対する迫害を開始したことはパウロ自身の手紙による証言（ガラ 1：22）に反する。しかし同時にパウロは続いて，ユダヤ人の諸教会の間に，彼らをかつて迫害した者が今はその迫害した信仰を福音として告知しているという噂が伝わっていたことも証言している（同 1：23）。したがって，パウロによるエルサレムにおけるキリスト者迫害開始に関する伝承が出回っていたことも否定できない。ルカがこのような伝承を踏まえて，エルサレム神殿における顕現のイエスとパウロとのやり取りを構成したことは想定できるであろう。

21 節　「急いで，すぐエルサレムから出て行け」（18 節）と命令した顕現者に抗弁したパウロに対し，顕現者は彼に再び命令する，「行け，私はお前を遠く異邦人のもとへ遣わすのだから」と。この「行け」（πορεύου）という命令は，サウロ／パウロを訪れるようにという顕現のイエスに抗ったアナニアに下したイエスの命令「行きなさい」（9：15）と全く同じである。そして，命令の内容も重なっている。しかし，その理由がアナニアに対しては，パウロが「異邦人や王たち，またイスラエルの子らの前で私の名を担う，私の選ばれた器である」と言われているのに対して，当節ではより直接的に「私はお前を遠く異邦人のもとに遣わす」と言われている。

　「遠く」（μακράν）とは，エルサレムからみれば距離的に「遠い」（ルカ 15：13, 20 における μακράν の用法参照）ディアスポラの地（エフェ 2：13, 17 参照）を，使徒たちに与えたイエスの使命預言に即していえば「地の果てに至るまで」（使 1：8）をも示唆していよう。

　したがって，派遣先の ἔθνη（ἔθνος の複数形）はディアスポラのユダヤ人を含む「異邦人」で「諸国民」（Völker, イェルヴェル）ではない。もちろん行伝では，その後もパウロは地中海世界諸都市で，ユダヤ人の会堂を中心に宣教活動をしている（13：5, 14, 14：1, 17：1, 10, 17, 18：4, 19, 19：8）。しかし，ルカによればパウロ伝道の究極的目的が異邦人にあることは，パウロがこの間二度も，彼の福音宣教を拒んだユダヤ人を退け，「異邦人たちのもとに行

189

22：17―21

く」と繰り返しており（13：46, 18：6），最終的にはユダヤ人と訣別して「神のこの救いは異邦人に送られたのだ。彼らこそ聞き従うであろう」（28：28）と宣言していることからみて明らかである。特に13：47では宣教対象をユダヤ人から異邦人に転換した裏づけをイザ49：6でもってしていることに注目したい。――「私はあなたを異邦人たちの光とした。／あなたが地の果てまでも救いをもたらすためである」。しかも，ルカ福音書によれば，イエス生誕の後，彼の両親が彼を神に奉献するためにエルサレム神殿に連れて行った時，「義しく，敬虔な」シメオン（ルカ2：25）がイエスを両腕に受け取り，神を祝して次のように預言している。「……（あなたは）〔やがて〕異邦人たちの啓示となり，あなたの民イスラエルの栄光となる光です」（同2：32）。

　要するにパウロは，直接イエスによってエルサレム神殿を機軸としてイスラエルの民を超え，遠くディアスポラの異邦人のもとへ遣わされる，ということが「弁明」の結論となっている。

　以上，エルサレム神殿で顕現したイエスがパウロに下す「異邦人への派遣」命令（17-21節）は，9章にも26章にも見いだされない，22章に独自な物語である。それだけに，この物語の伝承史的・編集史的位置づけについては注解者の間で意見が二分されている。すなわち，多数意見は，これだけ特殊な物語をルカが創作したことはありえないという理由で，その背後に伝承を想定する（コンツェルマン，ロロフ，リューデマン，ツミエフスキー，イェルヴェル，パーヴォ，真山など）。他方，この場面もルカが9：28-30（→22：18），7：58, 8：1a, 9：1 f.（→22：19-20），9：15（→22：21）を手掛かりに構成したとみなす者もいる（ペッシュ）。

　私見では，少なくともパウロがすでにエルサレムでキリスト信徒を迫害していたという伝承が，ユダヤの諸教会の地方伝承として――すでに指摘したように――ガラ1：23の「噂」から派生した可能性は否定できないであろう。そして，これとの関連で，彼のうちに啓示されたイエスによって，福音を異邦人たちに告げ知らせるように遣わされたという伝承がガラ1：15におけるパウロ自身の証言を契機として成立していた可能性もあろう。パウロ自身によれば，

これはダマスコス周辺で起こったことになっており，行伝9章における回心物語の基になっていると想定されるが，他方前述のガラ1：23に報告されている「噂」との関連では，これがエルサレムで起こったという伝承が成立していたこともありうるのではないか。

　しかし，これを「神殿」と結びつけたのは明らかにルカである。そもそもルカ福音書におけるイエスは，その生誕から召天に至るまで「神殿」で枠づけられており（2：22-32, 24：50-53），行伝の最初の5章において信徒たちは，神殿参りに熱心であり（2：46），ペトロとヨハネは神殿に参詣し（3：1 ff.），ペトロは神殿で説教をしており（3：11 ff.），使徒たちはユダヤ当局による逮捕・投獄から釈放された後も，「毎日，神殿（境内）や家々で，教えることとキリスト・イエス〔の福音〕を告げ知らせることを止めなかった」（5：42）。すなわちルカによれば，「イエスの時」においても「教会のはじめの時」においても，イエスの福音の告知は「神殿」を基盤にして展開されたのであり，それはペトロをはじめとする使徒たちによってイスラエルの民に伝えられ，そしてパウロによってその民を媒介しつつも終局的には「異邦人たち」に伝えられる。これは旧約以来のイエスに関わる預言の成就なのである（特に13：46-47参照）。

《パウロの弁明》（21：37-22：21）

　ルカがこの「弁明」を，22章3節から16節までは9：1-18を下敷きに，それにパウロの出生・養育・教育に関する個別伝承（3節）や迫害伝承（4節）を導入し，17節から21節まではエルサレムにおけるイエスによるパウロの「異邦人への派遣」命令に関する伝承を採用しつつも，全体としてはルカの視点から「弁明」に仕立て上げたと想定される[64]。

　確かにこの「弁明」は，ユダヤ人によって提起された訴因には直接応えられていないが，パウロの行動が「律法と神殿に逆らって」はおらず，むしろ神殿

64　イェルヴェルなどは，この「弁明」ではユダヤ人によるパウロ告発の訴因（21：28）に応えられていないことを理由に，これは当「弁明」とは異なる場面で行なわれた「弁明」伝承をルカがこの場面に移したと主張するが，この主張は論拠薄弱である。

22：22—29

において彼が直接イエスにより「異邦人」伝道者として派遣されたことを証言することにより，告発者の訴因は間接的に，しかしむしろ挑戦的に退けられている[65]。

しかも，この「弁明」は文体的のみならず修辞的にもヘレニズム・ローマの「弁論」様式に則っており（3節の《釈義》本書173-174頁参照），全体としては「すべての人々」への派遣命令（14-15節）を中心として，交錯配列法（キアズム）的な構造さえも認められる（パーヴォ参照）。すなわち，それは以下の通りである。

   A 3節：ディアスポラからエルサレムへ
    B 4-5節a：キリスト教徒迫害
     C 5節b：エルサレムからダマスコスへ
      D 6-11節：ダマスコス近郊でのイエスの顕現／回心
       E 12-13節：アナニアによる癒し
        F 14-15節：派遣命令
       E' 16節：受洗
      D' 17-18節a：神殿におけるイエスの顕現
     C' 18節b：エルサレムからの退去命令
    B' 19-20節：迫害
   A' 21節：エルサレムからディアスポラへ

(4) 千人隊長の尋問（22：22-29）

 22 彼らは，彼の話をここまで聞くと，彼らの声を張り上げて言った，「こんな男は，地上から片づけろ。生かしておいてはならない」。23 彼らはわめき立て，上着をかなぐり捨て，塵を空中にまき散らしたりしたので，24 千人隊長は，彼を陣営に引き入れるように命じ，人々がどういう理由で，あのように彼に対して叫んでいるのかを知るために，彼を鞭打って取り調べるようにと言いつけた。25 皮鞭で打つために彼〔の両手両

---

65 H. Omerzu, *Der Prozeß des Paulus,* S. 76, Anm. 1 参照。

足〕を拡げた時，パウロは〔傍(かたわら)に〕立っていた百人隊長(ひゃくにんたいちょう)に言った，「ローマ市民(しみん)であり，有罪判決(ゆうざいはんけつ)を受けていない者を鞭打つことが，あなたたちに許されているのか」。26 これを聞いた百人隊長は，千人隊長のもとに行って報告した，「どうなさいますか。あの男はローマ市民ですが」。27 そこで，千人隊長が彼のもとに来て言った，「私に言ってくれ。あなたはローマ市民なのか」。パウロは言った，「その通りです」。28 そこで，千人隊長が応じた，「私はかなりの金額(きんがく)を払(はら)って，この市民権(しみんけん)を手に入れたのだ」。パウロは言った，「しかし私は，〔ローマ市民として〕生まれたのです」。29 そこで，彼を取り調べようとしていた者たちは，ただちに彼から身を引いた。千人隊長は，彼がローマ市民であること，また彼を縛らせたことを知って，恐れた。

《釈　義》

22 節　パウロの弁明に対する聴衆（21：40「（イスラエルの）民」）の反応は激しい反発であった。「彼らは彼（パウロ）の話をここまで聞くと，彼らの声を張り上げて言った」。この文章は，パウロの弁明が聴衆によって途中で中断されたとも解釈できる（最近ではバレット，イェルヴェル）。しかし，決定的な事柄――ここではパウロが神殿でイエスにより異邦人のもとに遣わされたこと（22：21）――が語られた後に聴衆によって語りが中断されるのは，むしろルカの文体のスタイルである（4：1, 17：32 をも参照。最近ではロロフ，イェルヴェル，フィッツマイヤー[66]）。「聞くと」にあたるギリシア語動詞 ἤκουον は，ἀκούω の未完了形で，「彼らの声を張り上げた」にあたる ἐπῆραν（ἐπαίρω のアオリスト形）τὴν φωνὴν αὐτῶν で受けられている。なお，この ἐπαίρω を τὴν φωνήν という目的語を伴なって用いるのは，新約ではルカだけである（ルカ 11：27, 使 2：14, 14：11）。ただし，この用法は LXX に見いだされるので（ルツ 1：9, 14, サム下 13：36, 詩 92：3 など），ルカの LXX 的用法の一例ともいえるであろう（バレット）。

66　H. Omerzu, *Der Prozeß des Paulus,* S. 374 も同様。17：32 の《釈義》（荒井，中巻，442-443 頁）をも参照。

22：22—29

「こんな男は，地上から片づけろ」。事態は 21：36 の場面に戻ってしまう。——「民の多くの群れ」が叫んだ，「そいつを片づけろ」と。編集史的には，パウロの「弁明」はルカによる状況設定——特に千人隊長とパウロとの問答を含めて（21：37-22：21）——とみなされるので，伝承史的には 21：36 が当節と重なっている可能性があろう（パーヴォ）。ただし 21：36 においては「民」の「叫び」は当節で明らかに「漸層されている」[67]。「片づけろ」に「地上から」が付加され，「生かしておいてはならない」（文字通りには，「彼は（地上で）生きるに値しない」(οὐ γὰρ καθῆκεν αὐτὸν ζῆν) という理由句が伴なわれている）。καθῆκεν は καθήκω「……に値する，……にふさわしい」の未完了形で「彼が生きること」(αὐτὸν ζῆν. ζῆν は ζάω の現在不定法。αὐτὸν は ζῆν の意味上の主語）を伴なう不定法的用法で，古典ギリシア語では現在形をとるところであるが，ここでは（殺すことの）要求を含む未完了形とみなしえよう[68]。

23 節　当節のギリシア語本文は，全体として 24 節冒頭の ἐκέλευσεν「命令した」の理由句「……したので」あるいは状況句「……した時」として機能する独立属格構文。

「わめき立て」にあたる κραυγαζόντων は，κραυγάζω の現在分詞・複数・属格。この動詞をルカは，イエスに対する「悪霊ども」の「お前こそ神の子だ」という「叫び」の描写にあてている（ルカ 4：41 diff. マコ 1：24)。当節ではこの動詞が，パウロの弁明の冒瀆的結びに対するユダヤの民の「反発」に基づく「逆上」あるいは「興奮」の「叫び」を示唆して用いられていると思われ，同様に彼らの振舞いが，「上着をかなぐり捨て，塵を空中にまき散らした」と表現されている。ῥιπτούντων は ῥιπτέω「投げる，脱ぎ捨てる」の，βαλλόντων は βάλλω「投げる，投げ捨てる，放り出す」の，それぞれ現在分詞・複数・属格。

「上着をかなぐり捨て」という興奮の振舞いについては，キャドバリー以来，多くの並行箇所が提起されている。しかし私見では，これらはいずれも当箇所に必ずしもフィットしておらず，もしこれを挙げるとすれば，プラトン『国

67　Omerzu, op. cit., S. 374.
68　Blass/Debrunner/Rehkopf, §358, 2, Anm. 3 参照。

家』5, 473e-474a が最も当箇所に近いと思われる。すなわち，ソクラテスの言葉に対してグラウコンが次のように言っている。「ソクラテス，何という言葉，何という説を，あなたは公表されたのでしょう！ そんなことを口にされたからには，御覚悟くださいよ。いまやたちまち，あなたに向かって非常にたくさんの，しかもけっしてばかにならぬ連中が，いわば上着をかなぐり捨てて裸になり，手あたりしだいの武器をつかんで，ひどい目にあわせてやるぞとばかり，血相かえて押し寄せてきますからね」。このような仕草がなされた状況が当節の場合とほぼ同一であるだけではなく，ここで「上着をかなぐり捨て」は当節とほとんど同じギリシア語 ῥίψαντας τὰ ἱμάτια が使用されている。あるいは，この後に続く「手あたりしだいの武器をつかんで」でも，「塵を空中にまき散らした」という仕草に通底しているのかもしれない。身の回りにあったものがたまたま塵だったので，それが石であってもかまわないであろう[69]。

24節 そこで千人隊長（21：31参照）は，パウロを「陣営に引き入れるように命じた」。このギリシア語構文は，21：33「縛るように（文字通りには，縛られるように）命じた」（ἐκέλευσεν, δεθῆναι は δέω のアオリスト・受動・不定法）と同様に，「命じた」という動詞 ἐκέλευσεν の後に，文字通りには「彼が引き入れられるように」を意味する εἰσάγεσθαι（εἰσάγω のアオリスト・受動・不定法）が用いられている。

「彼を鞭打って取り調べるようにと言いつけた」。「言いつけた」にあたる εἴπας は εἶπα（εἶπον の別形）の分詞形で「命じた」を受けており，この分詞形

---

[69] キャドバリーは，これらの仕草を魔除けの儀式とみなし，行伝ではパウロに対するユダヤの民の——ステファノの場合（7：58）と同様の——石打ちによる私刑(リンチ)を示唆している。これは，21：31-36の状況を考慮に入れる説明としては興味深い（ツミエフスキー，ペッシュ。Omerzu, op. cit., S. 374 の場合も同様）。しかし，この点ではむしろ，ウィザリントンが挙げているⅡマカ4：41が参考になろう。——神殿を荒らしたリシマコスに対して群衆が決起し怒りにあふれた。そこでリシマコスは三千人に上る兵士を武装させ群衆を攻撃した。それを見て，「ある者たちは石を，ある者たちは棒切れを，ある者たちは手近の灰をつかんで，リシマコスの部下を目がけて手当たりしだいに投げつけた」。

22:22―29

の用法は新約では行伝でのみ見いだされる（7:37, 24:22, 27:35）。「鞭打って」は，文字通りには「鞭〔複数形〕で」（μάστιξιν. μάστιξ の複数与格。いわゆる「手段」の与格）。この μάστιξ はラテン語の flagellum に対応するギリシア語で，皮鞭，皮杖など広く拷問用具の意に用いられている（ローマ兵による刑罰との関連ではフィロン『フラックスへの反論』75, 80；ヨセフス『自伝』147；『戦記』Ⅱ, 269, 306；Ⅵ, 304；Ⅶ, 200, 373参照）[70]。「彼を取り調べるように」は，文字通りには「彼が取り調べられるように」（ἀνετάζεσθαι. ἀνετάζω の受動・現在形）。容疑者を「鞭打ち」の拷問にかけて犯罪を自白させることは，当時奴隷や非ローマ人に限って法的に許されていたといわれる（ロロフ，ヴァイザー，バレット，イェルヴェルなど）[71]。ただし当節では，千人隊長がパウロを犯罪人とみなしていたからではなく，彼を「陣営に引き入れて」ユダヤ人暴徒たちから保護した上で，彼らがいかなる理由であのようにパウロに対して「叫んでいる」（ἐπεφώνουν. ἐπιφωνέω の未完了形）のかを「知るため」（ἵνα ἐπιγνῷ. ἐπιγινώσκω のアオリスト・接続法）であった[72]。

25節　「皮鞭で打つために彼は彼〔の両手両足〕を拡げた時」。ここでもギリシア本文は，「時」を表わす ὡς δέ ではじまる副文章で導入されている。これがルカに特徴的な文体であることについては，16:4の《釈義》（荒井，中巻，334頁）を参照。「皮鞭で打つために」と訳したギリシア語名詞は τοῖς ἱμᾶσιν。τοῖς ἱμᾶσιν は ὁ ἱμάς の複数与格。ἱμάς は「皮紐」（マコ1:7）あるいは「皮鞭」

70　H. W. Tajra, *The Trial of St.Paul*, p. 73；Omerzu, op. cit., S. 376 参照。

71　いずれも Th. Mommsen, Die Rechtsverhältnisse des Apostels Paulus, *ZNW* 2, 1901, S. 89-91 に拠っている。Tajra, pp. 73 f.；Omerzu, op. cit., S. 378 f. をも参照。

72　この場面に，千人隊長はパウロの弁明を理解できなかったことを主張する注解者もいるが（例えば，シュナイダー，イェルヴェルなど），編集史的にはこの「弁明」はルカの構成ととれば，そのような想定をする必要はないであろう。なお，ἐπιγινώσκω というギリシア語動詞も，ルカによって裁判の場面で多用されている（22:29, 23:28, 24:8, 11, 25:10）。同様の「どういう理由で」と訳したギリシア語表現 δι' ἣν αἰτίαν もルカが多用している（ルカ8:47 diff. マコ5:33, 使10:21, 23:28）。

の意。前者ならば「皮紐で〔縛るために〕」，後者ならば「皮鞭で〔打つために〕」の意となる。ツミエフスキーは前者を，レイク−キャドバリーをはじめとするバレット，イェルヴェル，パーヴォなどほとんどの注解者は後者を採る。文脈からみても，後者がベターであろう[73]。

　パウロが「〔傍に〕立っていた」（ἑστῶτα, ἵστημι の完了分詞 ἑστώς の男性・単数・対格）百人隊長に向かって言った質問「ローマ市民であり，有罪判決を受けていない者を（ἄνθρωπον Ῥωμαῖον καὶ ἀκατάκριτον）鞭打つことがあなたがたに許されているのか」は，16：37においてパウロがフィリピで警吏（レクトル）たちに向かって言った質問とほぼ重なっている。すでに16：37の《釈義》（荒井，中巻，390-391頁）で言及したように，当時ローマ市民は――属州在住のローマ市民に至るまで――ポルキウス法により，鞭打ちなどの処刑から保護されていた[74]。ただし，ここでパウロが当時のローマ法を根拠に百人隊長に対して意義を申し立てたととるよりも，ここではむしろ――キケロのウェッレース（シリア総督）弾劾から読み取られるような，外国人に対する上層ローマ人（市民）の品位意識が反映されているととるべきであろう。また，「ローマ市民」と併記されている「有罪判決を受けていない者」は，ローマ人の法手続きに関する「正さ，公正さ」（ius, iutitia, aeguum）意識の産物であり，この二要件は相互に独立した十分条件なのである（キケロ『ウェッレース弾劾』II, 5, 12「有罪判決を受けないローマ市民」参照）[75]。後の文脈（28-29節）で益々明らかになるように，ローマ市民（権）をめぐるパウロと千人隊長との会話にはルカの意識と時代感覚が反映されている。

26-27節　百人隊長は千人隊長のもとに行って，パウロがローマ市民である

73　Omerzu, op. cit., S. 377 も同様。

74　ヘンヒェン，コンツェルマンからバレット，イェルヴェルに至るまで多くの注解者たちはその法的根拠にポルキウス法とユリウス法を挙げている（Omerzu, op. cit., S. 379 も同様）。しかし後者は前者に「上訴を無視して」（adversus provocatinem）という新しい条件を付けているもので，当節の法的根拠とはならない。

75　以上，保坂高殿「ルカとローマ市民権」『聖書学論集』22，136-137頁参照。

22：22—29

ことを報告し，その処置の仕方を質(ただ)したところ，千人隊長は自らパウロのもとに来て，彼にそれが本当であるかどうかと聞くと，彼は「その通り」と答えた。この場面は次節で千人隊長とパウロの格差を際立たせるために，ルカが設定したものと思われる。

28節 パウロの答えに対して千人隊長は，「かなりの金額を払って（πολλοῦ κεφαλαίου. πολὺ κεφάλαιον の価格を示す属格。κεφάλαιον は元来「資本［金］」を意味し，一般的には「金額」の意で用いられる），この市民権を手に入れたのだ」と応じた。多額の賄賂金を払ってローマ「市民権」を獲得することはクラウディウス帝治世（41-54年）の前半によく行なわれた（ディオ・カシウス『ローマ古代誌』60, 17, 5-7）。このことは，23：26によれば，千人隊長の名が「クラウディウス・リュシア」であることからも推定される。皇帝は自分の氏族名を市民権獲得者に贈与したことも立証されているからである[76]。

パウロはこれに対して，「しかし私は，〔ローマ市民として〕生まれたのです」と表明した。「私は生まれた」にあたるギリシア語句 ἐγὼ γεγέννημαι (γεννάω「生む」の受動相完了形)は，22：3の「私は（キリキアのタルソスで）生まれたユダヤ人です」と対をなしている（21：39をも参照）。ここでパウロは，金銭によってローマの市民権を買い取った成り上がり者の千人隊長に対比して，自分は（タルソス生まれのユダヤ人で）生粋(きっすい)のローマ市民であることを誇示している。当時，ローマ属州キリキアのタルソス市民権とローマ市民権を二重に持ちえたことは歴史的事実であろう[77]。また，ローマ市民がポルキウス法によって拷問から守られていたこともすでに指摘したとおりである[78]。しかしここでパウロは，そのことを強調しているのではない。千人隊長に対する自らの優

---

76 A. N. シャーウィン・ホワイト『新約聖書とローマ法・ローマ社会』160-162頁，注48；C. J. Hemer, *The Book of Acts in the Setting of Hellenistic History*, p. 170 参照。

77 シャーウィン・ホワイト，前掲書，180頁参照。

78 「私は生まれながらのローマ市民だ」（Civis Romanus natus sum）という「抗議の叫び」については，キケロ『縁者・友人宛書簡集』II, 415 (10, 32) 3（大西英文・兼利琢也・根本和子訳。『キケロー選集』16, 岩波書店, 2002年, 317頁）参照。

越性を誇示しているのである[79]。筆者もパウロがローマ市民権を所有しており，そのことがローマ当局による取調べ中に判明したであろうことの史実性を疑うものではない（リューデマン，バレット，イェルヴェル，ウィザリントン，フィッツマイヤーなど）[80]。またパウロはその父あるいは先祖がすでに獲得していたローマの市民権を生まれながらにして受け継いでいたという可能性も，もちろん憶測の域は出ないが，十分あり得るように思われる[81]。しかし，このことをパウロ自身はその手紙の中で示唆さえしていないだけではなく，彼の出生ローマ人性を誇示して，ローマ市民権を金銭で買い取った千人隊長を見下す態度は，たとえそれが「信仰」という観念領域の中のことであっても，民族的・身分的差別の廃絶を宣言したパウロ（ガラ3：28，Ⅰコリ12：13参照）にはありえないことと思われる。これはやはり「ローマ市民であること」と「有罪判決を受けていないこと」という二用件を併記する（25節＝16：37）——キケロ『ウェッレース弾劾』Ⅱ，5，12から読み取られるような——外国人に対する品位意識と通底していよう。これはむしろ，金銭欲にとりわけ批判的で（使5：1-6，8：18-21，16：6-18，19：23-27参照），富者の立場から貧者への施しを勧め（20：35），マルタ島住民を「外人」と呼ぶ（28：2参照），ルカの意識の反映とみなされるべきであろう。

29節 パウロが出生ローマ市民だとわかると，彼を「取り調べる」（ἀνετάζειν. ἀνετάζω の不定法。24節を受けている）つもりでいた人々はただちに「彼から身を引いた」（ἀπέστησαν ἀπ᾽ αὐτοῦ. ἀφίστημι のアオリスト・三人称・複数形）。ἀνετάζω は新約ではルカが行伝で二回用いているだけであり，ἀφίστημι を自動詞として ἀπό を伴なって用いるのはルカの特徴である（ルカ4：13 diff. マタ4：11，使5：38，12：10，15：38，19：9）。

他方千人隊長は，パウロが「ローマ市民であること」また「縛らせたこと」（ἦν δεδεκώς. δεδεκώς は δέω の完了分詞。ἦν を伴なって過去完了の回説的用法）

---

79 Omerzu, op. cit., S. 380 も同様。
80 M. ヘンゲル『サウロ』25-38頁も同様。
81 ヘンゲル，前掲書，44-46頁参照。

22：22―29

を「知って」(ἐπιγνούς. ἐπιγινώσκω のアオリスト分詞)，「恐れた」(ἐφοβήθη. φοβέω のアオリスト・受動相・三人称・単数形)。この ἐφοβήθη は 16：38 において ἐφοβήθησαν (アオリスト・受動相・三人称・複数形) という形でフィリピの政務官たちを主語として用いられていた。パウロがローマ市民であるのに「縛らせたこと」とは，21：33 で千人隊長がパウロを「逮捕し，二本の鎖で縛るように命じた」ことを受けているのであろうが，隊長はこの時点でパウロがローマ市民であることを知っていなかったのであるから，16：38 の場合と同様に，少なくとも法的にはポルキウス法違反の追訴を「恐れる」必要はなかったはずである。その上，もしこの物語が法的手順に従って進行しているとすれば，パウロはローマ市民であることを 21：33 あるいは遅くとも 22：24 の時点で告知できたはずである[82]。

他方千人隊長は，ローマ市民であるパウロを捕縛したために追訴されることを「恐れた」[83] のならば，ただちに彼を縄目から解いて追訴を免れるべきなのに，次節によれば，翌日になってはじめて彼を解放している[84]。しかも千人隊長がこの時点でパウロを縄目から解いたのは，パウロがユダヤ人によって告訴された内容について正確なことを知りたいためにであった，といわれる。このような千人隊長の振舞いは法手続きに従ったのではなく，物語作家ルカの意図に基づく物語の進行手続きに対応している。

したがって，千人隊長の「恐れ」は，由緒正しいユダヤ人であると共に出生

---

82 パウロによる「ローマ市民」公示の遅れを，歴史的・心理的に正当化しようとする試みがなされている。例えば，ウィザリントンによれば，この公示はユダヤ人の前では意味がないので，彼らがいない「陣営」におけるローマ人の前で行なわれた (その他の正当化の試みはシュナイダー参照)。しかし，このような試みはルカによる物語全体の編集意図に合致しない (Omerzu, op. cit., S. 377 同様)。
83 このことを 16：38 の《釈義》中巻，392 頁で挙げた注解者たちが今もって主張している。しかし，Omerzu (op. cit., S. 381) によれば，この種の「恐れ」は「ルカ的タイポロジー」である。
84 もっとも，Omerzu (op. cit., S. 381) によれば，ローマ法によって禁じられているのはローマ人に対する鞭打刑などの刑罰であって公共の秩序を乱したと想定された容疑者を捕縛することは許容されていた。

ローマ市民であり，神的権限によって「遠く異邦人のもとに遣わ」されたキリスト者パウロ（22：21）に対する「恐れ」であり[85]，これはルカ自身のパウロに対する畏怖心の投影であると想定される。こうしてルカは，16：38の場合と同様に，彼の時代のキリスト教とその庇護者であるローマ帝国との関係を，パウロと千人隊長との関係を物語ることによって提示したのである。

　以上，《千人隊長の尋問》物語は，全体としてルカの構成である。ただし，ユダヤ人による私刑(リンチ)に直面していたパウロを，公共の秩序を乱す者との嫌疑にかけてローマの官憲が逮捕してローマ軍の「陣営」に引き入れ（24節。→21：34, 37），彼を拷問にかけて罪因を自白させようとしたが，パウロは「ローマ市民」であることを訴えて，縄目から解放したという，物語の核は少なくとも伝承に遡ると想定されよう[86]。
　ルカはそのような伝承を手がかりに，パウロの対する《千人隊長の尋問》物語を構成して，その出生からして由緒正しいパウロ像を前景に出し，これに次いで彼に対する《最高法院の尋問》の場面を設定したのである。

(5) 最高法院の尋問（22：30-23：11）
ここは，次の四つの段階に分けられる。
① 千人隊長による最高法院の召集（22：30）
② パウロの弁論（23：1-5）
③ 最高法院の分裂（23：6-9）
④ 主の幻（23：10-11）

① 千人隊長による最高法院の召集（22：30）
　30 翌日彼は，なぜパウロがユダヤ人から告訴(こくそ)されたのか，正確(せいかく)なことを知りたいと思って，彼〔の鎖(くさり)〕を解(と)いた。そして，祭司長(さいしちょう)たちと全最(ぜんさい)

85　L. Brink（op. cit., p. 115）によれば，千人隊長の「恐れ」は「報復の恐怖よりもむしろパウロに対する畏怖」である。
86　Omerzu, op. cit., S. 381 もほぼ同様。

22：30

高法院の召集を命じた。そして，パウロを連れて〔陣営から神殿の広場に〕くだり，彼らの前に立たせた。

《釈　義》

30節　「翌日」にあたるギリシア語の副詞句 τῇ δὲ ἐπαύριον (ἡμέρᾳ) は，行伝で多用されている（10回。マタとマコで各1回，ヨハで5回）。ただしこれは，行伝の歴史物語的性格に由来する用法であろう（バレット）。千人隊長は，「なぜパウロがユダヤ人たちから告訴されているのか，そのことの詳細を知ることを欲して，彼を解いた」（直訳）。「なぜパウロがユダヤ人たちから告訴されたのか」は，ギリシア語本文では「知る」（γνῶναι, γινώσκω のアオリスト不定法）の目的文章で，それが τό で受けられており，「詳細，詳しいこと」（τὸ ἀσφαλές, 形容詞 ἀσφαλής の中性・単数・対格）と同格になっている。「告訴される」にあたる κατηγορεῖται は κατηγορέω の受動・直接法・現在。同じ動詞が後の文脈でも，ユダヤ人の弁護人テルトゥルスによる総督フェリクスへの告訴にも用いられている（24：2, 8）。そこでも言及されているように（24：6），パウロが神殿さえをも穢そうとしたという理由でアシア〔州〕から来たユダヤ人たちによって訴えられ，ユダヤの民が彼を捕らえた事件（21：27-30）が指し示されている。なお，千人隊長はすでにこの事件に介入して，パウロを逮捕し，「二本の鎖で縛るように命じて」その理由を聴聞したが，群衆の叫びが騒々しくて「正確なことがわからなかった」（γνῶναι τὸ ἀσφαλές）ので，パウロを陣営に連行するようにと命じている（21：33-34）。

千人隊長がパウロを「解いた」（ἔλυσεν, λύω のアオリスト形）とは，すぐ前の文脈（29節「彼を縛らせたことを知って」）からみて，パウロを「拘束」から解放した，ということであろうが（ウィザリントン），――多くの注解者が想定しているように――より具体的には前述した21：33における「二本の鎖」から彼を一時的に解いて，最高法院に彼を立たせるためであったと想定されよう[87]。パウロは最高法院における尋問の後にも依然として「囚人」（δέσμιος）と

---

[87] このことを念頭に入れて，ἔλυσεν αὐτόν の後に απο των δεσμων を挿入する写本もある（L 323 614 1241 𝔐）。

22：30

呼ばれており（23：18，25：14），拘束されたままにしておかれている（25：27）からである。

　その上で千人隊長は，「祭司長たちと全最高法院の召集を命じた」といわれる。「祭司長たち」（ἀρχιερεῖς. ἀρχιερεύς の複数形）は，「指導者たち」（ἄρχοντες）とも呼ばれ（4：5 参照），「最高法院」（συνέδριον）において指導的役割を果たした評議会組織[88]。当時最高法院の召集にローマ総督の許可を要した例はヨセフス（『古代誌』XX, 202）によって証言されている。しかし千人隊長に，最高法院を召集する権限は，おそらく歴史的にはなかったと想定されている（コンツェルマン，ヘンヒェン，リューデマン，ロロフ，シュナイダーなど）[89]。

　そもそも千人隊長は，アントニア要塞の「陣営」で，パウロがユダヤ人によって告訴された理由を知るために鞭打ち刑にかけようとした時点で，パウロがローマ市民であることを認知して「恐れた」のであるから（22：22-29），その後の処置をカイサリア駐在の総督フェリクスへ直ちに請訓するというのが歴史的には自然なプロセスであろう。それをしないで，またもや告訴の「正確な」次第を知るために，「翌日」になってからパウロを鎖から解いて，「最高法院の召集を命じた」ということの背後にはルカの意図が推定されよう。ルカはまず最高法院の尋問において，イエスの場合（ルカ22：16-71）とパウロの場面をパラレルに置き，いずれの場合も，最高法院全体がイエス／パウロを断罪しなかった（イエスの場合はルカ22：71 diff. マコ14：64）ことを読者に印象づけるために，パウロの場合は千人隊長をして最高法院を召集せしめ，尋問の場合を構成したのではなかろうか。

　千人隊長は「パウロを連れてくだり」，彼を最高法院（議員）の前に立たせた。「くだり」（καταγαγών. κατάγω のアオリスト分詞形）には，「陣営」（22：24）のあるアントニア要塞から神殿のある広場へと「階段」（21：35）をくだ

---

[88] 「最高法院」とその組織については，荒井，上巻，270頁以下参照。
[89] マーシャルやウィザリントンは，最高法院がローマ総督の支配下に置かれていたことを根拠に，総督のいわば代官である千人隊長にも最高法院（あるいは少なくともその予審）を召集する権限はあったと主張する。しかし，その歴史的裏づけはない。

23：1—5

って行ったことが含意されている（21：32 をも参照）。

　千人隊長はパウロを「彼ら」，つまり最高法院のメンバーの前に「立たせた」（ἔστησεν, ἵστημι のアオリスト形）といわれ，次節（23：1）から最高法院におけるパウロの弁論が始まっている。ただし，「最高法院」が開かれた場所については定説がない。一般的にはそれが「神殿の前境（境内の前庭）内にある方石の（柱）廊」とみなされており[90]，少なくともルカはそれが神殿の近くで開かれたことを前提して物語を展開している（5：21，41-42，23：10 参照）。

② 　パウロの弁論（23：1-5）

　1 パウロは最高法院〔の議員〕をじっと見詰めて言った，「兄弟たちよ，私は今日に至るまで，良心に少しのやましいところもなく神の御前に〔市民として〕生きてきました」。2 すると，大祭司アナニアは，彼の傍らに立っていた者たちに，彼の口を打てと命じた。3 そこで，パウロは彼に向って言った，「石灰で〔白く〕塗られた壁よ，あなたを神が打つであろう。あなたは律法に従って私をさばくために座についているが，律法に背いて私を打つことを命令するのか」。4 傍らに立っている者たちが言った，「お前は神の大祭司を侮辱するのか」。5 パウロは言った，「兄弟たちよ，彼が大祭司とは知らなかった。たしかに，あなたの民の指導者を悪く言ってはならないと書かれているのだから」。

《釈　　義》

---

[90] H. J. Schoeps ＋大貫隆「議会」『聖書大辞典』349 頁。ただし，U. Kellermann（συνέδριον, in：『釈義事典』Ⅲ，341-342 頁）によれば，「その会議は，ヨセフスによれば山の手の βουλή［議会の建物］（『戦記』V 144）または βουλευτήριον［VI 354］で，ミシュナによれば方石の廊で，タルムードによれば後には ḥānût（売春の廊）で開かれている」。ただし，O. Michel, O. Bauernfeind (hrsg.), *Flavius Josephus Bello Judaico. Der Jüdische Krieg　Griechisch und Deutsch*, Bd II, I：Buch IV-V, München, Darmstadt, 1963, S. 246, Anm. 40 によれば，最高法院はヨセフスが言及している βουλή ではなく，ミッドート 5：4 に言及されている「（方石の）柱廊」で開かれた。

1節 「じっと見詰めて」にあたるギリシア語動詞 ἀτενίσας は，ἀτενίζω のアオリスト分詞。ἀτενίζω はルカが好んで用いる動詞である（Ⅱコリ 3：7，13 以外はルカ文書で 11 回）。「見詰めて言った」は，ギリシア語本文では 13：9 f. とパラレルをなす。13：9 f. では（3：4 と同様に），奇跡を引き起こすための内的力を集中する際のルカ的表現の一つであるが（荒井，中巻，225 頁参照），当節では最高法院議員たちの偽善的本質を批判的に「見抜いて」ほどの意が含められているであろう。

「兄弟たちよ」。最高法院議員たちへの呼びかけなのに，22：1におけるような「父たち」がない。パウロは自らをあくまで議員たちと対等な立場に置いて呼びかけている。「良心に少しのやましいところもなく」と訳したギリシア語の副詞句 πάσῃ συνειδήσει ἀγαθῇ は，文字通りには「完全に善い良心をもって」。「良心」にあたる συνείδησις（＜ συν-εἶδον）は「（善悪を）判断する人間の意識」。パウロもこの言葉を多用している（Ⅰコリ 8：7，10，12，10：25，27，28，29，Ⅱコリ 1：12，4：2，5：11，ロマ 2：15，9：1，13：5 など）。しかし彼は，これを当節のように συνειδήσεσις に ἀγαθή「善い」のような形容詞を付して市民道徳の一要素として用いてはいない。これは，Ⅰテモ 1：5，19，Ⅰペト 3：16，21 におけると同様，パウロ後の時代になって「パウロとは違って（市民道徳として）中心的役割を獲得し，更に習俗との堅い結合を反映させるものとなっている」[91]。

ルカによればパウロは，最高法院議員たちの前で，「今日に至るまで，良心に少しもやましいところなく，神の御前に〔市民として〕生きてきました」と弁明したという。ウィザリントンは，マーシャルに拠りながら，ステファノなどのキリスト者を迫害してきたパウロがこのような発言をするはずがないというヘンヒェン説を退けて，パウロは「ローマ市民」であるにもかかわらずユダ

---

91 G. Lüdemann, συνείδησις, in :『釈義事典』Ⅲ，343-344 頁。リューデマンはこの他に，συνείδησις がこの時代になると καθαρά「清い」（Ⅰテモ 3：9，Ⅱテモ 1：3），καλή「明らかな」（ヘブ 13：18），ἀπρόσκοπος「やましくない」（使 24：16）ないし πονηρά「悪い」（ヘブ 10：22）のような常套的付加語と共に用いられていることを指摘している。

ヤ人たちにより不当にも告訴されて法廷に立たされているのであるから,ローマ市民として何ら恥ずべき生活をしてこなかった（πεπολίτευμαι は πολιτεύομαι の現在完了形）ことを強調している,と主張する。しかも,パウロ自身がこの動詞を一度だけではあるが用いている（フィリ1：27）。しかし,パウロが由緒正しいタルソス市民で（21：39, 22：3）生まれながらのローマ市民であることを強調し（22：28）,神に対する熱心さからキリスト者たちを迫害したことを強調しているのは——すでに指摘したように,パウロの口を借りた——ルカなのである。当節におけるパウロの発言は,このようなルカの視点から読み解くべきであろう。実際,法廷場面としては裁判人による冒頭尋問もなく,いきなりパウロが語り出している上に,2節以下における大祭司とパウロとのやり取りも歴史的場面としては蓋然性に欠ける描写が多すぎるのである。

2節 アナニアは,ヘロデ・アグリッパ王の兄でカルキスの領主ヘロデにより大祭司に推され（後47年）,アグリッパ二世による罷免（59年）後もその富豪さのゆえに大きな影響力を保ったが,その強欲と残忍さのゆえにユダヤの民衆に憎まれ,ユダヤ戦争（66-70年）開戦直後に親ローマ的立場をとったために,ゼーロータイ,とりわけシカリ派によって殺害された（以上,ヨセフス『古代誌』XX, 205-213,；『戦記』II, 426-429, 441-442参照）。

このアナニアが,パウロの口にした言葉を聞くと,自分の「傍らに立っていた者たちに,彼の口を打てと命じた」。相手を「打つ」行為は,申28：20-22によれば,神に対して悪行を重ね,神を捨てた者に神から下される滅びの神罰である。ここでアナニアはパウロの言葉を,律法に抗らって神殿を穢して悪行を重ねた（21：28）にもかかわらず,「今日に至るまで」神に対する何らやましいところがない,と白を切るパウロの言葉を瀆神的言行と判断し,神の代理人として「彼の口を打てと命じた」のであろうか。

いずれにしても,ここで注目すべきは,当節において大祭司アナニアが「傍らに立っている者たち」に命じたパウロの口を「打て」という命令が,ヨハ18：22における大祭司ハンナスの「傍らに立っていた」「下役たち」の一人がイエスに「平手打ちをくわせた」という記述に対応していることである。しか

も，ヨハ18：19 f. でもイエスが会堂や神殿で教えていることの内容が嫌疑にかけられている。ただし，このことから直ちに，ルカが大祭司アナニアによるパウロの尋問と大祭司ハンナスによるイエスの尋問場面をルカが部分的にせよパラレルに置いたと推定すること（マーシャル）は，少なくともルカ福音書との関係からみれば性急であろう。ルカ福音書におけるイエスに対する大祭司の尋問の記事（22：62-71／マコ14：55-65／マタ26：59-68）とヨハネ福音書における当該記事（18：19-24）は内容的に並行関係をなしてはおらず，後者はヨハネの特殊資料だからである（ウィザリントン）。もしルカがこの場面でパウロとイエスを並行関係に置いているとすれば，ルカが当節を，行伝の読者がヨハネ福音書における当該記事を知っていたことを前提して構成したと想定せざるをえないであろう。

3節 大祭司の命令にパウロは言葉を返す。「（私をではなくて）あなたを神が打つであろう」と。「神があなたを打つ（であろう）」という言葉は，前に挙げた申28：22に基づくユダヤ教の呪詛定形である（ビラーベック）。当節では未来を予見する μέλλω + τύπτειν（τύπτω の現在不定法）が用いられているので，あるいは——これも前節で挙げた——『戦記』II，442に記されている，暴徒によるアナニアの殺害がルカによりパウロの口調を借りて「事後」預言されている可能性があろう（バレット）。

パウロはアナニアに「石灰で〔白く〕塗られた壁よ」と呼びかけている（τοῖχε κεκονιαμένε の κεκονιαμένε は κονιάω「塗る」の受動・完了分詞・単数・男性形の呼格）。この呼びかけは，エゼ13：12 LXX における「漆喰で上塗りされた壁（τοῖχος）」に基づく，内面は崩れかけているのに外面は堅固に美しく装っている偽善者の比喩的表現である[92]。

---

92 『ダマスコ文書』8：12にも同様の比喩的用法がある（バレット）。マタ23：27「石灰で〔白く〕塗られた墓」をも参照。ただしこの場合の「墓は，それに触れる者を七日間穢すとされた（民19：16参照）。墓を白く塗るのは，人が誤って墓に触れて身を穢さないための策」（岩波版『新約聖書』157頁，傍注7）であって，当節の「壁」の場合とは比喩内容が多少ずれている。ちなみに，ル

23：1—5

だからパウロはアナニアに詰問する,「あなたは律法に従って（κατὰ τὸν νόμον）私をさばくために（最高法院の）座についているが,律法に背いて（παρανομῶν）私を打つことを命令するのか」,と。ここでパウロは,「不正な裁判をしてはならない」（レビ 19：15）というモーセの戒めを踏まえながら,自分が「民」と律法とこの場所（神殿）に逆らって（κατὰ τοῦ λαοῦ καὶ τοῦ νόμου καὶ τοῦ τόπου τούτου）教えている」というユダヤ人たちの告発を真に受けて（21：28）,自分に対する懲打を命令したアナニアを難詰しているのである。

4節 大祭司の「傍らに立っている者たち」（2節参照）がパウロに言った,「おまえは神の大祭司を侮辱するのか」と。「神の大祭司」という表現は旧約に見いだされないが,「神の祭司」という表現はサム上 14：3 LXX に用いられている（創 14：18 をも参照）。いずれにしてもこれは,神によって任職された（バレット）,あるいは神の代理人としての大祭司を含意した表現であろう（2節の《釈義》参照）。前節におけるパウロの言葉は,このような大祭司を「侮辱する」（λοιδορέω,ヨハ 9：28,Ⅰコリ 4：12 では「罵る」）というのである。

5節 パウロはそれに対して,「彼が大祭司とは知らなかった」と答える。この場面を歴史的再現ととる注解者たちは,パウロが大祭司アナニアを知らなかった理由について種々歴史的に説明している[93]。また,このような歴史的詮索は採らずとも,パウロがここで法廷を司っている者が大祭司であることを知

カ福音書の並行箇所（11：44）でこの比喩をファリサイ人に適用していない。したがって,「もしかするとルカは,マタイ 23：27 でパリサイ派,律法学者に対する悪口として記されている『上塗りした墓』という言い方の伝承をどこかで聞きかじり,間違って「上塗りの壁」と覚えてしまったのかもしれない」（田川,585頁）とはいえないであろう。

93 レイク-キャドバリーによれば,最高法院の司会役は必ずしも大祭司に限られていなかった。C. J. Hemer（*The Book of Acts in the Setting of Hellenistic History*, pp. 192-193）によれば,アナニアが大祭司職に在職中パウロはエルサレムで彼に会う機会がなかった。ウィザリントンによれば,この場面は急に開かれた予審なので,大祭司は式服を着用していなかった,等々。

らないはずはないとの立場から，パウロの抗弁を「皮肉」ととる注解者も多い（マーシャル，ムンク，シレなど）[94]。しかしルカの視点からみれば，パウロは，律法に従って今日まで良心に少しの恥ずべきところなく神の前に生きて来た自分（1節）を，「律法に従って」さばくべき座についておりながら「律法に背いて」，自分を「打つことを命令する」ようなものが，「神の大祭司」とは「知らなかった」と言っているのである。したがってパウロは，まともな大祭司に対してならば，「あなたの民の指導者を悪く言ってはならない」という，「主」がモーセに言われた戒め（出22：27）[95]を引用して，それに従う者であることを裏づけているのである。

③　最高法院の分裂（23：6-9）

⁶さてパウロは，〔議員の〕一部がサドカイ派であり，他の一部がファリサイ派であることを知っていて，最高法院で叫んだ，「兄弟たちよ，私はファリサイ人です。ファリサイ人たちの子です。[私は]死人の甦りの望みを抱いているために，裁判にかけられているのです」。⁷パウロがこう言ったので，ファリサイ派とサドカイ派との間に論争が生じ，〔法院の集まり〕全体が分裂した。⁸それは，サドカイ派が甦りも御使いも霊もないと言うのに対し，ファリサイ派はこれらをいずれも認めていたからである。⁹そのために，大騒ぎになった。そこで，ファリサイ派の律法学者数人が立ち上がり，激しく論じて言った，「この男には何の悪いところも認められない。〔ダマスコスへの途上で〕霊か御使いかが彼に話しかけたのだろうか」。

《釈　　義》

6節　当時最高法院の議員は，大祭司の下に，貴族祭司（祭司長たち），貴族信徒（長老たち），律法学者から成っており，貴族祭司・信徒たちは主とし

---

[94] 田川によれば，この言葉は「知らねえなあ，そんな奴」というせりふ。
[95] ただし，「指導者」は，LXXでは複数形で，MTでは単数形。

23：6—9

てサドカイ派に，律法学者たちは主としてファリサイ派に帰属していた[96]。したがって，パウロが「知っていた」（γνούς. γινώσκω のアオリスト分詞形。パウロはこれをこの時点で「知った」のではなく，事前から「知っていた」の意）といわれる「〔議員の〕一部がサドカイ派であり，他の一部がファイサイ派であること」の知見は，いささか単純化されているが，歴史的にはほぼ正鵠を得ていよう。

彼は最高法院で「叫んだ」といわれる言葉も，1節と同様に，「兄弟たちよ」で始まっている。彼はあくまで議員たちを自分と同等の立場に置いている。「私はファリサイ人です」と「ファリサイ人たちの子です」とは二句同義と思われる。「ファリサイ人たち」は「ファリサイ派」の意味でも用いられるので（当節以外では「ファリサイ派」と訳している），「ファリサイ人たちの子です」は，「（律法に厳格な）ファリサイ派の一人です」と読み替えられるであろう（22：3，26：5参照）[97]。パウロ自身もフィリ3：5で自らを「律法の点からすればファリサイ人」と記している。しかし，これは彼にとっては過去のことであって，当節におけるように現在のことではない（パーヴォ）。現在ではそれをパウロは，「私はキリストのゆえに損失と思うようになってしまっている」（同3：7）と断言しているのであるから。ところがルカによれば，パウロは現在においても「キリスト教化されたファリサイ人」（Christianized Pharisee）なのである[98]。

続いてパウロは，このような「ファリサイ人」なのに，「希望と死人たちの復活のゆえにさばかれている」（直訳）と言う。この場合の「希望と（死人たちの）復活」が――コンツェルマン以下多くの注解者たちによって指摘されているように――「ヘンディアディオン」（二詞一意）であり，「死人たちの復活の希望」を意味することは，24：15，26：7-8，23 からみて明らかであろう。

---

96 詳しくは荒井，上巻，270 頁以下；U. Kellermann, συνέδριον, in :『釈義事典』Ⅲ，341 頁参照。
97 「ファリサイ人たちの子」という表現は，もしこれがセム語的用法であるとすれば，「真正なファリサイ人」の意味（バレット）。
98 J. T. Sanders, *The Jews in Luke-Acts*, p. 100。

23：6—9

ペトロとヨハネが「祭司たちと神殿守護長官とサドカイ人たち」によって逮捕・留置されたのも，彼らが「（イエスに起こった）死人たちからの甦りを告げ知らせている」からであった（使4：1-3）。

7節 このようなパウロの発言が原因となって，両派の間に論争（στάσις）が起こり（15：2参照），「〈法院の〈集まり〉〉全体」（τὸ πλῆθος）[99]が「分裂した」（ἐσχίσθη. σχίζω「引き裂く」の受動アオリスト形）。

8節 サドカイ派が死人の甦り（ヨセフスによれば「霊魂の不滅」）を認めないことに関してはマコ12：18／マタ22：23／ルカ20：27；ヨセフス『古代誌』XVIII，16-17；『戦記』Ⅱ，165；バビロニア・タルムード「サンヘドリン」90b（ビラーベック）などによって裏書きされる。しかし，サドカイ派が「御使いも霊もないと言う」ことの外証はない。彼らは「書かれた律法」（モーセ五書）には従っていたとすれば（『古代誌』XVIII，16），これらの書には「御使い」も「霊」も登場しているのであるから，彼らがそれを否定しているはずがないのである。したがって——若干の注解者によれば（コンツェルマン，シレ，ロロフなど）——，当節でルカは，サドカイ派が復活を否認する究極的結果として，御使いや霊の存在をも否認したとみなしている。ただし，サドカイ派は人間が死後復活に至るまでの期間，霊的な存在として生き続けるという（ファリサイ派や一般大衆の）見解を否認したととれば（バレット，ウィザリントンなど[100]），これを——パウロの口を借りたルカの——死人の復活否認の敷衍ととることもないであろう。

このようなサドカイ派の見解に対して，ファリサイ派は「これらのいずれをも認めていたから」両者の間に論争が起こり，最高法院「全体」が分裂したといわれる。「いずれをも」と訳したギリシア語形容詞 ἀμφότεροι は通常「両方」

---

99 「ルカにおいてのみ τὸ πλῆθος は幾度かより包括的な意味をもち……2回（ルカ23：1，使23：7）にわたって最高法院の〈集り〉（全体）を表わす」（J. Zmijevski, πλῆθος, in：『釈義事典』Ⅲ，135頁）。

100 D. Daube, On Acts 23：Sadducees and Angel, *JBL* 109, 1990, pp. 493-499に基づく。

23：6—9

の意味で，その意味にとれば「御使い」と「霊」を指すか，あるいは，「御使い」と「霊」を一つの存在とみて「甦り」をも含意しているか，ということになろう。しかし，ここでは全体を示唆する τὰ ἀμφότερα（中性・複数・対格）となっており，——19：16 の《釈義》(本書33頁）でも言及しているように——後期ギリシア語では「すべて」の意味にも用いられているので，ファリサイ派はサドカイ派とは対照的に「甦り」「御使い」「霊」のいずれをもすべて認めていた，という意味であろう。

ファリサイ派が，人間の霊魂は死後にその身体が消滅しても地下に生き残り，悪人の霊魂は（亡びの御使いによって）「永遠の牢獄に」，善人のそれは（仕えの御使いによって）「新しい生へと」もたらされると主張していたことは，前掲の『古代誌』XVIII, 14（『戦記』II, 163 をも参照）などによって立証されている。

いずれにしても，以上のようなサドカイ派とファリサイ派に関するいささかステレオタイプ的な対照は，ヨセフスの記述と同様に，ユダヤ戦争（66-70年）後最高法院においてサドカイ派がその勢力を失い，ファリサイ派が主流となった時点において，死人の甦りと御使い／霊の存在を認める限りにおいて共通するキリスト教／ユダヤ教ファリサイ派的ルカの立場からなされているものであろうか。実際ここでは，「死人の甦り」に——4：2 のごとき——「イエスに起こった」という修飾語を用いることは周到に避けられている。

9節 おそらく両方の側から「激しい怒号が起こった」（直訳）。「怒号」と訳したギリシア語名詞 κραυγή は行伝でこの箇所にのみ用いられている。ただし動詞 κραυγάζω が，22：23 で，パウロの弁明を聞いたユダヤの民の反応描写「わめきたてた」に用いられている。そのために収拾がつかなくなり，パウロの弁明後に千人隊長が介入したのと同様に（22：24），この場面の後でも彼が介入することになる（23：10）。

「そこで，ファリサイ派の律法学者数人が立ち上がり，激しく論じて言った」。ギリシア語本文では τὸ μέρος「部分」が「（党）派」の意味で用いられている。文字通りには「ファリサイ人たちの党派」。「激しく論じた」に当たる

διαμάχομαι は διαλέγομαι「論ずる」よりも激しい言辞をもって「論難する」の意（バレット）。

「この男には何の悪いところも認められない」。ルカによれば，パウロに罪はないことはこの後でも繰り返し認められている（23：29〔千人隊長によって〕，25：18-20〔総督フェストゥスによって〕，26：31-32〔アグリッパ王によって〕）。しかもルカは，その福音書において，マルコ，マタイ福音書以上にイエスの無罪性を強調している（23：4 diff. マコ15：5／マタ27：14，ルカ23：14, 22 diff. マコ15：14／マタ27：23〔いずれも総督ピラトゥスによって〕）。したがって，ルカがここでもパウロをイエスに重ねてその無罪性を強調していることは明らかであろう。しかも当節ではそれが，ユダヤ教の一派といわれるファリサイ派によって認められている！

その上彼らは，「霊か御使いが彼（パウロ）に話しかけたのだろうか」と自問している。ギリシア語本文では εἰ で導かれるこの文章は，通常は「もし……ならば」という条件文になるはずである。もしそうならば，帰結文が脱落しており，それは「われわれはそれにどうして抗し得ようか」ほどの意味が込められていたと想定される[101]。ただし，εἰ で始まる文章が独立の疑問文としても用いられることがあるので，ここではギリシア語底本に従っておいた。

いずれにしても，ここで「彼に話しかけた」とは，パウロがキリスト教徒を迫害すべくダマスコに近づいた時，天からの光によって倒れ，イエスから語りかけられた場面（22：6-10）のことを念頭においているのであろう（9：3-5をも参照）。その場合，イエスがファリサイ派には「霊か御使いか」いずれにしても死後天に挙げられている霊的存在と考えられていることになる。とすれば，この場面を含むパウロの弁明（22：3-21）に対して激しい否定的反応を示したユダヤ人の聴衆にはファリサイ派が含まれていないことになるのだろうか。おそらくルカは，そのような物語上の矛盾を気にせずに，最高法院ではサドカイ派とファリサイ派が分裂して，後者がパウロを部分的に擁護する結果となったことを行伝の読者に印象づけようとしているのであろう。

---

101 Blass/Debrunner/Rehkopf, §482, 2, Anm. 3。そのために，L 323 614 などの写本は μὴ θεομαχῶμεν「われわれは神に敵対できなかろう」と補筆している。

23：10—11

④　主の幻（23：10-11）

10 こうして，双方の論争（そうほう）がますます激しくなったので，千人隊長（せんにんたいちょう）はパウロが引き裂（さ）かれてしまうのではないかと恐れ，兵士たちに，降りて行って彼らの中から彼を奪（うば）い取（と）り，陣営（じんえい）に連れて来るように命じた。11 その夜，主（しゅ）がパウロの傍（かたわ）らに立って，こう言われた，「勇気（ゆうき）を出しなさい。エルサレムで私についてのことを証（あか）ししたと同じように，ローマでも証ししなければならないからである」。

《釈　　義》

10節　「論争（7節参照）がますます激しくなったので」は，ギリシア語本文では独立属格構文。「引き裂かれてしまうのではないか」と訳した μὴ διασπασθῇ は，μή を伴なって διασπάω「引き裂く」の受動・アオリスト・接続法。「恐れて」にあたる φοβηθείς は，φοβέω の受動・アオリスト分詞。千人隊長が（当節ではローマ市民であるパウロが引き裂かれるのを）「恐れる」のは，16：38, 22：29 の場合と同様，ローマ市民パウロに対するローマ帝国の為政者の心情を模写するルカの常套句である。「降りて行って」（καταβάν, καταβαίνω のアオリスト分詞・中性・単数・対格。千人隊長の命令を受けた τὸ στράτευμα「一隊の兵士」を受ける）は，「陣営から」を含意している（22：24 参照）。「彼ら（最高法院の議員たち）の中から彼を」「奪い取り」（ἁρπάσαι, ἁρπάζω のアオリスト不定法），「陣営に連れて来るように」は，22：24 における千人隊長の命令「陣営に引き入れるように」に対応している。「連れて来るように」にあたるギリシア語動詞 ἄγειν は ἄγω の不定法。この場面は，千人隊長が最高法院が開かれている場所に列席していることを，あるいは少なくともその近くにいたことを前提していよう。いずれにしてもこの場面は，22：30 の場合と同様に，歴史的にはありえず，ルカの構成であろう。

11節　「その夜」にあたる τῇ δὲ ἐπιούσῃ νυκτί は，文字通りには「次にくる夜に」，昼からみれば「その日の夜」。「主」（κύριος）は，18：9 でやはり「夜」パウロの幻の中で現れたイエスであろう。「彼の傍らに立って」（ἐπιστὰς αὐτῷ, ἐφίστημι のアオリスト分詞）は，天的顕現の場面描写にルカが好んで用いる表現（ルカ 2：9，使 12：7 参照。いずれも「夜」！）。もともと人称代名詞与格を伴なう ἐφίστημι はルカが多用する動詞である（新約で 21 回のうちルカ文書で 18 回）。

イエスがパウロに言った言葉「勇気を出しなさい」（θάρσει. θαρσέω の命令法・2 人称・単数形。この動詞は新約では命令法だけで用いられている）は，ルカ 2：9 f.，使 18：9 における「恐れるな」（μὴ φοβοῦ）とほぼ同意（27：24 をも参照）。パウロはこの後でエルサレムにおいて被告として総督フェリクスやアグリッパ王の前に立って弁明し，ローマに護送されるのであるが，それはあくまでも「私（つまりイエス）」についてのことを「証しする」（μαρτυρέω）ためであった（とりわけ 26：23 参照。これは 9：15，20：22 f.，21：11 における予告／預言の成就である）。それと同じように，「ローマでも証ししなければならない」からである。この「ねばならない」（δεῖ）は，9：16 における「主」の預言の，また，19：21 におけるパウロの「決心」の，それぞれ神的「必然」なのである。実際パウロにはローマでも「イエス・キリストについてのことを教えて」いた（28：30 f.）のであり，その後，カエサルの法廷に立つことが予想されている（25：11 f. 参照）。

《最高法院の尋問》（22：30－23：11）

この段落からはルカ的記述と彼の意図が明白に読み取れるので，これを全体としてルカの創作とみなす注解者が多い（ヘンヒェン，ロロフ，シュミットハルス，シュテーリン，ヴァイザー，パーヴォなど）[102]。もちろん，この段落全体の背後に，史実を反映する伝承を想定する注解者もいるが（マーシャル，ペッシュ，ウィザリントンなど），この主張には説得力がない。

ただし，少なくとも最高法院における「パウロの弁明」の場面（23：1-5）に「逸話的」個別伝承を想定する注解者もいる（コンツェルマン，シュナイダー，リューデマン，バレットなど）。確かに，パウロがローマ市民であること

---

102 H. Omerzu, *Der Prozeß des Paulus,* S. 389-391, 395 f. も同様。

23：10—11

が明らかになった（22：28）後も，パウロに対するユダヤ人たちの殺意（21：31）は収まらず（23：12以下をも参照），彼らが（千人隊長の承認の下）パウロを最高法院に引き出そうとした可能性はあろう（23：13-15参照）。そして，当時の大祭司がアナニアであったこと，しかも彼はしばしば強権を行使したこともこの場面に反映されている。このような歴史性を背景にして，最高法院におけるパウロとアナニアのやり取りを含む伝承が流布していたことも否定できないであろう。

しかしそれにしても，この場面におけるパウロに関する記述には，法廷における審議そのものを律法違反として告発するパウロ像があまりにも前景に出ており，これはルカの，自らのパウロ像に基づく構成であると想定せざるをえない。しかも，この場面でもルカはパウロの裁判をイエスの裁判に重ねている。

次の「最高法院の分裂」の場面（6-9節）にも，当時の最高法院における議員構成が比較的正確に記述されてはいる。しかし，「死人の甦りの望み」の故に裁判にかけられているというパウロの挑発的発言がきっかけとなって，それを否認するサドカイ派の議員たちとそれを是認するファリサイ派の議員たちとの間に「分裂」が起こり，ファリサイ派がパウロの非を認めなかったという物語展開には，ファリサイ人パウロがキリスト信徒としてユダヤ教の正統的継承者であるという，ルカのパウロ／キリスト教観が前提されている。

「主の幻」の場面（23：10-11）では，エルサレムからローマに至るまでパウロが「私（主）のこと」つまり福音の「証し」人であることを顕現の「主」自らがパウロに宣言し，彼を勇気づけたといわれている。この場面をもってルカは，「エルサレムにおけるパウロの逮捕とローマへの護送物語」（21：15-28：31）の前半（21：15-23：10）と後半（23：11以下）を繋ぎ，その全体にルカが，パウロに言われたといわれる「主」の言葉を介して「神の必然」による方向づけを与えたとみなしてよいであろう。

最高法院物語（22：30-23：10）における千人隊長の位置づけ（22：30, 23：10）も，ルカによる物語の枠付けと想定されよう。

以上から判断して，ルカはこの段落の構成により，行伝の読者に次の二点を強調したものと想定される。第一には，パウロがイエスとほぼ同様なプロセス

でエルサレムにおいて受難したこと，第二は，パウロが律法（とそれに基づくラビ伝承）に忠実に死人の甦りを説く「キリスト教化されたファリサイ人」であったことである。

(6) パウロ殺害の陰謀 (23：12-22)

ここは，次の二つの段落に分けられる。
① ユダヤ人の共謀 (23：12-15)
② パウロの甥の密告 (23：16-22)

① ユダヤ人の共謀 (23：12-15)

¹²夜が明けると，ユダヤ人たちは共謀して，パウロを殺害するまでは，一切飲み食いをしないと言って，彼ら自身に呪いをかけ〔て誓いを立て〕た。¹³この盟約を結んだ者たちは四十人以上もあった。¹⁴彼らは，祭司長たちや長老たちのもとに行って，こう言った，「私たちは，パウロを殺害するまでは，何も口にしないと自分たち自身を呪いをもって呪い〔誓約を立て〕ました。¹⁵ついては，あなたたちは今すぐ彼についてのことをもっとくわしく調査するという口実で，彼をあなたたちのもとに連れて来るように，最高法院と組んで千人隊長に告げて下さい。私たちの方では，彼がここに来る前に殺す手はずを整えておきますから」。

《釈　　義》

12節　「夜が明けると」。ギリシア語本文 γενομένης δὲ ἡμέρας は γίνεται ἡμέρα「昼間になる，夜が明ける」の独立属格構文 (12：18参照)。

ユダヤ人たちは「共謀して」(ποιήσαντες συστροφήν)。ποιήσαντες は ποιέω「なす」のアオリスト分詞・複数・主格。συστροφήν は συστροφή の対格。この名詞は元来「（暴動的）集会」を意味するが (19：40参照)，ここでは ποιέω の目的語として「暴動（を起こす），徒党（を組む），陰謀を（企てる），共謀（する）」の意で用いられている。主語として名指されている「ユダヤ人」とは，文脈からみれば，千人隊長に対してパウロの死刑を要求したユダヤの民 (21：

23：12—15

36，22：22）を受けていよう。このユダヤ人たちを，彼らが立てたパウロ殺害の「呪い」（当節後半）を理由に，ゼーロータイ，とりわけシカリ派とみなす注解者もいる（ロロフ，ヴァイザー，ツミエフスキーなど）[103]。しかし，ここでは，「ユダヤ人たち」が何故「共謀して」パウロの殺害を企てたのか，その理由については何も記されていない。したがって彼らの行動を性急にゼーロータイ運動と結びつけることには慎重でなければならない[104]。

共謀したユダヤ人たちは，「彼らがパウロを殺害するまでは，一切飲み食いしないと言って，彼ら自身に呪いをかけ〔て誓いを立て〕た」。「彼ら自身に呪いをかけ〔て誓いを立て〕た」と訳したギリシア語句 ἀνεθεμάτισαν ἑαυτούς は，ἀναθεματίζω のアオリスト形＋ ἑαυτοῦ の複数対格。文字通りには「自分たち自身を呪った」は，14節で「自分たち自身を呪いをもって呪った」（ἀναθέματι ἀνεθεματίσαμεν ἑαυτούς）と言い替えられている。これは，目的（当節ではパウロの殺害）の達成までは飲食を絶って神に願をかけ，それを達成する以前に飲食をとるようなことがあれば，自分たちの上に神の呪いがあるように願う「自己呪詛の形での誓い」である[105]。その旧約的背景についてはサム上 14：24，エレ 14：12，詩 132：2-5 を，ラビ文献の並行例についてはビラーベックを参照。

13節　「この盟約を結んだ者たち」（οἱ ταύτην τὴν συνωμοσίαν ποιησάμενοι）は「四十人以上もあった」（ἦσαν δὲ πλείους τεσσεράκοντα）という。「以上」にあたる πλείους は形容詞 πολύς「より多くの，（それ）以上の」の男性・複数・主格。ここでは名詞として用いられ，「（四十人）以上の（より多い）者たち」の意。「より」の意で用いられる ἤ は数詞（ここでは τεσσεράκοντα「四十」）の前では省略されることが多い。少なくともこの「四十人以上」という「盟約」（συνωμοσία）を結んだ者の数は伝承に遡るであろう。

14節　彼らがそのもとに行った「祭司長たちや長老たち」は最高法院議員

103　M. ヘンゲル（『ゼーロータイ』61頁，389頁，注185；403頁，注344）も同様。
104　H. Omerzu, *Der Prozeß des Paulus*, S. 399 参照。
105　H.- W. Kuhn, ἀνάθεμα, ἀναθεματίζω, in：『釈義事典』I，115頁。

たちを代表するメンバー（6節の《釈義》参照）。ただし，同じ議員の一部にあたる「律法学者たち」はここで省かれている。前の文脈（6-9節）からみて，「律法学者たち」の多くがファリサイ人であり，同派はパウロと「死人の甦り」と「御使い，霊」の存在を共有していたので，パウロの殺害を目標に共謀した者たちは，彼らがサポートを求めた議員たちの中から律法学者たちを省いたということであろうか。

彼らが「祭司長たちや長老たち」に訴えた内容は，まず彼らが「パウロを殺害するまでは，何も口にしないと自分たち自身を呪いをもって呪った」（直訳）ということである。これは12節の繰り返しであるが，12節の《釈義》で言及したように，「彼ら自身に呪いをかけた」がここでは「呪いをもって自らを呪った」（ἀναθέματι ἀνεθεματίσαμεν ἑαυτούς）と，「一切飲み食いしない」がここでは「何も口にしない」（μηδενὸς γεύσασθαι. γεύω「味わう」のアオリスト不定法・中動相。目的語は属格）と，それぞれ言い替えられている。

15節 「ついては，あなたたちは今すぐ」，「最高法院と組んで千人隊長に告げて下さい」。「告げて下さい」にあたる ἐμφανίσατε は ἐμφανίζω のアオリスト・命令法・2人称・複数形。この動詞は元来，「明らかにする，通知する」の意味であるが，行伝ではこれが「告げる（23：22），告訴する（24：1，25：2，15）」の意味で用いられている。

「最高法院と組んで」——文字通りには「……と共に」（σύν）——千人隊長に告げてほしい，と願い出たというのであるが，その前日に最高法院が分裂して「パウロが引き裂かれてしまうのではないか」と千人隊長が恐れて彼を兵士たちによって最高法院の議員たちの中から奪い取り陣営に連れて来たばかりなのに（10節参照），「祭司長たちと長老たち」が「最高法院」と，——主としてファリサイ派からなる律法学者たちとも——「組む」ことができるのかどうか，現実的ではなかろう。したがって，12-15節は1-11節と緊張関係にあり，前者は伝承に遡り，後者はルカの構成とみる注解者もいる（ロロフ，ヴァイザーなど）。しかしルカはそのような矛盾に無頓着であった可能性もあろう（シュナイダー）。

23：16—22

　いずれにしても共謀者たちの願いは，千人隊長がパウロを「あなたたちのもとに」，具体的には最高法院に「連れて来るように」——文字通りには（千人隊長が）「陣営」（10節）からパウロを最高法院に「連れ下るように」（καταγάγῃ, κατάγω のアオリスト接続法）——ということであった（20節参照）。それは，彼らがパウロに関することを「もっと詳しく調査する口実のもとに」である。「調査する口実で」にあたるギリシア語本文は ὡς μέλλοντας διαγινώσκειν。μέλλοντας は ὑμᾶς（ὑμεῖς の対格）「あなたたち」を受けて，μέλλω「……しようとする」の現在分詞・複数・対格で，διαγινώσκειν「調査（の上決定）する」（διαγινώσκω の不定法）の意味上の主語。「もっと詳しく」（ἀκριβέστερον，ἀκριβῶς の比較級）とは，先の最高法院における尋問（23：3-4）「よりも詳しく」の意であろう。

　「私たちの方は，彼が近づく前に，彼を殺す準備をしておきますから」（直訳）。「彼が近づく前に」にあたる πρὸ τοῦ ἐγγίσαι αὐτόν の ἐγγίσαι は，ἐγγίζω のアオリスト不定法。αὐτόν は αὐτός「彼」の対格で，ἐγγίσαι の意味上の主語。「殺す」にあたる ἀνελεῖν は，ἀναιρέω のアオリスト不定法。その前に置かれている τοῦ は ἕτοιμοι「準備する」など形容詞の後に属格の不定法が用いられる場合（15：20，20：3，21：12）の一例。

　物語の筋はここで中断され，次節からは話が変るので，共謀者たちの願いに最高法院がどのように反応したかについては不明のままである。ただし，パウロが千人隊長によってカイサリアに護送された後，大祭司アナニアが彼を総督フェリクスに告訴しているので（24：1），当節では最高法院は共謀者の提案に賛成したことが前提されている（イェルヴェル）のかもしれない。いずれにしても，当時最高法院がゼーロータイによって持ち込まれた案件はとり上げることのないようにラビたちによって勧められているので（ビラーベック参照）。共謀者たちはやはりここでもゼーロータイとみなされるべきではないと思われる。

② パウロの甥の密告（23：16-22）

16 すると，パウロの姉妹の息子が，この陰謀を聞き込み，陣営に入って行き，パウロに知らせた。17 そこで，パウロは百人隊長の一人を呼び

寄せて言った，「この若者を千人隊長のもとに連れて行って下さい。何か知らせたいことがあるそうですから」。¹⁸ そこで，百人隊長は若者を千人隊長のもとに連れて行き，こう言った，「囚人パウロが私を呼んで，この若者をあなたのもとに連れて行くように願い出ました。何かあなたに申し上げたいことがあるそうです」。¹⁹ 千人隊長は彼の手を取って自分たちだけで引き込み，「私に知らせたいこととは何か」とたずねた。²⁰ 彼は言った，「ユダヤ人たちは，彼に関してもっとくわしく聴聞するという口実で，明日パウロを最高法院に連れて来るように，あなたに願い出ることを申し合わせています。²¹ どうか，彼ら〔の言うこと〕を信じないで下さい。彼らの中の四十人以上が，彼を待ち伏せしているのですから。彼らは，彼を殺すまでは，一切の飲食を絶つと，彼ら自身に呪いをかけ〔て誓いを立て〕ています。彼らは今手はずを整え，あなたの同意を待っているのです」。²² そこで千人隊長は，「このことを私に向かって告げた」ことは，誰にも漏らさないように命じて，若者を帰したのである。

《釈　　義》

16節　「パウロの姉妹の息子」(ὁ υἱὸς τῆς ἀδελφῆς Παύλου)。パウロにエルサレム在住の甥がいたことは，当節ではじめて明らかにされる情報である。これはおそらく，「エルサレムで育った」というパウロの自己証言 (22：3) の背景をなす伝承に基づくルカの記述であろう (22：3 の《釈義》本書172頁参照)。

「この陰謀を聞き込み」，文字通りには「この陰謀を聞いて来て」(ἀκούσας …τὴν ἐνέδραν, παραγενόμενος)。ἀκούσας は ἀκούω「聞く」のアオリスト分詞。παραγενόμενος も παραγίνομαι「(やって) 来る，到着する」のアオリスト分詞[106]。「陰謀」にあたる ἡ ἐνέδρα は，新約では当節と 25：3 のみに用いられている。ちなみに，同語幹の動詞 ἐνεδρεύω「つけ狙う，待ち伏せする」もルカ文書だけ二度見いだされる (ルカ 11：54 diff. マタ 23：13, 使 23：21)。

---

[106] παραγίνομαι は元来「傍ら (近く) にいる」の意味なので，彼が陰謀の場 (23：12) に「いて」それを「聞き」とも訳すことができる (バレット)。

23：16—22

彼がどのようなルートでユダヤ人の「陰謀を聞き込んだ」のか，その情報は不明である。その噂が広がっていたからかもしれないが（マーシャル，フィッツマイヤー），少なくとも彼がゼーロータイの一人として，「陰謀」に参画したから（ロロフ）とは思われない。

いずれにしても彼は，「陣営に入って行き，（それを）パウロに知らせた」という。ルカによれば，パウロは確かに「囚人」（18節）としてローマ軍の「陣営」に留め置かれたが（10節参照），いわば「未決囚」として外部からの訪問を受ける程度の自由を与えられていた。Ⅱテモ1：16-17によれば，ローマでその最晩年「鎖に繋がれていた」パウロもこのような自由を享受していた（ペレグリノスの場合〔ルキアノス『ペレグリノスの死』12-13〕をも参照。ウィザリントン，フィッツマイヤー）。

17節　これを聞いたパウロは，「百人隊長の一人を呼び寄せて」，「この若者を千人隊長のもとに連れて行って下さい。何か知らせたいことがあるそうですから」と言った。この場合の「百人隊長の一人」とは，パウロが鞭打ち刑に処せられようとした時に，彼の「傍らに立っていた百人隊長」を受けていよう。あの場面でも彼は，パウロがローマ市民であることを知って，パウロの処置を千人隊長に上申していた（22：25-26）。

なお，ここで「若者」と訳したギリシア語名詞 νεανίας は，18, 22節で νεανίσκος と言い換えられている。後者は前者の縮小名詞であり，19節における彼に対する千人隊長の振舞い（「彼の手を取って」）から推定すると，「子供」あるいは「少年」と想像されるが，元来は約40歳までの「若者」を意味する。（νεανίας）については，7：58［サウロ］，20：9［エウテュコス］を，νεανίσκος については，マタ19：20, 22，マコ14：51, 16：5，ルカ7：14を参照[107]。

18節　百人隊長はパウロの依頼を受けて若者を千人隊長のもとに連れて

---

[107] νεανίας, νεανίσκος, in：『釈義事典』Ⅱ，526頁。なお，フィロン『世界の創造』105によれば，22-28歳までの「成年」（野町啓・田子多津子訳．『世界の創造　アレクサンドリアのフィロン』教文館，2007年，44頁）。

行き，パウロの願いを彼に伝えた。「願い出た」と訳したギリシア語動詞 ἠρώτησεν は ἐρωτάω のアオリスト形で，10：48「（彼らはペトロに）頼んで，（なお数日滞在してもらった）」と同様，当節ではパウロの百人隊長に対する願いが叶えられたことを示唆する（バレット）[108]。

すでに前節の《釈義》で言及したように，パウロはここで「囚人」（ὁ δέσμιος）と呼ばれているが，百人隊長は「囚人」の願いを上司にあたる千人隊長に伝達する，いわば「端役」にすぎない。ここでは——たとえパウロが未決囚としてある程度の自由を享受していたとしても——百人隊長を，共にローマ市民であるパウロと千人隊長（22：28 参照）の下位に位置づけようとするルカの対ローマ人意識が反映されているように思われる（22：25-26 をも参照）。

19 節　「千人隊長は彼の手を取って」には若者に対する千人隊長の親愛の念が表われているであろう。また，「自分たちだけで引き込み」という表現からは，千人隊長は，若者が彼に秘密情報をもたらしたことを予め知っていた（ヘンヒェン），あるいは，陣営の中でも「壁に耳あり」で秘密情報を外に漏らさないようにした（ロロフ），などと推定されている。いずれにしてもこれらの表現から，若者を介してパウロを千人隊長なりにユダヤ人の暴挙に対してパウロを保護しようとする意図が透けて見えるであろう。とりわけ「自分たちだけで」（κατ᾽ ἰδίαν）という副詞句は，ルカがその福音書の中で，イエスをその弟子たちの親密な関係を言い表す際に用いていることに注目したい（ルカ9：10, 10：23）。見知らぬ「若者」が外部からもたらした情報にこれだけ好意的に関心を示す千人隊長には，ルカの親ローマ的立場が反映しているのではなかろうか[109]。

20 節　知らせの内容を問う千人隊長に対して，若者は，彼が「聞き込んだ」（16 節）という，ユダヤ人によるパウロ殺害の共謀（12-15 節），あるいは「陰謀」（16 節）を報告する。ただし，当節は 12-16 節の単なる繰り返しではなく，用語に変化を加えている。「（ユダヤ人が）申し合わせています」（συνέθεντο,

---

108　Blass/Debrunner/Rehkopf, §328, 2, Anm. 3 参照。
109　L. Brink, op. cit., p. 115 f. もこの点を強調している。

συντίθημι「一緒に置く」。間接話法で「一致する，申し合わせる」のアオリスト形）は，12節の「徒党を組んで」（ποιήσαντες συστροφήν），あるいは13節の「この盟約を結んだ者たち」（οἱ ταύτην τὴν συνωμοσίαν ποιησάμενοι）に，「願い出ることを」（τοῦ ἐρωτῆσαι, ἐρωτάω「尋ねる，願う」のアオリスト不定法）は，15節の「（千人隊長に）告げて下さい」（ἐμφανίσατε）に，それぞれ対応している。また，15節の「彼についてのことをもっと詳しく調査するという口実で」は，当節で「彼に関してもっと詳しく聴聞するという口実で」（μέλλον τι ἀκριβέστερον πυνθάνεσθαι περὶ αὐτοῦ）に言い換えられている。「口実で」と訳したギリシア語動詞μέλλονは15節でも用いられているμέλλωの現在分詞・中性・単数形・対格であり，これは，ギリシア語本文ではこの動詞のすぐ前に置かれているσυνέδριον「最高法院」を受けている。「明日彼を最高法院に連れて来るように」（ὅπως αὔριον τὸν Παῦλον καταγάγῃς εἰς τὸ συνέδριον）は，15節の「彼をあなたたち（最高法院）のもとに連れて来るように」に対応している。

ちなみにこの若者は，自分もユダヤ人の一人であるにもかかわらず，千人隊長への報告内容の主語を「ユダヤ人たち」（οἱ Ἰουδαῖοι）と呼んでいる。彼はパウロの甥として，パウロに対して陰謀を企てた「ユダヤ人たち」と自分とを区別しているのであろうが，ここにも，ユダヤ人の中のユダヤ教徒たちとパウロに代表されるユダヤ（人キリスト）教徒たちとを区別するルカの対ユダヤ人観が反映しているものと思われる。

21節 このようなパウロ側に立つ者として若者は，まず千人隊長に，「彼ら（ユダヤ人たち）を信じないで下さい」と言う。「彼らの中の四十人以上が，彼を待ち伏せしているのですから」は，13節の「四十人以上（の者）」と，15節の「私たち（四十人以上のユダヤ人たち）の方では，彼がここに来る前に殺す手はずを整えておきますから」とを，「彼らは，彼を殺すまでは，一切の飲食を絶つと，彼ら自身に呪いをかけ〔て誓いを立て〕ています」は，12節「ユダヤ人たちは共謀して，パウロを殺害するまでは，一切の飲み食いをしないと言って，彼ら自身に呪いをかけ〔て誓いを立て〕た」を，それぞれ受けている。「彼らは手はずを整え」は，15節の「私たちの方では，彼がここに来る前に殺

す手はずを整え」の繰り返しであるが，当節では「あなた（千人隊長）の同意を待っているのです」の一句が加えられている。「同意を待っている」と訳したギリシア語本文 προσδεχόμενοι τὴν ἀπὸ σοῦ ἐπαγγελίαν（文字通りには「彼らはあなたからの同意を待っている」）の προσδεχόμενοι は προσδέχομαι「待つ」の現在分詞・複数形・主格で「ユダヤ人たち」が受けられており，「同意，承諾」の意で用いられている ἐπαγγελία は，元来「告知，約束」を意味する名詞である。この意を含んで若者は千人隊長に対し，「彼らを信じないで下さい」と懇願したものと思われる。

22節　ギリシア語本文では，「千人隊長は，若者を帰した」が主文章となっており，これを受けて，「誰にも漏らさないように命じて」（παραγγείλας μηδενὶ ἐκλαλῆσαι）が間接話法で続き，その目的が「（お前が）このことを私に向かって告げた」と，直接話法で綴られている。このような間接話法から直接話法に移行するギリシア語構文は，1：4にも見いだされ，古典ギリシア語にも同じような用法がある[110]。それはともかくとして，「お前がこのことを私に向かって告げた」の「告げた」にあたるギリシア語動詞 ἐνεφάνισας は，ἐμφανίζω のアオリスト・二人称・単数形で，15節でも同じ動詞が「千人隊長に」という名詞の与格を伴って用いられているのに対して，当節では「私に向かって」（πρός με）という副詞句を伴って，それぞれ用いられている[111]。

千人隊長は若者に，このことは，「誰にも漏らさないように命じて，若者を帰した」。その理由は，千人隊長がパウロをローマ市民として法に従って処分手続きをとるためにユダヤ人の妨害を防ごうとしたから（ペッシュ，イェルヴェル）とも，あるいは彼が手早くそのプランを実行しようとしたから（ウィザリントン）とも説明される。しかし，結果として彼は，パウロの側に立つ甥の願いを受け入れたのであるから，やはりここからもルカの親ローマ的立場が垣間見られるのではないか。

110　Blass/Debrunner/Rehkopf, §470, 2, Anm. 3 参照。
111　バレットによれば，同じ「告げる」が15節では法的含意をもって，当節では一般的意味で用いられている。

23：23—25

《パウロ殺害の陰謀》（23：12-22）
　四十人以上のユダヤ人がパウロ殺害の共謀を企てたこと，それをパウロの甥が千人隊長に密告したこと，それを受けて千人隊長がパウロをカイサリアに護送する手はずを整えたこと，以上の三点については伝承に遡ると想定されよう。しかし，これを前の文脈における最高法院の場面と結びつけて物語化したのはルカである。それはとりわけ，16-22節におけるパウロの甥と百人隊長と千人隊長間の直接話法による問答を通して推定されよう。この問答には，22：22-29節におけるパウロと百人隊長と千人隊長による問答の場面と同様に，ローマ市民パウロに代表されるキリスト教を，結果としてはそれを保護する――あるいは将来それを保護すべき――ローマ帝国支配との関係に対するルカの見解が反映しているとみなさざるをえないからである。

II　カイサリアにおけるローマ総督への告訴（23：23-25：12）

　IIは，以下の4部から成る。
（1）　パウロのカイサリアへの護送（23：23-35）
（2）　総督フェリクスへの告訴（24：1-9）
（3）　パウロの弁明（24：10-21）
（4）　パウロの拘留（24：22-27）
（5）　カエサルへの上訴（25：1-12）

(1) パウロのカイサリアへの護送（23：23-35）
　この箇所は，次のような段落に区別される。
①　カイサリアへの護送の準備（23：23-25）
②　総督フェリクスへの手紙（23：26-30）
③　カイサリア到着（23：31-35）

①　カイサリアへの護送の準備（23：23-25）
　23 それから彼は，百人隊長（ひゃくにんたいちょう）のうち［ある］二名の者を呼び寄せて言

った，「今夜の第三刻からカイサリアへ出発できるように，歩兵二百名，騎兵七十名，軽武装兵二百名を準備せよ」。24 また彼は，パウロを乗せて総督フェリクスのもとに安全に護送できるように，家畜の用意をさせた。25 そして，次のような趣旨の手紙を書いたのである。

《釈　　義》

23節　ユダヤ人のパウロ殺害計画について彼の甥から密告を受けた千人隊長は，密告者を帰した後，間を置かずに「百人隊長のうち［ある］二人の者を（δύο [τινὰς] τῶν ἑκατονταρχῶν）を呼び寄せて言った」。「呼び寄せて」と訳したギリシア語動詞 προσκαλεσάμενος は，προσκαλέομαι のアオリスト分詞。τινάς（τίς の複数対格）は，おそらくそれがない方がギリシア語としては一般的と想定して，ギリシア語底本では［　］に入れて本文に採用している。しかし，本文批評的には δύο τινάς（A E Ψ 𝔐）にしても τινὰς δύο（א B 33, 81 pc）にしても，それがある写本の方がない写本（P⁷⁴ pc lat syᵖ）よりは有力であり，δύο τινὰς τῶν… という用法はルカ 7：18（「弟子たちのうち，ある二人の者」）にもパラレルがある（diff. マタ 11：2）ので，τινάς を本文に採用した方がよいと思われる。「……のうち，ある（ein gewisser）二人の者」[112]。

　千人隊長が二人の百人隊長に下した命令は，文字通りには，次のような内容である。「歩兵二百名……を，カイサリアまで行くことができるように準備せよ」。「行くことができるように」にあたるギリシア語動詞 πορευθῶσιν は，πορεύομαι のアオリスト接続法。「歩兵二百名，騎兵七十名，軽武装兵二百名を」の中の「軽武装兵」はヘンヒェン以下多くの注解者たちの訳による[113]。ただし，それら多くの注解者たちも指摘しているように，これにあたるギリシア語名詞 δεξιολάβοι は当節だけに用いられている単語で，その意味は不明。語源的には δεξιός「右の」と λαμβάνω「取る」から成る合成名詞で，軍隊用語ととって直

112　Blass/Debrunner/Rehkopf, §301, 1, Anm. 3。田川訳では「ある二人の（百人隊長）」。

113　*WbNT*, S. 349；δεξιολάβος, in：『釈義事典』Ⅰ，332頁も同様。

23：23—25

訳すれば「右持兵」[114]。「右（手）で取る，あるいは，持つ」の目的語を補って，「槍騎兵」（ウルガータ）とか「槍持ち」（シリア語訳）とか「射手」とか「軽武装兵」と訳される場合が多い[115]。

「今夜の第三刻（九時頃）から」は，「カイサリアまで行くことができるように」（直訳）にかかる副詞句。

いずれにしても，この軍勢は，当時エルサレムに駐留していたローマ軍の約半数にあたる。パウロという一人の未決囚を――たとえ彼がローマ市民という重要人物であったとしても――これほどまで多くの軍隊で護衛してカイサリアに送る必要があったのかどうか。ヘンヒェン，コンツェルマンなど多くの注解者たちはこれを，ルカ（あるいはルカが採用した伝承）の誇大表現ととっている[116]。

24節 「用意をさせた」と訳した παραστῆσαι は，παρίστημι のアオリスト不定法。この不定法は 23 節の「言った」の目的句。文字通りには「用意すること」「と言った」となる。「用意させた」の目的語となっている「家畜」は，ギリシア語では κτήνη. τὸ κτῆνος の複数対格。羊や牛などの他，馬やろばなど乗り物用の家畜を指す。「パウロを乗せて総督フェリクスのもとに安全に護送できるように」という副詞句から判断して，ここで「家畜」が複数形になっているのは，乗り換え用の馬を暗示しているのであろう。「安全に護送できるように」と訳した διασώσωσι は διασῴζω「無事に通過させる，無事に連れて行く」のアオリスト接続法。千人隊長がこれほどまでパウロを保護したのは，彼をユダヤ人の殺害計画から守り，法に従って彼をできるだけ早く総督のもとに送り届けるという，千人隊長としての義務を果たそうとしたからであろう[117]。

114　田川訳。
115　詳しくは，A. Kyrychenko, op. cit., p. 41, n. 174 参照。
116　ただし，例外はウィザリントン（土戸も同様）で，彼はヘンゲル「歴史家ルカと使徒行伝におけるパレスチナの地理」（『イエスとパウロの間』235-239 頁「私見によれば，この部分は，最終的には目撃証人にさかのぼるに違いない」）に拠って，当節の叙述の歴史性を擁護している。
117　西方写本は 23-24 節の文体を整えた上で，千人隊長のパウロ護衛の理由を，

「フェリクス」(Φῆλιξ) のフルネームは，タキトゥス（『戦記』Ｖ，9）によれば，「アントニウス・フェリクス」。彼は，クラウディウス帝の母でありマルクス・アントニウスの娘であるアントニアの解放奴隷であった。彼の性「アントニウス」はこれに由来する。クラウディウス帝により52／53年にユダヤの総督（ギリシア語でἡγεμών。ラテン語でprocurator）に任命され，55-60年頃にユダヤにおける失政の故に更迭されている。当時ローマ市民に対する裁判権は州総督が所有していたので，千人隊長はローマ市民パウロを未決囚として総督フェリクスのもとに送致した。

25節 千人隊長は総督フェリクス宛に，「次のような主旨の手紙を書いた」。これにあたるギリシア語表現 γράψας ἐπιστολὴν ἔχουσαν τὸν τύπον τοῦτον の中 ἔχουσαν τὸ τύπον は当時のヘレニズムユダヤ教の文書において書簡や訓示の内容を導くほぼ定形になっている（Ⅰマカ11：29，15：2，Ⅲマカ3：30，ヨセフス『古代誌』ⅩⅠ，215，アリステアスの手紙34など参照）。

② 総督フェリクスへの手紙 (23：26-30)
26「総督フェリクス閣下（かっか）へ，クラウディウス・リュシア拝。27 この者がユダヤ人に捕らえられ，彼らによって殺（ころ）されようとしていたのを，私は一隊の兵士を率（ひき）いて救出（きゅうしゅつ）いたしました。ローマ市民であることがわかったからです。28 それから，訴（うった）えられている理由（りゆう）を知りたいと思い，彼らの最高法院（さいこうほういん）に連れてくだりました。29 彼が訴えられているのは，彼らの律法（りっぽう）に関する問題で，死刑（しけい）や捕縛（ほばく）に価いする告訴（こくそ）では全くないことがわかったのです。30 しかし，この男に対する陰謀（いんぼう）があるとの通告（つうこく）を受けましたので，私は〔この者〕をただちにあなたのもとに送ることにいたしました。そして，告訴人（こくそにん）たちにも，彼について〔のことを〕あなたの前で述べるようにと，申し渡しておきました」。

次のように加筆・説明している。「ユダヤ人が彼（パウロ）を捕らえて殺害し，その後彼（千人隊長）が金銭（賄賂）を取ったと責められるのを恐れたからである」。

23：26—30

《釈　義》

26節　当節から30節まで手紙の内容が直接話法で記されている。書き出しは，「クラウディウス・リュシアが総督フェリクス閣下に挨拶を送る」（直訳）。差出人の千人隊長については，これまで何度も言及されていたが（21：31 ff., 22：24 ff., 23：10 ff.），彼のフルネーム（クラウディウス・リュシア）は当節ではじめて明らかにされている。Κλαύδιος Λυσίας は Claudius Lysias のギリシア語表記。すでに22：28の《釈義》で記したように（本書198頁），彼は，多額の賄賂金を払ってローマ市民権を得た際に，それを付与した皇帝の氏族名「クラウディウス」を自らの姓名の姓として，元来彼の姓であった「リュシア」を名としたと想定される（シュテーリン）[118]。

フェリクスが呼びかけられている称号「閣下」にあたるギリシア語名詞 κράτιστος は，形容詞 κρατύς「有力な」の最上級の名詞的用法で，ラテン語の vir egregius にあたり，高級官僚職にある人々に対する尊称（24：3をも参照）。ヨセフスによれば，皇帝クラウディウスがこれをシリアの総督であったウィティリウスに対して用いている（『古代誌』XX，12）[119]。

「拝＝挨拶を送る」と訳した χαίρειν で終わる（または始まる）書き出し句も，15：23の《釈義》で指摘したように（荒井，中巻，305頁），当時のギリシア語書簡定式に一致する。

27節　千人隊長はまず，彼がパウロを総督フェリクスに護送することになった理由を，21：30-33，22：22-29，23：10に基づいて，要約的に説明している。しかし，確かにユダヤ人たちがパウロを捕らえ，殺そうとしたことは，21：30-31と重なっているが，少なくともこの場面では千人隊長が「兵士たち

118　シュテーリンによれば，リュシアというギリシア名は，「彼が海岸地方，もしくはサマリアのギリシア語を話す民の出であろうと推定させる。ユダヤ州に駐屯する兵隊の大部分はここの出身者であった」。

119　これは官職とは関係のない尊称としても用いられている（ヨセフス『アピオンへの反論』I，1；ガレーノス X，78参照）。ルカはテオフィロスを指してこの表現を用い，福音書を彼に献げている（1：3）。WbNT, S. 911参照。

を率いて」パウロを「救出した」（ἐξειλάμην, ἐξαιρέω のアオリスト中動相）のではなく，逆にパウロを「逮捕し，二本の鎖で縛るように命じた」（21：33）のであった。22：24でも千人隊長はパウロを鞭打って取り調べるように命じている。

しかも22章ではその結果，パウロ自身の抗議によって彼がローマ市民であることがわかり，千人隊長は彼を「恐れた」のである（22：25-30）。ところが当節では，千人隊長がパウロを「救出した」に続いて，パウロが「ローマ市民であることがわかった」といわれている。「わかった」にあたるギリシア語動詞μαθών は，μανθάνω のアオリスト分詞で，主動詞「救出した」（ἐξειλάμην）以前の行動を示唆している（バレット）。つまり，千人隊長はパウロがローマ市民であることを「知った時に」あるいは「……を知ったので」彼を救出した，という意味になっており，22：25-30 とは因果関係が逆になっている。

いずれにしても，千人隊長がパウロを取り調べ中に彼がローマ市民であることがわかって，ローマ法に則り，彼をユダヤ総督に送致したという限りにおいては，おそらく史実を反映する伝承に基づいているであろう。ルカはそれを，22章においてはパウロを出生ユダヤ人として千人隊長よりも上位に置き，フェリクスへの書簡ではローマ法に忠実な千人隊長を前景に出した結果，両記事に差異が生じたと想定される。どちらの記事にも共通する要素は，「ローマ市民」に対する敬意である（ヘンヒェン，ロロフ，シュナイダーなど）[120]。

28節 そこで千人隊長は，「彼ら（ユダヤ人たち）が彼（パウロ）を訴えている（ἐνεκάλουν, ἐγκαλέω の未完了形・三人称・複数）理由を知りたいと思い，彼ら（ユダヤ人たち）の最高法院に（彼を）連れくだりました」（直訳）。この記述は22：30にほぼ一致する。ただし，22：30に見いだされる，千人隊長が「彼（パウロ）を〔鎖から〕解いた。そして，祭司長たちと最高法院の召集を

---

[120] これに対してイェルヴェルによれば，21，22章と23章における千人隊長のパウロに対する関わりの記事をもってルカは，いずれにしても千人隊長に代表されるローマの官憲が信用できない存在であることを読者に印象づけようとしているという。しかし，その根拠が薄弱である。

23：26―30

命じた」という記述は当節には省かれている。これはいずれも，ローマ総督に報告するにしてはローマ法に即応しない，千人隊長の振舞いだからであろう。

29節 「彼（パウロ）は彼ら（ユダヤ人たち）の律法に関する問題（ζητήματα τοῦ νόμου）で訴えられているのであって，（ローマ法からみれば）死刑や捕縛に相当する告訴では全くないことがわかりました」（直訳）。この記述は，当節の文脈においては，23：1-9にあたる。後者では死人の甦りをめぐる問題が争点であったが，リュシアはこれを「律法に関する問題」と言い換えてローマ総督に報告したのであろう。ローマ人からみれば，「甦り」も「律法」と深く関わるからである（イェルヴェル）。しかし当節はむしろ，その用法だけではなく思想的にも，コリントにおけるアカイア総督ガリオによるパウロ裁判（18：12-17）に類似している。パウロはここでユダヤ人により，「律法」（＝法律）違反の罪状で告訴され，これに対してガリオは「争点」（ζητήματα）がユダヤ人の「律法」に関することとみなして，彼らの告訴を取り上げていなかった（荒井，中巻，468-472頁参照）。千人隊長は――ルカによれば――これに準じてパウロを，この度は「ローマ人」としてローマの法に従って自ら裁くことなく，ローマ総督フェリクスにその裁可を願い出たということであろう。

なお，リュシアはここで，「この男には何の悪いところも認められない」という，パウロに対するファリサイ派の意見を踏まえつつも，さらにそれを越えて，最初のローマ側の代表として，パウロが告訴されているのはユダヤ人の「律法に関する問題で，死刑や捕縛に価いする告訴では全くない」と報告している。そしてそれは，最終的には総督フェリクスによりほとんど文字通りに確認されている（25：18, 25, 26：31）。それはルカ福音書で総督ピラトゥスが三度も繰り返してイエスには「死に値する罪は何も見いだされない」と判定している（23：4, 14, 22）ことに対応している[121]。

30節 ただし，「この男（パウロ）に対する陰謀があるだろうと私に通告

121　H. Omerzu, *Der Prozeß des Paulus*, S. 410 f.

されましたので」(直訳)。この訳文にあたるギリシア語本文は独立属格構文。μηνυθείσης は μηνύω「暴露する，告げ知らせる，通告する」の受動アオリスト・女性・単数形・属格で，ἐπιβουλῆς を受けている。この ἐπιβουλή「陰謀」については 20：3, 19 を参照。「私は〔この者を〕ただちにあなたのもとに送ることにいたしました」。「送ることにしました」にあたるギリシア語動詞 ἔπεμψα は πέμπω「送る」の，いわゆる「書簡」アオリスト形。

「告訴人たちにも申し渡しておきました」の「申し渡しておきました」にあたるギリシア語動詞 παραγγείλας も παραγγέλλω のアオリスト分詞で，主語は「私」であるが，これは文法的には「送り出すことにした」の前の行動を示唆する動詞として用いられているものの，文脈からみれば，「私」が「送り出した」後に「申し渡した」ことを前提していよう。もしそうでなければ，パウロを密かに「送り出す」ことはできないからである。「告訴人たちに (κατηγόροις) 申し渡しておいた」ことの目的句「彼について〔のことを〕あなたの前で述べるように」には，「のことを」(τά) がある写本 (E Ψ 𝔐 syʰ) とない写本 (B 1175) の二種類がある。後者に前者 τά を補った可能性が高い（バレット）が，ギリシア語定本は τά を［ ］に入れて本文に採用している。

リュシアのフェリクス宛書簡には，最後の挨拶がなく，ここで書簡は終わっている。これに――書簡として記されている「使徒教令」(15：23-29) と同様に――挨拶句 ἔρρωσο「お健やかに」で結んだ写本もある（ℵ E Ψ 𝔐 など）。

③　カイサリア到着 (23：31-35)

31 さて，歩兵たちは，彼らに命令された通りにパウロを引き取って，夜のうちにアンティパトリスまで連れて行った。32 そして翌日，騎兵たちにパウロと一緒に行かせて，陣営に帰った。33 彼らはカイサリアに着いて，総督に手紙を届け，パウロを彼に引き渡した。34 総督は一読して，どの州の者かとたずねた。彼がキリキア出身であることがわかると，35「お前の告訴人が着いてから，尋問することとする」と言って，彼をヘロデの（総督）官邸に留置しておくように命じた。

23：31—35

《釈　義》

31節　歩兵たちは、「彼らに命令された通りに」（κατὰ τὸ διατεταγμένον αὐτοῖς）。τὸ διατεταγμένον は、διατάσσω の受動・完了分詞で中性冠詞 τό が付されて「命令されたこと＝命令」の意。パウロを「引き取って」（ἀναλαβόντες, ἀναλαμβάνω のアオリスト分詞）、「夜のうちに」（διὰ νυκτός）アンティパトリスまで「連れて行った」（ἤγαγον. ἄγω のアオリスト形）。

「アンティパトリス」（Ἀντιπάτρις）はユダヤ北西部、サマリアとの境界にある軍隊駐留地で、エルサレムとサマリアを結ぶ街道沿いにあり、ヘロデ大王がこの地に都市としての地位を与え、父「アンティパテル」に因んで「アンティパトリス」と命名した（『古代誌』XVI, 143）[122]。

エルサレムからアンティパトリスまでは約60キロ強あると想定されている[123]。したがって、500名近い軍隊がエルサレムを午後9時頃に発って、「夜のうちに」アンティパトリスに着くことは「絶対に不可能」（バレット）あるいは「可能ではない」（イェルヴェル）。ルカはおそらく、パウロの護送部隊が強行軍をしたことを強調したかったのであろうが、ここにもルカがパレスチナの地理について正確な知識を持っていなかったことが露呈されている（ヘンヒェン、真山）。もちろん当節の記事を事実の描写ととって、これを何とかして合理的に説明しようとする試みもあるが、いずれも説得力に欠ける[124]。

122　B. Reicke＋市川裕「アンティパトリス」『聖書大辞典』97-98頁参照。

123　アンティパトリスの地理的位置づけによって、60キロ（マーシャル、ヘンゲル、前掲『イエスとパウロの間』235頁）、62キロ（ヘンヒェン）、72キロ（ハンソン）など種々の説がある。

124　マーシャルは、歩兵たちがパウロだけを馬に乗せてエルサレムから「導き出した」（ἤγαγον）ととるが、これは ἄγω の用法からみて無理である上に、文脈にも合わない（次節では兵士たちがアンティパトリスからエルサレムの「陣営」に帰っている）。

　田川は自分の体験を持ち出して、次のように注記している。「しかし十九世紀の大砲を引っ張った軍隊じゃあるまいし（だいたいこの兵隊たちが重装備だったなどとはどこにも書いてない）、おまけに前の晩の九時までには出発したのだから、翌日の夜までに着くのは、屈強の兵士たちの足なら、たいして難しいことではない。私でさえも若い頃は、昼間だけで、一日六〇キロは歩いていた」。

32節 「翌日,（歩兵たちは）騎兵たちにパウロと一緒に（カイサリアへ）行かせて,（自分たちは,エルサレムの）陣営（10節参照）に帰った」。この「翌日」は,前節の「夜のうちに」が一夜の行動であったことを示唆している。なぜ兵士たちが,パウロの護送を騎兵たちに任せて,陣営に帰ったのか,その理由について説明されていない。「ここから先はサマリア領になるため,護衛を騎兵だけに任せて引き上げた」[125] のか,エルサレムからアンティパトリスに至る行軍は「取り分け危険であった」ので「歩兵の分遣隊によって警護する必要があった」が,「歩兵たちは任務を果たした後,アンティパトリスからエルサレムに帰った」[126] のか,いずれにしてもルカはこの記事で,パウロがローマの軍隊によって安全に保護されたことを読者に訴えようとしているであろう。

33節 「彼ら（騎兵たち）はカイサリアに着いて,総督に手紙を届け,パウロを彼に引き渡した」。こうして,百人隊長二名に対する千人隊長の命令（23節以下）は果たされたのである。なお,アンティパトリスからカイサリアまでは約40キロ。

34-35節a 「彼（総督）は（手紙を）読み,（パウロに）どの州（ἐπαρχεία, ラテン語では provincia）からの者かとたずねた」（直訳）。総督は,パウロが「キリキア」出身であることがわかると,「お前の告訴人が着いてから,尋問する

田川は διὰ νυκτός を「翌日の夜までに」と解しているようだが,これは,「前の晩の9時までには出発し」その「夜のうちに」ということである。したがって,「昼間だけで,一日六〇キロは歩いていた」という彼の「若い頃」の体験は当節の記録と比較にはならない。筆者自身は中学生の時「軍事教練」で「夜間行軍」を体験している。この体験では,一里（約4キロ）を40分で歩行するのが限度であった。これと比較して,歩兵が「夜のうちに」60キロ以上行軍することはやはりまず不可能と思われる。「この部分の叙述は最終的には目撃証人にさかのぼるに違いない」と記すヘンゲルさえ「兵士たちの行軍能力もいささか誇張されたもののように感じられるかもしれない」と正直に認めている（前掲『イエスとパウロの間』236頁,237頁）。

125 前掲『聖書大辞典』98頁。
126 ヘンゲル,前掲『イエスとパウロの間』237頁。

23：31—35

こととする」と言った。

　フェリクスとパウロの間に交わされたこのような問答と，パウロの応答に基づくフェリクスの処置については，多くの注解者たちによって当時のキリキアとシリアとの政治的—法的関係から説明されている。すなわち，キリキアはネロ帝治世（54-68年）の前期以前は厳密にはローマ帝国の一属州ではなく，シリア州の一地方であった。したがって，被告をその出身属州の法廷に送致するという，いわゆる「住所地法廷主義の原則」（forum domicilii）を総督フェリクスはパウロに及ぼす必要がなかった，というものである（例えばバレット）[127]。このような想定が歴史的厳密性を欠く（パーヴォ）か否かは別として，ここでもルカは読者に，ローマ官憲がパウロに対して法的に公正な処置をしていることを印象づけようとしているものと思われる[128]。

35 節 b　フェリクスはヘロデの総督官邸に彼を留置しておくようにと命じた。「彼を留置しておくように」にあたるギリシア語句 φυλάσσεσθαι αὐτόν は，文字通りには，「彼が留置されるように」。φυλάσσεσθαι は φυλάσσω の受動不定法。「拘留，監視，留置されること」を意味する。

　「ヘロデの官邸（πραιτώριον τοῦ Ἡρῴδου）は，元来ヘロデ大王が造営した離宮であるが，後にローマ総督の「官邸」（ラテン語で praetorium）に用いられていた。フェリクスはここに住んでいた（ヘンヒェン）とは本文に述べられておらず，これがカイサリア（郊外）のどこにあるかも特定されていない[129]。

127　バレットは，A. N. シャーウィン・ホワイト『新約聖書とローマ法・ローマ社会』67-68 を修正した C. J. Hemer, *The Book of Acts in the Setting of Hellenistic History*, pp. 172, 180 に拠っている。なおロロフによれば，「いずれにしてもパウロは，ローマ帝国の自由市（civitas libera）タルソスの市民であったので，キリキア地方総督の統治権外に置かれていた，といわれる。

128　ここでもイェルヴェルは，パウロがローマ市民であることを知りながら（27節参照），ユダヤ人の「告訴人」の聴取（30節参照）に応じたフェリクスは，リュシア同様，ローマ法に反していることを，ルカは強調していると主張している。

129　G. Schneider, πραιτώριον in：『釈義事典』Ⅲ，178頁参照。

24：1—9

《パウロのカイサリア護送》(23：23-35)

　まず，リュシアによってフェリクス宛に記された書簡（26-30節）をフェリクスが受理してパウロの処置を決めた（33-34節）という伝承が想定される[130]としても，書簡それ自体はルカが，パウロ裁判におけるローマ総督フェストゥスによる無罪宣言（25：18, 25, 26：31）を――ピラトゥスによるイエス裁判の場合（ルカ23：4, 14, 22）に対応させて――先取りする文言（29節）を中心に構成した[131]。このことはほとんどの注解者と共に承認せざるを得ないであろう。

　この書簡の状況設定となるカイサリアへの護送の準備（23-25節）とカイサリア到着までの叙述（31-33節）は，極めて具体的で「目撃証人（としてのルカ自身）にさかのぼる」[132]かのように思われるほどである。しかし，そのような印象を（読者に）与えようとしたのが物語作家ルカであった（リューデマン）可能性も否定できないであろう。とりわけ，パウロを護送するための軍隊の数（23節）は誇張に過ぎる上に，エルサレムからアンティパトリスまで60キロ以上の道程を一夜で行軍すること（31節）は事実上不可能である。

　もともとルカによれば，リュシアの命令に基づくパウロのカイサリア護送は，秘密裡に行なわれたのであるから，目撃者を立てることは物語作家の意図に沿わない（イェルヴェル）。ルカがそれを後代「目撃者」であるかのごとく読者に明らかにしたのである。

　おそらく，パウロがリュシアの命令によりエルサレムから総督フェリクス駐在のカイサリアまで護送されたという歴史的事実に基づく「逸話」（コンツェルマン）風の個別伝承をルカが組み合わせて編集し，ローマ当局がユダヤ人のパウロ殺害計画から，「ローマ市民」パウロを守ったことを読者に訴えようとしたと想定されよう。

(2)　総督フェリクスへの告訴（24：1-9）

130　Omerzu, op. cit., S. 400 f.
131　この点については Omerzu, op. cit., S. 412 f. も同様の結論。
132　ヘンゲル，前掲『イエスとパウロの間』237頁。ウィザリントンも同意。

24：1—9

この「告訴」は，その状況設定（1-2節a）に続いて，古代ギリシアのローマにおける「弁論」の修辞的配列に忠実に従い[133]，以下のような順序で陳述されている。

① 序言（exordium）：聞き手への讃辞（24：1-4）
② 叙述（narratio）：事案の陳述（24：5）
③ 確証（confirmatio）：（24：6）
④ 結語（peroratio）：（24：8）

¹ 五日の後，大祭司アナニアが，長老数名と代弁人テルトゥルスという者と共に〔エルサレムから〕くだって来て，彼らがパウロを総督に訴え出た。² パウロが呼び出されると，テルトゥルスはこう言って告訴し始めた。

「あなたのおかげで，私どもは太平を享受しております。また，あなたのご高配によって，この国のために種々の改革が進められております。³ 私どもは，あらゆる面で，またいたるところで，〔このことを〕認めて，フェリクス閣下，衷心からの感謝を献げるものであります。⁴ しかし私は，これ以上のご迷惑をかけないように，手短に申し上げます。ご寛容をもってお聞きとどけ下さいますように，お願い申し上げます。⁵ 私どもは，この男が疫病〔のような者〕で，世界中のユダヤ人すべての間に紛争を引き起こしている者であり，またナゾラ人たちの分派の首領であることを確認しました。⁶ この男は神殿さえも穢そうといたしましたので，私どもはこれを捕らえたのであります。⁸ あなた様ご自身でお調べ下されば，私どもの告訴した件が，ことごとくおわかりになると思います」。

⁹ ユダヤ人たちも合意して，その通りだと言った。

---

[133] キケロ（『発想論』Ⅰ, 19）によれば，「弁論」の構成要素は，次の六つである。①序言，②叙述，③分析，④確証，⑤反論，⑥結語。テルトゥルスの弁論は「告訴」という性格上，③と⑤の要素は欠けている。

24：1―9

《釈　　義》

1節　2節bまで告訴の状況設定となっている。

「五日の後」。この日数は多くの注解者によれば、パウロがカイサリアに護送され、ヘロデの総督官邸に留置された時点（23：34）の後「五日経って」、と解釈されている[134]。ただし、若干の注解者は、11節におけるパウロの発言（「私が……エルサレムにのぼってから、十二日以上は経っていない」）に基づいて、21：27の「七日間」に当節の「五日間」を足すと「十二日間」になる、つまり、パウロが逮捕された時点（21：33）から数えて「五日の後」と解釈する（シレ、シュナイダー）。11節の《釈義》で指摘するように、この解釈は、パウロがエルサレムに滞在したタイムスパンに合致しない。それにしても、少なくともルカは読者に、7＋5＝12と読ませようとした可能性は残るであろう（コンツェルマン、シュナイダー、リューデマン）。

23：35を受けて、大祭司アナニア（23：2とその《釈義》本書206頁参照）が「長老数名（23：14 f. とその《釈義》本書218-219頁参照）と「代弁人テルトゥルスという者」と共に、海抜約800メートルの高地にあるエルサレムから地中海に面した〈海岸の〉カイサリア（10：1とその《釈義》荒井、中巻、135頁、21：8とその《釈義》本書126頁参照）に「くだって来た」。

「テルトゥルス」（Τέρτυλλος）はラテン名Tertullusのギリシア語綴りで、TertullusはTertiusに由来。「代弁人」と訳したギリシア語名詞ῥήτωρは「語り手、演説者」の意味で用いられている。しかし、これが法的「代弁人、弁護人」の意味でも使用されうる外証もあり、当箇所でもその意味で用いられているので、あえてこれを「通訳」と訳す（田川）必要はない[135]。

---

[134]　H. Omerzu, *Der Prozeß des Paulus*, S. 432；O. Padilla, *The Speeches of Outsiders in Acts*, p. 217 も同様。

[135]　田川は、ῥήτωρが最近では「弁護士」（advocate）と訳されていることに異議を唱え、「この場合には実質的には通訳を指している」とコメントしている（593頁）。しかし、「通訳」には別のギリシア語（ἑρμηνεύς）があり、日本語訳では、確かに新共同訳では「弁護士」と訳されているが、口語訳や岩波訳では「弁護人」と訳されている。「弁護士」と「弁護人」とは大同小異といわれるかもしれないが、ニュアンスの違いが認められるべきである。本書では誤解を避けるた

24：1—9

このテルトゥルスを代弁人とした大祭司と長老たちは「パウロを総督に訴え出た」。「訴え出た」にあたるギリシア語動詞 ἐνεφάνισαν は ἐμφανίζω のアオリスト・複数形。主語（οἵτινες）が複数形になっているのは、原告人アナニアに長老たちとテルトゥルスが加えられているからであろう。ἐμφανίζω（23：15をも参照）＋ τινί ＋ κατά ……は法廷用語。

2節 a 「彼（パウロ）が呼び出されると」にあたるギリシア語本文 κληθέντος δὲ αὐτοῦ は独立属格構文（21：31をも参照）。κληθέντος は καλέω の受動アオリスト分詞・属格であるが、καλέω の受動相が被告や証人として「召喚される」の意味では、しばしば法律用語として用いられている（プラトン『法律』937a、能動相ではデモステネス『弁論』XIX、211 など。バレット）。

テルトゥルスは、「こう言って告訴しはじめた」（ἤρξατο κατηγορεῖν ὁ Τέρτυλλος λέγων）。この表現は、ギリシア語本文と共に、最高法院議員がイエスをユダヤのローマ総督ピラトゥスのもとに連行して、「彼を訴え始めて言った」（ἤρξαντο δὲ κατηγορεῖν αὐτοῦ λέγοντες）と並行している（ルカ 23：2 diff. マコ 15：1／マタ 27：1 f.）。ルカはこうして、カイサリアにおけるローマ総督フェリクスによるパウロ裁判を、その冒頭から、エルサレムにおけるローマ総督ピラトゥスによるイエス裁判と重ねて描写していることに、ここでまず注目しておきたい。

2節 b テルトゥルスによる総督フェリクスへの告訴は、ここから4節までいわゆる captatio benevolentiae（聞き手の好意を得るための美辞麗句。讃辞）をもって開始される。これは、例えばキケロがその著作『弁論家について』において、弁論の「序言」のスタイルとして繰り返し勧めている通りである（II、79 f.、315、320）。

めに「代弁人」と訳しておいた。
　なお、この意味での ῥήτωρ の外証として田川は、オク・パピ I、37、1、4 と II、237、7、25 とディオ・クリュソストモスの例を挙げているが、ヨセフスもヘロデ・アンティパスの「弁護人」（秦剛平訳）エイレナイオスに言及している（『古代誌』XVII、226）。

「あなたのおかげで，太平を享受しております」。「太平」（文字通りには「多くの平和」）にあたるギリシア語 πολλῆς εἰρήνης は πολλὴ εἰρήνη の属格で，「享受する」（τυγχάνοντες, τυγχάνω の現在分詞・複数形）の目的語。「あなたのご高配によって」の「ご高配」にあたる πρόνοια は，文字通りには「先見，配慮」を意味するが，これはヘレニズム・ローマ世界における支配者が果たすべき「理想的徳目」の一つである（ディオ・クリュソストモス『弁論』Ⅲ, 43；Ⅱマカ 4：6；『アリステアスの手紙』30 をも参照）。「この国（ユダヤ）のために種々の改革が進められております」にあたるギリシア語本文は独立属格構文。「種々の改革」と訳したギリシア語名詞 διορθωμάτων は διόρθωμα の複数形・属格。この名詞はしばしば法の改正の意味で用いられている（例えばプルタルコス『ヌマ』17「法に関する事柄の種々の改正」。バレット）。

　以上のような讃辞は，フェリクスがローマ総督としてユダヤで行なった統治のあり様に関するタキトゥスやヨセフスの報告[136]との乖離が著しい（シュナイダー，イェルヴェル，ウィザリントンなど）。しかしこれは，修辞的な表現（「讃辞」）なので，時代史的説明は「余計なこと」（コンツェルマン）かもしれない。いずれにしても，ここでテルトゥルスは，ヨナタンの後で親ローマ的立場をとった大祭司アナニア（本書 206 頁参照）を代弁しているのであるから，アナニアの立場からすれば，ローマ総督に対するこのような讃辞は，確かに大袈裟ではあるが，彼の立場の「修辞的」表現である可能性はあろう。この後の文脈でパウロが「弁明」しているが，彼もその序言（10 節）においてフェリクスに讃辞を呈している。これはテルトゥルスの告訴における讃辞と比較してより冷静ではあるが，「讃辞」には変わりはない。これらを構成したルカは，少なくともローマ帝国の属州支配に対して批判的視点を持つことはなかっ

---

[136] ヨセフス『古代誌』XX, 162-164 によるとフェリクスは，彼のユダヤ総督への任命をクラウディウス帝に執り成した大祭司ヨナタンがその後彼に，ユダヤ当地のあり方を改めるようにしばしば警告したために，ヨナタンに敵意を持つようになって，シカリ派を使って暗殺した。また，タキトゥス『歴史』V, 9 によれば，フェリクスは，「あらゆる暴虐と欲望により，奴隷の性向をもって王の権限を行使した」（『年代記』XII, 54 をも参照）。M. Wolter, Φῆλιξ, in：『釈義事典』Ⅲ, 468 頁。

24：1—9

たと思われる。

3節　「あらゆる面で，またいたるところで」(πάντῃ τε καὶ πανταχοῦ)。πανταχοῦ は，21：28で用いられていたが，このいわゆる「パロノマシア」(同音異語表現)は新約では当節だけに見いだされる。「私どもは認める」(ἀποδεχόμεθα，ἀποδέχομαι「喜んで受け入れる，認める」の1人称・複数形)には，ギリシア語本文では目的語がないが，当節の「種々の改革」(διορθώματα) を受けていよう。「衷心から感謝を献げる」は，文字通りには「すべての感謝をもって」(μετὰ πάσης εὐχαριστίας)。なお，ギリシア語本文では，「認める」と「感謝をもって」の間に「フェリクス閣下」(κράτιστε Φῆλιξ) という呼びかけが置かれている(岩波訳ではこれが「告訴」の文頭に置かれている)。「閣下」(κράτιστος) という尊称については，23：26の《釈義》(本書230頁)参照。

4節　「私がこれ以上あなたを妨げないように，手短に(語ろうとしている)私たち(の言葉)を，あなたがあなたの寛大さをもって聞かれることを (ἀκοῦσαί σε ἡμῶν συντόμως τῇ σῇ ἐπιεικείᾳ) お願いいたします」(直訳)。ここでフェリクスに対するテルトゥルスの「讃辞」は終了するが，キケロもまた弁論が「讃辞」から「陳述」に移行する際に，「事案の陳述は簡潔でなければならない」ことを強調している(『弁論家について』Ⅱ, 326)。

5節　当節は，弁論の構成要素の②「叙述」(narratio)，すなわち「事案の陳述」にあたる。

「確認しました」と訳したギリシア語動詞 εὑρόντες は，εὑρίσκω「見いだす」のアオリスト分詞・複数形で，主語は3節の「私たち」を受けており，この動詞を「……を……であると認める，確認する」という意味で用いるのはルカ文書に多い(ルカ6：7 diff. マコ3：2／マタ12：10，ルカ23：2 diff. マコ15：1／マタ27：1，使4：21, 13：28, 23：9, 29, 24：20参照)。

「確認した」内容は，「この男(パウロ)が，疫病〔のような者〕で，世界中のユダヤ人すべての間に紛争を引き起こしている者であり，またナゾラ人たち

の分派の首領である」ことである。「疫病〔のような者〕」にあたる λοιμός は，「疫病にかかった，有害な」を意味する形容詞の名詞的用法で，当節ではパウロが「〈疫病のような〉人間，すべての人々に〈疫病を伝染させる〉人間だという（サム上25：25, 30：22 LXX ἀνὴρ λοιμὸς καὶ πονηρός 参照）」[137] 意味に用いられている。これに最も近い λοιμός の用法は Ⅰマカ 15：21 に見いだされるであろう。すなわち，ローマの執政官ルキウスからエジプトのプトレマイスに送った書簡の中でルキウスが，「彼らの国（ユダヤ）からあなた方のもとに疫病を及ぼす者（λοιμοί）が逃げ込んで来たならば，その者たちを大祭司シモンに引き渡し，彼がユダヤ人の法律に従って罰することができるようにしていただきたい」と記している。

当節ではこれに加えて，パウロは「世界中のユダヤ人すべての間に紛争を引き起こしている者」といわれている。この言葉との関わりで多くの注解者が引き合いに出すのが，アレクサンドリアに宛てられた皇帝クラウディウスの書簡である。A. N. シャーウィン・ホワイトによれば，この書簡の中でクラウディウスはユダヤ人のある種の政治的行為に対する自らの批判を次のように表現している。「（ユダヤ人は）世界中に同じ種類の疫病を湧き起こしている」と。そしてシャーウイン・ホワイトは，このような「両表現の類似」関係について，以下のようなコメントをしている。

> ここ（使 24：5）に記されている訴因はまさしくクラウディウス治世下かネロ治世の初期に一人のユダヤ人に向けられたのである。告訴人はローマ政府の側に立ってパウロを非難したのであるから，プロクラートルは告訴内容が何であるか即座に理解したことであろう。もちろん両テキストの年代順序を鑑みても上の類似に関する推論の支障はない。アレクサンドリアに宛てられたクラウディウス書簡は治世初年度のものであり，また皇帝はその後も何度かユダヤ人に対し文書で怒りの念を表明せざるをえなかったのである。（『新約聖書とローマ法・ローマ社会』63-64頁）

137　λοιμός, in：『釈義事典』Ⅱ，421頁。

24：1―9

このような事例を，テルトゥルスというよりはむしろルカが知っていた故に，ルカはテルトゥルスをしてパウロを「世界中のユダヤ人すべての間に」「疫病」と「紛争」を引き起こしている者として告訴せしめた，と想定されるべきであろう。したがって，ここで「紛争」と訳したギリシア語名詞 στάσεις（στάσις の複数形）は，ルカからみれば，それはユダヤ教内部の宗教的「論争」の意味であるが（15：2, 23：7, 10），パウロをローマ総督フェリクスへ告訴した原告の立場からすれば，ローマの「太平」（2節）を乱す「騒乱」，あるいは「反乱」（ラテン語で seditio）を含意する（ルカ23：19, 25 参照）。これを「世界中のユダヤ人すべてに」拡大する表現をとったのは，明らかにルカである。「世界」にあたる οἰκουμένη は，たしかにクラウディウス書簡の文言に並行してはいるが，ルカはここで読者に，17：6（「世界中を騒がせた奴ら（パウロとシラス）」）を想起させようとしている。

これに加えて，ルカはここでも，大祭司をはじめとする最高法院全体によるローマ総督への追訴という共通の場面で，パウロとイエスを重ねていることにも注目したい。それは，先に挙げたルカ23：2のみならず，とりわけ23：5（diff. マコ15：3／マタ27：12）によって立証される。――祭司長たちやユダヤの群衆が総督ピラトゥスに「こいつ（イエス）は，ユダヤ全土で教え回りながら，民を煽動しているのである」[138]。

パウロが「ナゾラ人たちの分派の首領」といわれていることにも，イエスとの関わりで両義性があると思われる。

まず，「ナゾラ人たち」（Ναζωραῖοι）は「ナゾラ人」（Ναζωραῖος）の複数形で「ナゾラ人」イエス・キリスト（3：6, 4：10）の信徒たちの意味である。これは，11：26 の「キリスト者」（Χριστιανοί）が「キリスト」（Χριστός）から派生した表示であることに対応する。したがってこの箇所は，ユダヤ人がキ

---

138 以上，Omerzu, op. cit., S. 428-430 ; Padilla, op. cit., pp. 221-223 参照。Omerzu によれば，イエスは maiestas（反乱罪）により，パウロは seditio（騒乱罪）によって追訴されている点で相違がある。しかし，Padilla (op. cit., pp. 222, n. 115) によれば，Omerzu は maiestas と seditio を区別する法的境界線が曖昧であることを見逃している。

リスト信徒のことをその最初期において「ナゾラ人（たち）」と呼んだ典拠の一つとなる。なお，「分派」と訳した αἵρεσις は紀元後 2 世紀以降，キリスト教の「異端」にあてられるギリシア語名詞であるが，本書で前提している時代（1 世紀末）のユダヤ教にはサドカイ派，ファリサイ派，エッセネ派などの「諸派」あるいは「分派」はあっても，「異端」はなかった。当箇所に「異端」の訳をあてる（口語訳）べきではなかろう。

次に，ここでは大祭司アナニアの代弁人テルトゥルスがパウロをローマ総督フェリクスへ告訴する文脈で彼を「ナゾラ人たちの分派の首領」と呼んでいるのであるから，キリスト信徒を意味する「分派」には，明らかに否定的響きを含意している。しかも「首領」と訳したギリシア語名詞 πρωτοστάτης は元来軍隊用語で「軍隊の指揮官」とりわけ「反乱軍の首謀者」の意味をもつ。この用語からもパウロに「騒動攪乱者の嫌疑」がかけられていることがわかる[139]。

6 節　テルトゥルスはその弁論の③「確証」（confirmatio）としてパウロによる神殿冒瀆を引き合いに出す。この場面は 21：28 にあたるが，この箇所を当節と詳細に比較すると微妙な差異が認められる。まず，21：28 ではパウロが「この聖なる場所を穢した」（κεκοίνωκεν τὸν ἅγιον τόπον τοῦτον）と言われているのに，当節では「神殿さえも穢そうとした」（καὶ τὸ ἱερὸν ἐπείρασεν βεβηλῶσαι）と言われている。しかし，共に「穢す」と訳した動詞に，ギリシア語では違う動詞が，すなわち 21：28 において κοινόω が，当節において βεβηλόω が，それぞれ用いられている。κοινόω と同語幹の形容詞 κοινός「穢れている」は ἅγιος「聖なる」の対立概念として，21：28 でパウロは「聖なる場所としての神殿を穢した」と，宗教的なレベルでユダヤ人に告発されているのに対して，当節ではむしろ，ローマ軍団の管轄（監視）下にある神殿を「穢そ

139　πρωτοστάτης, in：『釈義事典』Ⅲ，226 頁。なおイェルヴェルは，当節の στάσις はユダヤ教内部の「論争」の意味で，πρωτοστάτης にも政治的意味はないことを強調しているが，Padilla（op. cit., pp. 220, n. 110）が正しく反論しているように，この「論争」がここではローマ世界に，告訴人から見れば「反乱」を引き起こし，パウロがその「首領」なのである（12 節をも参照）。

24：1—9

うとした」と、政治的なレベルでテルトゥルスによって告訴されている（レイク‐キャドバリー）[140]。しかも、21：28では「穢した」（κεκοίνωκεν、κοινόωの完了形）と告発されているのに対して、当節では、「穢そうとした」、文字通りには「穢すことを試みた」（ἐπείρασεν βεβηλῶσαι）と告訴されている（ἐπείρασενはπειράζωのアオリスト形。βεβηλῶσαιはβεβηλόωのアオリスト不定法）。前者が後者でトーンダウンされている（ウィザリントン）とみるよりも、後者からは、パウロを、神殿（境内）を穢して「紛争を引き起こしている者」（5節。21：31の「騒乱状態に陥っている」をも参照）として告訴し、その判決をローマ総督に委ねようとしている告訴人の意図が読み取られるべきであろう。

このことは、「私どもはこれを捕らえた」のギリシア語本文ὃν καὶ ἐκρατήσαμενからも裏づけられる。まず、ἐκρατήσαμενはκρατέω「（力づくで）捕らえる」のアオリスト・1人称・複数形であるが、それに対応する21：30「彼らがパウロを捕らえ」がギリシア語ではἐπιλαβόμενοιとなっており、ἐπιλαμβάνομαι「捕まえる、捕らえる」のアオリスト分詞が用いられている。この後パウロが殺されそうになった時、千人隊長が介入して改めて彼を「逮捕する」が、この動詞にもギリシア語ではἐπιλαμβάνομαιがあてられている。当節では21章における千人隊長の介入を省いて、「私ども」すなわち、大祭司に代表されるユダヤ人たちがパウロを「捕らえた」といわれている。彼らユダヤ人たちが彼をローマの官憲に渡す前に「予備的処置」として「捕らえた」ことを強調し、これによって引き起こされた宗教的原因による「騒乱」（21：30 f.）を政治的「反乱」の下(した)に位置づけたと想定されるのである[141]。

なお、後世の若干の写本（E Ψ 33など）には、当節と21：27 ff. とを調整して、6節後半から8節前半にあたる部分に、次のような文章が加筆されている（ギリシア語底本にはこの文章は採用されておらず、7節は欠番）。「⁶ そして、私たちの律法に従って裁こうとしましたが、⁷ 千人隊長リュシアがやって来て、力ずくで彼を私たちの手から奪い去り、⁸ 彼を訴える者はあなた様のもとに出頭せよと命じました」。

140　Omerzu, op. cit., S. 436 f.　もこの説に肯定的である。
141　Omerzu, op. cit., S. 437 参照。

8節 テルトゥルスの弁論が「結語（peroratio）」となるが，ここではパウロが，告訴人の「訴え出た」（κατηγοροῦμεν．κατηγορέω の現在・1人称・複数形）ことのいわば「証人」として立てられている。これは「告訴」としてはいかにも不自然なので，先に挙げた写本では，「あなた様ご自身で彼をお調べくだされば」の「彼」がパウロではなく千人隊長リュシアを指すように調整されている。しかし，ギリシア語底本の読みをとれば，「告訴」の文言を構成したルカが，この後でテルトゥルスが訴え出ている件について自ら立証できないことを，パウロ自身をして「弁明」させる余地を残した結果ととることができよう。

9節「ユダヤ人たちも合意して」と訳したギリシア語動詞 συνεπέθεντο は συνεπιτίθημι の中動相・アオリスト形。元来は軍隊用語で「一緒に攻撃する」の意。彼らはテルトゥルスのパウロ告発を彼と「〈一緒になって攻撃し／支持〉し〉」[142]たことを含意している。「その通りだ」（ταῦτα οὕτως ἔχειν）という表現については 7：1，17：11 参照。

なお，当節からヘンヒェンなどはテルトゥルスもユダヤ人の一人であると推定する。しかし，2節で彼が「この国（ユダヤ）のために」と第三者的発言をしているので，非ユダヤ人である可能性もあろう。1節の《釈義》で言及したように Tertullus はラテン名なので，あるいは彼はギリシア語に長じたローマ人であるかもしれないが，大祭司をはじめとするユダヤの最高法院メンバーの「代弁人」として，ユダヤ／ローマの法的背景に通じているのだから，ディアスポラのヘレニズムユダヤ人である可能性もあろう（バレット）。いずれにしても彼の出自について正確なことは不明である。

（3）パウロの弁明（24：10-21）

この「弁明」は，総督フェリクスによるパウロに対する発言の促し（10節 a）に続いて，テルトゥルスによる「告訴」（4節 b-8節）の場合と同様に，「弁論」の修辞的原則[143]に従い，以下のような順序で陳述されている。

---

142 συνεπιτίθεμαι, in：『釈義事典』Ⅲ，344頁。
143 古代ギリシア・ローマにおける「弁論」の修辞的原則については，本書238

24：10—21

① 序言（exordium）：聞き手への讃辞（24：10b）
② 叙述（narratio）（24：11）
③ 反駁（refutatio）：a（24：12-13）
④ 確証（confirmatio）（24：14-16）
⑤ 反駁（refutatio）：b（24：17-20）
⑥ 結語（peroratio）（24：21）

10 総督が発言するように合図したので，パウロは答弁した，「私はあなたが長年この国民の裁判をつかさどっておられるのを知っていますので，私についてのことも喜んで弁明いたします。11 私が礼拝のためにエルサレムにのぼってから，まだ十二日以上は経っていないことは，〔お調べになれば〕おわかりになると思いますので。12 そして神殿でも，いくつかの会堂でも，あるいは町の中でも，私が誰かと論争したり，群衆を煽動したりするのを，誰も見たことはないのです。13 彼らは，今私を告訴している件について，あなたの前に立証できないはずです。14 ただ，私は次のことは認めます。私は，彼らが『分派』と呼んでいるこの道に従って，父祖の神に仕え，律法に即したこと，また預言者たちに記されていることを，ことごとく信じておりますし，15 また，義しい者も義しくない者もやがて甦るという希望を，神に対して抱いております。この希望は，この人たち自身も抱いているのです。16 ですから，私自身も，神に対し，また人間に対し，やましくない良心を常に持つように努力しているのです。17 さて，私は同胞に施しをするために，また供え物を献げるために，長年の後〔エルサレムに〕帰って来ました。18 私は，この供え物のために，神殿で清めをしているところを見られたのですが，そこには群衆もおらず，騒ぎもありませんでした。19 ただ，アシア〔州〕から来たユダヤ人が数人いただけです。もし，私に対して訴えることがあったのなら，その人々こそ，あなたの前に出頭して，告訴すべきであ

頁，注133参照。

ったのです。²⁰ 彼らがそうしないのなら，ここにいる人々自らが，私が最高法院の前に立った時にどんな不正を認めたのかを言うべきでしょう。²¹ 私は彼らの中に立っていた時，『死人の甦りのことで，私は今日あなたたちの前でさばかれている』と叫んだだけなのです」。

《釈　　義》

10節 a　「総督が発言するように合図したので」は，ギリシア語本文では独立属格構文。「合図した」と訳した νεύσαντος は νεύω のアオリスト分詞・男性・単数形・属格。

10節 b　当節からパウロの弁明がはじまるが，彼もまた弁論の①「序言」（exordium）として聞き手への讃辞を呈する。「あなたは長年この国の裁判人であることを知っていますので」（直訳）の「知っています」はギリシア語動詞 ἐπιστάμενος（ἐπίσταμαι の現在分詞）にあたり，主語の「私は」を受け，「私についてのことも喜んで弁明いたします」の理由句になっている。なお，「弁明する」（ἀπολογοῦμαι）という動詞は新約で10回のうちルカ文書で8回用いられており（ルカ12：11 diff. マコ13：11／マタ10：19，ルカ21：14 diff. マコ13：11／マタ10：19，使19：33，24：10，25：8，26：1，2，24），とりわけ当節以下の4回はいずれもローマ総督やアグリッパ王に対する「弁明」の場面に見いだされる。特にこの4回はいずれもローマ法に基づく為政者に対する弁明であり，ユダヤ法に基づくユダヤ人に対する弁明ではないことに注目すべきであろう（真山）。これらの弁明からは，パウロの口を借りたルカのローマ帝国に対するキリスト教の弁明が透けて見える。

　以上の讃辞は，テルトゥルスのパウロ告訴における長文の讃辞と比較すれば，より短く，調子も冷静であるが，フェリクスに向って「長年（ἐκ πολλῶν ἐτῶν）この国民の裁判をつかさどっていた（文字通りには，裁判人である）」という言葉は，明らかに修辞的誇張表現である（コンツェルマン，イェルヴェル，バレットなど）。当時ローマ帝国の地方総督の任期は原則として2年間であったからである。実際，フェリクスは――23：24の《釈義》（本書229頁）で言及

24：10—21

したように——52／53 年頃にユダヤ州総督に任命され，55／60 年頃にユダヤにおいて失政の廉で更迭されている（27 節とその《釈義》をも参照）[144]。

「私についてのこと」とは，テルトゥルスのいわゆる「私どもの告訴した件」（8 節）——具体的には「紛争」の元凶（5-6 節）——を受けている。

11 節 「おわかりになると思いますので」と訳したギリシア語本文は，理由を表わす独立属格構文（δυναμένου σου ἐπιγνῶναι）。これは前節の「私についてのことも喜んで弁明いたします」の理由句となっている。そして，この理由句の内容は「私が礼拝のためにエルサレムにのぼってから，まだ十二日以上は経っていないこと」である。「礼拝のために」と訳した προσκυνήσων は προσκυνέω「仕える，礼拝する」の未来分詞で，エルサレムに「のぼった」（ἀνέβην, ἀναβαίνω のアオリスト・1 人称・単数形）の目的を表わす（8：27 をも参照）。パウロが最後にエルサレムへ上京した理由が神殿での「礼拝」のため，いわば「巡礼」のため（ロロフ）であったとは，当節の前の文脈では明言されていない。ただし 20：16 によれば，「五旬節」に向けてパウロはいわば巡礼者の一人としてエルサレム上京を急いでいた。このことは後の文脈（17 節）からも裏づけられよう。ルカによれば，パウロの上京の目的は宗教的敬虔に基づいていたのである[145]。

ところで，上京以来「十二日以上は経っていない」という発言の根拠はどこにあるのだろうか。注解者たちの間では意見が分かれている。

多数意見は，パウロがエルサレムに着いた時点（21：17）からカイサリアに護送された時点（23：23）まで，すなわち彼がエルサレムに滞在した日数ととる（ヘンヒェン，ロロフ，ペッシュ，ブルース，ツミエフスキー，ウィザリン

---

144 ただし，フェリクスは総督就任前に前任者のクマーヌスが在職の頃にもユダヤで執政に協力していたので，その期間も加えれば「長年」になるとも説明される（C. J. Hemer, *The Book of Acts in the Setting of Hellenistic History*, p. 172, ウィザリントン）。ただし，パウロの弁明を構成したルカがそこまで考慮していたかどうかは不明。

145 この点については 17 節の《釈義》をも参照。

トンなど)[146]。しかし，パウロがカイサリア到着後の5日目にフェリクスの法廷に立ったとすれば，パウロが弁明している場面ではエルサレム到着後17日経っていることになるので，「十二日」とは日数が合わない。それだけではなく，パウロが4日間アントニア城砦に留置されていたとすれば（9-12日目），この間にパウロのそれまでの行動はローマ側にわかっていたはずである（バレット）。他方ルカが，21：27の「七日」に24：1の「五日」を加えて「十二日」と読むように読者に促した，という想定もある（コンツェルマン，シュナイダー，リューデマン）。しかし，これは物語から読み取られるパウロのエルサレム滞在期間（少なくとも十二日間）と合わない（24：1の《釈義》本書239頁参照）。結果，「十二日」をパウロのエルサレム到着から千人隊長による逮捕（21：33）までの期間とも想定される（バレット）[147]。

いずれにしても，「弁明」しているパウロの視点からみれば，「長年」ユダヤの「裁判をつかさどっておられる」フェリクスは，自分の「十二日」足らずのエルサレムにおける行動を「〔お調べになれば〕おわかりになると思いますので」「私についてのことも喜んで弁明します」と発言しているのであるから，「十二日間」は「長年」のうち「わずか十二日足らず」ということを訴えたかったのであろう[148]。

12節　当節から20節まで「弁論」の修辞的原則では「反駁」（refutatio）となるが，その中間（14-16節）に「確証」（confirmatio）が挿入されている

146　1日目：エルサレム到着（21：17），2日目：ヤコブ訪問（21：18），3-9日目：清めの期間（21：26 f.），9日目：逮捕（21：33），10日目：最高法院の尋問（22：30），11日目：陰謀の誓い（23：12），12日目：カイサリア到着（23：33）。
147　H. Omerzu（*Der Prozeß des Paulus*, S. 445）も同様。この場合21：27の理由句「さて，七日の期間が終ろうとしていた時」はルカの編集句として算定されていない。
148　シュミットハルスによれば，「十二日」は「単純に端数のない数（＝最近）」，つまり「わずかな」の象徴的数。この想定には外証がないので採ることはできないが，パウロが「長年」と比較して「わずかな年数」として「十二日」と言った，あるいはむしろルカがそのように言わしめた可能性は残るであろう。

ので,「反駁」は前半 (12-13節) と後半 (17-20節) に分けられる。

パウロは告訴人の争点 (5-6節) に反論して,「神殿でも, いくつかの会堂でも, あるいは町の中でも, 私が誰かと論争したり, 群衆を煽動したりするのを, 誰も見たことはない」と証言する。パウロはここで, 告訴人が彼は「世界中のユダヤ人すべての間に紛争を引き起こしている者」と訴える (5節) のに対して, 自分の行動をエルサレムに限定し,「神殿でも,(エルサレムに存在する) いくつかの会堂でも (6:9によれば, エルサレムに複数の会堂があった), 町 (単数形。エルサレムを指す) の中でも」自分が「誰かと論争したり, 群衆を煽動したりするのを, 誰も見たことはない」と反駁する。「群衆を煽動する」と訳したギリシア語はἐπίστασιν ποιοῦντα ὄχλουで, 直訳すれば,「群衆の殺到 (襲撃) を引き起こす」の意。これは明らかに, 5節の「紛争を引き起こす」(κινοῦντα στάσεις) を受けている[149]。

なお, パウロがこのように争点をエルサレムにおける彼の活動に絞って, 告訴人が挙げている「世界中」の活動 (5節) を無視しているのは, 争点をあくまでフェリクス管轄下のユダヤ, とりわけエルサレムにおける宗教的対立に限定して, 自らの無罪を証明しようとしているからであろう (17節以下の「反駁」をも参照)。

13節 ユダヤの告訴人は,「今私を告訴している件 (8節参照) について, あなた (フェリクス) の前に立証できないはずです」。実際この法廷に告訴人側の証人は来ていない。

---

[149] 田川はἐπίστασιςを「気を引くようなこと」と訳し, IIコリ11:28を引き合いに出して, この語には「煽動するなどという意味はない」と断定する (506頁)。しかし彼は, 行伝におけるパウロの発言とパウロの手紙における用語とを同一のレベルに置いて意味づける結果, 上記のような見解になるので, 私見では, 行伝におけるパウロの弁論はルカの用語法として意味づけるべきである。ἐπίστασιςはἐφίστημιからきており, この動詞は使6:12で「煽動する」の意味で用いられている。ἐπίστασιςを, 行伝におけるルカの用語として「煽動」と訳しても間違いではなかろう。

14節 当節から16節までパウロは自分の現状を「確証」（confirmatio）する。つまり，彼は次のことは「認めます」という。「彼らが『分派』と呼んでいる（5節）この道に従って」いることを。パウロはここでユダヤの告訴人が「分派」と呼んでいる集団に所属していることを認めた上で，それを「この道」（9：2，22：4参照）と言い換えて，これこそがユダヤ教の伝統を正しく引き継いだ真のイスラエルとしてのキリスト教（共同体）であることを証しする。

ここでもパウロは，自分を告訴しているユダヤ人たちと同様に，「父祖（伝来）の神に仕えている」と言う。「父祖（伝来）の神」（ὁ πατρῷος θεός）という表現についてはⅣマカ12：17，『古代誌』Ⅸ，256を参照。パウロは22：3でこの「父祖の」（πατρῷος）という形容詞を，エルサレムにおいて千人隊長に彼の死刑を要求したユダヤの民への弁明の中で，「律法」や「神」にかけて用いている（ローマにおけるユダヤ人に対するパウロの弁明の中の「父祖の慣習」〔28：17〕をも参照）。これに対してパウロ自身の手紙では，「父祖の」にはπατρῷοςではなく，πατρικόςという表現が用いられている（ガラ1：14）。したがってルカは，パウロの「弁明」においてπατρῷοςという形容詞を用いることによって，パウロの使信と「父祖の」使信との緊密なつながりを強調している可能性がある[150]。

「仕える」と訳したギリシア動詞 λατρεύω は，「礼拝する」とも訳されるが（7：7），当節と7：7との関係に注目しておきたい。7：7ｂは出3：12 LXXが意識された箇所であるが，ここでは「その後彼らはそこを出てこの山で礼拝するであろう」の「この山で」が，ルカによって「この場所で」に訂正されていた。この場合の「場所」でルカは，使6：13（7：49，21：28をも参照）の《釈義》荒井，中巻，22頁で指摘したように，当箇所における神の約束が，ホレブの「山」を超えて，ステファノの「今」におけるエルサレム神殿，更にはルカ自身の「今」，すなわち真の神殿としての「教会」をも示唆していることを暗示していた。要するに，7：7との関連から当節を解釈すれば（7：7の《釈義》荒井，中巻，29頁参照），ルカによればパウロは，彼が「弁明」して

150　πατρῷος, in：『釈義事典』Ⅲ，88-89頁参照。

24：10—21

いる「今」，彼を告訴しているユダヤ人の神殿で彼らと共通の「父祖たちの神に」「仕えている，礼拝している」のである。

そしてパウロはまず，真のユダヤ人（すなわちキリスト信徒）として，「律法に即したこと，また預言者たちに記されていることを，ことごとく信じている」ことを確認する。ユダヤ教徒とキリスト教徒が共通して信仰の対象としている「聖書」を「律法と預言者たち」と総括して表現するのはルカの特徴である（ルカ 16：16 diff. マタ 11：12，ルカ 24：44〔ここでは「詩篇」も加えられている〕，使 13：15，28：13 参照）[151]。「ことごとく」（πᾶσι, πᾶς の男性・複数・与格）もルカ的誇張表現であろう。ルカはこうして，パウロが模範的ユダヤ／キリスト教徒であることを顕示する。

15 節　次にパウロは，「この人たち」つまり彼に対するユダヤの告訴人たちも共通して「抱いている」，「義しい者も義しくない者もやがて甦るという希望を」自分も「抱いている」ことを強調する。もっとも，復活信仰を持っているユダヤ人は，主としてファリサイ派と一般民衆で，祭司や貴族に多いサドカイ派を中心とするグループは復活を信じていなかった（23：6-9 参照）。しかも「義人も非義人も」すなわち万人の「復活」思想は聖書にもほとんど明言されていない。もっとも，神の最後の審判が，死後「眠りから覚める」者に至るまで（ダニ 12：2），あるいは，死人たちの「大きい者」にも「小さい者」にも（ヨハ黙 20：11-12）および，という審判思想はあった。ここには，万人が復活した後に裁きの座に据えられるという考え方が前提されている可能性はあろう。いずれにしてもパウロ——というよりもルカ——はここで，弁明の最後の一句（21 節）から想定されるように争点を「死人の甦り」の一点に絞ろうとしているので，普遍的「甦り」の「希望」（23：6 をも参照）をユダヤ人た

---

[151] 「ルカの意味では，「律法」は一面的に掟の意味に，「予言者」は一面的に予言の意味にと解することはできない。このことは，ルカ二四・四四や行伝二四・一四からはっきりする。むしろ律法と予言者が一緒になって，一方では悔改めの呼びかけの根拠を与え，他方では予言証明の根拠を与えている」（H. コンツェルマン『時の中心』266-267 頁）。

ちと共有しているのを強調していることと思われる。

16節　「ですから」と訳したギリシア語句 ἐν τούτῳ は，直訳すれば「このことにおいて，そのゆえに」。「このこと」とは前節を受けて，「甦り」という「希望」であろう。この「希望」がパウロの生活全体を規定している。つまり，「私自身も，神に対し，また人間に対し，やましくない良心を常に持つように努力している」と。「やましくない」と訳した ἀπρόσκοπος は προσκόπτω（他動詞で「打ち当てる」，自動詞で「打ち当たる」を形容詞にして，それに否定接頭辞 ἀ- をつけたものであるから，「他人を害する」，あるいは「自分が害される，咎められる」「ことのない」という意味であろうが，いずれにしてもこれを「やましくない」と訳してよいであろう。この形容詞が συνείδησις にかかっているので，23：1「良心に少しのやましいところなく」（πάσῃ συνειδήσει ἀγαθῇ）の用法を考慮して当節における συνείδησις を「良心」と訳しておいた。23：1の《釈義》で指摘したように（本書205頁），パウロ自身もその手紙の中でこの名詞を多用しているが，これに形容詞を付し，「生き方（の善悪）を判断する人間の意識」の意味で用いられるのは，パウロ以後の時代になってからである[152]。この意味における「良心」を，神に対しても人間に対しても「常に（διὰ παντός. 2：25, 10：2をも参照）持つように努力している」と，パウロは「甦りの希望」に基づいて自分の純正な生活のあり様を明言する。

17節　パウロの弁明は当節から再び「反駁」（refutatio）に帰って，12-13節における反駁をより具体的に申し述べる。

彼が「（比較的に）長年の後に」（δι' ἐτῶν πλειόνων）エルサレムに「帰って来た」（παρεγενόμην. παραγίνομαι のアオリスト形）理由は，「同胞に施しをするために，また（神殿に）供え物をするため」（ποιήσων εἰς τὸ ἔθνος μου παρεγενόμην καὶ προσφοράς）であったことがここではじめて明らかにされる。ποιήσων は

---

[152] 田川は συνείδησις を「意識」と訳して，Ⅰコリ8：7を引き合いに出し「これを「良心」と訳すのはよくない」とコメントしている（前掲書，396頁）。田川はここでもルカとパウロの用語法上の差異を無視している。

24：10—21

ποιέω の未来分詞で，理由を表わす。

　この「同胞に施しをするために」という理由句は，意外にも多くの注解者たちによって，使徒会議において取り決められたエルサレム教会の「貧しい者たち」への援助金（ガラ2：10）のパウロによる履行計画（ロマ15：25。Ⅱコリ8：1-4, 9：2, 12をも参照）と重ねられる（コンツェルマン，リューデマン，ロロフ，ペッシュ，ツミエフスキー，ウィリアムズ，イェルヴェル，ウィザリントンなど）[153]。しかし，行伝においてパウロは，エルサレム上京の目的としての援助金持参については一切口にしておらず，彼のエルサレム（とローマ）行きはむしろ神の「必然」であることが強調されている（19：21, 23：11。21：13 f. をも参照）。当節でパウロが行なったのは「同胞」への「施し」（ἐλεημοσύνη）であって，これは彼が手紙の中で言及している「援助（金）」（διακονία, κοινωνία, λογεία. ロマ15：26, 31, Ⅰコリ16：1, Ⅱコリ8：4, 6, 20, 9：1, 12, 13）とは区別されるべきである。当節でパウロが言う，「同胞に施しをするために」の関連箇所を行伝に求めるならば，20：16（パウロは，「できるならば五旬節にはエルサレムにいたいと，〔旅を〕急いでいた」）以外にないであろう。すなわちルカは，パウロをディアスポラからエルサレムに上る巡礼者のモデルとして描いている[154]。したがって，当節の「施し」を「救援金」と訳す（新共同訳）べきではない。

　もう一つの理由句「供え物を献げるために」は，パウロがヤコブにより指示されてナジル人の誓願明けの四人のために「供え物」を神殿に献げようとしていたこと（21：26 f.）を示唆しているのであろう。ただし，これは，パウロがエルサレムに上った直接的理由ではない。「弁明」の都合上，ルカがこれをパウロ上京の理由に入れたと考えざるをえないのである。

18-19節　この供え物のために神殿で清めをしているパウロを人々は見かけ

153　田川によれば，行伝におけるパウロは，「ついここでは，うっかり正直に（献金持参のことを）書いてしまったのだろう」（前掲書，597頁）。

154　R. C. Tannehill, *The Narrative Unity of Luke-Acts*, Vol. 2: p. 300; Omerzu, op. cit., S. 447 f. も同様。

たが，群衆もおらず，騒ぎもなかった（12 節の繰り返し。21：26 f. をも参照）。ただ，アジアから来たユダヤ人が数人いただけであった（21：27 参照）。

「もし私に対して訴えることがあるのなら」（εἴ τι ἔχοιεν πρὸς ἐμέ. ἔχοιεν は ἔχω の現在・希求法・3 人称・複数。より少ない可能性を前提とする条件文），その人々こそ，あなたの前に出頭して，告訴すべきであったのです」。「……すべきであった」と訳した ἔδει は「……すべきであったのにしなかった」の意を表わす，δεῖ の未完了形。

このようなパウロの反駁の根拠には「訴訟の途中放棄」に刑罰が課せられる当時の法的事情を引き合いに出す注解者が多い（バレット，ウィザリントンなど）。シャーウィン・ホワイトによれば，ルカがこの事情に通じていて，「アジアのユダヤ人が訴訟から手を引いたとするなら，それはパウロにとって，法的に認知された正当な反駁材料になりえたわけである」ことを意識して行伝を叙述し，ユダヤ人の不法行為を示唆したものと思われる[155]。

しかし，ルカの叙述においてはこの場面でパウロを告訴したのは，大祭司アナニアをはじめとする長老たち，すなわち最高法院の代弁人テルトゥルスであって，アジアのユダヤ人ではない（24：1）。したがってここでパウロは，テルトゥルスによる告訴の第二の訴因，彼の神殿冒瀆罪（6 節）について，その証人が存在するなら，彼らが法廷に出頭して告訴すべきであったと反論しているのであって，この点はこれ以上深追いはしていないのである[156]。反駁の対象は次節で，法廷に直接出席して彼を告訴した最高法院を代表する大祭司と長老たちに移されている。

20-21 節 前節を受けてアジアのユダヤ人たちが直接告訴「しないのなら」（ἤ），「この人々自らが」（αὐτοὶ οὗτοι），つまりこの法廷でパウロを告訴している人々自らが，「私が最高法院の前に立った時に」（στάντος μου ἐπὶ τοῦ συνεδρίου. 独立属格構文。στάντος は ἵστημι のアオリスト分詞・単数・属格）「どんな不正を認めたのかを」（τί εὗρον ἀδίκημα）「言うべきでしょう」（εἰπάτωσαν. εἶπα =

---

[155] A. N. シャーウィン・ホワイト『新約聖書とローマ法・ローマ社会』64-65 頁。
[156] Omerzu, op. cit., S. 449 f. 参照。

24：22—23

εἶπον の命令法・3人称・複数形）。「私が彼らの中に立っていた時」(ἐν αὐτοῖς ἑστώς. ἑστώς は ἵστημι の完了分詞・単数形・主格)、「死人の甦りのことで私は今日あなたたちの前で裁かれている」(23：6 参照）と「叫んだあの一声以外に」（直訳。ἢ περὶ μιᾶς ταύτης φωνῆς ἧς ἐκέκραξα. ἐκέκραξα は κράζω のアオリスト形）。

パウロは、テルトゥルス告訴の争点（5-6 節）に直接見いだされない最高法院尋問における復活論争（23：6-10）に焦点をずらして、自らの弁明を終える。これは要するに、テルトゥルスが代表する最高法院の告訴にはその論拠がなく、むしろ被告人であるパウロが、最高法院によって元来採られるべき父祖伝来の真のユダヤ／キリスト教の象徴的存在であるという、物語作家ルカのパウロ像に基づく、パウロ裁判報告の総括とみなしてよいであろう。

(4) パウロの拘留（24：22-27）

この段落は次の二つの部分から成る。

① フェリクスによる留置（24：22-23）
② フェリクスによる拘留（24：24-27）

① フェリクスによる留置（24：22-23）

　22 すると、フェリクスはこの道についてのことをかなり詳しく知っていたので、「千人隊長リュシアが〔エルサレムから〕くだって来た時に、お前たちの件に判決を下すことにする」と言って、審理の延期を告げた。23 そして、百人隊長に彼を留置するように命じた。しかし、ある程度の自由を与え、〔それを〕緩和して、彼の仲間たちの誰も彼に仕えることを妨げないように命じた。

《釈　義》

22 節　「審理の延期を告げた」と訳したギリシア語動詞 ἀνεβάλετο は、ἀναβάλλω「投げる、乗せる」の中動相・アオリスト形。直訳すれば、「自分自身を投げ返す」の意であるが、この動詞は、裁判用語として「審理を（後日に）延期する」の意味で用いられている（ヨセフス『古代誌』XIV, 177）。この動詞に人称

代名詞・対格（当節ではαὐτούς）が付された用例はギリシア語文献に見いだされないが，ἀνεβάλετο αὐτούς はラテン語の ampliavit eos に対応するギリシア語表現と想定される（バレット）。この関連でキケロの『ウェッレース弾劾』Ⅰ, 2, 29（74）：amplius pronuntiaretur「『再審理に付す』と宣言されました」[157] 参照（バレット，ウィザリントン）[158]。これに対応するギリシア語表現としてのἀνεβάλετο αὐτούς も「審理の延長を彼らに告げた」と訳してよいと思われる[159]。

「この道についてのこと」（τὰ περὶ τῆς ὁδοῦ）の「道」は 14 節を受けて，「ユダヤ／キリスト教」の意。「かなり詳しく知っていたので」のうち「かなり詳しく」と訳したギリシア語副詞 ἀκριβέστερον は ἀκριβῶς の比較級（18：26 参照）。ただし，比較級は最上級の意味でも用いられる（17：22 参照）。当節ではいずれの意味にもとれるが，おそらくローマ総督としてはユダヤ／キリスト教のことを――ルカからみれば――「かなり（比較的に）詳しく知っていたので」という意味であろう。なお，「知っていたので」にあたる動詞 εἰδώς は εἶδον の分詞形で理由を表わす。フェリクスがどのようにしてキリスト教の情報を得たのかについては，種々推定されているが（ブルース，ペッシュ，シュナイダーによれば 24 節の「ユダヤ人の妻ドルシラ」を介して），もちろんいずれも憶測の域を出ない。いずれにしても，ルカによればフェリクスは，キリスト教がローマ帝国にとって無害であることを知っていたので，パウロに対してここで直ちに有罪の判決を下さず，他方，ローマ側からみればパウロ事件の唯一の証人である千人隊長リュシアがエルサレムからカイサリアに「くだって来た時に」彼から直接の証言を聴取して，「お前たちの件に関して判決を下すことにする」と「言った」，ということであろう。「判決を下すことにする」と訳した διαγνώσομαι は διαγινώσκω「決定する」の未来形・1 人称・単数で，この動詞

157　谷栄一訳（『キケロー選集』4, 岩波書店, 2001 年, 135 頁）。

158　H. W. Tajra, *The Trial of St. Paul*, p. 109 に拠っている。*Oxford Latin Dictionary*, p. 123：amplius, 3a をも参照。

159　田川は，「彼らに言葉を戻して」と訳し，「今までパウロの発言を聞いていたのだが，ここで大祭司たちの方へ向って，というだけの意味に解するのがよい」とコメントしている（597-598 頁）。しかし彼は，ヨセフスの用例やラテン語表現との対応を無視している。

も法律用語の一つである（25：21 の διάγνωσις「採決，判決」をも参照）。

　もっとも，フェリクスがキリスト教の無罪性を知っていたのに，パウロ事件の直接の目撃者でもないリュシアがカイサリアに着くまで審理を延期するという裁定を下したのは，法違反であることをルカは読者に訴えようとしているとみる注解者が多い（ロロフ，シュナイダー，ツミエフスキー，イェルヴェル）[160]。しかし，総督フェリクスがローマ側からみれば民衆騒擾の唯一の証人である千人隊長リュシアの到着まで法廷審理を延期したことそれ自体が，当時の地方総督による「特別 extra ordinem」「職権審理 cognitiones」ではあっても法違反ではない[161]。おそらくこの主旨の伝承にルカが,「フェリクスはこの道についてのことをかなり詳しく知っていたので」という理由句を加筆したために，フェリクスはキリスト教の政治的無害性を知っていながらパウロを釈放しなかったのはローマ法違反であると結論する道を開いたものと思われる[162]。いずれにしても，行伝著者ルカが描くパウロ像は，ローマ帝国の政治権力に対して批判的ではない。このことは次節からも読み取られるであろう。

23節　フェリクスは「百人隊長に彼（パウロ）を留置するように命じた」。この句は，ヘロデの総督宮廷にパウロがカイサリアに護送された後，フェリクスが彼を「留置しておくように命じた」（23：35）を文字通りに受けているので，ここでもパウロが「留置された」（τηρεῖσθαι）場所は「ヘロデの総督宮廷」と想定されていよう。この命令を受けた「百人隊長」は，前の文脈からは特定できないが，後の文脈，特にパウロのローマへの護送の記事から推定して，その責任を負わされた「百人隊長ユリウス」であった可能性はあろう（27：1。

160　ただしロロフ（ツミエフスキーも同様）は，フェリクスがキリスト教の無罪性を知りながら，審理を延期したのは，ユダヤの告訴人に対する戦略的配慮によると主張するのに対して，イェルヴェルは，いずれにしてもフェリクスがこの時点でパウロを釈放しないのは法違反であると反駁している。イェルヴェルは一貫して，ルカが描くパウロはローマの支配権力に対して批判的である，と主張する。

161　A. N. シャーウィン・ホワイト『新約聖書とローマ法・ローマ社会』64-65頁。

162　H. Omerzu, *Der Prozeß des Paulus*, S. 452 f. 参照。

27：6, 11, 31, 43 をも参照）。27：43 によれば，彼は「パウロを（艱難から）救おう」としている。

　実際，同時にフェリクスは百人隊長に，「（留置を）緩和して，彼（パウロ）の仲間たちの誰も彼に仕えることを妨げないように」命じた（直訳）。「緩和する」と訳したギリシア語句 ἔχειν ἄνεσιν は，新約では当節だけに見いだされるが，ヘロデ・アグリッパ一世が拘留された状況の描写でも同じような句が用いられている（ヨセフス『古代誌』XVIII, 235）。とすれば，パウロがある程度の自由を与えられて留置されたという伝承に基づいて，ルカがフェリクスによるパウロに対する処置を描いた可能性はあろう。その自由の内容を「仲間たちの誰も彼に仕えることを妨げない」という表現で記したのは，おそらくルカと思われる。「仲間たち」にあたるギリシア語代名詞の名詞的表現 οἱ ἴδιοι （元来は「彼に属する者たち」の意）をルカは 4：23 でペトロとヨハネとの「同信の者たち」の意味で使用しており，パウロを海路ローマへ護送して百人隊長ユリウスが「パウロを親切に取り扱い，友人たちのもとに行ってもてなしを受けることを許した」（27：3）と描写しているからである。もちろん，この ἴδιοι が「囚人」パウロをエルサレムのアンティオキア要塞に訪ねてユダヤ人の陰謀を知らせた彼の「姉妹の息子」（23：16）を含む親族を示唆している可能性（シュミットハルス）をも排除することはできない[163]。「彼に仕えること」（ὑπηρετεῖν αὐτῷ）とは，具体的にはパウロに食事を供するなど，彼の身の回りの「世話をすること」であろう。

　以上，パウロ裁判に対する総督フェリクスの処置に関する記事は，基本的には伝承に遡るとしても，パウロに対する比較的に寛容なローマ権力の処置を前景に押し出したのはルカであろうと想定される。

② フェリクスによる拘留（24：24-27）

163　以上, Omerzu, S. 545 f. 参照。ただし，大多数の注解者たちが οἱ ἴδιοι をカイサリア在住のキリスト信徒たちととっている（バレット，イェルヴェル，ウィザリントンなど）。

24：24—27

²⁴ 数日の後(のち)，フェリクスは，ユダヤ人の妻ドルシラと一緒に来て，パウロを呼び出し，キリスト・イエスへの信仰について彼から話を聞いた。²⁵ ところが，彼は，義(ぎ)と，節制(せっせい)と，来(きた)るべきさばきについて論じたので，フェリクスは恐(おそ)ろしくなって答えた，「今は帰ってよろしい。折(おり)を見て，また呼びにやるから」。²⁶ 彼はまた同時に，パウロから金をもらおうという魂胆(こんたん)があったので，そのためにたびたび彼を呼び出して，話合(はなしあ)いをした。

²⁷ さて，二年間が満(み)たされ，フェリクスはポルキウス・フェストゥスを後任者(こうにんしゃ)として迎えた。しかし，フェリクスはユダヤ人に恩(おん)を売ろうと思って，パウロを拘留(こうりゅう)したままにしておいた。

《釈　　義》

24節　「数日の後，フェリクスは，ユダヤ人の妻ドルシラと一緒に来て」。「来て」（παραγενόμενος, παραγίνομαι のアオリスト分詞）とは，——多くの注解者が想定するように——パウロが留置されている総督官邸に「来て」，彼を部屋から「呼び出し……」の意味であろう。彼が同伴した「ユダヤ人の妻ドルシラ（Δρουσίλλα）は，ヘロデ・アグリッパ一世（12：1 ff. 参照）の末娘。彼女の兄がアグリッパ二世（25：13参照）。彼女は幼い頃コマゲネ王のアンティオコスの子エピファネスと婚約したが，エピファネスがユダヤ教徒になることを拒んだので，エメサの王アジゾスと結婚した。その直後フェリクスが彼女を見初め，キプロスの魔術師アトモスを介して彼女にアジゾスとの離婚および自分との再婚を説得した。彼女は「先祖伝来の律法の教えに背いて」割礼を受けていない異邦人の男との結婚を承諾したのである（『古代誌』XIX, 354 f.; XX, 141-143 参照）。

この妻ドルシラと共にフェリクスは，「パウロを呼び出し，キリスト・イエスへの信仰について彼から話を聞いた」。フェリクスはキリスト教のことを「かなり詳しく知っていた」（22節）はずなのに，なぜ改めてパウロから「キリスト・イエスへの信仰」の話を聞こうとしたのか，その動機は不明である。22節 a はルカの編集句と想定したので，当節には，フェリクス夫妻がパウロ

の信仰に興味をもって留置されている彼を訪ねてキリスト教の話を聞いたというエピソード風の伝承を，ルカはここに書き込んだのであろうか。いずれにしても，ルカは，パウロの説く言葉に聞く王侯貴族，とりわけ上流の女性たちを好んで行伝の中で際立たせている（13：7，17：4，25：13, 23, 26：30など）。ちなみにルカは，領主ヘロデ・アンティパスによる，その妻ヘロディアと連れ子サロメの要請に基づく，洗礼者ヨハネの斬首物語（マコ6：17-28）を福音書に採用していない。

したがって，当節の描写をフェリクスの結婚事情と結びつけて，次のように歴史的なコメントをすることには慎重でなければならない。「ルカは使24：24の中で，彼女自身を描くためではなく，フェリクスの性格描写のためにドルシラの名を挙げている。ルカがここで言いたいのは，フェリクスは単に腐敗しているばかりではなく（24：26），スキャンダラスな，かつ明らかに人々の間で知られていた事件によって得た女性と一緒に住んでいる，ということである」[164]。

25節「彼（パウロ）は，義と，節制と，来るべきさばきについて論じたので」。この文章は，ギリシア語本文では理由を表わす独立属格構文。もちろん，パウロはその手紙（特にガラ2：15 ff., ロマ3：21 ff.）の中で，信仰により神から認められる「義」（δικαιοσύνη）についてしばしば語っており，「節制」（ἐγκράτεια）についても一回ではあるが，「霊の実」の一つとして言及している（ガラ5：23。Ⅱペト1：6をも参照）。しかしパウロ自身は，この二つを並置し，しかも「さばき」（κρίμα）と結びつけてはいない。これらの三つがいわば「宣教の課題」として提示されるのは，当箇所を例外とすれば，使徒教父時代になってはじめてである（ヨハ行84。ペト行2，パウ行5をも参照）。ルカはこれを先取りするかのごとく，「神を畏れて義しいこと（δικαιοσύνη）を行なう者は，どのような民族であろうと」神によって受け入れられることを，コルネリウス家におけるペトロの説教に入れている（10：35）。パウロのいわゆる「アレオ

164　E. Plümacher, in：『釈義事典』Ⅰ，408頁。E. Ebel（*Lydia und Berenike*, S. 106 f.）によればルカは行伝の読者にこの夫妻に対する否定的印象を暗示しようとしている。

24：24—27

パゴスの説教」は，次の一句で締めくくられていた。「神は，自らお定めになった一人の方によって，世界を正しくさばかれる日をお決めになったからです。そして，この方を死人の中から甦らせて，〔このことの〕確証をすべての人々に与えられたのです」（17：31）。ルカによれば，当節でパウロはフェリクスに，これらの徳目を挙げてキリスト信仰への「悔い改め」を暗に迫ったというのであろう。

その結果，「フェリクスは恐ろしくなって答えた」。「恐ろしくなって」にあたるギリシア語動詞句ἔμφοβος γενόμενος（γίνομαιのアオリスト分詞）は，ヨハ黙11：13を例外とすれば，ルカ文書のみに用いられており（ルカ24：5，37，使10：4），いずれの場合もイエスないしは天使の顕現に直面して「驚き恐れた」という意味であって，少なくとも拒否的な意味では用いられていない。したがって，パウロの論述に対するフェリクスの反応描写に，ドルシラとスキャンダラスな結婚をしたフェリクスの，神による「さばき」に対する「恐れ」の動機などを読み込む（イェルヴェル）[165]べきではないだろう。

「今は（τὸ νῦν ἔχον. ἔχονはἔχω「…である」の現在分詞・中性形，νῦνと共に冠詞をつけた副詞的用法）（自分の部屋に）帰ってよろしい。折りを見て，またお前を呼びにやるであろう」（直訳）というフェリクスの答えも，例えばアレオパゴスの演説に対する聴衆の一部の反応「そのこと（死人の甦り）については，また聞こう」と類似しているが，他の一部の反応（「あざ笑った」）ほど否定的ではない（17：32）。

26節 ただし同時にルカは，フェリクスの負の側面をも報告している。すなわち彼は，「また同時に（ἅμα καί），パウロから金が与えられるであろうことを願っている」（直訳）。おそらくルカは，フェリクスを含む当時のローマ総督たちの悪行に関する伝承を知っていたので（フェリクスについては『古代誌』XX，163，182参照。フェストゥスの次の総督アルビノスについては同，XX，215参照），彼もパウロから金を取ろうという魂胆を抱いている，と報告

---

165 Plümacher, in：前掲 I，同頁。

「そのために」（ὅτι）フェリクスは，「たびたび彼（パウロ）を呼び出して，話を交わしていた」（直訳）。このような動機によってフェリクスがパウロに対する判決を――告訴人に対する約束（22節）にもかかわらず――その「審理」をも含めて次々と延期していることに対して，ルカは批判的に記述しているのであろう。いずれにしても，とりわけルカは人間の金銭欲に対して最も強く批判的姿勢をとっており，それは異邦人（19：23 ff.）のみならず，キリスト教徒にも（5：1 ff.）貫かれている。したがってパウロの説く「キリスト・イエスへの信仰」に耳を傾けるフェリクスに対する好意的描写と，「また同時に」パウロから金をもらおうという魂胆がある彼に対する批判的描写とは，ルカにとって両立しうるのである。

27 節　「二年間が満たされ」にあたるギリシア語本文（διετίας δὲ πληρωθείσης）は独立属格構文。διετίας は διετία「二年間」の属格で，πληρωθείσης は πρηλόω「満たす」の受動アオリスト分詞・女性・単数形・属格，意味上の主語に当たる「二年間」を受ける動詞として機能している。この「二年間」については，注解者たちの間で意見が分かれている。文法的には，この独立属格構文ではじまるギリシア語句の主語が「フェリクス」なので，彼の総督在職期間ととる方に蓋然性がある（バレット）。しかも，このδιετίαがラテン語の biennium にあたるとすれば[167]，この期間は多くの場合州総督の統治期間としてラテン文学の中で言及されている（キケロ『ウェッレース弾劾』Ⅱ，3，216；スエトニウス『皇帝列伝』「ガルバ」7 など）。したがってレイク，リューデマンは，この「二年間」をフェリクスの総督在職期間ととる。

166　ただし，ヨセフス『古代誌』XX，215 によれば，「些細なありふれた犯罪のために投獄されていた者たちを，金を受けとって釈放してしまった」のはアルビノスであって，フェリクスではない。したがって，当節からフェリクスが賄賂金と引き換えにパウロを釈放しようとしたという推定（ロロフ，イェルヴェル）には根拠がない。

167　Blass/Debrunner/Rehkopf,§5,3 参照。

24：24—27

　これに対して、「二年間」をカイサリアにおけるパウロの拘留期間ととる注解者が多い（コンツェルマン、シュナイダー、ロロフ、ヴァイザー、ウィザリントン、真山など）[168]。物語の焦点がパウロに置かれており、ローマにおける留置期間も「二年間」であり（28：30）、期間が「満たされる」（πρηλόω の受動相）という動詞の用語法もルカ的である（7：30 をも参照）などがその理由である。

　ただし第三に、ルカがここに採用した伝承では「二年間」が在職期間を意味していたが、ルカはその編集作業によってこれを留置期間として読ませるように文章を構成したととることもできる（ヘンヒェン）[169]。筆者にはこの第三説に最も蓋然性があると思われる。

　さて、フェリクスがその「後任者」（διάδοχος）として「ポルキウス・フェストゥス」（Πόρκιος Φῆστος）を迎えた年代について、55 年（レイク）から 60 年（シューラー）[170] まで幅がある。ヨセフス『古代誌』XX、182 とパウロの年譜の相対年代から推定して、58-60 年の間のどこかの年であろう[171]。フェストゥスの治世についても、彼が一方ではシカリ派などの「盗賊」の多数を捕らえて殺害したこと、他方では神殿監視を妨げた祭司たちの試みを阻止しえなかったこと以外は、ほとんど知られていない（ヨセフス『戦記』II、271；『古代誌』XX、185-195）。

　フェリクスはこの総督交替期に、ユダヤ人に「恩を売ろうと思って」（θέλων τε χάριτα καταθέσθαι. καταθέσθαι は κατατίθημι の中動相「自分のために蓄える」のアオリスト不定法で、χάριν（= χάριτα）＋ 人称代名詞・与格を伴って、「……のために尽くす、機嫌をとる、恩を売る」の意となる）、「パウロを拘留したままにしておいた」（κατέλιπε τὸν Παῦλον δεδεμένον. κατέλιπε は καταλείπω「後に残す、残しておく」のアオリスト形、δεδεμένον は δέω「縛る」の受動・完了分詞、

168　Tajra, op. cit., p. 131 ; C. J. Hemer, *The Book of Acts in the Setting of Hellenistic History*, p. 173 ; Omerzu, op. cit., S. 460 f. ; J. P. Yoder, *Representatives of Roman Rule*, p. 297 も同様。

169　V. Stolle, *Der Zeuge als Angeklagter*, S. 48 も同様。

170　E. Schürer, *The History of the Jewish People in the Age of Jesus Christ*, Vol. I, pp. 465 f., no. 42.（『イエス・キリスト時代のユダヤ民族史』II、小河陽訳、238-239頁、注2）。

171　田川、600-603頁参照。

名詞的に用いられて男性・単数形・対格。直訳すれば,「捕縛された者として後に残しておいた」)。

　ヨセフスによれば,皇帝ネロがフェリクスの後任者としてフェストゥスをユダヤに派遣した時,カイサリアのユダヤ人の指導者たちがフェリクスをそのユダヤにおける悪政のゆえに告発するためにローマへ出かけた。もしその時フェリクスの兄バラスの執り成しがなかったら,フェリクスはネロによって懲罰を受けたに相違なかった,といわれている(『古代誌』XX, 182)。フェリクスが置かれていたこのような窮状を考慮に入れれば,彼が「ユダヤ人に恩を売ろうと思って」パウロを拘留しておき,釈放しなかったという文言は伝承に遡る可能性が大きいであろう[172]。

《パウロと総督フェリクス》(24：1-27)

　カイサリアに護送されたパウロがフェリクスへ告訴され(24：1-9),それに対してパウロが弁明し(24：10-21),フェリクスが審理を延期してパウロを拘留したままにして後任総督フェストゥスに託する(24：22-27)までの記述も,物語は全体としてルカによる構成である。ただしそのうち,大祭司アナニアの代弁人テルトゥスがパウロを,神殿を穢しただけではなく世界規模でユダヤ人の間に「紛争」を引き起こした政治犯として告訴したこと(5-6節),それに対してパウロが神殿を穢した憶えはなく,告訴には証人が必要であると弁明したこと(19節),フェリクスは千人隊長リュシアがカイサリアに来た時に判決を下すと言って審理を延期したこと(22節b),パウロを留置し続けたが彼にある程度の自由を与えたこと(23節b),総督在職期間を終えて後任者・フェストゥスに引き継いだが,「ユダヤ人に恩を売ろうと思って」パウロを拘留したままにしておいたこと(27節)は,少なくとも伝承に遡ると想定される。

　これらの伝承を手がかりとしてルカは物語全体を構成したが,その際に,――政治的レベルとは無関係の――ユダヤ教律法,とりわけ「死人の甦り」とい

172　ただし,この記事の背後に総督がその任期を終えた時点で,囚人を特赦する慣習があったと想定される(ロロフ)根拠はない。Omerzu, op. cit., S. 461. Anm. 221参照。

25：1―5

う宗教的要因をめぐる「論争」が「紛争」の真相であることを強調する（21節）と共に，ローマ総督フェリクスがパウロに対して好意的であったこと（22節a，23節c，24-25節）をも強調している。しかし他方ルカは，フェリクスが金銭欲にとり憑かれていたこと（26節）をも認めている[173]。

(5) カエサルへの上訴（25：1-12）

この段落は次の二つの部分から成る。

① フェストゥスの着任（25：1-5）

② カエサルへの上訴（25：6-12）

① フェストゥスの着任（25：1-5）

¹ フェストゥスは属州に到着して三日の後，カエサリアからエルサレムにのぼった。² すると，祭司長たちやユダヤ人の指導者たちが，彼にパウロを告訴して，彼に願い出た，³ 彼（パウロ）に逆らって〔自分たちに〕好意を要求して，彼をエルサレムに連れ戻してくれるように，と。彼らは，途中でパウロを殺そうと陰謀をたくらんでいたのである。⁴ するとフェストゥスは，パウロはカイサリアに留置されており，自分も間もなくそこに帰ることになっていると答えた。⁵ 「だから」──と彼は言う──，「もしあの者に何か不正なことがあるなら，有力者たちが私と一緒にくだって，訴え出るがよかろう」。

《釈　義》

1節 総督フェリクスの後任者ポルキウス・フェストゥス（24：27参照）が「属州」に（τῇ ἐπαρχείᾳ. 23：34参照），より具体的には「属州ユダヤの総督府カイサリアに」到着して，「三日の後」（μετὰ τρεῖς ἡμέρας），カイサリアからエルサレムに「のぼった」（ἀνέβη. ἀναβαίνω のアオリスト形）。

---

[173] J. P. Yoder（op. cit., pp. 299-303）は，ルカが総督フェリクスに対し一貫して批判的であることを強調するが，ルカはむしろ彼に対し両義的判断を下しているとみる方がテキストに即していよう。

25：1—5

　フェストゥスは，——本書266頁に記したように——58-60年頃にユダヤ州総督に在任し，エルサレムの治安に苦慮している。当節以下との関連で注目すべきは，次のようなヨセフスの記事であろう。——アグリッパ王（25：13 ff. 参照）は宮殿内の食堂から神殿内の行事に見入るのが習慣になっていた。このような王ののぞき見を防ぐために祭司たちが神殿の柱廊の上に高い壁を建てた。これがアントニア城砦から神殿内の動向を監視する衛兵の視界をも遮ることになってしまった。このような壁の建立に，アグリッパ王は当然立腹したが，フェストゥスはそれ以上に腹を立てて，彼はこの壁を取り壊すように命じた。しかし，祭司たちがこの件に関してローマへ使節を送り，ネロ帝の裁可を受けることをフェストゥスに懇願し，彼はそれを許可した。彼らは自分たちの中から「十名の指導者」，大祭司イスマエロスなどを選んでネロのもとへ派遣した。ネロは彼らのとった行動を不問に付したばかりか，その壁をそのままにしておくことを許した。ネロはユダヤ人のために弁護した敬虔な妻ポッパイアに好意を見せたのである（『古代誌』XX, 189-195）。

　フェストゥスが総督就任後「三日の後」エルサレムにのぼったのは，おそらく彼がエルサレムの治安に配慮して，「できる限り早い時期に」（リューデマン）エルサレムの神殿勢力と接触したかったからであろう。

　ただし，ἐπιβαίνω「到着する」も ἀναβαίνω「のぼる」もルカが好んで用いる動詞であり，フェストゥスの行動が，前任者フェリクスと比較すれば，かなりまじめに行政を果たそうとしているので，ルカは当節以下で，フェストゥスに関するこのような情報を知った上で，パウロによる「カエサルへの上訴」の場面設定を構成したと思われる[174]。

2節　「祭司長たちやユダヤ人の指導者たち」（文字通りには第一人者たち（οἱ πρῶτοι））は，15節で「祭司長たちやユダヤ人の長老たち」と言い換えられているので（24：1をも参照），最高法院のメンバーを示唆していよう。彼らが「パウロを告訴した」は，ギリシア語本文でも24：1の繰り返し。「告訴した」

---

[174]　H. Omerzu, *Der Prozeß des Paulus*, S. 467 f. 参照。

25：1―5

にあたるギリシア語動詞 ἐνεφάνισαν は，24：1におけると同様，ἐμφανίζω のアオリスト形である。これに続く「そして，彼に願い出た」の「願い出た」にあたるギリシア語動詞 παρεκάλουν は，παρακαλέω の未完了形。この時制がとられたのは，「願い出た」内容（次節の「彼をエルサレムに連れ戻してくれる」こと）が達成されることを期待しているからである[175]。

3節　彼らが「願い出た」内容は，「彼（パウロ）をエルサレムに連れ戻してくれるように」ということである。ギリシア語本文ではこの目的句が ὅπως で導かれ，彼を「連れ戻してくれるように」と訳したギリシア語動詞に μεταπέμψηται（μεταπέμπω の中動相・アオリスト・接続法）が用いられている。この動詞は，新約ではルカによって行伝だけに使用されている（10：5, 22, 29, 11：13, 20：1, 24：24, 26）。

これに続いて彼らの意図が記されている。――「彼らは，途中で彼を殺そうと陰謀をたくらんでいたのである」と。「陰謀」（ἐνέδρα）は23：16を，「途中で彼を殺そうと……」は，23：15（23：21をも参照）を，それぞれ受けている。

なお，ギリシア語本文では，2節の παρεκάλουν「願い出た」ことの内容を ὅπως で記す以前に，αἰτούμενοι（αἰτέω「要求する」の現在分詞・中動相・複数形）に導かれて，「彼（パウロ）に逆らって〔自分たちに〕好意を要求して」という文章が挿入されている。「彼に逆らって」（κατ᾽ αὐτοῦ）とは，「最高法院メンバーの告訴に対して無罪を主張するパウロにとって不利になるように」という意味であろう。そのような「好意を要求して」の「好意」と訳したギリシア語名詞 χάρις は，24：27でフェリクスが「ユダヤ人に恩を売ろうと思って，パウロを拘留したままにしておいた」の中の「恩」と同じ名詞である（25：9をも参照）。つまりここでは χάρις が，「（人からの）恩恵，好意」の意味で用いられている。前ユダヤ総督フェリクスから「恩」を「売」られたユダヤ人，とりわけその上層部は，それを延長して，現ユダヤ総督フェストゥスに彼らに対す

---

[175]　この動詞は，「命令する」（κελεύω），「問う」（ἐρωτάω）などと共に，期待される事柄が未だ完了されていないことを前提して用いられるので，未完了形で用いられることが多い（Blass/Debrunner/Rehkopf, §328, 1参照）。

る「好意を要求して」パウロをエルサレムに連れ戻し，その途中で彼を殺そうとした，というのである。

　ここで「要求した」と訳したギリシア語動詞 αἰτούμενοι に注目したい。同じ動詞の分詞形が，イエスを十字架につけるように総督ピラトゥスに大声で「要求しながら，激しく迫った」ユダヤの群衆描写にも用いられている（ルカ 23：23 diff. マコ 15：14／マタ 27：23）。ルカはすでにこの場面で，パウロとイエスを並行関係においてルカ文書の読者に提供している[176]。

4節　それに対してフェストゥスは答えた。「パウロはカイサリアに留置されており（τηρεῖσθαι. 24：23。24：27をも参照），自分も間もなく（ἐν τάχει. 12：7，22：18。ルカ 18：8をも参照。ルカが好んで用いる副詞句）そこに帰ることになっている（μέλλειν. μέλλω をこの意味で用いるのもルカ的）」。

5節　「と彼は言う」（φησίν）という挿入句を介して，前節の間接話法で記されているフェストゥスの応答が，突然，直接話法に変わる。このような話法の変化もルカの文体の特徴であった（1：4，23：22など）。

　「何か不正なこと」と訳したギリシア語句 τί … ἄτοπον は，ルカ 23：41におけるイエスと共に十字架に掛けられた犯罪人の一人が語っている言葉「この人に何も不正なことをしていない」（οὗτος δὲ οὐδὲν ἄτοπον ἔπραξεν）を想起させる。また，「有力者たち」にあたるギリシア語名詞 δυνατοί は，ヨセフスによると「祭司長たち」と共に用いられ（『戦記』Ⅱ，301；316；336；411；422；428など）[177]，2節で言及されている「指導者たち」の書き換え，つまり最高法院のメンバーと想定される。フェストゥスは彼らが自分と一緒にカイサリアへ下って改めて訴え出ることを提案する。ここで「訴え出るがよかろう」にあたるギ

176　Omerzu, op. cit., S. 476 参照。
177　E. Schürer, *The History of the Jewish People in the Age of Jesus Christ* (*175 B. C. - A. D. 135*), A New English Version, revised and edited by G. Vermes & F. Millar, Vol. II, Edinburgh, 1973, p. 212, no. 45（『イエス・キリスト時代のユダヤ民族史』Ⅲ，小河陽他訳，208頁，296頁，注45）参照。

25：6—12

リシア語動詞 κατηγορείτωσαν は，κατηγορέω の現在命令法・3 人称・複数形（＝「有力者たち」）で，この κατηγορέω という動詞は，これまでも一貫して最高法院メンバーがパウロを「訴え出る，告訴する」という法廷用語として用いられてきた（22：30，24：2，19。25：11 をも参照）。

以上要するに，新総督フェストゥスがエルサレムで神殿勢力からパウロを彼らに引き渡すように訴えられるが，それを断り，カイサリアにおいて，前総督フェリクスがその審理を延期していたパウロの裁判を改めて再開することを告訴人たちに提案したというのである。ルカはこの過程を叙述するにあたり，一方においてパウロは――イエスの場合と同様に――「不正なこと」はしていないことを，他方においてフェストゥスが，すでにそのことを前提して，ユダヤ人の指導者たちによるエルサレムにおけるパウロの引き渡し要求を断り，彼らに――ローマ法に忠実に――カイサリアにおけるパウロの裁判の再開を約束したことを，それぞれ読者に印象づけようとしているものと思われる。

② カエサルへの上訴（25：6-12）

⁶ フェストゥスは八日か十日ほど彼らの間に滞在した後に，カイサリアにくだり，翌日，裁判の席に着いて，パウロを引き出すように命令した。⁷ 彼が現れると，エルサレムからくだって来たユダヤ人たちは，彼のまわりに立ち，多くの重い罪状を並べ立てたが，それを立証することはできなかった。⁸ パウロは弁明した，「私は，ユダヤ人の律法に対しても，神殿に対しても，カエサルに対しても，何も罪を犯したことはありません」。⁹ しかし，フェストゥスはユダヤ人に恩を売ろうとして，パウロに答えて言った，「お前はエルサレムにのぼり，そこでこれらの件に関して，私の前で裁判されたいと思うか」。¹⁰ すると，パウロは言った，「私はカエサルの法廷に立っているのですから，ここで裁判を受けるのが当然です。あなたご自身がよく知っておられるように，私はユダヤ人に対して何も不正なことをしてはおりません。¹¹ もし，私が不正なことをし，死に価することを何かしたのならば，私は死を免れるために慈悲を乞おうとは思わない。しかし，もしこの人たちの訴えることに何

の根拠もないとすれば，何人も私を彼らに〔恩を売るために〕引き渡すことはできない。私は，カエサルに上訴します」。12 そこで，フェストゥスは陪席の者たちと協議の末に答えた，「お前はカエサルに上訴した。カエサルの前に出頭せよ」。

《釈　　義》

6節　「八日か十日ほど」の「ほど」にあたる οὐ πλείους は，直訳すれば，「……以上ではない」を意味し，24：11 の οὐ πλείους と同様，ルカが好む表現である。「……日滞在する，あるいは，……日過ごす」（διατρίβω … ἡμέρας）もルカがよく用いる動詞の用法（16：12, 20：6, 25：14 など参照）。「翌日」の意味に ἐπαύριον を用いるのもルカ文書で最も多い。もちろんこれは，フェストゥスがカイサリアで法廷を開く（「裁判の座に着く」）迅速さを強調するための副詞であるが，「（パウロを）引き出すように命令した」（ἐκέλευσεν ἀχθῆναι）も，25：17 で繰り返し用いられている。当節はカイサリアにおけるパウロ裁判再開の，ルカによる場面設定である。

7節　「彼（パウロ）が現れると」は，ギリシア語本文では独立属格構文。ユダヤ人たちが「彼のまわりに立った」あるいは「彼を取り囲んだ」（περιέστησαν αὐτόν）は，パウロに対する，エルサレムからくだって来たユダヤ人たちの威圧的行動を示唆しているのであろう（ルカ 23：10 におけるイエスに対する「祭司長たちと律法学者たち」の行動をも参照）。「多くの重い罪状」（πολλὰ καὶ βαρέα αἰτιώματα）とは，パウロに対するアシア出身のユダヤ人の訴え（21：28）に基づく，大祭司の――代弁人テルトゥルスを介する――前総督フェリクスへの告訴内容（24：5）のこと。それを「並べ立てた」（καταφέροντες, καταφέρω の現在分詞）が，「それを立証することはできなかった」（ἃ οὐκ ἴσχυον ἀποδεῖξαι, ἴσχυον は ἰσχύω「……することができる」の未完了形。ἀποδεῖξαι は ἀποδείκνυμι「示す，証明する」のアオリスト不定法。このことはすでにパウロがフェリクスへの「弁明」の中で言及していた（24：13 参照）。

25：6―12

8節　「パウロは弁明した」もギリシア語本文では独立属格構文。これはパウロの三度目の総括的「弁明」となる（22：1，24：10参照）。「私は，ユダヤ人の律法に対しても，神殿に対しても，カエサルに対しても，何も罪を犯したことはありません」。「罪を犯したことはありません」と訳したのは，ギリシア語で動詞（οὔτε τι）ἥμαρτονと，ἁμαρτάνωのアオリスト形が用いられているからである。

「律法に対して」は18：13-15，21：21，28で，「神殿に対しても」は21：28-29で，「カエサルに対して」は17：6-7で，それぞれパウロはその「罪状」を告発されている。ただし，当節では直接的にはエルサレム神殿での事件（21：27以下）が発端なので，パウロがここで「カエサルに対して……」を口にしたのは，ユダヤ人の告訴人たちが，「律法」と「神殿」問題を政治的「騒乱」問題にすり替えていること（24：5-6参照），またすぐこの後の文脈（11節）で，パウロがカエサルに上訴することを念頭に置いているからであろう。

9節　これに対してフェストゥスは，パウロに向かい，「お前はエルサレムにのぼり，そこでこれらの件に関して，私の前で裁判されたいと思うか」と質問する。そしてこのような質問の動機は，「ユダヤ人に恩を売ろうとして」と説明されている。先にユダヤ人が「要求した」彼らに対する「好意」（χάρις）を断ったフェストゥスが，何故ここで彼らに「恩」（χάρις）を売ろうとしたのであろうか。

このようなフェストゥスの態度変更を説明する試みが種々なされているが[178]，少なくとも「カエサルへの上訴」物語を構成しているルカによれば，フェストゥスにユダヤ人たちが並べたてた罪状の「争点は，彼ら自身の信心に関すること」で，「こんなことの審理には閉口してしまった」からである（25：19-20参照）。この視点からみれば，「私の前で裁判されたいと思うか」という問いかけの「私の前で」（ἐπ᾽ ἐμοῦ）も，総督が地方を巡回して開く「公式の集会」

178　例えばペッシュによれば，フェストゥスはユダヤ人による「多くの重い罪状」の陳述に動かされた。イェルヴェルによれば，1-5節が伝承で，6-9節がルカによる編集なので叙述上の矛盾が生じた。

(19：39 参照)を前提している(レイク-キャドバリー,ヘンヒェン,コンツェルマン,シュミットハルス,シレ,ツミエフスキー,ウィザリントン,バレットなど)[179]のか,千人隊長が臨席して開かれる「最高法院」(22：30-23：9 参照)を前提している(シュナイダー,ロロフ,イェルヴェルなど)[180]のか,おそらく法的には前者が正しいと思われるにしても[181],少なくともルカによればパウロは,いずれにしてもフェストゥスの提案はパウロをユダヤ人に「引き渡す」ことを意味している(11 節参照)。

10 節 パウロは,エルサレムで裁かれる気はないか,というフェストゥスの提案を断る。「私はカエサルの法廷に立っている,ここで裁かれるべきである」(直訳)と。「立っている」と訳したギリシア語動詞は ἑστώς (ἵστημι の現在完了分詞) εἰμι で,文法的には現在完了形 ἕστηκα と同じ意味であるが,このいわゆる動詞の「回説的用法」は修辞的により強い表現で,ルカが好んで用いる[182]。なお,「ここで」にあたる οὗ (通常は ὅπου) もルカ的用法。「裁かれるべきである」の「べきである」(δεῖ) は,(ローマ市民として)「当然である」という権利の主張である。この表現の底流にパウロはエルサレムにおけるようにローマでも主の「証人でなければならない」(23：11) という神的 δεῖ を読み込むのは (J. P. Yoder, op. cit., pp. 310 f., no. 288),12 節の先取りに過ぎるであろう。

ところで,パウロはここで,カイサリアにおける総督フェストゥスの法廷をローマにおける「カエサルの法廷」と呼んでいる。「属州民なら総督の法廷を元首の法廷と同一視しただろう」[183]。とりわけパウロは,ローマ市民なのだから (22：25-29 参照)。「あなたご自身がよく知っておられるように」とは,7 節を受けているのであろう (19 節以下をも参照)。「よく」と訳したギリシア語

---

179 A. N. シャーウィン・ホワイト『新約聖書とローマ法・ローマ社会』99 頁も同様。
180 H. W. Tajra, *The Trial of St. Paul*, p.140-142 も同様。
181 Omerzu, op. cit., S. 482 参照。
182 Blass/Debrunner/Rehkopf, §352, 3 参照。
183 シャーウィン・ホワイト,前掲書,79 頁。

副詞の κάλλιον は καλός の比較級であるが，ここでは最上級「非常によく」の意味で用いられている（バレット）。「私はユダヤ人に対して何も不正なことをしてはおりません」（8節参照）には，「だからエルサレムで彼らの影響下に立って裁判を受けることはない」というパウロの意図が含意されていよう。なお，「ユダヤ人に対して」はギリシア語で Ἰουδαίους，つまり Ἰουδαῖοι の対格形で目的語となり，「何も」（οὐδέν）は内容を表わす内的目的語となる。このように他動詞として用いられる ἀδικέω「不正なことをする」が二つの目的語をとるのも新約ではルカ文書に最も多い。

11節　「死に価することを何かしたのならば」の「何かした」は，ギリシア語動詞 πέπραχα（πλάσσω の完了・1人称・単数形）τι にあたる。この πλάσσω の目的語として ἄξιον θανάτου…τι「死に価すること」をとるのはルカ的表現である（ルカ 23：15, 使 25：25, 26：31 参照）。この表現は，イエスについてもパウロについても，それぞれ裁判の場面で用いられており，ここでもルカは両者をパラレルにおいている。ただし，パウロの場合，「死を免れようとはしない」（οὐ παραιτοῦμαι τὸ ἀποθανεῖν の直訳）と言っているが，これは西洋古代における「英雄」が吐露する「弁明」の常套句である（例えば，ヨセフス『自伝』141 参照）。

「しかし，もしこの人たちの訴えるもろもろの事柄に何もないならば」（直訳。ὧν は τούτων ἅ の融合）」は，7節を受けている。「何人も私を彼らに〔恩を売るために〕引き渡すことはできない」は，ギリシア語本文で οὐδείς με δύναται αὐτοῖς χαρίσασθαι となっており，χαρίσασθαι は χαρίζομαι のアオリスト不定法であるが，この動詞は9節の「（フェストゥスは）ユダヤ人に恩を売ろうとして」（θέλων τοῖς Ἰουδαίοις χάριν καταθέσθαι）を受けて，その実行に対するパウロの拒否宣言である。ルカにしてみれば，ユダヤ人たちがパウロに「逆らって〔自分たちに〕要求した」フェストゥスの「好意」（χάρις）が（3節）実行されることを，パウロが拒絶した，ということであろう。それを避けてパウロは，「私はカエサルに上訴します」と言った。しかもルカによれば，パウロは，ロ

ーマ市民として，皇帝に上訴する権利があったのである[184]。

12節 「陪席の者たち」と訳したギリシア語名詞 συμβούλιον は，皇帝や総督のもとに置かれた決議機関としての「評議会」（『古代誌』XIV：192；XVI，163参照）で，ラテン語の concilium に相当する[185]。「協議して」にあたるギリシア語動詞 συλλαλήσας は συλλαλέω「語り合う」のアオリスト分詞。この動詞も，「変貌するイエス」の場面（マコ9：4／マタ17：3／ルカ9：30）を例外とすれば，新約ではルカ文書だけに用いられている（ルカ4：36，9：30，22：4）。いずれにしても，このような判決を下すに際しての手続きの描写は，ルカがそれによってフェストゥスが合法的にパウロに要望を承認したことを含意していよう。

「お前はカエサルに上訴した（ἐπικέκλησαι，前節 ἐπικαλέομαι の完了・2人称・単数形）。カエサルの前に出頭せよ（πορεύσῃ，πορεύομαι の未来・2人称・単数形。命令を意味する未来形）」というフェストゥスの判決は，これによってルカが，パウロに対する「主」の命令「エルサレムで私についてのことを証ししたように，ローマでも証ししなければならない」（23：11。19：21をも参照）が，フェストゥスの判決を介して実現されるに至ったことを，読者に印象づけようとしている[186]。

《カエサルへの上訴》（25：1-12）

　この段落，さらにはこれ以後の文脈からみて，パウロがユダヤ人によって総督フェストゥスの法廷に告訴され，結果として彼がローマ送りとなったという歴史的事実は否定できないであろう。問題はこのローマ送りの理由にパウロによるカエサルへの上訴が前提されていることである。

　最近『パウロの裁判』というタイトルで大著を公刊した Omerzu は，「パウ

184　リューデマン，とりわけイェルヴェルは，パウロがここで自分がローマ市民であることを意識して皇帝に告訴してはいないと主張する。しかし，ルカは，あるいは行伝の読者は，パウロがローマ市民であることを前提しており（22：25-29，23：27），当節でも当然それが前提されている（Omerzu, op. cit., S. 489, Anm. 246をも参照）。

185　G. Schneider, συμβουλίον, in：『釈義事典』Ⅲ，326-327頁。

186　Omerzu, op. cit., S. 494参照。

25：6—12

ロの上訴」そのものの歴史性を承認している。当段落における上訴の動機に関する記事，すなわちフェストゥスがユダヤ人に対して「恩を売る」ために法廷をカイサリアからエルサレムへ移そうとしたのでパウロはカエサルに上訴したという記事は，ルカの編集に基づくが，上訴（appelatio）そのものの典拠は元首制時代にも十分存在することを理由に歴史性がある。フェストゥスは，歴史的には，パウロに騒乱罪（seditio）を適用し，死刑を申し渡したが，パウロはローマ市民権に基づき，カエサルへ上訴し，総督はそれを認めてローマ送りとした，というのである[187]。

しかし，筆者はすでに，16：37-39，22：25-29の《釈義》において，パウロが外国人に対するローマ人（市民）の特権を主張することは，その手紙において民族差別の廃絶を宣言しているパウロ（ガラ3：28。コロ3：11参照）にはありえないとの理由から，上記の箇所にはむしろルカのローマ人観が反映されていると主張した（荒井，中巻，390-394頁，本書196-201頁参照）。その延長線上において，パウロが当段落でローマ市民の特権に基づいてカエサルへ上訴したとは到底考えられないのである。筆者がすでに40年前に想定したように，カイサリアにおけるパウロの裁判―上訴に関する記事は全体としてルカの文学的フィクションとみなさざるをえない[188]。

おそらく歴史的にはフェストゥスはパウロの「騒乱罪」を認めたが，二つの理由で自ら判決を下さずパウロをローマ送りにした。その一つは，パウロがローマ市民であったからであり[189]，その二つは，ユダヤの宗教的指導者たちにある程度の配慮を示そうとしたからである。当《釈義》の冒頭においてフェスト

---

[187] ローマ帝国における上訴制度は，Omerzu, op. cit., S. 53-109，当記事については，S. 485-497参照。

[188] 拙論「パウロとローマ市民権の問題」『パウロをどうとらえるか』106-117頁，特に113-115頁。

[189] 後2世初頭の例ではあるが，キリスト教徒として訴えられた属州ポントゥスの住民について，同州総督プリニウスはトラヤヌス帝宛書簡の中（X, 96, 4）に，彼らの一部が「ローマ市民でしたのでローマに送り予定者の欄にかれらの名を記入しました」と書いている（保坂高殿訳，『ローマ帝政初期のユダヤ・キリスト教迫害』364頁）。

ゥスに関するヨセフスの報告を紹介したように、当時皇帝ネロは、その妻ポッパイアの影響下にあって、フェストゥスの意に逆らって送られたユダヤ人の使節団に好意的であった。パウロをカエサル・ネロの法廷に移すことは、ユダヤの宗教的指導者層にとって好ましくないことはなかったはずである。要するに、フェストゥスによるパウロのローマ送りは、フェストゥスの総督としての保身的判断によったのではなかろうか[190]。

いずれにしても「カエサルへの上訴」物語を、史実を反映する伝承とみなす（現在ではウィザリントン、土戸）か文学的創作とみなすか（現在ではパーヴォ、真山）、注解者たちの意見は分かれている。筆者はどちらかといえば後者の立場を採る。上述のようにユダヤ人の告訴に基づくフェストゥスによる裁判は、史実を反映する伝承に遡るが、上訴そのものは全体としてはルカの文学的構成であろう。それはともかくとして、この記事においても、パウロに対するユダヤ人による死刑の要求に対してはローマ総督が被告人の無罪を信じつつも、結果として死刑に処するに至ったという限りにおいて、パウロをイエスに重ねている点ではほとんどの注解者の意見は一致している。ルカによれば、こうしてパウロが、エルサレムにおけると同じように、ローマでもその証人で「なければならない」という主の預言（23：11）が果たされるのである。

Ⅲ　アグリッパ王の謁見とパウロの弁明（25：13-26：32）

Ⅲは（1）アグリッパ王の謁見（25：13-27）と（2）アグリッパ王の前におけるパウロの弁明（26：1-23）、（3）弁明の反応（26：24-32）から成り、（1）は次の二つの段落に分けられる。

　①　フェストゥスとアグリッパ王（25：13-22）

　②　アグリッパ王とパウロ（25：23-27）

190　保坂，前掲書，60頁をも参照。──「市民権使による元首法廷（都警隊長あるいは護衛隊長の法廷）への直訴は文学的フィクションであり、むしろ総督の判断による首都送致、あるいは刑執行上の区別が歴史的に見て蓋然性の高い当時の慣行だったと思われる」。

25：13—22

(1) アグリッパ王の謁見（25：13-27）

① フェストゥスとアグリッパ王（25：13-22）

¹³数日たった後、アグリッパ王とベルニケとが、カイサリアにくだって来て、フェストゥスに敬意を表わした。¹⁴彼らが数日そこに滞在していた時、フェストゥスはパウロに関する件を王に持ち出して、次のように言った、「ここにフェリクスが囚人として残していった一人の男がおります。¹⁵私がエルサレムにいた時、祭司長たちやユダヤ人の長老たちが彼を告訴し、彼に対して有罪の判決を下すように要求しました。¹⁶そこで、私は彼らに答えました。被告が告訴人と対面し、その訴えに関して弁明の機会を得る前に、人を〔告訴人に恩を売るために〕引き渡すことは、ローマ人の慣習ではない、と。¹⁷そこで、〔彼らは〕連れ立ってここに来ましたので、私は、一時の猶予もおかず、翌日、裁判の席に着いて、この男を引き出すように命じました。¹⁸告訴人たちは立ち上がりましたが、彼について、私が予測していたような悪事の罪状は、何一つ申し立てませんでした。¹⁹彼らが彼に対して持っていた争点は、彼ら自身の信心に関することと、死んでしまったのに、生きているとパウロが主張している、イエスとかいう者に関することだったのです。²⁰私は、こんなことの審理には閉口してしまいましたので、〔パウロに、〕エルサレムに行って、そこでこれらの件について裁判を受ける気はないかと言いました。²¹しかし、パウロは、皇帝陛下の裁決を受けるために〔ここに〕留置されたいと願い出ましたので、カエサルのもとに送り届けるまで留置しておくように命じました」。

²²すると、アグリッパがフェストゥスに〔言った〕、「私自身この男の言うことを聞いてみたい」。彼は言う、「明日、お聞きになれます」。

《釈　義》

13節　「数日たった後」にあたるギリシア語本文 ἡμερῶν δὲ διαγενομένων τινῶν は独立属格構文で、διαγενομένων は διαγίνομαι のアオリスト分詞・女性・

複数形・属格。「アグリッパ王」('Αγρίππας ὁ βασιλεύς) のフルネームは,「マルクス・ユリウス・アグリッパ」。彼は「ヘロデ王」(使 12:1。ヘロデ・アグリッパ一世)の息子で後 28 年にローマに生まれ,同地で教育を受けた。彼にはベルニケ,マリアムネ,ドルシラ(使 24:24)の三姉妹があった(『戦記』Ⅱ,220)。ローマ皇帝クラウディウスやネロの愛顧を受け 50 年代から 61 年にかけて,次第にパレスチナのほぼ全域を統治するようになった。私生活の面では未亡人となった妹ベルニケ(後出)との同棲によって悪評を買ったが,政治的には終始親ローマ的であり,ユダヤ戦争でもローマ側に立った。後 93 年(あるいは 100 年)に死去。その後彼の王国はローマ帝国の属州シリアに編入されている[191]。

「ベルニケ」(Βερνίκη) は,前述のように,アグリッパ二世の妹。後 28 年生まれ。初婚の夫カルキス王ヘロデ二世の死後,キリキア王ポレモンと再婚したが,彼の死後間もなく兄アグリッパ二世と共に暮らした。ユダヤ戦争の時,ローマ軍を指揮したティトゥス(79 年に皇帝)の愛人となり,75 年にはローマで彼と同棲したが,79 年に彼が帝位に就くと彼女はローマから追放された[192]。

この二人が新任の総督フェストゥスに表敬訪問するためにエルサレムにくだって来た。ギリシア語本文では主動詞が κατήντησαν (καταντάω「くだって来る」のアオリスト形)で,その後に ἀσπασάμενοι (ἀσπάζομαι「挨拶する」のアオリスト分詞)が用いられており,いずれもこの二人を受けている。この場合,アオリスト分詞を主動詞の目的を表わす動詞に用いる例もあるが,いずれも同時の行動ととることもできる[193]。

ベルニケが兄のアグリッパ二世のもとで暮らしていた年(50 年代以降)とフェストゥスが総督に就任した年(58-60 年頃)とは重なることもあって,当

---

191 土岐健治「アグリッパ」2 世『聖書大辞典』38 頁;A. Weiser, 'Αγρίππας, in:『釈義事典』Ⅰ,52 頁参照。

192 C. Schneider + 岩村太郎「ベルニケ」『聖書大辞典』1073 頁;W. Radl, Βερνίκη, in:『釈義事典』Ⅰ,253 頁;E. Ebel, *Lydia und Berenike*, pp. 109-167 参照。

193 Blass/Debrunner/Rehkopf, §32, 1, Anm. 4 参照。なお,岩波訳では,アオリスト分詞を主動詞の目的を表わす動詞ととっている。

25：13―22

節の記事には史実が反映されていると主張する注解者も多い(マーシャル，ウィリアムズ，ウィザリントンなど)。しかし，アグリッパ二世が，ネロ帝からエジプトの統治を任されてアレクサンドリアに着任したアレクサンデルを，エルサレムからアレクサンドリアにくだって表敬訪問した，しかもベルニケも当時政局に忙殺されていなければ彼と同行した可能性もある，ということ(『戦記』Ⅱ，309)[194]を知っていたルカが，パウロ裁判の事後処理物語にこのカップルを導入した蓋然性の方が強いであろう(バレット，イェルヴェルなど)。前任総督フェリクスとその妻ドルシラの場合(24：24参照)についても指摘したように(本書262頁以下参照)，ルカは，パウロの言葉に聞く王侯貴族，とりわけ上流の女性たちを好んで行伝の中で際立たせている。したがって，「一体ルカは何の理由があって，こともあろうにこの『近親相姦をなす不道徳なカップル』(Wellhausen)をパウロの弁明の主たる聴き手に選び，また『信心ぶっていると同時に自堕落でもある』(Schürer 591)ベルニケを名指し(25：23，26：30)，この場面に登場させたのであろうか」[195]と訝る必要はない。ルカにとって，「世界史的に重要な事件はその叙述の枠として偉大な人物の集団，すなわち高位有力者からなる上層社会を必要とした」(ヘンヒェン)のである。

14節　「時」を表わす副文章を ὡς δὲ で導入するのは，21：27の《釈義》でも指摘したように(本書152頁)，ルカが好んで用いる文体。「数日」にあたる副詞句 πλείους ἡμέρας も，「(……日)滞在した」にあたる動詞 διέτριβον (διατρίβω の未完了形)と共に，25：6の《釈義》で言及したように(本書273頁)，ルカがよく用いる動詞の用法である。

「パウロに関する件」(τὰ κατὰ τὸν Παῦλον)とは，フェストゥスが総督に着任当初，「祭司長たちやユダヤ人の指導者たち」が彼に告訴した「件」のこと

194　ベルニケもアグリッパに同行できた可能性を推定しているのはバレット。ただし，アレクサンデルがエジプトの総督として着任したのは66年春であるから，ヨセフスの記事には時代錯誤があろう(シューラー『イエス・キリスト時代のユダヤ民族史』Ⅱ，245頁参照)。

195　Radl, in：『釈義事典』Ⅰ，253頁。

である（25：1-3）。ここでは「ユダヤ人の指導者たち」が「ユダヤ人の長老たち」と言い換えられている。この表現から，アグリッパ二世を前にして，パウロを告訴したユダヤ人たちが最高法院のメンバーであることをより明確にしようとする意図が読み取れよう。この件をアグリッパ王に「持ち出して」にあたるギリシア語動詞 ἀνέθετο は ἀνατίθημι のアオリスト中動相で，「知らせる，（検証のために）提示する，持ち出す」の意で，法廷用語の響きがある（バレット）。彼の発言の内容は以下の通り。

「ある男がフェストゥスによって囚人として残されております」（直訳）。パウロが「囚人」（δέσμιος）と呼ばれているのは 23：18 以来である。「残されていて」にあたるギリシア語動詞 καταλελειμμένος は καταλείπω の受動・完了分詞。ἐστιν と共に用いられていわゆる「迂説的用法」。内容的にはフェリクスがフェストゥスと総督職を引き継ぐ際にパウロを「拘留したままにしておいた」（24：27）ことを指している。

15 節　当節は 25：1-3 にあたる。ただし，25：3 a では最高法院のメンバーたちがフェストゥスに対して，パウロを彼らに「引き渡す」ことを要求し，25：3b ではその目的が彼らのパウロ殺害計画にあると説明されていたが，当節では「彼（パウロ）に対して有罪の判決をくだすように要求した」といわれている。この場合の「有罪の判決」（καταδίκη）とは，前の文脈から推定すれば，フェストゥスがパウロをエルサレムに連れ戻して（25：9），ユダヤ人たちに「引き渡す」こと（25：11）であって，25：3 a におけるユダヤ人たちの要求に対応する。しかし，次節の前半ではローマの裁判手続きにしたがって「判決する」ことが前提されており，その結果パウロは「死に価することを何一つしていないこと」（25 節）がフェストゥスによってアグリッパに報告されており，アグリッパもこれを認めている（26：31）。こうしてみると，ユダヤ人たちによるパウロに対する「有罪判決」の要求は，パウロの無罪性をフェストゥスやアグリッパが認めることを前提として，ルカによって構成されたと想定されるべきであろう。

16節 ユダヤ人たちの要求をフェストゥスは，以下の理由によって退けている。「被告が告訴人と対面し，その訴えに関して弁明の機会を得る前に，人を〔告訴人に恩を売るために〕引き渡すことは，ローマの慣習ではない」。前節の《釈義》で言及したように，「人を〔告訴人に恩を売るために〕引き渡すこと」は，前の文脈におけるユダヤ人の要求に対応する。他方，裁判において被告が告訴人に対面し，弁明する機会を与えられる以前に「有罪の判決を下す」ことは，「ローマ人（にとって）の慣習ではない」(οὐκ ἔστιν ἔθος Ῥωμαίοις) ことは資料によって確かめられている[196]。こうしてルカはフェストゥスの口に帰して，生涯親ローマ的立場を貫いたアグリッパを前にして，前の文脈（4節）では言及されていない，いわゆる「ローマの平等」(aequitas romana) に訴えて，エルサレムでパウロを引き渡すようにというユダヤ人の要求を退けさせている。

なお，いずれもギリシア語本文では πρίν「……の前に」で導かれる副文章の動詞 κατὰ πρόσωπον ἔχοι「対面する」も τόπον λάβοι「機会を得る」も，前者は ἔχω の現在希求法，後者は λαμβάνω のアオリスト希求法で，いずれも「時」を表わす副文章において希求法になっている。この希求法は，古典ギリシア語では，直接話法における接続法（+ ἄν）に代わる，間接話法における用法で[197]，新約において唯一の例である。ここでルカが古典ギリシア語の才を読者に顕示しようとした（バレット）のであろうか。

17節 「〔彼らは〕連れ立ってここに来ましたので」にあたるギリシア語本文は，独立属格構文。「彼らは」(αὐτῶν) を ［ ］ に入れたのはギリシア語底本による。大多数の写本に αὐτῶν があるが，これを欠く写本もあり (B)，本文批評的に後者がより古いと想定される（メッツガー）からである。

---

196 「われらが守るべき法がこれである。何者も不在のまま有罪とされない。何者も喚問なしに有罪とされることは法理念が許さない」（ウルピアヌス『ローマ法学説集成』XLVIII, 17, 1）。アッピアヌス『市民戦争』III, 54；プリニウス『書簡集』X, 97；ユスティノス『弁明』I, 3なども参照。

197 Blass/Debrunner/Rehkopf, §386, 4参照。したがって当節におけるユダヤ人たちの要求に対するテルトゥルスの要求は間接話法になっているので，訳文でも直接話法を示唆する『 』は外しておいた。

「一時の猶予もおかず」と訳したギリシア語本文は ἀναβολὴν μηδεμίαν ποιησάμενος。ποιησάμενος は ποιέω のアオリスト分詞・男性・単数形・主格。「翌日」にあたるギリシア語表現は副詞 ἑξῆς「次に」に冠詞 τῇ (ἡμέρᾳ)「日に」が付加された形である（21：1 参照）。「裁判の席についた」にあたるギリシア語句は καθίσας (καθίζω のアオリスト分詞) ἐπὶ τοῦ βήματος。「この男を引き出すように命じた」をも含めて「翌日」以下の文章は 25：6 をほぼ文字通りに受けている。

18節　当節は 25：7 を受けているが，ギリシア語本文では冒頭に置かれている περὶ οὗ「彼をめぐって」は σταθέντες (ἵστημι のアオリスト分詞) にも，αἰτία「罪状」にもかけることができる。前者を採れば「彼のまわりに立ち」となり，7 節の表現に近くなるが，7 節のギリシア語動詞は περιέστησαν αὐτόν であった。これに次ぐ 7 節の「(ユダヤ人たちは) 多くの重い罪状を並べ立てたが，それを立証することはできなかった」が，当節では「私が予測していたような悪事の罪状は，何一つ申し立てませんでした」と言い換えられている。「私が予想していたような悪事」はギリシア語本文では ὧν ἐγὼ ὑπενόουν (ὑπονοέω の未完了形) πονηρῶν (πονηρός の中性・複数形 πονηρά の属格) で, (ὧν …πονηρῶν…は先行詞が関係文の中に入ったもので，= τῶν πονηρῶν ἅ…) ローマ法からみれば犯罪と判定できる悪行を示唆していよう。そのような悪事の「罪状」(αἰτία) は何一つ「申し立てませんでした」と訳したギリシア語動詞は ἔφερον で φέρω「出す，述べる」の未完了形。

19節　ユダヤの告訴人たちがパウロに対して持っていた「争点」(ζητήματα. ζήτημα の複数形。論 (係) 争問題。18：25, 23：29 参照) は，まず「彼ら自身の信心に関すること」である，という。「信心」と訳した δεισιδαιμονία は，元来 δείδω「怖がる」と δαίμων あるいは δαιμόνιον「神 (々)，悪霊」から成る名詞で「神々への畏れ」を意味する。ここからこの名詞は，よい意味にも (「敬神」。『古代誌』X, 42；『戦記』II, 174 参照)，悪い意味にも (「迷信」。『古代誌』XII, 5-6；プルタルコス『迷信について』参照) 用いられるが，当節で

25：13—22

は客観的な意味で（「宗教」。『古代誌』XIX, 290 参照）用いられている[198]。ただしルカによればパウロは，同語幹の形容詞 δεισιδαίμων をアテネの人々の「宗教心に富む」さまの特徴づけに用いており，この 17：22 では「信心深い」と訳したので，当節でも δεισιδαιμονία を「信心」と訳しておいた。いずれにしてもこれは，当事者ではなく，第三者が——当事者から一定の距離を置いて——「宗教」あるいは「信心」と呼んでいることに注意しておきたい。

しかもこれに関する「争点」は，とりわけ，「死んでしまったのに，生きているとパウロが主張している，イエスとかいう者に関することだった」になるという。前任者フェリクスによる裁判で陳述されたパウロの「弁明」が次の言葉で終っていたことを想起しよう。——「『死人の甦りのことで私は今日あなたたちの前でさばかれている』と叫んだだけなのです」（24：21。23：6 をも参照）。この場合の「死人の甦り」は，4：2 を知っている行伝の読者からみれば，「イエスに起こった死人たちの中からの甦り」のことを含意している。このことを前提してフェストゥスはここでユダヤ人たちによるパウロ告訴の「争点」をアグリッパに報告しているのである。しかも，前の文脈（7-8 節）ではこの「争点」については言及されていない。フェストゥスはここでパウロの立場に自らを置いている。これは明らかにルカによる——フェストゥスの口を借りた——アグリッパに対する報告なのである。そして，ルカによれば，——

20 節　フェストゥスは，このようなユダヤ人たちの宗教問題をめぐる「審理」（ζήτησις）には「閉口したので」（ἀπορούμενος. ἀπορέω の中動相・現在分詞。理由を示す），パウロに対して，「エルサレムに行って，そこでこれらの件について裁判を受ける気はないかと言った」という。パウロに対するフェストゥスのこのような提案は，9 節の場合とほぼ同文である。ただし，「気はないか」と訳した βούλοιτο は，βούλομαι「願う」の現在希求法で，εἰ と共に間接話法に用いられている。これは 17：11, 17：27, 27：12, 39 におけると同様，ルカに特徴的な擬古的文体である（17：11 の《釈義》荒井，中巻，416 頁参照）。

198　F. Staudinger, δεισιδαιμονία, in：『釈義事典』I，328-329 頁参照。なお，岩波訳では「宗教」と訳している。

また，9節における提案の動機「ユダヤ人に恩を売ろうとして」は，当節では欠けている。ルカによればフェストゥスは，アグリッパ王の前で，あくまでローマ人の「公正」を保ったのである。

21節　「パウロは願い出ましたので」は，ギリシア語本文では独立属格構文。「皇帝陛下の裁決を受けるために」（εἰς τὴν τοῦ Σεβαστοῦ διάγνωσιν）の中の「皇帝陛下」と訳した Σεβαστός は元来「崇敬される，神聖な」を意味する形容詞であるが，これが名詞化されて，ローマ皇帝の称号，ラテン語の呼称 Augustus のギリシア語訳である（25節にも言及）。また，「裁決」にあたるギリシア語名詞 διάγνωσις は法律用語で，裁判長による「判決，採決」の意。

「カエサルのもとに送り届けるまで」の「送り届ける」にあたるギリシア語動詞 ἀναπέμψω は，ἀναπέμπω のアオリスト接続法・1人称・単数形。「留置しておくように命じた」は，23：35，24：23と類似する。当節では全体として，10-12節にあたる文章がアグリッパ王に対するフェストゥスの報告として書き換えられている。

22節　「私自身この男の言うことを聞いてみたい」の中の「聞いてみたい」にあたるギリシア語動詞は ἐβουλόμην καὶ αὐτὸς τοῦ ἀνθρώπου ἀκοῦσαι で，文字通りには「聞くことを望んでいる」。ἐβουλόμην は βούλομαι「望む」の，遠慮がちな願望を表わす未完了形[199]。「私自身」と訳したギリシア語 καὶ αὐτός は，「私も」と訳すこともできる[200]。

「お聞きになれます」と訳したギリシア語動詞 ἀκούσῃ αὐτοῦ は，文字通りには，「（あなたは）彼の話を聞くであろう」。ἀκούω の中動相・2人称・未来形である。

② 　アグリッパ王とパウロ（25：23-27）

---

[199]　Blass/Debrunner/Rehkopf, §359, 2 参照。
[200]　岩波訳。ただし，ヘンヒェン，コンツェルマンからバレット，イェルヴェルに至るまで大多数の注解者が「私自身」と訳しており，ルカはこうしてアグリッパにもパウロの無罪性を表現させようとしていると思われるので（26：31参照），ここでは「私自身」という訳を採った。

25：23―27

²³ 翌日，アグリッパとベルニケが華麗な装いをこらして到着し，千人隊長たちや町の主立った者たちと共に，謁見の間に入った。そして，フェストゥスが命令を下し，パウロが引き出された。²⁴ そこで，フェストゥスが言う，「アグリッパ王，ならびにわれらと同席のすべての人々よ，あなたたちが見ておられるこの男について，ユダヤ人の多くの群れがこぞって，エルサレムでも，ここでも，これ以上生かしておくべきではないと叫んで私に請願したのです。²⁵ しかし，彼が死に値することを何一つしていないことが，私にはわかりました。ただ，彼自身が皇帝陛下に上訴しましたので，送致することに決めました。²⁶ ところが，彼について主〔なる陛下〕に上書すべき確実な事柄が何もありません。私が諸君の前に，とくにアグリッパ王よ，あなたの前に彼を引き出したのは，改めて取り調べた上，何か上書すべき事柄を得たいためです。²⁷ 囚人を送致する者が，彼に対する罪状を報告しないことは，私には理に反すると思われるからです」。

《釈　義》

23 節　「翌日」（τῇ ἐπαύριον）は，前節の「明日」（αὔριον）を受けている。なお，物語の中で新しい段落を τῇ οὖν ἐπαύριον (ἡμέρᾳ) という副詞句で始めるのは行伝の特徴である（10：9, 23, 24, 14：20, 21：8, 22：30, 23：32, 25：6 参照）。

「アグリッパとベルニケが……到着し，謁見の間に入った」にあたるギリシア語本文は，「（到着した。）そして」（καί）で繋がれる二つの独立属格構文から成っている。この中の「アグリッパとベルニケが……に到着し」にあたるギリシア語構文 ἐλθόντος τοῦ Ἀγρίππα καὶ τῆς Βερνίκης において，主語は「アグリッパとベルニケ」の二人（つまり複数）であるのに，動詞は単数形で受けられている。ギリシア語では，主語となる名詞が複数挙げられていても，最初に挙げられている名詞（ここでは人名）のみを主語として単数形の動詞で受ける例がないことはない。しかし，ここではアグリッパ王が主役で（次節でフェストゥスはアグリッパのみを名指して語りかけ，26：1 f. ではそれを受けてアグ

リッパがパウロに弁明を促して，パウロもアグリッパを名指して弁明を始めている），ベルニケは「飾り用の端役」に過ぎないことを示唆していよう[201]。もっとも，これに次ぐ動詞は，この二人が「……と共に，……に入った」とギリシア語で複数の主語を前提して εἰσελθόντων となっており，ベルニケもアグリッパと共にパウロを謁見する王のパートナーとして認められてはいる。

こうしてみると，「華麗な装いをこらして」と訳したギリシア語の副詞句 μετὰ πολλῆς φαντασίας（文字通りには，「盛大な装いをもって（到着した）」は物語り手のルカによれば，「アグリッパ」にかかると想定される。ここでヘロデ・アグリッパ二世は，その父親ヘロデ・アグリッパ一世の場合（12：21「王衣をまとって」）とパラレルな「装い」で，いずれもカイサリアに登場しているからである（パーヴォ）。もっとも φαντασία「想像（力），（後期ギリシア語で）誇示，盛装」が前置詞 μετά の後に副詞句として用いられる場合，「華麗な行列」を意味する場合もある（ヘンヒェン，コンツェルマン，ウィザリントン，イェルヴェルなど）。しかし，後者を示唆する例証は，ディオゲネス・ラエルティウス（後3世紀）など比較的後期の文献である[202]。いずれにしても，ルカはこのような修飾句で，これから——なお「捕縛」されている（26：29参照）——「囚人」（25：14）パウロに対面する王侯貴族の華麗・尊大さを皮肉をもって記しているのであろう[203]。このことは，これに続く描写からも明らかである。

「千人隊長たちや町の主立った者たちと共に」二人は「謁見の間に入った」。「千人隊長」（χιλίαρχος）が複数になっているのは，カイサリアに通常，兵士500-1000人から成る五つの「部隊」（ギリシア語で σπεῖρα，ラテン語で cohors）が置かれていて，その隊長が「千人隊長」と呼ばれていたことを反映していよう（21：31の《釈義》本書158頁参照）。「町の主立った者たち」（οἱ κατ᾿

201　Ebel, *Lydia und Berenike*, S. 160。

202　Liddell, Scott, Jones, p. 1916 参照。田川は「興味しんしんで」と訳し，φαντασία を「想像で考える」の意味にとっている（606-607頁）。しかし，μετά + φαντασία で自説を例証する典拠を挙げていない。

203　D. Frank, *Herodes a Composite Characters in Luke-Acts*, pp. 160 f. も同様。したがって，μετὰ φαντασία を「興味しんしんで」と訳す田川の「歴史的・心理的解釈」（前掲書，606頁以下）は採用できない。

ἐξοχὴν τῆς πόλεως）とは，おそらくここではカイサリア在住の非ユダヤ人有力者たちのことを示唆していると思われる。次節でフェストゥスがアグリッパ王に「ここ」（カイサリア）でも「ユダヤ人の多くの群れがこぞって」パウロに死刑を請願した，と報告されているからである。ただし，二人と共に「謁見の間」に入った人々にこれらの軍政・民政の指導者が挙げられているのは，史実の描写（ブルース，ウィザリントンなど）というよりも，むしろルカが彼らを，パウロの「弁明」の舞台設定における聞き手として想定し，異邦人の有力者も，フェストゥス，アグリッパ王とベルニケと共に，パウロの無罪性を確かめたこと（26：31参照）を読者に印象づけようとしたととるべきである（ヘンヒェン，コンツェルマン，イェルヴェル，パーヴォなど）。

「謁見の間」と訳したギリシア語名詞 ἀκροατήριον はおそらくラテン語 auditorium にあたる。狭義ではローマの長官が司る「法廷」であるが，一般的には聴聞の謁見に用いられる「講堂」を意味する[204]。

「（そして，）フェストゥスが命令を下し」も，ギリシア語本文では独立属格構文。パウロが「引き出された」にあたるギリシア語動詞 ἤχθη は，ἄγω のアオリスト受動態。この動詞はいずれも裁判の場面で，同じ受動態で用いられている（21：34，25：6。22：24 をも参照）。ただし，いずれの箇所にも法廷の場所に関する言及がない。ここでとりわけ「謁見の間」に言及されているのは，やはりルカに，パウロの最後の「弁明」の場を設定する意図があったからであろう。

24節 フェストゥスが呼びかけている「アグリッパ王」と「われらと同席するすべての人々」とは，前節の「謁見の間」に入った「千人隊長たちや町の主立った者たち」を指している。次いで，ギリシア語本文では文頭に置かれている「あなたたちが見ておられる」（θεωρεῖτε。θεωρέω の現在・2人称・複数形）は，「見られよ」という命令形に訳すこともできるが（コンツェルマンなど）[205]，ここでは――多くの注解者たちと共に――原意で訳しておいた。

この動詞の目的語 τοῦτον（οὗτος の対格）を「この男」と訳したが，これはも

204　*WbNT*, S. 64 参照。
205　岩波訳も同様。

ちろんパウロを指す。「この男についても、ユダヤの多くの群れがこぞって……私に請願した（περὶ οὗ ἅπαν τὸ πλῆθος τῶν Ἰουδαίων ἐνέτυχόν μοι）。ἐνέτυχον は ἐντυγχάνω のアオリスト形。確かにフェストゥスに対し、エルサレムで「祭司長たちやユダヤの指導者たち」が、パウロをエルサレムに連れ戻してくれるよう告訴している（25：2-3）。また、「ここ」つまりカイサリアでも、「エルサレムからくだって来たユダヤ人たち」がフェストゥスにパウロの「多くの重い罪状を並べ立てた」（25：7）。しかし、「ユダヤ人の多くの群れがこぞって……彼を……これ以上生かしておくべきではないと叫んで」（βοῶντες μὴ δεῖν αὐτὸν ζῆν μηκέτι）請願したのは、字句的パラレルからみると、フェストゥスに対してではなく、エルサレムでパウロを逮捕した千人隊長リュシアに対してである。21：36 で、「（ユダヤの）民の多くの群れ（τὸ πλῆθος τοῦ λαοῦ）が「そいつ（パウロ）を片付けろ」と叫びながら（κράζοντες, Αἶρε αὐτόν）」リュシアについて来た、といわれており、22：22 では「彼ら（パウロの弁明を来たユダヤの「民」）が、「こんな男は、地上から片づけろ。生かしておいてはならない（οὐ γὰρ καθῆκεν αὐτὸν ζῆν）」と「声を張り上げて言った」といわれている。

すでに 21：36 においてルカは、パウロに対する「民の多くの群れ」を描写することによって、彼らがパウロの説くイエスの福音を決定的に拒否したことを読者に訴えようとしていた（本書161頁参照）。当節においてルカはこのことを、「ユダヤ人の多くの群れがこぞって（ἅπαν）」という表現と「これ以上生かしておくべきではない」（μὴ …μηκέτι）という表現でもって、フェストゥスの口を通し、ユダヤの王や異邦人の指導者たちに公にすることによって、読者に最終的に確認しているのである。

25節 「しかし、私（フェストゥス）にわかった」のは、「彼（パウロ）が死に値することを何一つしていないこと」であったという。「わかった」と訳したギリシア語動詞 κατελαβόμην は、καταλαμβάνω のアオリスト形。「彼は死に値することを何一つしていないことを」にあたるギリシア語 μηδὲν ἄξιον αὐτὸν θανάτου πεπραχέναι の中の ἄξιον は ἄξιος の中性・単数・対格、πεπραχέναι は πράσσω の完了不定法、αὐτόν はその意味上の主語。全体としてこの句は、25：

25：23—27

11におけるパウロの弁明の言葉とパラレルとなっており，当節の前の文脈（25：18）におけるアグリッパに対するフェストゥスの報告を受け，後の文脈（26：31）におけるアグリッパへのパウロの弁明に対する，王をはじめ，総督・ベルニケ，同席の者の反応で確認されている。ルカはこうして，総督フェストゥスによる三度にわたるパウロの無罪性の確認（25：18, 25, 26：31）を，総督ピラトゥスによる三度にわたるイエスの無罪性の確認（ルカ23：4, 14, 22）と重ねて読者に提示しているのであろう[206]。

「ただ，彼自身が皇帝陛下に上訴しましたので」は，ギリシア語本文で独立属格構文。パウロがローマ皇帝に上訴したことについては25：11b参照。このことは，アグリッパ（とベルニケ）にフェストゥスの報告では前提されているが（21節参照），パウロが上訴した理由（25：9-11a, 20）については当節で言及されていない。フェストゥスはパウロをローマへ「送致することに決めました」という。

26節 「ところが，彼について主に何も確実なことを書くことができないでいます」（直訳）。ἔχω は不定法（ここでは γράψαι, γράφω のアオリスト不定法）と共に用いられて「……できる」の意となる。「確実なこと」にあたるギリシア語名詞 ἀσφαλές は，21：34, 22：30のおける場合（「正確なこと」）と同様，形容詞 ἀσφαλής の中性・単数形・対格の名詞的用法）。

ὁ κύριος「主」が「皇帝」（Σεβαστός=Augustus）あるいは「カエサル」（Καῖσαρ）を指して（21節参照）単独で用いられるのは，ネロ帝以来といわれ，当箇所の用法は「最古の典拠の一つ」で，その後の時代にこの語が一般化されたといわれる[207]。ドミティアヌス帝が，少なくとも東方属州で「主にして神」(Dominus

---

206 F. Dicken, op. cit., p. 157 も同様。
207 W. Foerster, κύριος in : *ThWbNT*, Bd. III, S. 1053. ロロフによれば，当節が「最古の典拠」。フィッツマイヤーは「主」の初期の用例としてオク・パピ 1143：4〔アウグストゥス〕；37：6〔クラウディウス〕；246：30, 34, 37〔ネロ〕を挙げているが，少なくとも最初の用例はアウグストゥスを指していない。当節における「主」の用法に最も近いパラレルはBGU（= Berliner Griechische Urkunden）の場合であるが，これは後2世紀成立のものである（パーヴォ）。

et Deus)と呼ばれたことでよく知られているので[208],当節における「主」の独立的用法もこのような呼称に慣れた読者を前提としているであろう[209]。

いずれにしてもルカによれば,すでに千人隊長リュシアがパウロの罪状に関して「正確なこと」を知るべくパウロを最高法院の法廷へ立たせ,結果,彼の訴因がユダヤ教内の宗教問題にあることが判明しており(22:30-23:9),フェストゥス自身はユダヤの告訴人とパウロの争点は彼らの「信心」にかかわることを知っている(25:19)。それでもフェストゥスは,パウロのカエサルへの上訴を受容して,カエサルのもとに彼を送ることに決めたのであるから,彼がパウロについて皇帝に上訴すべき「確実な」証拠を「何ももっていない」(直訳)ことは,少なくとも歴史的にはありえないことである(コンツェルマン,シュナイダー,イェルヴェル,パーヴォなど)。

もっとも,当節の後半によれば,フェストゥスは――ユダヤ教については門外漢なので(20節をも参照)――ユダヤ教に通じているアグリッパ王の前にパウロを引き出して「取り調べ」(ἀνάκρισις)してもらい,何か上訴すべき事柄を得たいためである,といわれている。「取り調べた上で」は,ギリシア語本文では独立属格構文。「(私が)何か上訴すべきことを得たい」と訳したσχῶ τί γράψωのσχῶはἔχωの,γράψωはγράφωの,それぞれアオリスト不定法。前者は目的を,後者は思案を意味して用いられている。いずれにしても,ここではじめてパウロに出会ったアグリッパ王が,フェストゥス以上にパウロに関してより「正確な」罪状を知っていることはやはり歴史的にはありえないことである。ルカは,フェストゥスがパウロをローマに送致したという歴史的事実を,そのために上訴すべき事柄と関連づけて,パウロがアグリッパ王やカイサリアにおける為政者や有力者たちの前で最後の弁明をしたという伝承に結びつけて読者に提示しようとしたために,歴史的にはありそうもない場面を構成したのであろう(コンツェルマン,ヘンヒェン,ロロフ,シュナイダー,パーヴォなど)。

---

208 保坂高殿『ローマ帝政初期のユダヤ・キリスト教迫害』332-335頁参照。
209 Dicken (op. cit., p. 164)は,C. K. Rowe, *World Upside Down*, Oxford, 2010, pp. 105-106に拠って,ルカがここで「主」カエサルを「すべての者の主」イエスと否定的に対照させていると主張している。しかし,これは過剰解釈であろう。

25：23—27

27節 フェストゥスはその理由を,「囚人を（皇帝に）送致する者が, 彼（囚人）に対する罪状を（皇帝に）報告しないことは, 私には理に反すると思われるからです」と言っている。しかしこれは, 皇帝にとっても「理に反する」(ἄλογον) と思われる（バレット）。このことは『ローマ法学説集成』LXIX, 6, 1 に明記されているからである（コンツェルマン）。なお,「送致する者が」と訳した πέμποντα は, πέμπω の現在分詞・単数形・対格で, μὴ…σημᾶναι (σημαίνω のアオリスト不定法)「報告しないこと」の意味上の主語。元来ならば, この動詞は μοι δοκεῖ「私には思われる」の μοι を受けて πέμποντι となるべきであるが,「私」が一般化されて不定法の意味上の主語とされたものと思われる（バレット）。それだけにここでフェストゥスは, 一般的原則からみると, 罪状の報告なしに囚人を皇帝のもとに送ることは「理に反する」と思われると言ったのであろう。

《アグリッパ王の謁見》(25：13-27)

この場面は, アグリッパ王とベルニケが総督フェストゥスをカイサリアに表敬訪問した際に, ①フェストゥスがパウロの一件をアグリッパ王に報告した部分（13-22節）と, ②謁見の間においてフェストゥスがそこに集まったアグリッパ王とベルニケ, 千人隊長たちやカイサリアの主立った人々を前にして, 再度アグリッパ王に向けてパウロの一件を報告し, パウロをローマへ送致するに際して「上訴すべき事柄を得たい」旨を語った部分（23-27節）との2部から成っている。

多くの注解者たち（ヘンヒェン, コンツェルマン, シュナイダー, リューデマン, ヴァイザー, パーヴォなど）と共に筆者も, ルカがこの場面を物語として構成したと想定する。彼はこの物語をもって, パウロに対するユダヤ人たちの証言にはそれを立証すべき証拠に欠けることはローマ総督によっても認められたにもかかわらず, パウロが自ら皇帝に上訴したためローマ送りになったことを,——フェストゥスの報告の聞き手（アグリッパ王とベルニケ, 千人隊長たち, カイサリアの異邦人重鎮たちを介して——行伝の読者に納得させ, アグリッパ王の前における——行伝では最後の——パウロの弁明（26：2-24）

のために舞台設定をしたのである。

　なお，①における総督フェストゥスの報告（特に 19 節）は，彼によるパウロ裁判（6-8 節）以前の最高法院におけるパウロの証言（23：6）と前任総督フェリクスによる裁判におけるパウロの証言（24：21）に基づいており，②におけるフェストゥスの報告（特に 24 節）は，パウロを逮捕した千人隊長リュシアに対するユダヤ人たちの「多くの群れ」によるパウロへの死刑要求（21：36，22：22）に基づいている。これはルカが行伝の読者に対し，――フェストゥスがアグリッパ王に出来事について偽りの報告をしているから（イェルヴェル）ではなく――，行伝の読者の読書行為を前提してアグリッパ王に報告しているからである。

　いずれにしてもルカは，福音書におけるイエス裁判の場面に――マルコ福音書にもマタイ福音書にもない――ヘロデ・アンティパスの謁見場面（23：6-10）を導入したのと同じように，パウロの裁判にもヘロデ・アグリッパ二世の謁見場面を導入して，いずれの場面もローマ総督がユダヤの王と共にイエス／パウロの無罪性を認めた（ルカ 23：15 f.，使 26：31）ことを読者に印象づけようとしているのである[210]。

(2) アグリッパ王の前におけるパウロの弁明（26：1-23）

　この「弁明」は，エルサレムにおいてパウロが逮捕された後に行なわれた 3 回の「弁明」の中で最も長く，文体的にも最も洗練されている。この「弁明」も，古代ギリシア・ローマにおける「弁論」の修辞的原則に従い，①序言（exordium）：聞き手への讃辞（1-3 節）から始められ，長文の②叙述（narratio）が展開されている（4-21 節）。しかし，前回の「弁明」における反駁（refutatio）と確証（confirmatio）は（おそらく重複を避けて）省かれ，代わって第 1，2 回の「弁明」にも通底している主題（propositio）が提示され（22-23 節），この「弁明」は総督フェストゥスの抗議（24 節）によって中断されている。したがって，この「主題」が第二の「弁明」の「結語」（peroratio：24：21）と

---

[210]　H. Omerzu, *Der Prozess des Paulus*, S. 275-289 ; E. Ebel, *Lydia und Berenike,* S. 165 ; Dicken, op. cit., pp. 156-165 も同様。

26：1—3

重なっているといえよう（以上，ウィザリントン参照）。

この「弁明」——内容的にはこれはむしろ「宣教」であるが——以下のような順序で構成されている。

①序言（26：1-3）
②ファリサイ人としての生活と教え（26：4-8）
③キリスト教徒迫害（26：9-11）
④回心—召命（26：12-18）
⑤宣教（26：19-23）

① 序言（26：1-3）

¹アグリッパはパウロに向かって言った，「自分について陳述(ちんじゅつ)することを許(ゆる)す」。そこでパウロは片手をさしのべて弁明(べんめい)し始めた。²「アグリッパ王よ，私はユダヤ人によって訴(うった)えられているいっさいの事柄(ことがら)に関して，今日(こんにち)，あなたの前で弁明することになったのは，私の幸(さいわ)いとするところであります。³とくにあなたは，ユダヤ人のあらゆる慣習(かんしゅう)や問題(もんだい)をよく知っておられる方だからです。どうか忍耐(にんたい)をもって，私の申し上げることをお聞き下さるようにお願いいたします。

《釈　義》

1節　「お前には自分について話すことが許される」（直訳）。「許される」にあたる ἐπιτρέπεται は，ἐπιτρέπω の現在受動・3人称・単数形。これはいわゆるアオリスト的現在形である[211]。主語は「話すこと」（λέγειν, λέγω の現在不定法）。「自分について」にあたるギリシア語句 περὶ σεαυτοῦ は，「話すこと」の内容が「弁明」といわれているから（当節後半および次節参照），「自分のために」と訳すこともできる（岩波訳）。しかし，文字通り「……のために」（ὑπέρ）と写し直した写本もある（Ｂ Ｌ（Ψ）𝔐）し，2節以下のパウロの「弁明」は内容

---

[211] Blass/Debrunner/Rehkopf, §320, Anm. 2 参照。

的にはむしろ自己紹介を含む宣教になっているので，ここでは大多数の写本（P^{74} ℵ A C E など）に従って，文字通りに「自分について」と訳しておいた。

そこでパウロは，「片手を差しのべて」(ἐκτείνας τὴν χεῖρα)。ἐκτείνας は ἐκτείνω のアオリスト分詞。この動作は弁論家が弁論を開始する合図で，ラテン語の porrigit dexteram にあたる（バレット）[212]。これは，13：16, 21：40 の「片手で合図して」(κατασείσας τῇ χειρί あるいは κατέσεισεν τῇ χειρί) という，当時の演説家の身振りと類似するが，とりわけ後者は聴き手の鎮静を促す合図であるのに対して（12：17 をも参照），当節ではこれから演説を「始める」所作になっている。

パウロは「弁明し始めた」(ἀπελογεῖτο, ἀπολογέομαι の未完了形。動作の開始を示す)。19：33 をも参照。前述のように，次節以下の弁論は，形式的には「弁明」であるが，内容的にはむしろ「宣教」である。

2節 大祭司アナニアの代弁人テルトゥルスによる総督フェリクスへの告訴の場合（24：2b-4）と同じように，アグリッパ王に対するパウロの「弁明」も聴き手への賛辞（captatio benevolentiae）で始まる。

「ユダヤ人によって訴えられている」の「ユダヤ人によって」にあたるギリシア語句 ὑπὸ Ἰουδαίων の Ἰουδαίων には冠詞 (τῶν) がない。このような無冠詞の用法は，ギリシアの弁論家が敵対者を挙げる際の常套的用法であるといわれる[213]。

「今日，あなたの前で弁明することになっている私は，自分を幸いに思う」（直訳）。「弁明することになっている私は」にあたるギリシア語句 μέλλων (μέλλω の現在分詞・主格・単数形) ἀπολογεῖσθαι (ἀπολογέομαι の現在不定法) は，「自分を幸いと思う」の主語句になっている。「思う」にあたる ἥγημαι は ἡγέομαι の現在完了形であるが，意味は現在。この動詞は二つの目的語（当節では「自

---

212 アプレイウス『変身』2, 23。呉茂一訳『黄金のロバ』上巻，岩波文庫，1956年，58頁「右手をさし出して演説家のようなかたちに節をまげ，末の指二本は折り返したまま，あとの指をまっすぐに延ばして，親指を上へ突き立てながらテーリュフローンはしゃべり出しました」。

213 Blass/Debrunner/Rehkopf, op. cit., §474, 6a, Anm. 10 参照。

26：1—3

分を」(ἐμαυτόν) と「幸い」(μακάριον)) をとる。

　ところで，パウロはこの「弁明」の冒頭で，彼が「ユダヤ人に訴えられているいっさいの事柄に関して」アグリッパ王に「弁明する」と言っている。しかし，実際にその「事柄」に言及しているのは21節においてだけである。この「弁明」は内容的にはむしろ，ユダヤ教・ファリサイ派に順接するキリスト信徒としてのパウロのユダヤの民と異邦人に対するキリスト信仰の証言なのである[214]。

　3節　パウロが「幸いと思う」(直訳) 理由は，「とくにあなた (アグリッパ王) は，ユダヤ人の (文字通りには,「ユダヤ人たちの間における」) あらゆる慣習や問題をよく知っておられる方だから」であるという。

　「あなたはよく知っておられる方」はギリシア語本文 γνώστην ὄντα σε (対格構文) となっており，これは前節の「あなたの前で (ἐπὶ σοῦ) の「あなた」(σοῦ) を受けているので，文法的には属格構文であるべきである。このようないわゆる「破格構文」になっているのは，おそらく物語の語り手ルカが前節の，対格の目的語をとる ἥγημαι「思う」の影響を受けているからであろう。いずれにしても，このような破格構文の例は新約の他の箇所にも見いだされる[215]。

　ユダヤ人たちの間における「慣習」(ἔθος) はルカ文書ではモーセ「律法」(νόμος) のこと (前の文脈では21：21参照)。「問題」(ζητήματα) はその解釈をめぐるユダヤ教諸派における「問題点，争点」(23：29，25：19参照)。アグリッパ王がユダヤの王としてこれらの「あらゆる慣習や問題をよく知っておられる方 (γνώστης)」といわれているが，少なくともヘロデ王家の元祖ヘロデ大王は，大祭司アンティゴノス2世には，「平民でありイドメア人である，半ユダヤ人に過ぎない」(ヨセフス『古代誌』XIV，403) と蔑視されていた。しかし，それはあくまで「弁明」を構成したルカによる，アグリッパ王に対する「讃辞」であって，ヘロデ王朝とユダヤ人との乖離(かいり)について云々することもなかろう。ここでパウロはアグリッパ王に，「どうか忍耐をもって」自分の「弁明」を「お聞き下さるように」懇願している！

---

[214]　V. Stolle, *Der Zeuge als Angeklagter*, S. 140-154 参照。
[215]　Blass/Debrunner/Rehkopf, op. cit., §137, 3, Anm. 3 参照。

② ファリサイ人としての生活と教え（26：4-8）

⁴さて，わが同胞の間やエルサレムではじめから過ごした若い頃の私の生活については，すべてのユダヤ人が知っているところです。⁵彼らは，はじめから私を知っているのですから，私が，私たちの宗教の中で最も厳格な派に従って，ファリサイ人として生活したことを，証言しようと思えば，できるのです。⁶そして，今，私が〔ここに〕立ってさばかれているのは，神から私たちの父祖になされた約束に，私が望みを抱いているためなのです。⁷私たちの十二部族は，夜も昼も，ひたすら神に仕えて，これ（約束）が実現されることを望んでいるのです。王よ，私はこの望みのゆえに，ユダヤ人から訴えられているのです。⁸神が死人を起こすということを，あなたたちはなぜ信じ難いこととされるのでしょうか。

《釈　義》

4節　21節まで修辞的には長文の「叙述」（narratio）が展開されている。「わが同胞」と訳したἔθνος μουは，24：17, 28：19からみてユダヤ人仲間のこと。その場はエルサレムで，ここで「はじめから過ごした若い頃の私の生活（22：3参照）については，すべてのユダヤ人が知っているところです」とパウロは言う。「すべてのユダヤ人」（πάντες [οἱ] Ἰουδαῖοι）とはルカに特徴的な誇張表現であろうが，「知っている」と訳したἴσασιはοἶδαの三人称複数形の古典的用法で，コイネーギリシア語ではοἴδασιとなるべきところである。ルカ好みの擬古文とみなすべきであろう。

5節　このように，「すべてのユダヤ人たち」は，「はじめから」（ἄνωθεν）パウロを「知っている」（προγινώσκοντες. προγινώσκωの現在分詞・複数形・主格）。したがって彼らは，以下のことを「証言しようと思えば」（ἐὰν θέλωσι μαρτυρεῖν. θέλωσιはθέλωの接続法），「できる」（この動詞はギリシア語本文にはないが意味上これを補うことはできよう。シュテーリン，イェルヴェルなど）のである。

26：4—8

すなわち，「私が，私たちの宗教の中で最も厳格な派に従って，ファリサイ人として生活したこと」を。「（私たちの）宗教」と訳したギリシア語名詞 θρησκεία は，異邦人アンティオコスの口に置かれたⅣマカ5：7, 13の場合と同様，ユダヤ人の「宗教（的な行動）」の意[216]。「最も厳格な」にあたるギリシア語形容詞 ἀκριβεστάτην は ἀκριβής の最上級・女性・単数形・対格。ファリサイ派がユダヤ教諸「派」（αἵρεσις）の中で「先祖伝来の掟に関する比類のない（τῶν ἄλλων ἀκριβείᾳ διαφέρειν）専門家」であることについては，ヨセフス『自伝』191参照。パウロはこのようなファリサイ派の一人として「生活した」（ἔζησα, ζάω のアオリスト形）。ただし，これはいわゆる constative aorist（述定的，あるいは事実認定的アオリスト）で，この動詞をもってパウロは，自らファリサイ派であることを過去から現在に至る存在の事実として認定している。すでに23：6の《釈義》（本書210頁）でも確認したように，ルカによれば，パウロはユダヤ教徒としての過去におけるだけ（フィリ3：5 f.）ではなく，キリスト教徒としての現在においても「ファリサイ派」なのである。

6節 その延長線上において，パウロは，「神から私たちの父祖になされた約束（「神が死人を起こすということ」：8節参照）に，私が望みを抱いている」。ところがまさにその「望みのために」（ἐπ᾽ ἐλπίδι）「今，私が〔ここに〕立ってさばかれている」。「立って」と訳したギリシア語動詞 ἕστηκα は，ἵστημι の現在完了形。

7節 しかもパウロだけではなく，「私たちの十二部族」が「夜も昼も」絶えず「神に仕えて」，すなわち神殿で礼拝し，「これ」つまり死人の甦りの「約束」が「実現されることを望んでいる」。ここでパウロの口を通してルカがイスラエルの「十二部族」を引き合いに出したのは，そのキリスト教的シンボルとしての「十二使徒」のことを念頭に置いている（イェルヴェル）かどうかは定かではない。ルカによればパウロは，主の「証人」ではあるが「使徒」ではない。

216　W. Radle, θρησκεία, in：『釈義事典』Ⅱ，197頁参照。

ここではパウロとイスラエルの「十二部族」の連続性が強調されて，それなのに「王よ」と，アグリッパに対し，「私は――十二部族と共通する――この望みのゆえに，ユダヤ人から訴えられている」という矛盾を訴えているのである。

8節 この疑問文はいささか唐突である。パウロは，前節までアグリッパ王に呼びかけているのに，ここで突然，「あなたたちは」と呼びかけている。あるいはこの「弁明」の聴き手の中に入っている総督フェストゥスをはじめとする千人隊長たちや町の主立った者たち（25：23）に呼びかけているのであろうか[217]。あるいは行伝の読者として想定される非キリスト教徒を念頭に置いた修辞的な疑問であろうか（バレット）。

いずれにせよ，「神が死人を起こすということ」は，ルカが描くパウロによれば，「イエスに起こった死人からの甦り」（4：2）のことであるが，これはイスラエル十二部族の希望に順接している。それなのに，「なぜあなたたちは」その「ことを（ギリシア語本文では εἰ が用いられているが，これは ὅτι と同意），信じ難いこととされるのでしょうか」。このような修辞的疑問を介して，次節からキリスト教徒迫害の自己証言に移行する。

③ キリスト教徒迫害（26：9-11）
　⁹実は，私自身も，ナゾラ人イエスという名に対して，大いに反対すべきだと考えていました。¹⁰そして，それをエルサレムで実行したのです。すなわち，私は祭司長たちから権限を受け，多くの聖徒たちを牢に入れ，彼らが死刑になる時には，賛意を表しました。¹¹また，私はいたるところの会堂で，しばしば罰をもって彼らを強要し，〔イエスを〕冒瀆させようとしました。そして，彼らに対する怒りに狂って，国外の町々にまで〔行って〕，迫害を続けたのです。

《釈　義》

---

[217] シュテーリンは，そのように解釈して，この8節を23節あるいは31節の終わりに移している。

26：9—11

9節 「ナゾラ人イエスという名」（τὸ ὄνομα Ἰησοῦ τοῦ Ναζωραίου）については3：6とその《釈義》[218]参照。ここではその「名」を信ずる者，すなわちキリスト教徒を意味する（22：8をも参照）。「実は」（μὲν οὖν）パウロ自身もこの「名」に対して，――直訳すれば――「多くの反対を」（πολλὰ ἐναντία, πολὺς ἐναντίος の中性・複数形・対格）「する」（πρᾶξαι, πράσσω のアオリスト不定法）「べきである」（δεῖν）と「考えていた」（ἔδοξα, δοκέω のアオリスト形）。

10節 「そして，それを」，すなわち，パウロ自身がナゾラ人イエスという名に対して，大いに反対すべきであると考えていたことを，エルサレムで「実行した」（ἐποίησα, ποιέω のアオリスト形）。これは8：3におけるエルサレムでのパウロのキリスト教徒迫害行為にあたるが，以下ではこれがかなり誇張して再述されている。

すなわち，エルサレムで「多くの聖徒たちを牢に入れた」は，8：3に対応する（「聖徒たち」については9：13をも参照）。しかし，「祭司長たちから権限を受け」は8：3に記されておらず，9：1 f. ではパウロがダマスコスにある諸教会を迫害するために「大祭司」から当該諸会堂宛ての手紙を求めたことになっている。

「彼らが死刑になる時には」にあたるギリシア語本文 ἀναιρουμένων τε αὐτῶν は独立属格構文で，ἀναιρουμένων は ἀναιρέω の受動分詞。「殺す」という意味で動詞 ἀναιρέω を用いる例は新約ではルカ文書で最も多い（ルカで2回，使で19回，その他で3回）。その際には，「賛意を表わした」（κατήνεγκα ψῆφον）。κατήνεγκα は καταφέρω「落とす」のアオリスト形，ψῆφον ψῆφός の対格で「（投票に用いられた）小石を」の意。したがって，καταφέρω ψῆφον は「（裁判における）投票する，有罪に同意する」の意となる。ここからパウロがユダヤ最高法院の議員の一人であったとも推定されるが，ここではより一般的に「賛意を表わした」の意味で用いられていると思われる。しかし，このような描写は8：3にも9：2にも見いだされない。

---

218 荒井，上巻，207頁。

11節 8：3の「家という家に」が，当節では「いたるところの会堂で」となっている。ここでは，前の文脈との関連から，熱心なユダヤ教徒としてのパウロ像が前景に出されていよう。

「しばしば罰をもって」（πολλάκις τιμωρῶν．τιμωρέω の現在分詞）「彼らを強要した」（αὐτοὺς ἠνάγκαζον．ἀναγκάζω の未完了形）「冒瀆することを」（βλασφημεῖν．βλασφημέω の現在不定形）。この「冒瀆する」には目的語がない。このような絶対的用法においては目的語に「神」を含意する場合が多い。したがってここでもユダヤ教の神を含意するととることもできる（イェルヴェル，田川など）。しかし，当節の文脈（9節の「イエスという名」，15節の「イエス」との対応）からみると，また18：5の用法から判断しても，多くの注解者と共に，イエスを目的として前提しているとみる方に蓋然性があると思われる[219]。

聖徒たちに対し「怒り狂って」（ἐμμαινόμενος．ἐμμαίνομαι の現在分詞），「国外の町々にまで」（ἕως καὶ εἰς τὰς ἔξω πόλεις）「迫害を続けた」（ἐδίωκον．διώκω の未完了形）。ἕως καὶ εἰς τὰς πόλεις は「町々にまで」の意であるが，τὰς と πόλεις の間に置かれた ἔξω「外に（ある）」は，何の「外にある」かが明示されていないので，ほとんどの注解者は「（ユダヤの）国外」ととっている。この後の文脈にダマスコスが言及されているので（12節），このような想定が自然であろう。しかし，「（エルサレムの）外の町々まで」ととることも可能ではある（田川）。

いずれにしても，この文言にもパウロによるキリスト教徒迫害が誇張的に描かれている。これには行伝に並行箇所がないことでも明らかであろう。

④ 回心――召命（26：12-18）

¹²このような次第で，私は祭司長たちから権限と委託を受けて，ダマスコスに向かって行きましたが，¹³その途上，真昼に，王よ，私は天からの光を見たのです。それは太陽よりも明るく輝き，私と私の同行者たちの周りを照らしました。¹⁴私たちは皆，地に倒れました。そのとき私

---

219 O. Hofius, βλασφημέω, in：『釈義事典』I，263頁をも参照。

26：12—18

は，ヘブライ語で私に，『サウル，サウル，何故私を迫害するのか。とげ棒を蹴るのは，難い』と呼びかける声を聞いたのです。¹⁵ そこで，私が，『主よ，あなたはどなたですか』と言いますと，主はこう言われました，『私はお前が迫害しているイエスである。¹⁶ 起き上がれ。そして，自分の足で立て。私がお前に現れたのは，お前が［私を］見たこと，また，私がお前に現れるであろうことについての奉仕者と証人としてお前を選ぶためである。¹⁷ 私はお前をこの民と異邦人の中から救い出し，彼らのところへ遣わす。¹⁸ それは，彼らの目を開き，彼らが闇から光に，悪魔の権力から神に立ち返り，彼らが私への信仰によって，罪の赦しと，聖められた者たちの中で分け前とを受けるためである』と。

《釈　　義》

12節　当節から18節まではパウロの3度目の回心について語られる（1度目→9：1-19，2度目→22：6-16）。

「このような次第で」（Ἐν οἷς）は，前の段落における，エルサレム内外で行なったパウロのキリスト教徒迫害に関する記述を受けている。「私は祭司長たちから権限と委託を受けて」は，10節を受けているが，当節では10節にはない「委託」（ἐπιτροπή）が付加されている。もともと「権限」（ἐξουσία）は9：2／22：5bではダマスコスの諸会堂に宛てられた大祭司の「手紙」（ἐπιστολή の複数形）であり，それが10節と当節で「権限」に言い換えられているのであるが，当節ではさらにそれに「委託」が追加されている。ここからパウロのキリスト教徒迫害が「祭司長たち」に代表されるユダヤ最高法院の「権限と委託」のもとに遂行されたことを強く読者に印象づけようとしているルカの意図が透けてみえよう。

「ダマスコスに向って行った」という文章は，9：2b，22：5b，6aとパラレルをなしているが，9章や22章におけるダマスコス行きの目的（パウロによるキリスト教徒迫害）について当節で言及されていない。9章と22章における，パウロの迫害者から信仰者への回心物語から，当節以下では彼の福音宣教者への召命物語に焦点が移されているためであろう。

13節 ダマスコスへの「途上」(9：3／22：6 参照)，「真昼に」(ἡμέρας μέσης，「時」の属格。22：6 では περὶ μεσημβρίαν「真昼頃」)「天からの光を見た」(9：3／22：6 参照)。ただし，「光」に関する，「太陽よりも明るく輝き」という修飾句は 9 章にも 22 章にもなく，それが「私」のみならず「私の同行者たちの周りを」照らした，という句も上記の二つの章には欠けている。

14節 「私たちは皆，地に倒れました」といわれているが，9：4／22：7 では「地に倒れた」のはパウロだけである。これは前節における「天からの光」がパウロだけでなく，「同行者たちの」周りを照らしたという叙述を受けているのであろうが，ルカはこの表現で，ダマスコ途上における天的「光」体験をパウロ個人だけではなく，彼と共にキリスト教徒迫害を行なった「同行者たち」が「皆」共通して持ったことを印象づけようとしている。ユダヤ最高法院によって権威づけられたパウロとその同行者たちによって行なわれたキリスト教徒迫害は，天からの光によって阻止されたのである。

その時パウロが，「サウロ，サウロ，何故私を迫害するのか」という彼に「呼びかける声を聞いた」という文章は，9：4／22：7 とほぼ一致する。しかしまず，この声が「ヘブライ語で」(τῇ Ἑβραΐδι διαλέκτῳ) あったという記述は当節のみに見いだされる。もっとも，9：4／22：7 でもパウロが「サウル，サウル」とラテン語名 (パウロ／パウルス) ではなくヘブル名 (サウロ／シャウール) と呼びかけられているので，「天からの声」がヘブライ語であったことが前提されているであろう。そのことが当節で前景に出されているのであって，実際には当時パレスチナで話されていたアラム語と想定される[220]。

これに次ぐ天からの声は，当節だけに出されている。——「とげ棒を蹴るの

220　ただし，イェルヴェルはこれらの通説 (コンツェルマン，ヘンヒェン，シュナイダーなど) に反対して，当節ではアラム語ではなく古典的 (聖なる) ヘブライ語であることを強調しているが，行伝でもパウロが彼に死刑を要求したユダヤ人たちに対しても「ヘブライ語／アラム語」で語りかけている (21：40) ので，当節でもアラム語とみなすのが妥当であろう (ツミエフスキー，バレット，ウィザリントン，フィッツマイヤー，ヴァイザーも同様)。

は，難い」。「とげ棒」にあたるギリシア語名詞 κέντρον は，元来「とげ」の意。ここでは，直訳すれば，「(とげの付いた棒の)とげ」の意味で用いられている。この「とげ棒を蹴る」とは，「騎乗用あるいは牽引用の動物の反抗を，そして転義的に，自分よりも優越した者に対する人間の反抗を言い表す比喩的表現で」[221]，類似の表現が古代ギリシアの格言に用いられている(ピンダロス『ピュティア』II，94 以下，アイスキュロス『アガメムノン』1624，エウリピデス『バッカイ——バッコスに憑かれた女たち』794-795 など)。とりわけ当節の「声」に近いのは，最後の典拠における，次のようなディオニュソスの言葉であろう。

> 人間の分際で神を相手にまわし，腹立ちまぎれに
> (とげ)棒を蹴飛ばして怪我をするより，私なら供物を捧げるのに[222]。

要するに，この格言風の「声」は，「(パウロが)神に反抗することは困難で，無駄である」，という意味である。

次節からみると，この「声」の主は「イエス」(イエスをキリストと信じる信徒たち)なので，ここではパウロの迫害行為をイエス(キリスト教徒たち)が従属する「神」に抗う行為とみなして，それは無駄なのだと諭していることになろう。いずれにしても，天上のイエスが「ヘブライ語」で，しかもギリシアの格言風の言葉を語りかけることは，一見不可解である。しかしここでルカは，パウロの「弁明」の主たる聴き手がローマ育ちのユダヤ王であるのを意識して，この場面を構成したことを思えば，これは聴衆を納得させるための文学的レトリックであることは了解されるであろう。

15節 当節におけるパウロとイエスとの問答は，9:5 / 22:8 とほぼ並行している。

---

221 κέντρον, in:『釈義事典』II，338 頁。
222 逸見喜一郎訳。『バッカイ——バッコスに憑かれた女たち』岩波文庫，2013 年，82 頁。( )内は筆者の加筆。

16節 当節の中で9：6／22：10と対応しているのは,「起き上がれ (ἀνάστηθι)」という,パウロに対するイエスの命令だけで,これに次ぐ「自分の足で立て」(καὶ στῆθι ἐπὶ τοὺς πόδας σου) 以下の言葉は当節のみに見いだされる。まず,「自分の足で立て」とは,明らかに預言者エゼキエルに対する神の召命の言葉を想起させる (エゼ2：1-3 LXX：στῆθι ἐπὶ τοὺς πόδας σου…。イザ35：3, 42：6, 16をも参照)。

「私がお前に現れた」(ὤφθην σοι) は,復活のイエスが,――ケファ(ペトロ),十二人,五百人以上の兄弟,ヤコブ(イエスの弟),すべての人たちに「現れた」(Ⅰコリ15：5-7) 後――パウロにも「現れた」(ὤφθη. 同15：8),というパウロ自身の記事に用いられている動詞と用語法的にも一致する表現である。ὤφθη は ὁράω「見る」の受動アオリスト形で,原始キリスト教におけるイエス顕現を表わす用語として用いられ,パウロも上記Ⅰコリ15：8でそれを繰り返しているが,ルカは福音書でも行伝でもこの用語を踏襲している (ルカ24：34, 使13：31)。

ところで,イエスがパウロに「現れた」目的は,「お前が [私を] 見たこと,また,私がお前に現れるであろうことについての奉仕者と証人としてお前を選ぶためである」。「お前が私を見たこと」の中の「私を」(με) がある写本 (P⁷⁴ א A C² E Ψ など) とそれがない写本 (B C*ᵛⁱᵈ など) があり,前者が有力と思われるが,後者をも排除できないので,ギリシア語底本に従ってこれを [ ] の中に入れておいた。いずれにしても,この言葉は復活後のイエスをパウロが「見たこと」[223] を意味している。

しかし,これに続く「私がお前に現れるであろうこと」の意味については定かではない。パウロ自身は自らの手紙の中で,彼が回心後にイエスが彼に「現れた」という報告をしていないので,これを終末時のキリスト顕現の意味に解する向きもある[224]。しかし,パウロをそれについての「奉仕者と証人として選ぶ」とは具体的にどういうことなのか説明がつかない。ここはやはり,ル

---

223 μάρτυρα ὧν τε εἶδές [με] = τούτων ἅ (内容の目的)。「お前が [私を] 見たところのこと (複数形) の証人」。Blass/Debrunner/Rehkopf, §294, 4, Anm. 4, 6 参照。
224 田川, 614-615頁。

26：12—18

カが行伝で，パウロが回心後に見た，あるいはその言葉を聞いたイエスのこと（18：9 f., 22：17-21, 23：11）を意味していると想定する（イェルヴェル，バレット，ウィザリントン，フィッツマイヤー，パーヴォなど）以外に説明がつかないであろう。少なくとも 23：11 では，パウロの傍に立った「主」（＝イエス）が彼に，「エルサレムで私のことを証ししたと同じように，ローマでも証ししなければならない」と言っているからである[225]。さらにこの文言の「奉仕者と証人」（ὑπηρέτης καὶ μάρτυς）は，ルカ 1：2 との関連から理解されるべきであろう。すなわち，「ルカ 1：2 では（十二）使徒について，彼らは『目撃した初めの証人』であり，後に（復活後に）『御言葉の〈奉仕者〉……になった』」と言われている[226]。

なお，「お前を選ぶためである」にあたるギリシア語動詞句 προχειρίσασθαί σε は προχειρίζομαι のアオリスト不定法で，「私がお前に現れた」の目的を表わす。この動詞 προχειρίζομαι は行伝で 3 回しか用いられておらず，その中でも 22：14 におけるパウロに対するアナニアの言葉「神はあなたを選ばれた」が当節と並行するであろう。

17 節 「私はお前をこの民と異邦人の中から救い出し」。「救い出し」と訳したギリシア語動詞 ἐξαιρούμενος は ἐξαιρέω の中動相・現在分詞で，一般的には「選び出す」をも意味する[227]。しかし，ルカは行伝でこの動詞を一貫して「救い出す」という意味で用いており（7：10, 34, 12：11, 23：27），とりわけ 12：

---

[225] 田川はこの意見に対し，文の趣旨として「いささか通じない」と言う（615頁）。しかし，23：11 ではパウロに現われた「主」は彼に対して「私のことを証ししなければならない」と言っているのであるから，当節における「私がお前に現われることについての証人としてお前を選んだのである」という文章とその趣旨について重なるのではないか。しかも 23：11 は，パウロに回心後に現われたイエス顕現の場面である。その上，ルカによればパウロは，「十二使徒」を超える「第十三番目の（イエス）の証人」なのである（C. Burchard, *Der dreizehnte Zeuge* 参照）。

[226] G. Schneider, ὑπηρέτης in:『釈義事典』Ⅲ, 447 頁。

[227] 田川, 616 頁も同様。

11「主が御使いを遣わして，ヘロデの手から，ユダヤの民のあらゆるもくろみから，私（ペトロ）を救い出して下さった」との用語法上の並行関係が重要である。しかもこの言葉は，ギリシア語の文章構成からみて，直訳すれば，「私がお前をそのもとに遣わす，民と異邦人の中から，私はお前を救い出す」となる。この言葉には，──バレットやパーヴォが指摘しているように──エレミヤに対する次のような「主の言葉」が前提されている。

　　　お前は，私が遣わすすべての人々のもとに行くであろう。そして主がお前に命じたすべてのことを語るであろう。彼らを恐れてはならない。お前が救い出されるように（ἐξαιρεῖσθαί σε）私はお前と共にいる（エレ1：7 f. LXX。1：10 をも参照）。

そして，「私はお前を彼ら（ユダヤの民・異邦人）のところへ遣わす」（εἰς οὓς ἐγὼ ἀποστέλλω σε）は，上記エレ1：7を前提しながら，使9：15，とりわけ22：21におけるパウロに対する「主」の命令と対応している。「行け，私はお前を遠く異邦人のもとに遣わすのだから」。

18節 顕現のイエスがパウロをユダヤの民と異邦人のもとへ遣わす目的が，ギリシア語本文では三つ（①，②，③）の不定法によって表現されている。ただし，②と③の不定法は，いずれも①の不定法に従属すると思われる。②と③の不定法には τοῦ が付されていることも言語的証拠の一つであろう（バレット）。

①「彼らの目を開く」こと。「開くこと」にあたるギリシア語動詞 ἀνοῖξαι は ἀνοίγω のアオリスト不定法。この語法にはイザ42：7 LXX における「主の僕」の役割描写が反映している（フィッツマイヤー）。

②「闇から光に，悪魔の権力から神に立ち返らせる」（直訳）こと。「立ち返らせること」にあたるギリシア語動詞 ἐπιστρέψαι は ἐπιστρέφω のアオリスト不定法。この動詞は，パウロ自身に遡る原始キリスト教の異邦人への宣教用語で

26：12—18

ある（Ⅰテサ1：9「あなたがたがいかにして偶像から神へ立ち返ったかを告げ知らせている」）。しかしこの動詞が最も頻繁に用いられているのはルカ文書においてであり，とりわけ行伝においてルカはこれをペトロとパウロの講話に入れている（ペトロの場合——3：19。パウロの場合——14：15, 26：20）[228]。ルカによればパウロは，このような「立ち返り」の宣教伝達の使命を直接顕現のイエスから受けたというのである。

「闇から光に，悪魔（サタン）の権力から神に」というメッセージは，コロ1：12 f.と共通している。両箇所において「光」と「闇」それぞれの領域が並列されており，闇の支配者であるサタンから光の源である神への「立ち返り」を現わす典型的な用語法が使われているからである[229]。

③「彼らが，私への信仰によって，罪の赦しと，聖められた者たちの分け前とを受ける」こと。イエスへの信仰によって「罪の赦し」(ἄφεσιν ἁμαρτιῶν) を「受ける」(λαβεῖν. λαμβάνω のアオリスト不定法) ことは，10：43でペトロが説いている（ルカ24：47, 使5：31をも参照）。「聖められた者たち」にあたる ἡγιασμένοι は，ἁγιάζω の受動・完了分詞。「聖徒たち」(ἅγιοι) と同意であるが，この表現は20：32でも用いられている。「彼らの中で分け前を受ける」の「分け前」にあたる κλῆρος は元来「くじ」のことで，転じて「くじで配分されるもの，相続分，分け前」を意味し，この表現は再びコロ1：12に近く，これを

---

[228] しかも3：19, 26：20では「立ち返る」(ἐπιστρέφω) が「悔い改める」(μετανοέω) と並列している。

[229] W. Hackenberg, σκότος, in：『釈義事典』Ⅲ, 294頁参照。このような用法の並行例として，クムラン文書からの次の箇所が挙げられている。『戦いの書』1：1, 5, 11, 『宗規要覧』1：9, 2-5など。

なお，R. Muñoz-Larrondo (*A Postcolonial Reading of the Acts of the Apostles,* p. 229) は，当節における「闇」と「悪魔の権力」からの「立ち返り」という表現から，人間を植民地支配の下に置くローマ帝国の政治権力に対する「脱植民地的」抵抗を読み取っている。しかし，当節にそのような「脱植民地的」意味の射程はないと思われる。この点について，詳しくは下記《アグリッパ王の前におけるパウロの弁明》（本書317-318頁）参照。

「相続遺産」と同様にとれば，20：32におけるパウロの遺訓と類似する（エフェ1：18をも参照）[230]。

　以上，パウロの「回心」をめぐる3度目の記事には，1度目や2度目の記事に言及されていた，「回心」を仲介したアナニアに関する報告はなく，パウロの受洗にも言及されていない。天からの「声」は，パウロに対するユダヤ人・異邦人宣教派遣への召命をも含めて，彼に直接イエスから発せられている。その意味で，22章ではパウロの回心後にエルサレムで「忘我の状態」で見た「主」による異邦人宣教（17-21節）は，3度目の「回心」記事では，ダマスコス途上に移されている。しかもそれは旧約預言者に対する「主」による召命記事と重ねられており（26：15 ff.），22章，とりわけ9章におけるパウロの「回心」は，26章ではむしろ彼の召命にシフトされている。そしてその内容も，成立しつつあるキリスト教の宣教内容のいわば「ルカ版」である。

　こうしてルカは，アグリッパ王の前における最後の「弁明」の中に「回心―召命」記事を挿入して，パウロの宣教のピーク（甦りの信仰）を，パウロがローマに護送される以前においては最終的に，それをユダヤ教ファリサイ派の信仰と順接させながら，それのローマ当局に対する無罪性と共に，読者に訴えようとしているのである。

　⑤　宣教（26：19-23）

　　　¹⁹アグリッパ王よ，こういうわけで，私は天の幻に不服従ではありませんでした。²⁰そうではなくて，ダマスコスの人々をはじめとして，エルサレムの人々，またユダヤ全土，さらには異邦人たちに，悔い改めて神に立ち返り，悔い改めにふさわしい〔さまざまな〕業を行なうように伝えてきました。²¹そのためにユダヤ人たちは神殿〔境内〕〔にいた〕

230　この表現のユダヤ教的背景については，『宗規要覧』9：8「彼らに聖徒らの籤に割当ててその群を天の子らと結び合わせる」参照（松田伊訳。「死海写本「共同体」の規則（1QS）――改訳――」『文学研究』第78輯，1981年，九州大学文学部，53頁）。

26：19—23

私を捕らえ，殺害しようと企てたのです。²² ところで，私は神からの助けを得て，小さい者にも大きい者にも，今日まで証人として立って来ました。その際に私は，預言者たちにモーセが，起こることになっていると語ったこと以外は，何も述べませんでした。²³ すなわち，キリストが苦しみを受け，また，死人たちの甦りの最初の者として，民にも異邦人にも光を告げ知らせることになる，ということです」。

《釈　　義》

19節　「こういうわけで（"Οθεν），私は天の幻に不服従ではありませんでした」。「幻」にあたるギリシア語名詞 ὀπτασία はルカ好みの表現である（ルカ 1：22, 24：23 参照）。当節では天から発せられた，パウロに対するイエスの宣教派遣の言葉（16-17 節）を指しているが，イエスの復活の場面で現われた御使い（マコ 16：5／マタ 28：2〔いずれも一人〕／ルカ 24：4〔二人〕）を「御使いたちの幻」と言い換える（24：23）のはルカの特徴である（使 22：17 f. をも参照）[231]。その「幻」（の指示）に「不服従ではありませんでした」と訳したギリシア語本文 οὐκ ἐγενόμην ἀπειθής もルカ的表現。ἐγενόμην は，4 節におけると同様，γίνομαι（εἰμί と同意）のアオリスト形。ἀπειθής「服従しない」に否定辞 οὐκ を付した言い回しもルカが多用するいわゆる Litotes（緩叙法）。当節に近い文脈では，20：12「少なからず」，21：39「知られなくもない」を参照されたい。

20節　「そう（不服従）ではなくて」（ἀλλά），17 節におけるイエスの派遣召命に従ってメッセージを「伝えてきました」（ἀπήγγελλον．ἀπαγγέλλω の未完了形）。そのメッセージ伝達の対象は，まず，「ダマスコスの人々」をはじめとして（9：20 参照），「エルサレムの人々」，次に「ユダヤ全土で」，更には「異邦人たちに」と言われている。

まず文体的に，パウロがそのメッセージを「伝えてきた」対象が「エルサレムの人々に」（Ἱεροσολύμοις）と「異邦人たちに」（ἔθνεσιν）と，いずれも複

---

[231] パウロ自身も一回だけ「主の幻の啓示」について言及しているが，これは「誇らねばならないのなら」という条件付きである（Ⅱコリ 12：1）。

数・与格で表わされているのに，その間に挟まれている「ユダヤ全土」（πᾶσν τε τὴν χώραν τῆς Ἰουδαίας）が単数・対格になっていることが不自然である。これは「拡張の対格」（Akkusativ der Ausdehnung）と想定され，「ユダヤ全土で」の意味にとられているが，πᾶσαν の前に置かれていた εἰς「……へ」が，筆写の際に起こった（その前の Ἱεροσολύμοις の語尾 οις との）「重字誤脱」（ハプログラフィー）で脱落した可能性も想定されている[232]。

　いずれにしても，パウロが回心後，ダマスコスにおいてユダヤ人に伝道をし（9：19-22），エルサレムへ上京，使徒たちを訪問してギリシア語を話すユダヤ人にメッセージを伝え（9：26-30），アンティオキアを拠点として異邦人にも伝道したことはこれまで強調され伝えられてきた（14：27，15：12 から 21：19 に至るまで！）。しかし，それが「ユダヤ全土に」拡大されたとは，パウロ自身はもとより（ガラ1：22 によれば，「ユダヤの諸教会には私は顔を知られていなかった」），行伝でも言及されていない。これはやはりルカに特徴的な誇張的表現であろう[233]。

　次に，メッセージの内容は，「悔い改めて神に立ち返り，悔い改めにふさわしい業を行なうように」ということである。「神に立ち返ること」（ἐπιστρέφειν ἐπὶ τὸν θεόν）は 18 節を受けており，18 節の《釈義》（本書 310 頁，注 228）で指摘したように，ルカ文書ではそれが，当節のように「悔い改めること」（μετανοεῖν）と並列されうる（3：19 をも参照）。「悔い改めにふさわしい〔さまざまな〕業を行なう」の「行なう」にあたるギリシア語動詞 πράσσοντας は，πράσσω の現在分詞・複数形・対格で，この文章の意味上の主語（「人々」）を受けている。なお，「悔い改めにふさわしい〔さまざまな〕業を」（ἄξια τῆς μετανοίας ἔργα）は，洗礼者ヨハネの勧めのルカ版「悔い改めにふさわしい〔さまざまな〕実を」（… καρποὺς ἀξίους τῆς μετανοίας. ルカ3：8）に対応する。これのマタイ版では「実」が単数形の καρπὸν となっている（マタ3：8）。当節の「業」とルカ3：8 の「実」は，いずれも複数形で対応している。ルカに

232　Blass/Debrunner/Rehkopf, §161, 1, Anm. 1 参照。
233　イェルヴェルはこれを伝承に帰するが，傍証がない。また彼は「異邦人」を「神を畏れる人々」と想定するが，これにも説得力がない。

26：19—23

よれば,「悔い改めにふさわしい」「業」(あるいは「実」)は, さまざまな個々の実践なのである[234]。

要するにこのようなメッセージは, パウロの宣教内容のルカ的まとめといえる。

21節 「そのために」(ἕνεκα τούτων) とは, この「弁明」の文脈(特に20節, 23節)ではパウロがユダヤ人と異邦人に説いた宣教内容のゆえに, ということであるが, 実際には「神殿〔境内〕で私を」, あるいはそこに「いた私を」,[235]「ユダヤ人が捕らえ, 殺害しようと企てた」のは, パウロが「律法とこの場所(神殿)とに逆らって教えている」ことと, その上「ギリシア人を神殿〔境内〕に連れ込み, この聖なる場所を穢した」ためであった(21：27-31。24：5 f. をも参照)。しかし当節では, 上記の神殿冒瀆に関して, 一切言及されていない。そのことを行伝の読者はすでに知っているから(イェルヴェル)というよりも, この「弁明」では問題の焦点が——ルカによって——パウロの宣教内容に絞られているから, と想定すべきであろう。

22節 「ところで」にあたる οὖν は, 前節の「ユダヤ人たちが…私を捕らえ, 殺害しようと企てた」が「しかし」という意味と, 修辞的には20節までの「弁明」における「叙述」をまとめて,「主題」に移るための「さて」という意味と同時に示唆していよう。

「私は神からの助けを得て」(ἐπικουρίας οὖν τυχὼν τῆς ἀπὸ τοῦ θεου) は, 前の文脈における天からのイエスの声「私はお前をこの民と異邦人の中から救い出し」を示唆しているであろう。τυχών は τυγχάνω「得る」のアオリスト分詞で,

---

234 木原(前掲書, 102頁)に, 洗礼者ヨハネの勧め(ルカ3：8)が当節におけるパウロの言葉によって「継承される」ことを指摘しているが,「実」と「業」が共に複数形になっていることを見逃している。

235 ギリシア語本文では με …［ὄντα］ἐν τῷ ἱερῷ. ὄντα は εἰμί の現在分詞・単数・対格。これがある写本とない写本があってどちらを本文に採用するか判断が困難なので, ギリシア語底本に従い, これを［ ］に入れておいた。

目的語に属格（τῆς ἀπὸ τοῦ θεοῦ）をとる。

「小さい者にも大きい者にも」（μικρῷ τε καὶ μεγάλῳ）は，8:10における「すべて，子供から年寄りに至るまで」（πάντες ἀπὸ μικροῦ ἕως μεγάλου）に対応する表現で，「子供にも大人にも」すべての人々に，を意味していよう。

「今日まで証人として立って来ました」。「立って来ました」と訳したギリシア語動詞 ἕστηκα は，6節におけると同様，ἵστημι の現在完了形。「証人として」と訳したギリシア語動詞 μαρτυρόμενος は μαρτύρομαι の現在分詞形で，直訳すれば，「証言しながら」。この現在分詞は，16節におけるイエスによるパウロへの顕現理由，すなわち「（奉仕者と）証人（μάρτυς）にするためである」を受けていると思われる[236]。

「その際に私は，……以外は何一つ述べませんでした」と訳したギリシア語本文 οὐδὲν ἐκτὸς λέγων の中，λέγων は λέγω の現在分詞で，先行する μαρτυρόμενος を受けている。ἐκτός「……以外に」は属格をとり，当節ではこれが ὧν（τούτων ὅ）にあたり，その内容は「預言者たちやモーセが，起こることになっていると語ったこと」（ὧν τε οἱ προφῆται ἐλάλησαν μελλόντων γίνεσθαι καὶ Μωϋσῆς）である。

「預言者たちやモーセ（律法）」は，ルカ文書で（旧約）聖書の総称であるが（ルカ24:27, 44, 使24:14, 28:23参照），「モーセ」→「預言者たち」の順序が当節では逆「預言者たち」→「モーセ」になっている。しかも前掲のギリシア語本文では ὧν 以下の副文章が「預言者たち」で始まり「モーセ」で終っている。この順序は，「起こることになっていると語った」「預言者たち」に「モーセを加え」，こうしてモーセを強調した結果と想定できるであろう（シュナイダー，パーヴォ）。そのことは，——

23節　「キリストが苦しみを受け，また，死人たちの甦りの最初の者として，民にも異邦人にも光を告げ知らせること」ということであろう。

---

[236] この岩波訳に対する田川の批判（619頁）をそのまま返上すれば，「単に裁判の場に証人として立った，などという意味ではない」。当節全体の文脈（「私は神からの助けを得て，小さい者にも大きい者にも今日まで」）からみても，「立ち，証言してまいりました」という田川訳よりも岩波訳の方が文意に即していよう。

26：19—23

　ギリシア語本文でこの文章は二つの εἰ「もし…ならば，あるいは，……かどうか」ではじまる副文章である。したがって直訳すれば，「キリストが苦しみを受けるべきであるかどうか，民にも異邦人にも光を告げ知らせることになっているかどうか，ということである」となる。これを，当時原始キリスト教に流布していた（旧約預言者たちによる「キリスト証言」に関わる議論（使17：2 f. 参照）の反映と見る注解者（ブルース）もいる。しかし当節の内容は，すべて肯定的に，ルカ福音書でも（24：26，46 参照），行伝でも（3：22-26。17：3 をも参照）預言者たちあるいはモーセの証言として語られている。とすれば——ほとんどの注解者がそのようにとっているように——，この εἰ「……かどうか」は，ὅτι「……ということ」と同意で用いられているとみてよいであろう[237]。

　なお，「キリストが苦しみを受けることになる」と訳したギリシア語本文（παθητός ὁ χριστός）に用いられている παθητός は，動詞 πάσχω「苦しみを受ける」に由来する形容詞で，新約では当節だけにしか用いられていないが，先に挙げたルカ 24：26，46 の「キリストは苦しみを受け」（παθεῖν τὸν χριστόν）と内容的には同じ意味である。

　次の「死人たちの甦りの最初の者として」も，内容的には前掲のルカ 24：26，46，特に使 17：3 とほぼ並行する。ただし当節では，キリストが——文字通りには——「死人たちの甦りの中からの最初の者」（πρῶτος ἐξ ἀναστάσεως νεκρῶν）といわれており，ここではキリストがユダヤ教（特にファリサイ派）における「死人たちの甦りの望み」（23：6）が実現された「最初の者」（ὁ πρῶτος）とみなされている。

　そのような者としてキリストは，「（イスラエルの）民にも異邦人たちにも光を告げ知らせることになる」。ここで「光」（φῶς）はキリストが「告げ知らせる」対象として語られているが，キリストは「死人たちからの甦りの最初の者

---

[237] *WbNT*, S. 442 によれば，「情念の動詞」（Verben des Affektes.「驚く」「畏れる」「記憶する」など）の後では εἰ が ὅτι の意味で用いられることがある。この種の動詞には当然 εἰ の意味も含意しているのであるから，Bauer の辞書におけるこれの分類を「行き過ぎ」（田川，619頁）とは思われない。

として」イスラエルの民にも異邦人たちにも自ら「光」を先取りしていることが前提されており（ルカ２：32参照），行伝の文脈ではパウロが「主」によって「異邦人たちの光」と呼ばれており（13：47），彼が顕現のキリストによって「民と異邦人たち」へと遣わされ，彼に「彼らを闇から光に立ち返らせる」使命が与えられている。「告げ知らせること」（καταγγέλλειν）は，いずれにしてもルカの宣教用語なので（17：3とその《釈義》荒井，中巻，400頁参照），イエスからパウロに託された宣教内容が，ここでは預言者たちやモーセの「キリスト証言」として，ルカによってまとめられているとみなすべきであろう。

《アグリッパ王の前におけるパウロの弁明》（26：1-23）

　パウロがアグリッパ王を前にして「弁明」したであろうこと，また，それに基づいて弁明がある程度言い伝えられていたであろうことは否定できないと思われる。しかし，例えば田川のごとく，この場面に招待されていた「町の有力者」（25：23。26：30をも参照）が流した噂を基にして，あるいはローマへの護送にパウロと同行したルカがパウロから聞いた話（特に改宗の体験）を盛り込んで，「ルカは（パウロの）話の大筋は正確に伝えている」[238]とは，到底想定できない。

　ルカはおそらく，パウロの話に関する言い伝えに基づいて（その文言の範囲はもはや推定できない），パウロの「弁明」を，それがアグリッパ王の前に語られたことを十分に意識し，論述の修辞法を用いながら，①序言，②ファリサイ派としての生活と教え，③回心―召命，④宣教という四部に構成して読者に提示した。このことは，この「弁明」の主旨がパウロによる，ファリサイ派の復活思想に順接するキリストの甦りの告知であって，これはユダヤ人による彼に対する元来の訴因（21：27-28，24：5-6）に対する「弁明」になっていないことからみても明らかである。

　この「弁明」の直接的文脈ではパウロに対するユダヤ人の死刑要求に応えてユダヤ総督フェストゥスがパウロを裁判にかけても，死罪にあたるべき行為を

---

[238] 田川，前掲書，624頁。

26：24—32

見いだすことができず，それでもパウロがローマ皇帝に上訴したので，彼が見いだせなかった「上訴」すべき事柄をアグリッパ王から得たいというものであった（25：14-27）。ところが，パウロは，「弁明」というよりも，彼が直接顕現のイエスから召命を受けて派遣されたという宣教の「告知」を行なって，後の文脈にはこの告知がフェストゥスとアグリッパを際立たせてはいるが（26：24-28），究極的には彼らも，そして「同席の者」も皆，パウロには罪がないことを認めたことになっている（26：30-32）。

要するにルカは，この「弁明」によってパウロの「宣教」の中核とそれの無罪性を読者に訴えようとしているのである。

なお，R. Muñoz-Larrondo, *A Postcolonial Reading of the Acts of the Apostles* によると，「ローマ人の被護王」（Client-King）ヘロデ・アグリッパ2世を前にしたパウロの「弁明」においても，特に26：18ではルカは「悪魔の権力としての闇」という表象によって，「闇」の中に植民地の住民を閉じ込めたローマ帝国の政治権力を暗示している（pp. 228 f.）。しかし，この箇所は，本書310頁における26：18の《釈義》で指摘したように，第二パウロ書簡やクムラン文書に通底する，そして「ヘロデ」がそれの「体現者」（Dicken, op. cit., p. 165）である，悪魔による「闇」支配からの信仰による「光」への救済論的解放の告知であって，ここから「脱植民地的」解放の告知を読み取ることは無理であろう。前述のように，この箇所の文脈では，パウロはローマ帝国支配の有効な手段であったローマ「市民権」を自ら行使し，それをローマ総督やユダヤ王も受理しており，しかも両者ともパウロの無罪性を確認しているのであるから，少なくともルカはローマ帝国の植民地支配を——それに対して部分的に批判はしているとしても（24：26, 27, 25：9など参照）——全体としては甘受しているとみなさざるを得ないのである。このことは，「弁明の反応」（24-32節）からも十分読み取ることができよう。

(3) 弁明の反応（26：24-32）

24 彼がこのように弁明していると，フェストゥスが大声で言う，「パウロよ，お前は気が狂っている。博学がお前を狂わせたのだ」。25 パウロが言う，

「フェストゥス閣下,私は気が狂ってはおりません。私は真実で理にかなった言葉を語っているのです。²⁶ 王はこれらのことについてよく知っておられますから,王に対して率直に申し上げているのです。私は,これらのことで王の前に隠されていることは［何］一つもないと確信しております。このことは,〔どこかの〕片隅で行なわれたのではないのですから。²⁷ アグリッパ王よ,あなたは預言者たちを信じておられますか。信じておられると私は思いますが──」。²⁸ アグリッパがパウロに言った,「お前は短時間で私を説き伏せて,キリスト者にしようというのか」。²⁹ パウロは言った,「短時間であろうと,長時間であろうと,私が神に祈りたいのは,ただ王だけでなく,今日私の話を聞いている人がことごとく,私と同じになることなのです。──この捕縛だけは別ですが」。

³⁰ この時,王をはじめ,総督も,ベルニケも,同席の者も,立ち上がった。³¹ 彼らは,退場してから,互いに語り合って言った,「あの男は死罪や捕縛に値することは［何］一つもしていない」。³² また,アグリッパ王は,フェストゥスに言った,「あの男は,もしカエサルに上訴していなかったら,釈放されることができたであろうに」。

《釈　　義》

24節　「彼（パウロ）がこのように弁明していると」は,ギリシア語本文では独立属格構文。「このように」は,文字通りには,「このようなことを」(ταῦτα, οὗτος の中性・複数形・対格)。「弁明している」にあたるギリシア語動詞は ἀπολογουμένου。これは ἀπολογέομαι の現在分詞で,2節の「弁明しはじめた」(ἀπελογεῖτο) を受けている。

フェストゥスは彼の「弁明」を遮って,「大声で言う」。このように「弁明」や「説教」（演説）が聴き手によって中断されるのはルカの修辞的用法である。中断されるが,主題は十分に語られているからである (7：54, 57, 17：32, 19：28, 22：22 参照。イェルヴェル)[239]。

239　M. Dibelius, *Aufsätze zur Apostelgeschichte*, S. 153 に基づく。

26：24—32

「パウロよ，お前は気が狂っている。博学がお前を狂わせたのだ」。「気が狂っている」にあたるギリシア語動詞 μαίνῃ は，μαίνομαι の単数・2 人称・現在形。「博学」（τὰ πολλὰ γράμματα）は，文字通りには，「多くの文字あるいは書物」の意。それが「お前を狂わせたのだ」（… σε …εἰς μανίαν περιτρέπει）も，文字通りには，「お前を（正気から）狂気に向わせている」。これがパウロの「弁明」に対する「ユダヤの王」アグリッパではなく，ローマ総督フェストゥスの反応であることに注目したい。行伝ではギリシア人，とりわけアテネ人がイエスの甦りに極まるパウロのメッセージに対して拒絶反応を示していた（17：32 参照）。

25 節　これに対するパウロの応答「私は気が狂ってはおりません。私は真実で理にかなった言葉を語っているのです」の中の「真実あるいは真理」（ἀλήθεια）と「理性あるいは正気」（σωφροσύνη）は，「狂気」（μανία）の反対語。ここでルカによればパウロは，狂気の烙印に抗して自らの「正気」を主張しているのであって，例えばソクラテスのように，「善きものの中でも，その最も偉大なるものは（神から授かって与えられる）狂気を通じて生まれてくるのである」[240]，という逆説を語っているのではない[241]。

26 節　パウロはフェストゥスへの返答を「弁明」の元来の聴き手であるアグリッパ王にずらして，ユダヤの「王」であるアグリッパは「これらのことについてよく知っておられます」と言う。「これらのことについて」（περὶ τούτων）とは，「預言者たちやモーセが起こることになっていると語ったこと」，すなわち，キリストが受難し甦ってユダヤの「民にも異邦人にも光を告げ知らせることになるということ」（22-23 節）についてを示唆している。だからパウロは，「私は，王に対して率直に（あるいは大胆に）申し上げているのです」

240　藤沢令夫訳。『プラトン全集』5，岩波書店，1974 年，174 頁。
241　H. Balz（μαίνομαι, in：『釈義事典』Ⅱ，438 頁）は，この保留なしにプラトン『パイドロス』244a を引き合いに出している。なお，ルカ（とマタイ）はそれぞれの福音書において，人々がイエスは「気が狂っていたと言っていた」という文言（マコ 3：21）を削除している。

と言う。「率直に」あるいは「大胆に」あたるギリシア語動詞 παρρησιαζόμενος は，παρρησιάζομαι の現在分詞で，この動詞をルカは行伝で多用している（9：27, 28, 13：46, 14：3, 18：26, 19：8。その他は新約で2回のみ）。しかもこの句は明らかに「弁明」冒頭（3節）のアグリッパ王に対する「賛辞」，すなわち「あなたは，ユダヤ人のあらゆる慣習や問題をよく知っておられる」を受けていよう。後50年頃までクラウディウス帝のもとローマで暮したアグリッパが，たとえこの後ユダヤの「王」に任じられたとしても，聖書におけるメシア預言を「よく知って」いたか否かは別としても，この句は王に対するパウロの弁明の「賛辞」の延長線上にあることには変わりがない。

王が「これらのことについてよく知っている」理由としてパウロは，次のことを「確信している」（πείθομαι）からと言う。すなわち，「王（ギリシア語本文では αὐτόν「彼」）の前に隠されていること」あるいは「王が気づいていないこと」（λανθάνειν）は，——直訳すれば——「これらのことが［何］一つもない」（[τι] τούτων οὐ … οὐθέν ＝ οὐδέν）ことを。「すべてが明らかになっている」という意味のことを「［何］一つも隠されていない」と言い換えてその意味を強調するのは，ルカの好む「緩叙法」である（19節「不服従ではありませんでした」とその《釈義》本書312頁参照）。

「このこと」（τοῦτο）は「片隅で」（ἐν γωνίᾳ）「行なわれたのではないのですから」（οὐ γάρ ἐστιν ἐν γωνίᾳ πεπραγμένον）。πεπραγμένον は πράσσω の受動完了分詞。ἐστιν と共に用いてルカの好む迂説的用法。ルカが理解するパウロによれば，キリストの出来事は，「ユダヤ全土」に伝えられているのである（20節参照）。

27節 パウロはアグリッパ王に質問を向け，「預言者たち（22節参照）を信じておられますか」と問い，——王への「賛辞」のレベルで——自分は，「あなたは（ユダヤの王なのですから）信じておられると思いますが——」と付言する。

28節 これに対してアグリッパ王がパウロに言った文言については，注解者たちの解釈が分かれている。

まず,「短時間で」と訳したギリシア語副詞句 ἐν ὀλίγῳ は,「少しの時間で」(最近ではウィザリントン, フィッツマイヤーなど) とも「少しの言葉で」(最近では田川) とも訳すことができる。私見ではパウロの「弁明」の文脈からみて (次節の ἐν ὀλίγῳ καὶ ἐν μεγάλῳ の《釈義》をも参照),圧倒的に多くの注解者と共に[242],前者の訳に蓋然性があると思われる。

　次に,「お前は私を説き伏せて, キリスト者にしようとしているのか」にあたるギリシア語本文 με πείθεις χριστιανὸν ποιῆσαι は, 文字通りに訳せば,「私を説き伏せて一人のキリスト者を作ろうとしているのか」となる。「作る」(ποιῆσαι. ποιέω のアオリスト不定法) の意味上の主語は με なので, これを含めて直訳すれば,「お前は, 私がキリスト者を作ることを説き伏せるのか」となる。しかし, これでは意味が通じないので, ποιῆσαι を γινέσθαι (γίνομαι「……になる」のアオリスト不定法) に修正する写本も存在する (Ε Ρ Ψ など)。しかし, これは明らかに ποιῆσαι (p^{74vid} ℵ B など) の二次的修正なので本文として採ることはできない (メッツガー)。そのために, ποιῆσαι を「……の役を演ずる」と訳す注解者も多い (レイク, ヘンヒェン, コンツェルマン, シレ, シュナイダー, ブルース, バレットなど)。

　しかし, ποιέω には, 二つの目的語を伴って「……を……にする」という用法もある (例えば I コリ 6:15)。当節の構文にこれを適応すれば,「お前は私を説き伏せて, (私を)[243] キリスト者にするのか」と訳すこともできる。そして, この訳は最近の多くの注解者によって採用されている (ヴァイザー, ツミエフスキー, イェルヴェル, ウィザリントン, フィッツマイヤー, パーヴォなど)[244]。

　なお,「キリスト者」(Χριστιανός) という名称は, 11:26 とその《釈義》荒

242　H. Balz, ὀλίγος, in:『釈義事典』II, 576 頁も同様。
243　主文章の動詞の目的語 (当節では「私を」) が, 不定法で表わされる目的句において繰り返し用いる必要がないことについては, Blass/Debrunner/Rehkopf, §405, 1, Anm. 1 参照。
244　田川も同様。ただし彼は自ら採った訳を「誤魔化し訳」と記しているが (620頁), 私見ではこの訳にも典拠がある。もっとも, ルカは次節に「私と同じになる」の「なる」に γενέσθαι を用いているので, 彼の用語に一貫性がないのは事実である。

井，中巻，179-181 頁で詳述したように，第三者がキリスト信徒を呼ぶに際し用いられたもので，行伝成立時代（90 年代）にかなり一般的に用いられていた。当箇所でこれがローマの「被護王」（Client King）アグリッパによって用いられたことにはこの呼称の成立事情が反映していよう。

29 節　パウロに対するアグリッパ王の――多少皮肉を込めた――質問に対するパウロの応答の中の，「短時間であろうと，長時間であろうと」（καὶ ἐν ὀλίγῳ καὶ ἐν μεγάλῳ）という副詞句は，「ただ王だけではなく，今日私の話を聞いている」にかかる。したがって前節の ἐν ὀλίγῳ も「短時間」の意味となろう。「私が祈りたいのは」と訳した εὐξαίμην ἄν は，εὔχομαι「祈る」の（可能性を願う）希求法・1 人称・単数形。パウロは，「私が神に祈りたいのは……私の話を聞いた人々がことごとく，私と同じように（キリスト者に）なること」（γενέσθαι τοιούτους ὁποῖος καὶ ἐγώ εἰμι）だと言う。――ただし，「この捕縛だけは別ですが」（παρεκτὸς τῶν δεσμῶν）と付言する。

パウロは実際に，「捕縛されたまま」カイサリアで前総督フェリクスから現総督フェストゥスに引き継がれ（24：27, 26：31），彼がアグリッパ王の前で「弁明」している時も，「捕縛」の状態であった[245]。しかしパウロは，「弁明」を開始するにあたって「片手をさしのべて」いる（1 節）ので，この動作と「縄目あるいは捕縛」状態とは「矛盾する」。したがって，おそらくこれは「比喩的」表現とみる向きもある[246]。ただし，すでに 1 節の《釈義》で言及したように，パウロをここで弁論家として振舞わせているのは行伝作家ルカであり，他方ルカは，前の文脈からパウロを「捕縛」状態に置かれてるとみている。パウロがそのような状態に置かれていても，それとは対象的に「華麗な装いをこら

245　当節で用いられている δεσμά（δεσμός の複数形）は δέω「縛る」に由来する名詞で，①「縛る」際のもの（綱，枷，鎖など。ルカ 8：29, 16：26 参照），あるいは，②縛られた状態（縄目，束縛，捕縛など。20：23, 23：29 参照）を意味する。当節では，①にも②にもとれるが，すぐ後の文脈（31 節）で同じ名詞が②の意味で用いられているので，当節でも「捕縛」と訳しておいた。

246　田川，623 頁。

26：24—32

して……謁見の間に」入場したアグリッパ王（26：23）の前で，弁論家として振舞い，堂々と「弁明」したことを読者に印象づけようとしているのであろう。もともと修辞（レトリック）は，歴史的・論理的レベルと「矛盾する」ものなのである。

30節 パウロの答弁を聞いて，王は聴聞を中止し，「立ち上がった」（ἀνέστη. ἀνίστημι のアオリスト・3人称・単数形）。「総督も，ベルニケも，同席の者（οἱ συγκαθήμενοι. συγκάθημαι「同席する」の現在分詞・複数・3人称に冠詞 οἱ を付して名詞化）」も。これでアグリッパ王とその一行の謁見は終わり，ルカにとって「謁見」場面はその頂点に達する（リューデマン）。

31節 「彼らは，退場してから」（ἀναχωρήσαντες. ἀναχωρέω のアオリスト分詞・3人称・複数形）互いに「語り合って言った」（ἐλάλουν. λαλέω の未完了・3人称・複数形）。「あの男」（ὁ ἄνθρωπος οὗτος）は「死罪や捕縛に値することを［何］一つもしていない」（οὐδὲν θανάτου ἢ δεσμῶν ἄξιον [τι] πράσσει）[247] と言って。ここで，千人隊長リュシアにより（23：29），総督フェリクスにより（25：18, 25）証言されていたパウロの無罪性が，三度目に，そして最終的にアグリッパも，フェストゥス，ベルニケ，千人隊長たち，異邦人の有力者たち（23節）すべてによって確認されたことになる。ルカによればイエスも――すでに繰り返し強調したように――総督ピラトゥスとヘロデ・アグリッパによって三度その無罪性が確認されている（ルカ23：4, 14-15, 22）。

32節 しかも，アグリッパ王はフェストゥスに次のように言った，と記される。パウロが，もしカエサルに「上訴していなかったら」（εἰ μὴ ἐπεκέκλητο. ἐπικαλέω の過去完了形。事実に反する仮定）「釈放されること」（ἀπολελύσθαι. ἀπολύω の受動・完了・不定法）が「できたであろう」（ἐδύνατο. δύναμαι の未完了形。事実となる仮定の結び）。この言葉は，フェストゥスから諮問された

247　［何］はギリシア語底本の［τι］にあたる。τι がある写本（BLなど）とない写本（P⁷⁴ ℵ Aなど）があるので，底本は［　］に入れて本文に採用している。ただし，後者の写本が有力。

カエサルに「上訴すべき確実な事柄」(26節)は，自分にも「何もない」ことを認めた上で，パウロがカエサルに上訴していなかったら，釈放されることができたのに，という意味であろう。

　このアグリッパの言葉は，注解者たち（バレット，ウィザリントンなど）によって以下のような A. N. シャーウィン・ホワイトの説明に基づいて歴史的に解明されている。——「上訴権行使を無視して被告を無罪放免にしたならば，総督は皇帝，属州双方に無礼を働いたことになったであろう」[248]。

　確かに総督フェストゥスは，被告パウロをその上訴権を無視して無罪放免にしたならば，結果として，パウロを告訴し殺害さえ試みた属州民ユダヤ人たちに対し，礼を失したことになったであろう。しかし，同時に皇帝に対してそれが，「無礼を働いたことになった」であろうか（パーヴォ）。もともとカエサルへ上訴すべき確実な事柄が何もないことを，フェストゥスのみならずアグリッパ王も認めたのであるから，それにもかかわらず「上訴権行使」を実行に移すことは「理に反する」(25：27) のではないか。しかも，パウロはその「弁明」において，ユダヤ人たちによる告訴の元来の訴因である神殿冒瀆 (21：28, 24：6) については一言も言及していない（ヘンヒェン）。当節におけるアグリッパ王の言葉は，行伝の読者に向って発せられているととらざるをえないのである。

《弁明の反応》(26：24-32)

　形式的には「弁明」であるが (2節)，内容的には「宣教」である (22-23節。27-28節をも参照) パウロの発言に対して，ローマのユダヤ総督フェストゥスも，ローマ皇帝の被護王ヘロデ・アグリッパ2世も共に拒絶反応を示している (24-29節)。この描写から確かにローマ支配権力に対するルカの批判的姿勢を読み取ることができるであろう。

　しかし，アグリッパ王，ベルニケ，総督フェストゥス，「同席の者」も揃ってパウロには死刑にあたる罪状が見当たらないことを認めており，アグリッパ

248　A. N. シャーウィン・ホワイト『新約聖書とローマ法・ローマ社会』77頁。

26：24—32

はフェストゥスに，パウロは「もしカエサルに上訴していなかったなら釈放されることができたであろうに」と言っている（30-32節）。この後に物語られるパウロのローマへの護送（27：1以下）は，歴史的事実に基づいたものであることは否定できないので，歴史的レベルではフェストゥスは何らかのパウロの罪状――おそらく24：5から想定できる「騒乱罪」――を認め，パウロを，彼がローマ市民なるがゆえに，また，彼を告訴したユダヤの指導者たちへの配慮のゆえに，ローマ皇帝のもとに送致したと想定される（本書277-279頁《カエサルへの上訴》参照）。ルカはパウロのローマ送致を，ローマ皇帝への彼の上訴が総督フェストゥスのみならずアグリッパ王によっても承認された結果とみなしている。しかもその際にルカは，パウロの無罪性が上記の二名だけではなく，彼の「謁見」に「同席の者」全員によって確認されたことを強調している。こうしてルカはパウロに対する「主」の言葉「勇気を出しなさい。エルサレムで私についてのことを証ししたと同じように，ローマでも証ししなければならないからである」（23：11）が今実現しようとしていることを読者に納得させようとしている。

とすればパウロは，ローマ帝国支配の有効な手段であったローマ市民権を自ら行使したことになり，それをローマの支配者たちが認め，サポートしたことになる。ここからパウロの「脱植民地的」ローマ帝国批判[249]を読み取ることはできず，むしろこれには逆にローマ帝国支配を甘受するルカの国家観と救済論が反映しているといえよう[250]。

以上から判断して，「弁明の反応」描写の場面構成がルカの手になることは明らかである。

---

249 R. Muñoz-Larrondo, op. cit., pp. 228 f.
250 J. P. Yoder（op. cit., p. 336）によれば，「こうしてルカは，一方においてキリスト者に対する帝国の処置に体現される実践や傾向を批評しながらも，他方において帝国とそれによって信奉された価値への根本的魅力を表明する，植民制下の一人の臣民なのである」。

IV ローマへの護送 (27：1-28：16)

IV「ローマへの護送」は次の4部からなる。
(1) 海路ローマへ (27：1-12)
(2) 遭難 (27：13-44)
(3) マルタ島にて (28：1-10)
(4) ローマへ (28：11-16)

　パウロがカイサリアから海路ローマへと護送された記事は，行伝では三度目の，1人称複数形「私たち」を主語として記されている「われら章句」になっている（1度目は16：10-17, 2度目は20：5-21：18）。特にパウロの船旅の物語は，ルートや風向き，暴風や難破など，海路の詳細な描写，その際の航海用語の多用などから，パウロの船旅に同行した者の目撃証言であり，その中の一人ルカが「私たち」を主語としてこれを物語っているとみなす伝統的見解が現代でも繰り返されている[251]。しかし私見によれば，16：10の《釈義》（荒井，中巻341頁以下）に詳述したように，「われら章句」は三箇所とも，パウロの伝道旅行の同行者ルカによる目撃証言ではありえず，「私たち」はむしろ，物語作家ルカの修辞的表現である。伝承資料を踏まえつつもそれによってルカは，物語の中に読者を呼びこみ，ルカが読者と共に，物語られた出来事――それは神による計画（当物語では27：24の「ねばならぬ」！）が実現されるプロセスである――の証人であることを印象づけようとした。

　実際ルカはいつも，パウロの伝道旅行における決定的方向づけを描写する際に（しかもそれは例外なく海路を介して行なわれる！），「私たち」を主語として用いている。トロアスからマケドニアに渡る際に（16：10 ff.），エフェソからトロアス――ミレトス――エルサレムに渡る際に（20：5 ff.），そしてカイサリアからローマへ護送される際に（27：1 ff.），神の「ねばならぬ」が成就される。その過程の証人としてルカは「私たち」という主語を用いている。読

---

[251] 最近では田川，625頁以下。

27：1―8

者に臨場感を与えているのである。

　ところで最近，J. Börstinghaus が他ならぬ当箇所の浩瀚な研究書 *Sturmfahrt und Schiffbruch. Zur lukanischen Verwendung eines literarischen Topos in Apostelgeschichte 27, 1-28, 6,* Tübingen, 2008 を公刊して，当箇所と比較しうる限りの古代における航海物語を詳細に分析した上で，「われら章句」の「資料」（Quelle）について新しい仮説を提起している（S. 288 ff., 特に S. 304 ff.）。彼によれば，ルカは物語作家として当箇所を全体として「われら章句」として綴りながらも，彼が用いた資料がすでに「私たち」を主語として報告されていた。すなわちそれは，パウロの船旅に同行した「テサロニケ出身のアリスタルコス」（27：2）がカイサリア教会に提出した，パウロと共にした船旅の「活動報告」（Rechenschaftsbericht）であった。ルカがそれをカイサリア教会から入手して，パウロのローマへの護送物語として構成したというのである（S. 288 ff.）。

　この仮説は，当物語がパウロの海上旅行におけるパウロの同行者でなければ描きえない知見に満ちていること，またそれの報告者としては，すでにエフェソからパウロに同行し（19：29, 20：4），カイサリアからエルサレムまで，さらには彼が留置された後もエルサレムから再びカイサリアまで彼に随伴したと想定される，マケドニア出身のアリスタルコスが最も適任者であること，ルカもまたマケドニアのフィリピ出身であったであろうことなどを勘案すれば，かなりの説得力がある。しかし，この仮説によって，当箇所のみならず，20：5 ff. の「われら章句」も説明可能ではあるが，16：10 ff. の「われら章句」は，パウロらがマケドニアに渡る場面であるが，その前後においてアリスタルコスに直接言及されていないだけに，十分な説明は不可能であろう。

(1) 海路ローマへ（27：1-12）

ここは，次の二つの段落に分けられる。

① カイサリアから「良い港」へ（27：1-8）
② 論争とフェニクスへ（27：9-12）

① カイサリアから「良い港」へ（27：1-8）

27：1—8

¹さて，私たちがイタリアへ向けて船出することが決定された時，パウロと他の数人の囚人は，皇帝部隊の百人隊長ユリウスに引き渡された。²私たちは，アシア〔州〕の各地に寄港することになっているアドラミュティオンの船に乗って出航した。テサロニケ出身のマケドニア人アリスタルコスも同行した。³次の日，私たちはシドンに入航したが，ユリウスはパウロを親切に取り扱い，友人たちのもとに行って，配慮を受けることを許した。⁴そこから出航したが，向かい風なので，キュプロス〔島〕の陰を航行し，⁵キリキアとパンフィリアの沖を通り，リュキアのミュラに到着した。⁶ここで百人隊長は，イタリアへ行くアレクサンドリアの船を見つけて，それに私たちを乗り込ませた。⁷しかし，幾日もの間，私たちは進みが遅く，かろうじてクニドスの沖まで来たが，風が私たちの行く手をはばんだために，クレタ〔島〕の陰をサルモネ〔岬〕の沖へ航行し，⁸かろうじてそれ（島）に沿って進み，ラサヤ〔の町〕に近い「良い港」と呼ばれるところに着いた。

《釈　義》

1節　「さて，私たちがイタリアに向けて船出することが決定された時」。「時」を表わす ὡς で副詞句を導入するのはルカに特徴的な文体（16：4の《釈義》荒井，中巻，334頁参照）。「決定された」にあたるギリシア語動詞 ἐκρίθη は，κρίνω のアオリスト受動相。ギリシア語ではそれに続く τοῦ ἀποπλεῖν（ἀποπλέω の不定法）「船出すること」が ἐκρίθη の主語で，この ἀποπλέω という動詞はパウロの船旅にのみ行伝に4回用いられている（13：4, 14：26, 20：15, 27：1）。この動詞の意味上の主語が ἡμᾶς（ἐγώ「私」の1人称・複数・対格）で，パウロに同行した複数の人々を指す。この「私たち」は，上述のように，物語において自分をパウロの船旅の証人として機能させようとしたルカの修辞的表現である。「イタリアへ向けて」は，パウロによるローマ皇帝への上訴とそれに対するローマ総督フェリクスの受理（25：1 f.）とユダヤ王アグリッパ2世の追認（26：32）を受けている。

これに続く文章は，直訳すれば，「彼らがパウロと他の数人の囚人を皇帝部

27：1—8

隊の百人隊長ユリウスに引き渡した」となる。「彼らは引き渡した」にあたるギリシア語動詞 παρεδίδουν は，παραδίδωμι の未完了・3人称・複数形であるが，「彼ら」は非人称で，「引き渡された」という受動相の意味で用いられている。この動詞の目的語となる「（パウロと）他の数人の囚人」（τινας ἑτέρους δεσμώτας）については，前の文脈では言及されていない。この物語が文脈とは独立の資料に遡る一つの証拠となるであろう。2世紀初期ではあるが，ビテュニア・ポントス州の総督プリーニウスも，数人のローマ市民キリスト信徒をローマへ護送させている（『書簡集』X, 96, 4）。ただしこれは，キリスト信徒たちがローマ市民権を行使したからでも，いわんや皇帝に上訴したからでもない。これはプリーニウスの総督としての職権による。ローマ市民パウロの場合も，歴史的には総督フェストゥスの職権によってローマへ護送された可能性が高い[252]。

「皇帝部隊」と訳したギリシア語名詞は σπεῖρα Σεβαστή（ラテン語の cohors Augusta）で，σπεῖρα はローマ軍の「部隊」を意味する女性名詞，Σεβαστή は Σεβαστός（Augustus）の形容詞として用いられて，σπαῖρα にかかる女性形容詞。10：1では，カイサリアには「イタリア部隊と呼ばれる部隊出の百人隊長」（ἑκατοντάρχης ἐκ σπείρης τῆς καλουμένης Ἰταλικῆς）コルネリウスに言及されている。カイサリアにはイタリア部隊（σπεῖρα Ἰταλική）とか，「皇帝部隊」とか呼ばれる部隊が駐在していたことになる[253]。いずれにしても，Augusta Ⅰ と呼ばれる部隊が後1世紀にシリアに駐在していたことについては碑文（ILS Ⅰ, 2683）によって確かめられている[254]。

---

252 パウロがローマ市民権を所有していた可能性は否定できないが，私見によれば，彼がそれを自ら行使した記事（22：25），あるいはその特権を用いて皇帝に上訴した記事（25：11）はルカの構成である（本書278-279頁参照）。

253 「〔皇帝〕補助部隊」（岩波訳）を，田川，前掲書，626-628頁の批判を受けて，「皇帝部隊」に修正した。なお，田川の表記「セバステー部隊」（speirē Sebastē）の（　）内ギリシア語綴りは speira Sebastē と修正すべきである。

254 J. R. S. Brougton, The Roman Army, in：レイク-キャドバリーV, p. 443 参照。E. シューラー『イエス・キリスト時代のユダヤ民族史』Ⅱ, 小河陽訳, 2012年, 教文館, 98頁をも参照。ただしシューラーは，σπεῖρα Σεβαστή が「ヨ

この部隊所属の百人隊長については、その名「ユリウス」('Ιούλιος. ラテン名の Julius）が挙げられている。前総督フェリクスも「百人隊長」に命じてパウロを留置しているが（24：23）、この箇所では名が挙げられていないので、当節の「ユリウス」という名はルカが用いた資料にあった可能性が高いであろう。

パウロらの囚人たちが「引き渡された」百人隊長ユリウスの責任は、次節における「（船に）乗って」「出航した」（ἐπιβάντες…ἀνήχθημεν、いずれもアオリスト形）時点で全的に生ずることになる（バレット）。

2 節　「私たちは…乗って」（ἐπιβάντες. ἐπιβαίνω のアオリスト分詞・複数形）「出航した」（ἀνήχθημεν. ἀνάγω のアオリスト・1人称・複数形）は、21：2「私たちは（フェニキアへ渡る船を見つけ、それに）乗って出航した」とギリシア語本文でも全く同じ表現（ἐπιβάντες ἀνήχθημεν）が用いられている。

「アドラミュティオン」にあたるギリシア語形容詞 'Ἀδραμυττηνός は、小アジアの北西沿岸、エーゲ海に面するミュシア地方の港町「アドラミュティオン（'Ἀδραμύττιον）所属の」の意。この町所属の「船」（πλοῖον）は「アシア〔州〕の各地に寄港することになっている」ので、それを借り上げ、とりあえずそれに乗り込んだ、ということであろう。この船はおそらくミュシアのアドラミュティオンから小アジアの西海岸沿いに南下し、南端から東方へ迂回して、シリアのカイサリアに至る私有船で、カイサリアからの復路に着く予定だったのであろう。当船は直接イタリアへは向わないので、パウロらは小アジア南岸のどこかの港町（5節によれば、リュキアのミュラ）でイタリア行きの船に乗り換えることになる。

その際、「テサロニケ出身のマケドニア人アリスタルコスも同行した」といわれる。この人物は、行伝ではエフェソでパウロと共に捕らえられた「同行者」の一人で（19：29。コロ4：10によれば「私の捕虜仲間」）、パウロと共に釈放された後、――おそらく伝承のレベルではマケドニアの諸教会から集め

セフスによって言及されている5コホルテスの内の1つであっただろう」と想定しているが、この想定は碑文資料によって裏づけられない（A. Kyrychenko, op. cit., p. 42 ; L. Brink, op. cit., p. 123 参照）。

27：1—8

た献金を携えて——エフェソからマケドニアを通ってトロアスに向った7人の1人であった（20：4）。その後当節に至るまでアリスタルコスについては直接言及されていないが，パウロ自身が彼を「私の同労者」と呼んでいる（フィレ24）ところから判断しても，彼はエルサレムからカイサリアまでパウロに同行し，ローマへの護送にもパウロに付き添ったものと思われる[255]。

3節　パウロらは「次の日」（τῇ τε ἑτέρᾳ〔ἡμέρᾳ〕）カイサリアから海路北方約40キロメートル，フェニキアの古い港町シドン[256]に「入航した」（κατήχθημεν）。このギリシア語動詞はκατάγω「下ろす」の受動（海岸より沖の方が「高い」という印象から「岸に着く，入航する」の意となる）アオリスト・1人称・複数形。

「ユリウスはパウロを親切に取り扱い」。「親切に取り扱い」と訳したギリシア語句は，φιλανθρώπως χρησάμενος。χρησάμενοςはχράομαιのアオリスト分詞。人称代名詞の与格（ここではΠαύλῳ）を伴って「……に振舞う，……を取り扱う」の意に用いられる。φιλανθρώπωςは，ヘレニズム時代には「人類への友愛（人類愛）」を表わす美徳の一つφιλανθρωπίαに由来する副詞であるが，χράομαιと共に熟語として「親切に」の意味で用いられている[257]。

ユリウスはパウロに「友人たちのもとに」（πρὸς τοὺς φίλους）「行って」

---

[255] 佐藤研（『旅のパウロ』209頁）もほぼ同様。なお，ロロフによれば，このアリスタルコスがルカにローマへの船旅の情報を提供し，ルカはそれにパウロに関する記事を加筆した。コンツェルマン，シュナイダー，ヴァイザーによれば，ルカがここにアリスタルコスの名を挙げたのは，ルカの情報の真正性を読者に訴えるため。これに対して，ブルース，ペッシュ，イェルヴェル，ウィザリントン，田川によれば，ここにアリスタルコスの名に言及したのは，自分と共にパウロと同行したルカ。上記のように，Börstinghausは，「われら章句」がパウロの目撃者ルカに基づく可能性を否定した上で，アリスタルコスによるカイサリア教会への「活動報告」に基づきルカがその文体を持ってパウロの海上護送物語を構成した。

[256] 福音書ではテュロスと対に言及されている（マコ3：8／ルカ6：17，マコ7：31，マタ11：21，22／ルカ10：13，14，マタ15：21など）。単独では当節においてのみ（ルカ4：26をも参照）。

[257] E. Plümacher, φιλανθρωπία, φιλανθρώπως, in：『釈義事典』III，473頁参照。

(πορευθέντι, πορεύομαι のアオリスト分詞・単数形・与格。先行する Παύλῳ「パウロに」を受ける），「配慮を受けること」（ἐπιμελείας τυχεῖν, τυχεῖν は τυγχάνω のアオリスト不定法）を「許した」（ἐπέτρεψεν, ἐπιτρέπω のアオリスト形）。シドンにパウロの「友人たち」がいたことは，行伝の文脈からは明らかでない。もしこの「友人たち」が——シュテーリンなど多くの注解者たちが想定しているように——「同信徒たち」すなわち「キリスト信徒たち」の呼称であるとすれば，11：19 にエルサレムでの迫害によって散らされたヘレニストたちがフェニキアへ行って同地のユダヤ人たちに伝道したと報告されているので，その際にキリスト信徒になった人々のことが前提されているのかもしれない。もちろん「友人たち」は，同信徒たちに限定されてはいない（田川，628-629頁）が，少なくともキリスト信徒たちがお互いに「兄弟」と呼び合っていたと想定される典拠はⅢヨハ 15 に認められる。この意味での呼称が，ルカ 12：4（diff. マタ 10：28，ヨハ 15：14）でイエスが弟子たちを「私の友」と呼んでいることに起因する可能性はあろう[258]。

　いずれにしても百人隊長ユリウスがパウロに，「友人たちのもとに行って，配慮を受けることを許した」という記事は，前任総督フェリクスが百人隊長にパウロを留置するように命じた際に，「ある程度の自由を与え，〔それを〕緩和して，彼（パウロ）の仲間たちの誰も彼に仕えることを妨げないように命じた」という記事（24：23）に類似している。すでにこの章句の《釈義》本書 261 頁に指摘したように，フェリクスが百人隊長に「ある程度の自由を与え，それ（留置）を緩和した」ことは伝承に遡る可能性はあるとしても，「仲間たちの誰も彼（パウロ）に仕えることを妨げないように命じた」という一句を加えたのはルカであろうと想定した。とすれば，当節におけるパウロに対するユリウスの振舞いも，資料に対するルカの加筆である可能性は高いと思われる（ロロフ，ツミエフスキーなど）。こうしてルカは行伝の読者に，パウロらのローマへの船旅における百人隊長ユリウスの，パウロに対する好意的立場に対す

---

[258] この点については詳しくは，G. Stählin, φίλος, in : *ThWbNT*, Bd. IX, S. 159 f. 参照。

27：1—8

る叙述（27：43）を準備していると思われる[259]。

4節 シドンから北西に向けて「出航した」（ἀναχθέντες. ἀνάγω のアオリスト分詞）。しかし，「向かい風であったために」（直訳）。「ために」と訳した，対格＋動詞の不定法を伴う διά は理由を表わす。τοὺς ἀνέμους ἐναντίους は ἄνεμος ἐναντίος「反対の風」の複数対格。εἶναι は εἰμί「……である」の現在不定法。行き先とは「反対，つまり向かい風」は北西風。その風を避けて「キュプロス島の陰（つまりその東側の海上）を航行した」（ὑπεπλεύσαμεν τὴν Κύπρον）。ὑπεπλεύσαμεν は ὑποπλέω のアオリスト・1人称・複数形。この動詞は名詞の対格を伴って「……の風下・陰を航行する」の意となる。「キュプロス」は東地中海の島。前22年以来，ローマの元老院の管轄属州になっていた（11：19の《釈義》，荒井，中巻，173頁参照）。

5節 小アジアの南岸地方「キリキアとパンフィリアの沖を通り」（κατὰ τὴν Κιλικίαν καὶ Παμφυλίαν διαπλεύσαντες. διαπλέω「（船で）通過する」のアオリスト分詞。κατὰ＋対格名詞を伴って「……に沿って」の意で用いられる），小アジア南西岸地方「リュキア」の「ミュラ」「に到着した」（κατήλθομεν. κατέρχομαι「（下って）行く，（港に）着く」のアオリスト形）。「ミュラ」（Μύρα）はリュキア地方南岸の町。当時，重要な穀物交易港であった[260]。

6節 このミュラの港で，百人隊長は「アレクサンドリアの船」（πλοῖον Ἀλεξανδρῖνον）を見つけて，それにパウロらを「乗り込ませた」（ἐνεβίβασεν.

---

259 Börstinghaus, op. cit., S. 249 参照。イェルヴェルは，ルカは「行伝において一貫してローマ人をオポテュニストで不正者とみなしているので，当節における百人隊長は例外であると主張する。しかしルカによれば，少なくともローマの百人隊長はユダヤ人に対して好意的存在である（例えば，ルカ7：4 f. diff. マタ8：5）。L. Brink, op. cit., pp. 123-125 によれば，φιλανθρώπως に振舞った百人隊長ユリウスに関する描写はローマの（百人）隊長に関する当時の類型的描写を批判的に超えており，これは著者（ルカ）の読者に対する期待を表わすものである。
260 W. Bieder＋古沢ゆう子「ミラ」『聖書大事典』1153頁参照。

ἐμβιβάζω のアオリスト形)。「アレクサンドリアの船」は，2節の「アドラミュティオンの船」と同じように，アレクサンドリア所属の私有船。当時，エジプトの穀物をローマに調達する船団がアレクサンドリアから出航していたので，ミュラはその中継基港であったと思われる。百人隊長はそのような船団の一艘を「見つけた」というのであろう。実際，パウロらを「乗り込ませた」船には，「穀物」が積まれていた（38節）[261]。なおルキアノスは，このような船が，長さ54メートル，幅13.5メートル，深さ13メートルあったと記している（『航海』5）[262]。

7節 ミュラから出航して小アジアの西方に向かったが，「幾日もの間」——おそらく向かい風のために——「進みが遅く」（βραδυπλοοῦντες ＜ βραδύς「遅い」＋ πλέω．βραδυπλοέω の現在分詞・複数・主格），「かろうじてクニドスの沖まで来た」（μόλις γενόμενοι κατὰ τὴν Κνίδον）。γενόμενοι は γίνομαι のアオリスト分詞・複数・主格。κατά ＋ 対格名詞を伴って「……に沿って来る」の意に用いられる（5節をも参照）。Κνίδος は小アジア西南岸クニディア半島の沿岸都市。コス島とロドス島の中間に位置する[263]。「（北西）風が私たちを先に進ませないので」（直訳）にあたるギリシア語本文は独立属格構文（μὴ προσεῶντος ἡμᾶς τοῦ ἀνέμου）。πορσεῶντος は προσεάω「先へ進ませる」の現在分詞・単数形・属格。クニドスの沖から北西風を避けて南下し，クレタ島の「陰を」，つまりその「風下を」（4節参照）「サルモネの沖へ」（κατὰ Σαλμώνην），直訳すれば，「サルモネの方へ，向って」，「航行した」（ὑπεπλεύσαμεν．4節と同じ動詞）。「クニドス」はクレタ島の北端にある岬の名称。

261　ヨセフス『戦記』Ⅱ，386によれば，アレクサンドリアは「ローマに四か月分の穀物を提供している」。また，同383によれば，アフリカの住民たちは「8ヶ月間ローマの群衆を養いうるほどの年ごとの農作物」をローマに提供していた。スエトニウスによれば，クラウディウス帝は「貨物船を建造する者にも，それぞれの身分や境遇に応じて，多くの恩典を定めた」（『ローマ皇帝伝』「クラウディウス」18。国原吉之助訳。下巻，岩波文庫1956年，101頁）。

262　E. Hilgert ＋ 山我哲雄「船」『聖書大事典』1031頁参照。

263　「クニド」『聖書大事典』414頁参照。

27：9—12

8節 かろうじて「それ（クレタ島の南岸）に沿って（西方に）進み」（παραλεγόμενοι，παραλέγομαι「……に沿って航海する」の現在分詞），「良い港」と呼ばれる場所に着いた。その場所はラサヤ（Λασαία，クレタ島南部の町）に近かった。「良い港」（Καλοὶ λιμένες）はクレタ島の南岸に位置する（東に開けた）湾の名（リティノス岬の東，現在のカリ・リメネス）」といわれるが，「この湾の名はこの箇所を除いて古代著作家たちにも用いられてはいない」[264]。

いずれにしても，──多くの注解者たちが言及しているように──ミュラからイタリアに向う航路は通常クニドス沖からクレタ島の北を西方にとったのに，パウロらの船は風に阻まれてクレタ島の南岸沿いにとった，ということであろう[265]。

② 論争とフェニクスへ（27：9-12）
⁹ しかし，かなりの時が経(た)っており，すでに断食日(だんじきび)も過ぎていたので，船旅(ふなたび)がすでに危険(きけん)であった。そこで，パウロは忠告(ちゅうこく)して ¹⁰ 人々に言った，「皆(みな)さん，私の見るところでは，この航海(こうかい)は，積荷(つみに)や船体(せんたい)ばかりではなく，私たちの命(いのち)にまで，危険と多大(ただい)な損失(そんしつ)を伴うでしょう」。¹¹ しかし，百人隊長は，パウロの言ったことよりも，むしろ船長(せんちょう)や船主(ふなぬし)の方(ほう)を信頼(しんらい)した。¹² なお，この港は，冬を過ごすのに適(てき)していなかったので，大部分の者は，ここから出航して，できるならクレタ島の港で南西と北西とに面しているフェニクスまで行って，〔そこで〕冬を過ごすことを心に決めた。

《釈　義》

9節　「しかし，かなりの時が経っており」と「船旅がすでに危険であった」という二つの文章は，ギリシア語本文では共に独立属格構文。「すでに断食日

264　Καλοὶ λιμένες, in：『釈義事典』II，295頁参照。
265　田川（632頁）が批判しているように，「イェルヴェルのみ，通常の航路はクレタ島の南側を通るものだが，パウロの乗った側の船は北側を通ろうと思ったのであろう，と正反対に説明している」。

も過ぎていたので」は第二の独立属格構文にかかり，両構文の本動詞は「パウロは忠告した」である。「経っており」にあたる διαγενομένου は διαγίνομαι の受動アオリスト分詞・単数・属格。「船旅」と訳した πλοός は πλοῦς の，「危険」にあたる ἐπισφαλοῦς は ἐπισφαλής の，それぞれ単数・属格。「であった」にあたる ὄντος は εἰμί の現在分詞 ὤν の単数・属格。διά は，対格名詞＋動詞の不定法を伴って，理由を表わす。「断食日」と訳した τὴν νηστείαν は ἡ νηστεία の対格形で，παρεληλυθέναι (παρέρχομαι「過ぎる」の完了不定法) の意味上の主語。

νηστεία は元来「断食」の意味であるが，ここではユダヤ教で「大断食」と呼ばれた旧約の「贖罪の日」(レビ 16：29，23：26，民 28：7) にあたり，ユダヤ暦でチスリの月 (太陽暦では 9 月の後半から 10 月の前半) の 10 日。この日の後，海が荒れて，航海に適しないといわれている (ビラーベック)。ギリシア語文献でもこの νηστεία は「贖罪の日」と結びつけられており (ヨセフス『古代誌』XVII，165，フィロン『モーセの生涯』II，23，『律法詳論』I，186；II，193，『ガイウスへの使節』306 など。バレット)，この季節の航海は危険視されている[266]。

そこでパウロは，「忠告した」(παρῄνει，παραινέω「勧告する，勧める」の未完了形)。10 節によれば，忠告して「言った」対象は「彼ら」であり，その「彼ら」は，12 節から推定すると百人隊長や乗組員にあたるが，「囚人」であるパウロが彼を護送する隊長に「忠告する」ことはありえないので，ここから 11 節まではパウロを「英雄」視するルカの加筆ととる注解者が多い (ヘンヒェン，コンツェルマン，ロロフ，ヴァイザーなど)。しかし，パウロはローマ市民の未決囚である上に，航海小説でも主人公の船客が船長や操舵手などに「忠告する」例は多い[267]。

10 節　「私は見る」(直訳) にあたるギリシア語動詞 θεωρῶ の目的文章は ὅτι によって導かれているが，この文章は，意味上の主語となる対格名詞 (τὸν

---

[266] 当時の航海物語における νηστεία については，J. Börstinghaus, op. cit., S. 354 ff. 参照。

[267] Börstinghaus, op. cit., S. 355 ff. 参照。

27：9—12

πλοῦν「航海」) + μετὰ … μέλλειν ἔσεσθαι「……を伴うでしょう」) の目的句となっている。このように知覚動詞の目的句にὅτιと不定法の両方が用いられている例は，新約では当節だけであるが，古典ギリシア語では類例が認められる[268]。

「この航海（τὸν πλοῦν．ὁ πλοῦς／πλόος の対格）は，積荷（φορτίου．φορτίον の属格）や船体（πλοίου．πλοῖον の属格）のみならず私たちの命の（ψυχῶν．ψυχή の複数属格）危険と多大な損失を伴うであろう」（直訳）。「危険」にあたるギリシア語名詞 ὕβρις は，パウロの手紙では「虐待，侮辱」（Ⅱコリ12：10。Ⅰテサ2：2をも参照）の意味で用いられているが，行伝では当節と21節で「危険，危害」の意味で使用されており，「危険と損失（ζημία）」は21節で繰り返されている。このようなパウロの忠告にもかかわらず，航海は続行されるのであるが（12節以下），少なくとも「命の損失」に関するパウロの忠告における預言は当たっていない（44節参照）。

11節　「百人隊長は，パウロによって言われたことよりも，むしろ船長や船主の方を信頼した」（直訳）。「船長」と訳したギリシア語名詞 κυβερνήτης は動詞 κυβερνάω「舵を操る，導く」に由来し，元来は「操舵手」（田川訳）を意味するが，「（船の）指導者」つまり「船長」の意味でも用いられている（ヨハ黙18：17参照）。「船主」にあたるギリシア語名詞 ναύκληρος は，「船」（ναῦς）と「割り当てられたもの」（κλῆρος）との合成語で，直訳すれば「船責任者」（田川訳），「船主」を意味する。この場合の「船」は「アレクサンドリア（所属）の船」（6節）なので，同地で船を所有していた者のことであろう。この種の者が船に乗り込んだこともあり得た（イェルヴェル）[269]。

百人隊長がパウロの言葉よりも船の責任者の方を「信頼した」（ἐπείθετο．πείθω の未完了形）のはごく自然である。

12節　「この港は，冬を過ごすのに不適当であるので」（直訳）は，ギリシア語本文では独立属格構文。「不適当である」にあたるギリシア語句は

268　Blass/Debrunner/Rehkopf, §397, 5, Anm. 13参照。
269　田川（638頁）もこの点は認めている。

ἀνευθέτου… ὑπάρχοντος。ἀνευθέτου は形容詞 ἀνεύθετος の（< ἀ, εὔθετος）の単数形・属格で，πρός + 対格名詞（ここでは παραχειμασίαν「冬を過ごすこと，越冬」）を伴って「……のために」適当ではないの意。

「大部分の者」（οἱ πλείονες. 形容詞 πολύς の比較級 πλείων の複数形に冠詞を付して名詞化）は「決心した」（ἔθεντο βουλήν）。ἔθεντο は τίθημι「置く」のアオリスト形。βουλή「意図，企て」を目的語として，「決心（定）する」の意となる。「ここから」（ἐκεῖθεν）「出航することを」（ἀναχθῆναι. ἀνάγω のアオリスト不定法），そして「できるなら」（εἴ πως δύναιντο. δύναιντο は δύναμαι の希求法）「フェニクスまで行って」（καταντήσαντες εἰς Φοίνικα. καταντήσαντες は καταντάω「下って行く，到着する」のアオリスト分詞・複数形・主格で「大部分の者」を受けている），「冬を越すことを」（παραχειμάσαι. παραχειμάζω のアオリスト不定法）。

この「フェニクス」（Φοῖνιξ）は「クレタ島の港」で「西南あるいは西」（λίψ）と「北西」（χῶρος. ラテン語の caurus あるいは corus に由来）とに「面している」（κατά）といわれているが，その場所をめぐっては諸説がある。

伝統的には，クレタ島南岸の中央部よりかなり西寄りのムロス（Muros）岬の西側ピネカ（Phineka）と呼ばれる小湾の港と想定されている。ただ，この場所は「冬を過ごすのに適して」いるほどの「港」とは到底思われないとの理由で，ムロス岬の東側「ルトロ」（Lutro）と呼ばれる小湾の港と想定する説もある。しかし，この港は海に向って東側に面しているので，当節の「西側」とは合致しない（以上，レイク-キャドバリー）。

ところで最近，二つの仮説が提起されている。その一つは Warnecke 仮説で，彼によればフェニクスは，ペロポネソス半島の南西部メッセニアの西岸に位置するピュロス（Pylos）あるいはナヴァリノ（Navarino）湾の港[270]。これに対して Thronton 仮説によれば，フェニクスはペロポネソス半島南東部

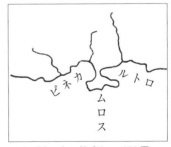

レイク-キャドバリー，330頁

---

270 H. Warnecke, *Die tatsächliche Romfahrt des Apostels Paulus,* とりわけ S. 31 における地図参照。

27：13—20

ラコニア地方の南海岸の沖に位置するキュテラ島の右岸の岬フォイニクース（Φοινικοῦς）に位置するといわれる[271]。

しかし，これらの仮説にも，とりわけ 27：13 以下の遭難の記事との関連からみても，十分な説得力がない。結局，伝統説に最も高い蓋然性があるとしか思えないが，フェニクスの位置づけは正確には確定できない（イェルヴェル）[272]。ルカ自身が利用した資料に「フェニクス」という名があったことは事実であろうが，彼自身，その位置については関心がなかったものと思われる。実際，この港は，船乗員「大部分の者」の「決心」の中に言及されているのであって，その後 13 節以下の文脈には「遭難」のためフェニクスには到着していないのである。

(2) 遭難 (27：13-44)

ここは，次の 5 つの段落に分かれている。

① 暴風 (27：13-20)
② 御使いの顕現とパウロの第一の言葉 (27：21-26)
③ 漂流とパウロの第二の言葉 (27：27-32)
④ パウロの第三の言葉と食事 (27：33-38)
⑤ 難破と救済 (27：39-44)

① 暴風 (27：13-20)

13 その時，南風(みなみかぜ)がおだやかに吹いて来たので，人々は〔彼らの〕もくろみを達成(たっせい)できると思い，錨(いかり)を上げ，クレタ〔島〕に沿ってできるだけ〔その〕近くを航行していった。14 しかし，間(ま)もなく，「北東風」(ユーラキオン)と呼ばれる暴風(ぼうふう)がそれ〔島〕から吹(ふ)き降(お)ろしてきた。15 船は吹き流され，風に逆(さか)らって進むことができなかったので，私たちは〔風に〕まかせて流

271　C.‐J. Thornton, *Der Zeuge des Zeugen*, S. 334.
　　ピュロスおよびキュテラ島の位置については，本書巻末の地図「パウロのローマへの護送ルート」参照。

272　Börstinghaus, op. cit., S. 431；田川（641 頁）も同様。

されていった。¹⁶ やがてカウダといわれる小島の陰に入り，かろうじて〔曳航していた〕小舟をしっかりと引き寄せることができた。¹⁷ それを〔船に〕引き上げてから，保護措置をとって大綱で船体を縛り，スュルティスに乗り上げるのを恐れて，海錨を降ろし，こうして流されていった。¹⁸ しかし，私たちはひどく嵐に悩まされたので，次の日になると人々は積荷を〔船外に〕投げ棄て始め，¹⁹ 三日目には船具を自分たちの手で投げ棄ててしまった。²⁰ 幾日もの間，太陽も星も見えず，嵐が少からず荒れ狂い，私たちの助かる望みがついに消え失せようとしていた。

《釈　　義》

13節　「その時南風がおだやかに吹いて来たので」はギリシア語本文では独立属格構文。νότου は νότος「南風」の属格。ὑποπνεύσαντος は ὑποπνέω「（風が）軽く（おだやかに）吹く」のアオリスト分詞・単数形・属格。「吹き始めた時」の意。「もくろみを達成できると思い」。「思い」はギリシア語動詞 δόξαντες にあたり，δοκέω のアオリスト分詞・複数・主格。「もくろみを達成できる」と訳したギリシア語句は τῆς προθέσεως κεκρατηκέναι。κεκρατηκέναι は κρατέω「（目的・意図を）達成する」の完了不定法。当節では，ラサヤからフェニクスまで行って冬を過ごそうとした「大部分の者」の決心を「達成した，すなわち，必ず達成できる」の意となる。この κρατέω は目的に属格をとり，これが προθέσεως（πρόθεσις の属格）にあたる。「錨を上げ」はギリシア語動詞で ἄραντες（αἴρω のアオリスト分詞・複数・主格）にあたる。「クレタ〔島〕（の南岸）に沿ってできるだけ〔その〕近くを航行していった」（ἆσσον παρελέγοντο τὴν Κρήτην）。παρελέγοντο は παραλέγομαι「……に沿って進む，航行する」（8節と同じ）の未完了形。ἆσσον はこの動詞にかかる副詞で ἄγχι = ἐγγύς の比較級「より近く」の最上級的用法で「できるだけ近く」の意[273]。

14節　「間もなく」と訳したギリシア語の副詞句は μετ'οὐ πολύ。文字通りに

273　Blass/Debrunner/Rehkopf, §244, 2, Anm. 3 参照。

27：13—20

は「多くない時に」。ルカが好んで用いる「緩叙法」（21：39 の《釈義》本書 167 頁参照）。「暴風がそれ（島）から（κατ᾽αὐτῆς）吹き降ろして来た（ἔβαλεν …ἄνεμος τυφωνικός）」。ἔβαλεν は βάλλω（他動詞で「投げる」。自動詞で「落ちる，注ぐ，吹き降ろす」のアオリスト形）。τυφωνικός は τυφῶν「旋風，つむじ風」（ギリシア神話でガイアがタルタロスに交わって産んだ末子といわれる巨人 Τυφῶν が起こす暴風の名）[274] に由来し，「つむじ風のような」を意味する形容詞で ἄνεμος「風」にかかる[275]。

この「暴風」は「北東風（ユーラキオン）」と呼ばれる，という。このギリシア語名詞 εὐρακύλων は，ギリシア語 εὖρος「東風」とラテン語 aquilo「北風」との合成語で，一般的には「北東風」と訳される。キュプロス島の南岸に沿って西方に航行していた船に対し，北側のキュプロスから吹き降ろして来た暴風のため，これ以上西方に進むことができず（15 節），カウダ島の陰（南側，16 節）から漂流して，スュルティス（アフリカ北岸の湾）に乗り上げることを恐れた（17 節）のであるから，「暴風」は「北東」から吹いていた。とすれば「北東風」は文脈に合致しよう。しかし，この風は「つむじ風」であったのだから，風向きは東西にも北西にも変ったと思われる。おそらく「ユーラキオン」という希羅合成語は，このような気象的環境から生じたものと想定できるであろう。

15 節　「船は吹き流され」は，ギリシア語本文では独立属格構文。「吹き流され」と訳したギリシア語動詞 συναρπασθέντος は συναρπάζω「力ずくで捉える」のアオリスト・受動・分詞。「風に逆らって進むことができなかったので」も独立属格構文。「風に逆らって進むこと」と訳したギリシア語句は ἀντοφθαλμεῖν（ἀντοφθαλμέω「直視する，抵抗する，（船尾を風に）向ける」の不定法。「（風に）まかせて」にあたるギリシア語動詞は ἐπιδόντες（ἐπιδίδωμι「渡す，委ねる」のアオリスト分詞。「私たちは流されていった」は ἐφερόμεθα（φέρω「運ぶ」

274　呉茂一『ギリシア神話』新潮社，1969 年，46 頁参照。
275　田川（643 頁）は，これを Typhōn にかけて「台風」と訳しているが，日本語の「台風」は中国・広東方言の tai fung（大風）に由来し，太平洋西岸に発生する熱帯性暴風を意味するので，「台風」を避け，「暴風」と訳しておいた。

の未完了・受動態・1人称・複数形)。文字通りには「私たちは運ばれていった，流されるのに任せていった」の意。

16節 「……の陰に入り」にあたるギリシア語動詞 ὑποδραμόντες は，ὑποτρέχω (対格名詞を目的語にとって「……の陰に進む，入る」の意。4, 7節の ὑποπλέω と同義) のアオリスト分詞・主格・複数形。その目的語になっているのが「カウダといわれる小島」(νησίον δέ τι…καλούμενον Καῦδα)。Καῦδα はクレタ島から南方約40キロメートルに浮かぶ小島[276]。暴風を避けてその南側を通った，という意味であろう。

小島の陰に入って暴風を避けることができ，曳航していた「小舟」(σκάφη) を「私たちは制御することができた (直訳)」(ἰσχύσαμεν μόλις περικρατεῖς γενέσθαι)。ἰσχύσαμεν は ἰσχύω「できる」のアオリスト・1人称・複数形。περικρατεῖς は形容詞 περικρατής「意のままにする，支配する」の複数形・主格。目的語に属格 (σκάφης) をとる。γενέσθαι は γίνομαι「する，なる」のアオリスト・不定法。こうして小舟が大波によって船から引き離され，破損することを防いだということであろう。

17節 「それを引き上げてから」にあたるギリシア語本文は ἣν ἄραντες。ἣν は前節の σκαφή を受ける関係代名詞。ἄραντες は，13節の ἄραντες「錨を上げる」と同じように，αἴρω のアオリスト分詞・複数・主格。ここでは，30節に「小舟を海に投げ降ろした」と記されているので，小舟を船に「引き上げた」の意味であろう。

「保護措置」と訳したギリシア語名詞 βοηθείαις は，βοήθεια「助け，援助，救助」の複数・与格。この名詞の複数形はおそらく航海用語で，「救助 (保護) 手段 (措置)」の意味。手段の与格が用いられている。「とって」にあたるギリ

---

[276] C. v. Gablenz + 荒井章三「クラウダ」『聖書大事典』422頁参照。この小島は現在のガウドス島にあたり，Κλαῦδα (ℵ* A^vid など) と Καῦδα (P^74 ℵ^2 B など) の両写本のうち，前者が本文に採られていた (ギリシア語底本の25版まで) が，26版以降は後者が採られているので，これに従う。

27：13―20

シア語動詞は ἐχρῶντο。χράομαι「用いる」の未完了・3人称・複数形で，目的語に与格をとる。

その具体的行動として「船体を縛った」（ὑποζωννύντες τό πλοῖον）といわれている。ὑποζωννύντες は ὑποζώννυμι の現在分詞。この動詞は元来「下帯をする」の意であるが，航海用語では「大綱（ὑποζώματα）で縛る」の意となる。こうして高波による「船体」の分解を防いだ，といわれる（ヘンヒェン，バレットなど）[277]。

「スュルティスに乗り上げるのを恐れた」。「スュルティス」（Σύρτις）は北アフリカ沿岸にある大小二つの湾。東側の「大スュルティス」は今日のシルテという町，あるいはこの町の名称をとった湾で，古代の港エウヘスペリデス（ベレニケ）とレプティス・マグナの間にあり，キュレナイカに面している。この湾の沿岸には港がなく，浅瀬が多いだけではなく，予測できない潮流があった。西側の「小スュルティス」（今日のガベス湾）はヌミディア／チュニジアに面し，この湾にも浅瀬が多く船乗りには危険であった[278]。当節のスュルティスはどちらの湾か特定できないが，前節の「カウダ」島との関連からみれば，大スュルティスの方に蓋然性が大きいであろう。

「乗り上げる」と訳したギリシア語動詞 ἐκπέσωσιν は ἐκπίπτω のアオリスト接続法。この動詞は「落ちる，失う」の意であるが，航海用語としては「漂流（着）する，（浅瀬・岩礁に）乗り上げる」の意に用いられる（26，32節）。当節では29節の用法「岩礁に乗り上げることを恐れて」との関連で，「（浅瀬に）

---

277 ὑποζώννυμι, in：『釈義事典』Ⅲ，449頁をも参照。田川（645頁）は，これに従う新共同訳や岩波訳を揶揄しているが，例証として挙げられているポリュビオス『歴史』27, 3, 3やプラトン『国家』616 c「それ（天空を縛る綱）は，あたかも軍船（三段櫂船）の船体を縛る締め綱のように，回転する天球の全体を締めくくっているのである」（藤沢令夫訳。『プラトン全集』11，岩波書店，1976年，746頁）に当たったのであろうか。最後の例証は「軍船」の場合であるが，「商船」についても同じような「保護措置」がとられた可能性について，詳しくは Börstinghaus, S. 364-368 参照。

278 C. Schneider ＋ 菊地純子「スルテス」『聖書大事典』663頁；Σύρτις in：『釈義事典』Ⅲ，354頁参照。

乗り上げる」と訳しておいた。
　そのことを「恐れて」(φοβούμενοι. φοβέω の現在分詞・男性形・主格・複数形),「海錨を降ろし」(χαλάσαντες τὸ σκεῦος)。χαλάσαντες は χαλάω「弛める，下げる，降ろす」(マコ2：4，ルカ5：4, 5，使9：25, 27：30 参照)のアオリスト分詞・男性形・主格・複数形。σκεῦος は，元来「道具，機具」の意。したがって，直訳すれば「機具をゆるめる」(田川訳)。しかし，これでは当節の文脈との関わりで意味をなさないので，大別して二つの訳が提案されている。①「帆を降ろす」(現在ではパーヴォ)[279]，②「海錨を降ろす」(ロワジー，レイク-キャドバリー，コンツェルマン，ヘンヒェン，シレ，バレット，ツミエフスキー)。いずれの提案にも確証がないので，その意味は不明であるが，この行為は「スュルティスに乗り上げるのを恐れて」とられたものであり，その結果，「流されるままでいった」(直訳。ἐφέροντο. φέρω「運ぶ」の受動・未完了形)のであるから，「船具 (σκεῦος)」は「海錨」のことを示唆しているととるのが最も自然のように思われる[280]。

18 節　「私たちはひどく嵐に悩まされたので」にあたるギリシア語本文は，理由を表わす独立属格構文。「嵐に悩まされたので」と訳した χειμαζομένων は χειμάζω (＜ χεῖμα「冬期・寒冷」。20 節の χειμών 参照)の現在分詞・複数・属格形。「次の日になると (τῇ ἑξῆς [ἡμέρᾳ]) 積荷を投げ棄て始めた (ἐκβολὴν ἐποιοῦντο)」。ἐκβολή は元来「投げ出すこと」，航海用語としては「投げ荷」。ἐποιοῦντο は ποιέω「……する」の未完了・3 人称・複数形。
　こうして「積荷を（海に）投げ棄てた」のは，船を少しでも軽くして，波が船内に入り込むのを防ぐためにあったことは，ヨナ 1：5 LXX から見いだされるパラレルからみても明らかであろう。――「船乗りたちは恐れをなし，……船の積荷を海に投げ棄てた。それを軽くするためである」(ἐκβολὴν ἐποιήσαντο τῶν

279　Börstinghaus, S. 374 も同様。
280　「シーアンカー」(sea anchor) 荒天で航海が困難になった船舶が横波を避けて漂流するため，船首から海中に投じる帆布製の凧のような船具。海錨（かいびょう）。『大辞林』第三版，松村明編，三省堂，2006 年，1065 頁。

σκευῶν τῶν ἐν τῷ πλοίῳ εἰς τὴν θάλασσαν τοῦ κουφισθῆναι ἀπ' αὐτῶν）。ルカが当箇所にヨナ1：5を書き込んだ（ヘンヒェン）とまでは断定できないであろうが，この描写にヨナ書を意識していたことはおそらく否定できないであろう[281]。

19節　「三日目には」（τῇ τρίτῃ〔ἡμέρᾳ〕）「自分たちの手で」（αὐτόχειρες．形容詞 αὐτόχειρ の複数形・主格）「船具を」（σκευὴν τοῦ πλοίου）「投げ棄ててしまった」（ἔρριψαν．ρίπτω のアオリスト・3人称・複数形）。ただし，後の文脈からみると，「船具」のすべてをこの時点で「投げ棄ててしまった」ということではない（30，32，40 の各節参照）。

20節　「幾日もの間，太陽も星も見えず」および「嵐が少なからず荒れ狂い」は両文章共にギリシア語本文では独立属格構文。「幾日もの間」にあたるギリシア語副詞句 ἐπὶ πλείονας ἡμέρας は，13：31 でも用いられていた（21：10 をも参照）。「太陽も星も見えず（文字通りには，現われず）」にあたるギリシア語表現のうち「太陽」（ἥριος）にも「星々」（ἄστρα）にも冠詞がない。これは「太陽さえも星々さえも現われることなく」という強調の効果をもつ[282]。「激しく」を「少なからず」（οὐκ ὀλίγου）と言い換えるのは，何度も指摘したように，ルカの好む「緩叙法」的表現。「消え失せようとしていた」と訳したギリシア語動詞 περιῃρεῖτο は，περιαιρέω「（周りにあるものを）取り除く」の未完了・受動態である。

　以上のような嵐による遭難に対する絶望的な恐怖の描写には，当時の航海物語との重なりが多く見いだされる[283]。

② 御使いの顕現とパウロの第一の言葉（27：21-26）
　　²¹ 人々が，全く食事をとれないでいた時，パウロは彼らの真中に立って，こう言ったのである，「人々よ，あなたたちは私に従って，クレタ

281　Börstinghaus, S. 375 f. 参照。
282　Blass/Debrunner/Rehkopf, §253, 1, Anm. 2.
283　詳しくは，Börstinghaus, S. 381 参照。

島から出航しないで，このような危険や損失を避けなければならなかったのです。²² しかし今，私はあなたたちにお願いしたい，元気を出すことを。船は失うが，命を失う者はあなたたちの中の一人もいないのですから。²³ 昨夜，[私が]従属しており，また仕えている神の御使いが，私の傍らに立って，²⁴ こう言われたのです，『パウロよ，恐れるな。お前はカエサルの前に立たなければならない。そして見よ，神は，お前と共に船旅をする人をすべて，お前に贈られたのだ』。²⁵ ですから，人々よ，元気を出しなさい。私は神を信じています，私に言われた通りになる，と。²⁶ 私たちは，どこかの島に乗り上げることになっているのです」。

《釈　　義》

21節　「人々が，全く食事をとれないでいた時」は，ギリシア語本文では独立属格構文（Πολλῆς τε ἀσιτίας ὑπαρχούσης）。πολλῆς は形容詞 πολύς「大きい，多くの」の女性・単数・属格形。ἀσιτίας は ἀσιτία「食べられない，食欲がない状態」の属格形（33節の形容詞 ἄσιτος「食事をとらない」を参照）。ὑπαρχούσης は ὑπάρχω「……である」の現在分詞・単数形・女性・属格。この場合の πολύς は，21：40 の πολλῆς δὲ σιγῆς γενομένης「すっかり（全く）静かになった時」と同じ意味で使用されている[284]。多くの注解者たちが想定するように，暴風による船酔いと絶望のために，を含意していよう（前節参照）。

「パウロは彼らの真中に立って，こう言った」にあたるギリシア語本文 σταθεὶς（ἵστημι のアオリスト分詞）ὁ Παῦλος ἐν μέσῳ αὐτῶν εἶπεν は，アレオパゴスでパウロが説教を始める際の描写「パウロはアレオパゴスの真中に立って言った」（17：22）と，観衆への呼びかけ ἄνδρες「人々よ」をも含めて，パラレルを成す。「人々（乗組員と乗客のすべて）が暴風による難破の危険に晒さ

---

[284] ただしこの句は，「人々は長い間，食事を取っていなかった」と訳すことも可能である（岩波訳。ウィザリントン，フィッツマイヤー，パーヴォなども同様）。田川（649頁）は，自らの訳「ひどく食べられない状態になった」をもって，上記の訳の可能性を否定するが，否定の根拠はない。πολύς は「大きい」の他に文脈によっては「長い」の意味でも用いられている。

27：21—26

れて食物もとれないでいた時，パウロが「彼らの真中に立って」励ましの「説教」あるいは「演説」を始めるという描写には，パウロをあらゆる危険と恐怖を超えた「英雄」——あるいは「神の人」——とみなす神話化されたパウロ像が前提されている[285]。

「（あなたたちは）私に従って」（πειθαρχήσαντάς μοι）。πειθαρχήσαντας は πειθαρχέω のアオリスト分詞・複数・対格。この動詞は，テト3：1を例外とすれば，行伝にのみ3回用いられている（5：29, 32, 27：21）。これに続く「クレタ島から出航しないで」の「出航する」（ἀνάγεσθαι, ἀνάγομαι の現在不定法）と「避ける」（κερδῆσαι, κερδαίνω のアオリスト不定法）の意味上の主語。「クレタ島（の「良い港」）を出航しないで」は27：8-13を，「このような危険や損失を避けること」は27：10, 18-19を受けている[286]。

「なければならなかった」と訳したギリシア語動詞は ἔδει で，δεῖ「……ねばならない」の未完了形（ルカ15：32，使1：16の《釈義》[287]をも参照）。当箇所ではパウロの預言（27：10）の不可避的結実であり，このような ἔδει はルカ的用法である。この動詞は非人称で，意味上の主語（当節では「私に従ったあなたたち」＋不定法（当節では「出航する」と「避ける」）を伴う。なお，ἔδει に続く不変化詞 μέν「確かに」は，通常この後で δέ「しかし」をもって受けられるが，当節ではこれが欠けている。このような δέ を伴わない μέν（いわ

---

285 J. Börstinghaus, op. cit., S. 172 ff., 385 によれば，この場面のパウロは，ルキアノスが描く「ディオスコロイ」（ゼウスの息子たち，Kastor と Pollux）の役割とパラレルを成す。「神の子ら」としてのディオスコロイは，パウロの場合と同じように，難破を恐れる乗組員と乗客に，船を失っても命は助かるという，励ましの演説をしている（Luc. Mere. Cond. 1。ディオスコロイの介入については，Nav 9 ; Herpyllis II, 55-59 をも参照）。

286 なお，動詞 κερδαίνω は，元来①「受ける，（利益を）得る」の意味であるが，②（損失を蒙らないことも利益であるので損失などを）「免れる，蒙らない」の意味にも用いられる。ここでは②の意味に訳したが，もし「出航する」（ἀνάγεσθαι）の前に置かれている μή が κερδαίνω にもかかるとすれば，①の意味に訳すこともできる。——「このような危険や損失を受けないこと」。しかし，いずれにしても同様の意味となる（レイク-キャドバリー，バレット）。

287 荒井，上巻，67-68頁。

ゆる μέν solitarium) も，──3：11 の《釈義》で指摘したように[288]──行伝で特に多く用いられている（1：1, 3：13, 21, 26：9, 27：21, 28：22）。もっとも，この文脈では δέ の代わりに次節で「しかし今」が用いられているとも想定されよう。

22 節　「しかし今」にあたるギリシア語副詞句 καὶ τὰ νῦν は νῦν「今」の強調形であり，LXX 的用法であるが，──4：29 の《釈義》で指摘したように[289]──新約ではこれをルカのみが用いている（4：29, 17：30, 20：32, 24：25 では τὰ νῦν）。「私はあなたたちにお願いしたい」。「願う」にあたるギリシア語動詞 παραινῶ は「……に」に対格 ὑμᾶς「あなたたちに」をとる。「元気を出すことを」（εὐθυμεῖν）。「船の（喪失）以外は」（πλὴν τοῦ πλοίου）「あなたたちの中からの一人の命の喪失はないであろうから」（ἀποβολὴ γὰρ ψυχῆς οὐδεμία ἔσται ἐξ ὑμῶν の直訳）。ἔσται は εἰμί の未来形・3 人称・単数形。οὐδεμία は οὐδείς「一人の……もいない」の女性形容詞。ἀποβολή「喪失」にかかる。この預言は 10 節の預言「私たちの命にまで，危険と多大な損失をもたらすであろう」と異なるが，当節では「皆の者が陸に救いあげられた」（44 節。26 節をも参照）の事後預言になっており，10 節の場合よりは超人間的透視力が高められている。

23 節　「昨夜」と訳したギリシア語名詞の副詞的用法 ταύτῃ τῇ νυκτί（ταύτη ἡ νύξ の与格）は，文字通りには「この夜に」。パウロが語っているのは昼であるから，語り手の視点では「昨夜」となる。次節で，パウロに顕われた「神の御使い」が彼に救いの使信を伝えているが，ルカは特に行伝において「夜」を神の救いの介入を表現する典型的な用語として用いている（5：19, 12：6 f., 16：9, 18：9, 23：11 など）[290]。

これらの箇所の中で，当節および次節との関連で，とりわけ注目すべきは 23：11 である。ただし，この章句で「パウロの傍に立って」使信を述べてい

288　荒井，上巻，237 頁。
289　荒井，上巻，298 頁。
290　P. G. Müller, νύξ, in：『釈義事典』II, 550-551 頁参照。

るのは「主」であるのに対し，当節では「神の御使い」である。これはギリシア語本文では τοῦ θεοῦ … ἄγγελος と不自然な語順で表現されているが[291]，「主」（「神」あるいは「イエス」）ではなく「神の御使い」に天的顕現の役割を果たさせたのは，——多くの注解者たちが指摘しているように——当節の文脈では聴衆が異邦人であることを意識してのことであろう。しかし，「神（または主）の御使い」という表現を好んで用いるのは他ならぬルカである（ルカ12：8 f. diff. マタ10：32 f., ルカ15：10, 使5：19, 8：26, 10：3, 12：7）。その上「傍らに立って」と訳した，人称代名詞与格を伴う παρέστη（παρίστημι のアオリスト形）も，23：11でも「傍らに立って」と訳した ἐπιστάς（ἐφίστημι のアオリスト形）と同様（23：11の《釈義》本書214-215頁参照），ルカが多用する動詞である（ルカ19：24 diff. マタ25：26, 使1：10, 9：39, 23：33, 24：13, 27：24）。

ギリシア語本文では「神の」と「御使い」との間に挟まれた「[私が] 従属しており，それに仕えている（οὗ εἰμι [ἐγώ] ᾧ καὶ λατρεύω）」のうち，「[私が] 従属している」と訳した οὗ εἰμι は，文字通りには「私はその（神の）ものであり」（田川訳）となる。しかし，「私は神のものです」というのは，「いかにもパウロ神学の表現である（ローマ14：8以下ほか参照）」[292]とは，私見によれば，断定できない。田川がここで挙げているロマ14：8でパウロが「私は主のもの」と言っている「主」は，9節からみて「キリスト」と不可分に結びついている。それに対してルカにとっては，キリストも「神」に従属している。「神のキリスト」は，パウロ自身の手紙には見いだされない，ルカ文書に固有な「従属的」キリスト論的称号である（ルカ9：20 diff. マコ8：29, ルカ23：35 diff. マコ15：31, 使3：18）。ルカによればパウロも，キリストと同様に，神に従属している。しかも（τοῦ θεοῦ）οὗ εἰμι という表現は，ルカが好む LXX をも想起させる（創50：19の τοῦ θεοῦ εἰμι。ヘンヒェン，シレ）。

このことは，「また（私が）仕えている（神）」（ᾧ καὶ λατρεύω）という表現によっても裏書きされよう。この λατρεύω は 24：14, 26：7 にも用いられてい

---

291 ヘンヒェンによれば，このような語順はルカ文書によく見いだされる。
292 田川，650頁。

るが，当節では「父祖の神に」という表現が欠けているのは，やはり異邦人
の聴衆を前提しているからであろう。遭難からの救いを約束するのは，例えば
——前述のように——ルキアノスによれば神ゼウスから遣わされた使者（た
ち）であった（コンツェルマン，シレ）。

24節 パウロに対する御使いの言葉「恐れるな」（μὴ φοβοῦ, φοβέω の現在
命令法・2人称・単数形）は，ルカ文書における顕現する主（使18：9）ある
いは御使い（ルカ1：13, 30, 2：10, 5：10 diff. マコ1：17）の，相手に対す
る呼びかけの定型句になっている。

「お前はカエサルの前に立たなければならない」。「……の前に立つ」にあた
るギリシア語動詞 παραστῆναι は，παρίστημι のアオリスト不定法で，裁判用語
として「（裁判官）の前に（証人として）立つ」の意。これはパウロがカエサ
ルに上訴したこと（25：11, 12）を受けていると共に，この不定法がかかる
δεῖ「ねばならぬ」を考慮に入れると，23：11における，パウロの傍らに立っ
て言った「主」の言葉「（お前は）ローマでも証ししなければならないからで
ある」を受けている。この「ねばならない」（δεῖ）は，いずれの箇所におい
ても，9：16における「主」の預言の，また19：21におけるパウロの決心の，
それぞれ神的「必然」なのである（23：11の《釈義》本書215頁参照）。パウ
ロがこのような「神の必然」の器として行動することは，明らかにルカの救済
史観に対応する。

当節ではこの言葉に，「そして見よ，神は，お前と共に船旅をする人をすべ
て，お前に贈られたのだ」の句が付言されている。「そして見よ」（καὶ ἰδού）
は，これによって導入される文章を強調するための，ルカ文書に頻出する
LXX的用法。神がパウロに，彼と共に船旅をしている人々全員を「贈られた」
（κεχάρισται, χαρίζομαι の完了形）という。神は彼らをパウロに「恵み」（χάρις）
として「贈られた」というのであるから，ここでは，パウロが「囚人」の一人
として「引き渡された」百人隊長とパウロとの立場は主客転倒している。百人
隊長をはじめとして，乗船者全員は，神によりパウロを介して「救い上げられ
る」（27：44）のである。

27：27—32

25節 御使いの言葉に基づいて，パウロは乗船者たちに勧める，「元気を出しなさい」と（εὐθυμεῖτε. 22節のεὐθυμεῖνを受けた2人称・複数・現在命令法）。その根拠は，パウロが（神から）彼に「言われた」（λελάληται. λαλέωの完了受動態）「通りに」（καθ' ὃν τρόπον = κατὰ τὸν τρόπον ᾧ. 15：11と同じ用法）「そのように」（οὕτως）「なる」（ἔσται. εἰμίの未来形）とパウロが「神を信じているから」（πιστεύω γὰρ τῷ θεῷ）である。

26節 実際「私たちはどこかの島に乗り上げることになっているのです」。「どこかの島に」（εἰς νῆσον δέ τινα）の「島」（νῆσος）は，28：1で「マルタ島」であることが明らかにされる。「私たちは」（ἡμᾶς. ἡμεῖςの対格。次の動詞の意味上の主語）「乗り上げること」（ἐκπεσεῖν. 17節でも用いられているἐκπίπτωのアオリスト不定法）「になっている」（δεῖ）。このδεῖもまた，24節におけると同様に，神的必然を表現する。

③ 漂流とパウロの第二の言葉（27：27-32）
　²⁷十四日目の夜となって，私たちがアドリア海を漂流していると，夜中に，船員たちは，どこかの陸地が彼らに近づいているのではないかと思った。²⁸そこで，水深を測ってみると二十オルギアであることがわかった。少し進んだ後，再び測ってみると，十五オルギアであることがわかった。²⁹そこで彼らは，私たちが岩礁に乗り上げることを恐れて，艫から四つの錨を〔海に〕投げ入れ，夜の明けるのを待ちこがれていた。³⁰ところが，船員たちは，船から逃げ出そうと思い，舳から錨を投げ入れるふりをし，小舟を海に投げ降ろしていた。³¹そのとき，パウロは百人隊長や兵士たちに言った，「あの人たちが船に乗っていなければ，あなたたちは助からない」。³²そこで，兵士たちは綱を断ち切って，小舟を流れ去らせた。

《釈　　義》
27節 「十四日目の夜になって」は，ギリシア語本文では，27：1の場合と

同様，ルカが好んで用いる Ὡς δέ で導かれる副文章。「私たちがアドリア海を漂流していると」は，ギリシア語本文では独立属格構文。船員たちは「思った」が主文章になっているが，この主文章に副文章「十四日目の夜になって」がかかる（この場合は独立属格構文「私たちがアドリア海を漂流していると」が副文章にかかる）か（ヘンヒェン，コンツェルマン，ブルース，シュテーリン，ツミエフスキー，イェルヴェル，田川など），主文章「思った」に独立属格構文がかかる（この場合は副文章が独立属格構文にかかる）か（レイク‐キャドバリー，シュナイダー，ウィザリントン，フィッツマイヤー，パーヴォなど），意見が分かれている。私訳では，ギリシア語底本のパンクチュエーションに従って，後者を採った。

「アドリア海」（Ἀδρίας）は，通常イタリアとダルマティアの間の海域であるが，古代においてはシチリアとクレタ島の間の海域（今日のアドリア海）をも含む[293]。ちなみに，ヨセフスがローマに向けて船旅の途中，「アドリア海のまっただ中で難破し，およそ六〇〇名の仲間が，まる一夜泳ぎ続けなければならなかった」が，明方近く，「神の摂理（プロノイア）により」キュレナイカの船に「私を含め約八〇名の者が，他の者たちを残し救い上げられた」と報告している（『自伝』15)[294]。ここで言及されている「アドリア海」も，文脈からみると当節の「アドリア海」と重なっていると思われる[295]。

「漂流している」と訳した διαφερομένων は，διαφέρω「（いろいろな方向へ）運ぶ，持って行く」の受動・現在分詞・複数形・属格。受動相で「（あちらこちらに）運ばれる，漂流する」の意味に用いられる。

「どこかの陸地が彼らに近づいているのではないかと思った」。「思った」と訳したギリシア語動詞は ὑπενόουν で，ὑπονοέω「推測する，感づく，気づく」の未完了形。この動詞は新約では行伝（13：25，25：18）以外に用いられていない。

---

[293] 「アドリアかい 〜海」『聖書大事典』54 頁参照。
[294] 秦剛平訳。『自伝』山本書店，1978 年，47 頁。
[295] Börstinghaus, S. 386 参照。

28節　「水深を測ってみると」にあたるギリシア語動詞 βολίσαντες は βολίζω のアオリスト分詞・複数形・男性・主格。この動詞は名詞 βολίς「投げるもの，（水深を測る）錘(おもり)」に由来し，「錘を降ろす，水深を測る」の意に用いられる。「二十オルギアあることがわかった」。「オルギア」(ὀργυιά) は「尋(ひろ)」，つまり両手を広げた長さ，約1.85メートルなので「二十オルギア」は約37メートル。「わかった」にあたるギリシア語動詞は εὗρον で，εὑρίσκω「見いだす，わかる」のアオリスト・3人称・複数形。

「少し」にあたるギリシア語 βραχύ は形容詞 βραχύς の中性・対格形で，場所的な意味と時間的な意味に用いられるが，当節には διίστημι「離す，間を置く，進む」のアオリスト分詞・男性・主格・複数形の目的語的に用いられて，「少し進んだ後」の意となる。再び測ってみると，「十五オルギア」（約28メートル）であることがわかった，というのであるから，短時間の航行で水深が約10メートルも浅くなったということになる。

29節　「そこで彼らは，私たちが岩礁に乗り上げることを恐れて」は，ギリシア語本文でも，17節bとほぼ同じ構文。「岩礁」にあたるギリシア語句 τραχεῖς τόπους は τραχύς τόπος「ごつごつした所」の複数・対格形。「艫から四つの錨を〔海に〕投げ入れ」。「投げ入れ」にあたるギリシア語動詞 ῥίψαντες は，19節の場合と同様，ῥίπτω のアオリスト分詞・複数形・男性・主格。「夜の明けるのを」は，文字通りには，「昼になるのを」(ἡμέραν γενέσθαι)。「待ち焦がれていた」にあたるギリシア語動詞 ηὔχοντο は εὔχομαι「祈願する，ひたすら待つ」の未完了形。

30節　ギリシア語本文では全文が独立属格構文になっている。「ところが逃げ出そうと思い」にあたるギリシア語句 ζητούντων φυγεῖν のうち ζητούντων は ζητέω「願望する」の現在分詞・複数形・男性・属格。φυγεῖν は φύγω のアオリスト不定法。「小舟（16節参照）を海に投げ降ろしていた」の「投げ降ろしていた」にあたる χαλασάντων は，17節におけるのと同様，χαλάω のアオリスト分詞。「舳から錨を投げ入れるふりをして」。「ふりをして」にあたるギリシ

ア語名詞 προφάσει は，πρόφασις「（本当の，あるいは表面上の）理由」の与格で ὡς を伴い「……をするふりをして」の意味に用いられる。この「……をする」にあたるのが μελλόντων（μέλλω の現在分詞・複数形・属格）で，これに ἐκτείνειν（ἐκτείνω「差し伸べる，投げ降ろす」）がかかる。船員たちは小舟に乗って親船から逃げ出そうとした，ということであろう[296]。

31 節 前節の独立属格構文による描写を受けて，「そのとき」パウロは百人隊長や兵士たちに言った，あの船員たちが船に「残っていなければ」（ἐὰν μὴ μείνωσιν，μένω のアオリスト・接続法）「あなたたちは救われること（ὑμεῖς σωθῆναι，σῴζω の受動・アオリスト・不定法）ができない」（直訳）。この言葉は前の文脈では 27：22，24 を前提し，後の文脈では 27：44，28：1 を見通しているが，この言葉それ自体は，船員たちがいなければ，座礁を避けて船を操作することができないから百人隊長や兵士たちは助からない，と現実的なことを示唆していよう。しかし，ここでルカは，「夜中に」（27 節）船員たちの行動を見破って百人隊長や兵士たちに指示するパウロの言葉を際立たせようとしている。

32 節 そこで兵士たちは「小舟」を繋いでいた「綱」（τὰ σχοινία，τὸ

---

[296] 船員たちが，艫から錨を降ろして船が暗礁に乗り上げることを防いでいるのに，彼らが更に舳から錨を投げ入れるふりをし，夜中に救命ボートを海に投げ下ろして逃げ出そうとしているのは，不自然ではないか，彼らは船に留まっていた方がより安全ではなかったのか，実際には，（ルカが受けた伝承資料では）船がすでに座礁したことが原因で，彼らはボートで救命しようとしたのではないか，と疑問を呈する注解者が多い（レイク‐キャドバリー，ヘンヒェン，バレット，フィッツマイヤーなど）。

他方，この記事は船員たちの狼狽を表現する文学的描写で，同じような救命ボートによる逃亡を描写する難船物語のパラレル（Achilleus Tatios, II, 3, 1-4, 2）を挙げる注解者もある（コンツェルマン，シュナイダー，ウィザリントンなど。Börstinghaus, op. cit., S. 387-390 も同様）。

いずれにしても，当節によってルカは，次節におけるパウロの第二の言葉の舞台設定をしていることは明らかである。

27：33—38

σκοινίον の複数形・対格）を「断ち切って」（ἀπέκοψαν, ἀποκόπτω のアオリスト・3人称・複数形）「それを流れ去らせた」（εἴασαν αὐτὴν ἐκπεσεῖν）。εἴασαν は ἐάω「……させる」のアオリスト形。ἐκπεσεῖν は，27：17, 26 の場合と同様，ἐκπίπτω「流される，漂流する」のアオリスト不定法である。

ここで百人隊長は，11 節の場合とは異なって，パウロの言ったことを信頼した。この記事は 43 節における彼の好意的行動に関する叙述を用意するものであろう。兵士たちは救命ボートを海に流してしまったのであるから，運を天に任せる以外に乗員を救う道はない。しかし彼らは，パウロに好意的な百人隊長とは違って，——おそらく護衛兵としての義務感により——船が座礁した後，パウロを含めた囚人たちが泳いで逃げることのないように，彼らを殺そうとしている（42 節）。

④　パウロの第三の言葉と食事（27：33-38）

33 夜が明けようとする頃，パウロは皆が食事をとるように勧めて，こう言った，「あなたたちは，待ってばかりいて，食事もとらず，何もとらずに，今日で十四日目になります。34 ですから私は，あなたたちが食事をとるように勧めます。それは，あなたたちを救うために役立つのですから。あなたたちの頭の毛一本ですら失われることはありません」。35 こう言ってパウロは，一同の前でパンを取り，神に感謝して，〔それを〕裂き，食べ始めた。36 そこで，皆も元気づいて，食事をとった。37 私たち船にいた者は，皆で二百七十六人であった。38 彼らは食事に満腹し，穀物を海に投げ棄てて船を軽くした。

《釈　義》

33 節　「夜が明けようとする頃」。文字通りには，「昼になろうとするまで」。「頃」にあたるギリシア語接続詞 ἄχρι οὗ（= ἄχρι χρόνου ᾧ）は，元来「……まで」を意味するが，39 節「夜が明けた時」（文字通りには「昼になった時」）との関連から，「昼が近くなった頃」の意味にとった。

「パウロは皆が食事をとるように勧めた」。「勧めた」にあたるギリシア語動

詞 παρεκάλει は παρακαλέω の未完了形。「皆が」（ἅπαντας, ἅπας の複数形・対格）「食事をとること」（μεταλαβεῖν τροφῆς）の意味上の主語。この勧めは，21 節「人々が全く食事をとれないでいた」を前提している。

「待ってばかりいて」（προσδοκῶντες, προσδοκάω の現在分詞・複数・主格）は 29 節「(不安の中に) 夜の明けるのを待ちこがれていた」を前提している。「食事をせず」（ἄσιτοι, 形容詞 ἄσιτος の複数形。その名詞が 21 節の ἀσιτία），「何もとらずに」（μηθὲν προσλαμβόμενοι, προσλαμβάνω のアオリスト分詞・複数・主格）。ギリシア語本文では「食事をとらず」の次に διατελεῖτε ／ διατελέω「……し続ける，……のままでいる」の 2 人称複数形が置かれ，その後に（この文章の終わりに）「何もとらずに」が置かれているので，後者は前者の誇大表現（食事だけではなく水も何も？）と思われる。「今日で十四日目になります」のうちの「十四日目」は 27 節「十四日目の夜となって」を受けている。「……になります」は上記 διατελεῖτε にかかる。直訳すれば，「あなたはたち今日で十四日目も」（τεσσαρεσκαιδεκάτην σήμερον ἡμέραν. 期間を表わす名詞の対格）。

34 節　パウロは彼らが食事をとるように勧め，「それがあなたたちの救いのためにあるのですから」（直訳）という。「あなたたちの救いのためにある」にあたるギリシア語句は πρὸς τῆς ὑμετέρας σωτηρίας ὑπάρχει. ὑπάρχει は ὑπάρχω（＝ εἰμί「……である」）の 3 人称・単数・現在形。「救い」（σωτηρία）は，44 節の「皆の者が陸に救いあげられた（διασωθῆναι）」を前提していよう。

このことが次の一句によって説明されている。──「あなたたちの頭の毛一本ですら失われることはありません」。この句は，ルカ 21：18 におけるイエスの言葉と，そのギリシア語本文においても，ほぼ同じ表現になっている。ルカ 21：10 ff. でイエスは，弟子たちに終末前の苦難を預言しつつも，弟子たちの命に対する神の守護を語る際にこの句を用いている。この句はルカ福音書に固有なイエスの言葉（diff. マコ 13：13／マタ 24：9 ff.）なので，ルカは旧約の慣用句（サム上 14：45, サム下 14：11, 王上 1：52）をここに用いたと想定

27：33―38

される[297]。とすれば，当箇所でもこれと同種の言葉がルカに遡ることは明らかである。ルカによればパウロは，イエスと同じように，不安の極みにある聴衆に，神による彼らの命の保護を約束しているのである。

35節　「パンを取り，神に感謝して，〔それを〕裂き」は，ギリシア語本文においても，「最後の夕食」物語におけるイエスのいわゆる聖餐設定辞と類似している（ルカ22：18 diff. マコ14：22／マタ26：26）。また，この句は「五千人の供食」物語におけるイエスの所作とも類似しているが（ルカ9：16／マコ6：41／マタ14：19），当箇所とルカ22：19で並行している「感謝して」（εὐχαρίστησεν／εὐχαριστήσας）がルカ9：16（マコ6：41／マタ14：19）では「祝福して」（εὐλόγησεν）となっている。もっとも，後の文脈の36-37節で「皆」が食事を取り，「満腹した」と記されている点においては，「五千人の供食」物語と重なっている（ルカ9：17／マコ6：42／マタ14：20）。

　もちろん当節では，「パウロは……食べ始めた」といわれているので，この点ではイエスの聖餐設定辞やこれに合わせて編まれた供食物語と全く異なり，当節におけるパウロの振舞いには，聖餐でも（シレ，ヴァイザー，シュナイダー，パーヴォ），これをとった人々を満たす奇跡でも（ロロフ）なく，一般的な「食事」を導く儀礼的行為である（コンツェルマン，ヘンヒェン，イェルヴェル，田川など）。それにしてもルカはこの物語を，イエスの最後の夕食（聖餐）や五千人の供食を意識して編んだことはその文言の類似性から否定できないであろう。しかもルカは，――2：42「パン裂き」の《釈義》で詳述したように――[298]聖餐と愛餐を重ねている。ルカがこの記事をもって読者に聖餐あるいは供食物語を想起させようとしている（ツミエフスキー）ことは疑い得ないであろう。

36節　そこで「皆も（πάντες καὶ αὐτοί）元気づいて（εὔθυμοι γενόμενοι）」。εὔθυμοιはギリシア語形容詞εὔθυμος「元気な」の，γενόμενοιは動詞γίνομαι「……

297　F. Bovon, *Das Evangelium nach Lukas,* EKK Ⅲ 4, S. 181 f. 参照。
298　荒井，上巻，188-189頁。

になる」の現在分詞で，それぞれ複数形・主格。「食事をとった」にあたるギリシャ語 προσελάβοντο τροφῆς の中の προσελάβοντο は προαλαμβάνω のアオリスト・複数・3人称。τροφῆς は τροφή の属格で，προσλαμβάνω の目的語。33節におけるパウロの勧めを受けている。

37節 「であった」にあたるギリシア語動詞 ἤμεθα は，εἰμί の未完了・1人称・複数形・主格。「皆で……人」と訳した αἱ πᾶσαι ψυχαί というギリシア語表現は 3：23 にも用いられているが（ただし，単数形），当節で πᾶσαι（πᾶς の女性・複数形・主格で ψυχαί にかかる）は，前節の「皆」（πάντες）を受けている。「二百七十六（人）」（διακόσιαι ἑβδομήκοντα ἕξ）という数字は，主な写本からとったものであるが，これには「およそ七十六（人）」（ὡς ἑβδομήκοντα ἕξ）と記す写本（B）もある。この差異は元来の大文字写本における，ΠΛΟΙΩ$\overline{COS}$ (276) と ΠΛΟΙΩΩ$\overline{COS}$ (76) にあるにすぎない。両綴りの ΠΛΟΙΩ は，ギリシア語本文で $\overline{COS}$ あるいは ΩCOS の前に置かれている πλοίῳ「船に」にあたり，C は「二百」，O は「七十」，S は「六」の数価を表わし，ΩC（= ὡς）は「およそ」の意である。したがって，両写本の相違は Ω が一つであるか，二つであるかにすぎない。それゆえに，いずれをとるかは五分五分である。

ただ，「二百七十五人」の読みは圧倒的に多くの写本的支持があり，27節の「アドリア海」の《釈義》（本書353頁）で言及したヨセフスの証言（アドリア海で難破した船の乗員「六百人」）から推定して，「二百七十五人」も多すぎる数ではないとの理由から，この読みを採るのが一般的になっている。例外は，「七十五人」を採るレイク-キャドバリーに拠る田川説である。田川によれば，数をあげる際に「およそ」（ὡς）を付加するのはルカの特徴であり，ヨセフスの証言は誇大表現である。更に，当段落では客船ではなく穀物船であるから，「二百七十六人」は乗員として多すぎるという[299]。

いずれにしても，私見によればその人数は，福音書記者ルカによる遭難物語の中で言及されているのであって，パウロに同行したルカの目撃証言ではない。

299　田川，656頁。

27：39—44

物語作家ルカにとって，この後の文脈で「救いあげられた」人数が多ければ多いほどパウロの言葉と振舞いはクローズアップされ，それだけ物語の劇的効果があることになろう。

38節　「彼らは食事に満腹して」（κορεσθέντες δὲ τροφῆς）。κορεσθέντες は κορέννυμι「満腹させる」の受動アオリスト分詞・男性・複数形・主格。目的語に属格をとる。「穀物を海に投げ棄てて」（ἐκβαλλόμενοι τὸν σῖτον εἰς τὴν θάλασσαν）。ここで，百人隊長がミュラでパウロらを乗り込ませたアレクサンドリアの船が穀物輸送船であることが明らかとなる。

「船を軽くした」（ἐκούφιζον τὸ πλοῖον）。ἐκούφιζον は κουφίζω の未完了形。この動作は文脈からみると18節「人々は積荷を投げ棄て始めた」を受けている。こうして，できる限り浅瀬に乗り上げる（41節参照）ことを避け，陸に近づこうとするためであったと思われる（レイク-キャドバリー，ツミエフスキー，パーヴォなど）[300]。

⑤　**難破と救済（27：39-44）**
　　³⁹夜が明けた時，陸地はわからなかったが，砂浜のある入江を認めたので，できればそこに船を乗り入れようと思った。⁴⁰そこで彼らは，錨を切り離して海に降ろし，同時に舵綱をゆるめ，微風に舳の帆を上げ，砂浜に向って進んだ。⁴¹しかし，二つの海に挟まれた所に入り込んで船を乗り上げてしまった。舳は固着し動かなくなったが，艫は波の力で壊され始めた。⁴²兵士たちは，囚人らが泳いで逃げることのないように，彼らを殺すつもりであった。⁴³しかし，百人隊長は，パウロを救い出そ

---

[300]　なお，33節の《釈義》で，パウロの言葉とそれを受けて「皆」が食事をとって「満腹した」という記述は，「五千人の供食」物語におけるイエスの言葉とそれを受けて食事をとった「皆」についての記述（ルカ9：16-17）が想起されることを指摘した。パーヴォはこのパラレルに関連して，もしここで食事あるいはパンの「奇跡」物語が問題になっているとすれば，「穀物を海に投げ棄てた」という句は，奇跡物語を締めくくる共通要素の一つ「誇示」（demonstration）にあたると注解している。これは「深読み」の感を免れない。

うと思って，その計画を妨げた。そして彼は，泳げる者はまず飛び込んで上陸(じょうりく)するように，44 残りの者は，あるいは板切(いたき)れ，あるいは船からのものに依って上陸するように命(めい)じた。こうして，皆(みな)の者が陸に救い上げられたのである。

《釈　義》

39 節　「夜が明けた時」については 33 節の《釈義》参照。「陸地はわからなかった」（τὴν γῆν οὐκ ἐπεγίνωσκον）とは，多くの注解者たちと共に，「どこの陸地かわからなかった」を意味していよう。これに続く「が，砂浜のある入江を認めた」（κόλπον δέ τινα κατενόουν ἔχοντα αἰγιαλόν）の中の「入江」（αἰγιαλός）は「陸地」（γῆ）の一部である上に，文脈（27 節「どこかの陸地が彼らに近づいている」，28：1「この島がマルタと呼ばれていることがわかった」）から判断しても，この読みに蓋然性があると思われる[301]。「できればそこ（入江）に船を乗り入れようと思った」。「乗り入れる」と訳したギリシア語動詞は ἐξῶσαν で，ἐξωθέω「押し出す，（航海用語で）乗り上げる，乗り入れる」のアオリスト不定法。

40 節　「錨を切り離して海に降ろした」。「切り離して」にあたるギリシア語動詞 περιελόντες は περιαιρέω「周りにあるものを取り除く」のアオリスト分詞・男性・複数形・主格。目的語に τὰς ἀγκύρας を伴っているので，——多くの注解者たちと共に——「錨を（綱から）切り離して」の意に解した。この解釈は 29 節「錨を〔海に〕投げ入れ」と矛盾するように思われるが[302]，この時点では錨が未だ切り離されていなかったとみれば矛盾は解けるであろう。田川はブ

301　田川（656 頁）は，当箇所を「陸とは認められなかった。しかし浜のある湾だとわかった」と訳し，「霧が深ければもちろん，雨がひどくても，あるいは雨は降らなくても全体として荒模様で雲が厚く昼間も薄暗いような日なら，海側から見て，ようやく浜辺らしいものは見えても，その先の陸地は鮮明ではない，などという現象はごく普通にあるものである」と注記している。

302　田川，657 頁。

ルースによって περιαιρέω を「引き揚げる」の意にとるが，この訳は，ギリシア語本文でこれに続く εἴων (ἐάω「するに任せる」，航海用語で「(錨を) 海に降ろす」の未完了・3人称・複数形) と旨く繋がらない。田川はウルガータ「自らを (船を) 海へと行かせた」に従って「海へと動いた」と訳しているが[303]，ギリシア語本文では εἴων の目的語を前節の πλοῖον「船を」で補うのは無理である。

「舵綱」にあたるギリシア語名詞 ζευκτηρίας τῶν πηδαλίων の ζευκτηρίας は ζευκτηρία の複数形・対格。τῶν πηδαλίων は τὸ πηδάλιον「舵」の複数形・属格で，船の構造からみて「二つの舵」の意と思われる。とすれば，ζευκτηρία の複数形は，——多くの注解者たちにと共に——これらを繋ぐ「綱」のことであると想定されている[304]。「ゆるめ」にあたるギリシア語動詞 ἀνέντες は ἀνίημι「解く，ゆるめる，離す」のアオリスト分詞。こうして船員や舵手が扱うすべての装置を放棄して，船を波風に委ねたということであろう。

「微風」にあたる πνεούσῃ は πνέω「吹く」の現在分詞・女性・単数形・与格で，省略されている女性名詞 αὔρᾳ「微風に」にかかる。文字通りには「吹く微風に」。暴風 (20節) がおさまったことを前提していよう。「舳の帆を上げ」(ἐπάραντες τὸν ἀρτέμωνα)。ἐπάραντες は ἐπαίρω のアオリスト分詞・複数形・主格。ἀρτέμωνα は ἀρτέμων「前の帆，舳の帆」の単数・対格。砂浜に向かって「進んだ」と訳したギリシア語動詞は κατεῖχον で，κατέχω の未完了・3人称・複数。κατέχω は，元来他動詞で「止める，阻止する」の意味であるが，自動詞の航海用語として「入港する，(岸・港に) 向かって航行する，進む」の意で用いられる。微風に前帆だけを上げて，ゆっくりと慎重に砂浜に向かって進んだ，というのであろう。

41節 「二つの海に挟まれた所に」[305] (εἰς τόπον διθάλασσον)。τόπος διθάλασσος

303　田川，658頁。

304　Liddell-Scott-Jones, pp. 753 f. によれば，ζευκτηρία (= ζεύγλη) は，二重舵の「横木」(cross bar)。

305　岩波訳では「二つの深みに挟まれた浅瀬に」と意訳したが，傍注五で記したように，原文では「二つの海のところ」(以下の《釈義》参照)。

は，外証の一部（ストラボン『地誌』2, 5, 12；『シビュラの託宣』5：334）では「二つの海の間（ここではマルタとセルモネッタ）の海峡」を指し，田川訳は――レイク-キャドバリーと共に――これに拠る。しかし，まず，他の外証（ディオ・クリュソストモス『弁論』5, 9）では，スュルテス（17節参照）に関する叙述で διθάλασσος は βραχέα「浅瀬」と並置されており，レイク-キャドバリー自身，βραχέα を διθάλασσος の意味にとる可能性（ヘンヒェン，コンツェルマンほかウィザリントン，パーヴォなど多くの注解者）と「二つの海流の合流点」ととる可能性（前掲 Liddell-Scott-Jones, p. 427）をあげている。ここから，διθάλασσος「二つの海」を砂浜に向かって前方と後方の深海に挟まれ，両方の海流によって生じた「浅瀬」ないしは「砂洲」とみなすのが現在ではほぼ一般的になっている[306]。

そして第二に，ここへ「入り込んで」(περιπεσόντες, περιπίπτω「陥る，はまり込む」のアオリスト分詞・複数形・主格)「船を乗り上げてしまった」(ἐπέκειλαν τὴν ναῦν) といわれる。ἐπέκειλαν は ἐπικέλλω のアオリスト・3人称・複数形。田川が指摘しているように，ἐπικέλλω は元来「着岸する」の意であるが（例えばホメーロス『オデュッセイア』9, 148），この意味にとると，あとの文脈，すなわち，船員が泳いで上陸したという叙述（43-44節）に合わなくなる。当節では未だ着岸していないことが前提されているからである[307]。

「舳は固着して」(πρῷρα ἐρείσασα, ἐρείδω「固定する」のアオリスト分詞・単数・女性形)「動かなくなった」(ἔμεινεν ἀσάλευτος)。ἔμεινεν は μένω「留まる」のアオリスト・3人称・単数。形容詞 ἀσάλευτος は「動かされない，不動の」の意。「しかし艫は」(ἡ δὲ πρύμνα)「[波の]力で壊され始めた」。「波の」は，ギリシア語底本に従って [ ] に入れた。写本の読みが相半ばしているからである。「壊され始めた」と訳した ἐλύετο は λύω の受動・未完了形。これで 22 節におけるパウロの預言の前半「船は失う」が当たったことになる。

306　WbNT, S. 391；διθάλασσος in：『釈義事典』Ⅰ，373 頁も同様。

307　J. Börstinghaus, *Sturmfahrt und Schiffbruch*, S. 399 参照。ちなみに Börstinghaus も "Sandbank"（砂洲）説を採っている (S. 398)。

27：39―44

42節　「兵士たちの思いが生じた，囚人たちを殺そうという」（直訳）。「という」にあたる ἵνα で導かれる副文章の動詞 ἀποκτείνωσιν は，ἀποκτείνω のアオリスト・接続法。「誰かが泳いで逃げることのないように」（直訳）。「……のないように」にあたる μή で導かれる副文章の動詞 διαφύγῃ は，διαφεύγω のアオリスト・接続法。「泳いで」にあたる動詞 ἐκκολυμβήσας は ἐκκολυμβάω のアオリスト分詞・男性・単数形・主格。兵士たちは囚人たちが逃亡した責任を問われることを恐れて（12：19。16：27 をも参照），彼らを殺そうとした，と多くの注解者たちは説明している（ツミエフスキー，シュテーリン，イェルヴェル，ウィザリントン，フィッツマイヤーなど）[308]。しかし，行伝の文脈からみると，パウロらの囚人護送の責任者は，兵士たちではなく百人隊長ユリウスであり（1節参照），次節では彼が兵士たちの計画を妨げている。また，逮捕されていた囚人が海を「泳いで逃げる」ことができるのかどうか――。この場面はやはり歴史的記述ではなく，次節に繋ぐための文学的構成といえるべきであろう[309]。

43節　しかし，百人隊長はパウロを「救い出そうと思って」（βουλόμενος διασῶσαι，διασῴζω のアオリスト不定法），「彼らを計画から妨げた」（直訳）。「妨げた」にあたるギリシア語動詞 ἐκώλυσεν は，κωλύω「……を……から妨げる」のアオリスト形。パウロに対する百人隊長の好意は3節で示されており，11節ではそれが後退するが，当節で再び前景に出される。しかも，ここで「救い出す」と訳したギリシア語動詞 διασῴζω は，ルカ 7：3（diff. マタ 13：18）でも用いられており，ルカ福音書でも百人隊長が，イエスに自分の僕を「救い出してくれるように」長老たちを介して願い出ている（ルカは同じ動詞をこの後の文脈でも3回も繰り返して用いている。27：44，28：1，4）。すでに 27：3 の《釈義》本書 333-334 頁にも言及したように，ルカは福音書から行伝に至

---

[308] フィッツマイヤーは，ユスティニアヌス『ローマ法要綱』9，4，4 を引き合いに出して，看守は囚人の逃亡を見逃した場合，囚人に科される刑罰と同じ刑罰を科されたと説明している。

[309] イェルヴェルは自説を裏付けるためにヘンヒェンを引き合いに出しているが，ヘンヒェンは上記の法的説明に否定的である。

るまで百人隊長を総じて好意的に描いている[310]。

　百人隊長に命じた，「泳ぐことができる者たちは……」（τοὺς δυναμένους κολυμβᾶν の直訳）。κολυμβᾶν は κολυμβάω の不定法。τοὺς δυναμένους は πρώτους「まず」と共に，ἐπὶ τὴν γῆν ἐξιέναι の意味上の主語。ἐξιέναι は ἔξειμι「出て行く」の不定法。ἐπὶ τὴν γῆν を伴って「陸へ上る，上陸すること」の意味となる。ἀπορίψαντας は ἀπορίπτω「飛び込む」のアオリスト分詞・複数形・対格で，τοὺς δυναμένους「できる者たち」を受ける。

44節　「残りの者」，つまり泳ぐことのできない者は，「あるいは板切れに依って（μὲν ἐπὶ σανίσιν，σανίς の複数・与格），あるいは船からのものに依って」（δὲ ἐπί τινων τῶν ἀπὸ τοῦ πλοίου）[311]。「もの」にあたるギリシア語不定代名詞 τινων は，τις の男性あるいは中性・複数形・属格。男性にとれば「船からの者，乗組員」を，中性にとれば「船からの物，船に由来する何らかのもの」を意味し，注解者や訳者の間では意見が分かれている（レイク-キャドバリー，シュテーリン，ペッシュ，ブルース，バレット，新共同訳などは前者を，ロロフ，シュナイダー，シュミットハルス，田川，口語訳などは後者を，ヘンヒェン，コンツェルマン，ペッシュ，シレ，ウィザリントン，パーヴォは両者の可能性を，それぞれ採っている[312]。私見では，「船からのもの」と記したように，どちらかといえば後者により蓋然性があるが，前者の可能性も捨て難い。

　「こうして，皆の者が陸に救い上げられたのである」。πάντας（πᾶς の複数・対格）は διασωθῆναι（διασῴζω の受動・アオリスト・不定法）の意味上の主語。ἐγένετο（γίνομαι のアオリスト形）は対格＋不定法を伴って「……となった」の意。43節の《釈義》で言及したように，διασῴζω という動詞は，当節の前後で繰り返し用いられている（28：1, 4 をも参照）。これによってルカは，乗員

310　διασῴζω との関連には，L. Brink, op. cit., pp. 124 f. をも参照。
311　ἐπί が一方で名詞の与格を，他方で属格を伴うのは「不自然」（ヘンヒェン）では必ずしもない（Blass/ Debrunner/ Rehkopf, §235, 1, Anm. 1）。
312　Börstinghaus（S. 400-403）は両者の難点を挙げながらも結局は後者を採っている。彼によれば，救命ブイに使われたコルク製の浮き道具（Luc. Tox. 20）

28：1—2

「全員」を「救い出す」預言者（22節参照）・救済者としてのパウロ像をクローズアップし，物語全体を「救済物語」として構成したと想定される[313]。

（3） マルタ島にて（28：1-10）

ここは，3つの段落に分けることができる。

① 「外人たちの親切」（28：1-2）
② 蝮（まむし）に咬まれたパウロ（28：3-6）
③ パウロの「癒し」（28：7-10）

① 外人たちの親切（28：1-2）

¹ 私たちが救われた時（とき），この島がマルタと呼ばれていることがわかった。² 外人（がいじん）たちが私たちに並々（なみなみ）ならない親切（しんせつ）を示してくれた。降り出した雨（あめ）と寒（さむ）さをしのぐために，彼らは焚火（たきび）をして，私たち一同（いちどう）を迎（むか）えてくれたのである。

《釈　義》

1節　「救われた時」と訳したギリシア語動詞は διασωθέντες。διασῴζω の受動・アオリスト分詞の複数形で，27：44 の ἐγένετο πάντας διασωθῆναι「皆の者が救い上げられたのである」を受けている。「この時（τότε）この島がマルタと呼ばれていることがわかった」。「わかった」にあたるギリシア語動詞は，ἐπέγνωμεν で，ἐπιγινώσκω のアオリスト・1人称・複数形。27：39 の「陸地はわからなかった」（τὴν γῆν οὐκ ἐπεγίνωσκον）を受けている。あの時「わからなかった」陸地が，「マルタと呼ばれている」島であることが，今「わかった」ということである。

「マルタ」（Μελίτη）はシチリア島の南にある小島。パウロらがその「陸に救い上げられた」（27：44）「島」は，一般的にこのマルタ島であると想定されている。ただし，この島のギリシア語表現が Μελίτη の他に Μελιτήνη と綴る異本

313　Börstinghaus, S. 403 参照。

28：1—2

もあることもあって，これに類似する綴りの他の島を想定する仮説も繰り返し提起されている[314]。

　マルタは，紀元前1000年頃からフェニキア人の植民地となり，やがて──同じフェニキア系──カルタゴの支配下に置かれたが，前218年にローマに統治され，属州シチリアに編入された。このような歴史を反映して，島民たちの大半はフェニキア語あるいはカルタゴ語を用いていたが，この地に植民したローマ人を中心にギリシア語やラテン語も用いられている[315]。

　パウロらが上陸した場所についても定説はない。伝統的には，島の北西岸にある「聖パウロ港」に面する陸地とされているが，これはもちろん聖人伝説にあたるので，歴史的根拠はない。今までのところ，5つのポイントの可能性が提起されているが（フィッツマイアー），佐藤研はパウロ港の東に隣接する「サリナ（Salina）湾」を提起している[316]。

2節　「外人たち」と訳したギリシア語名詞は βάρβαροι で，形容詞 βάρβαρος の複数に冠詞 οἱ を付した名詞的用法。βάρβαροι は元来擬音語で，「バラ，バラ」とつっかえながら話す，不明瞭な音を発する人々の意。ここからギリシア人の間では「外国人」「異邦人」「野蛮人」であることが言語的に明確である人々全般を指す。当節および4節では，行伝著者ルカが，自らの世界市民主義に対応するギリシア語普遍主義の立場から，マルタ島の（上述のようにその大半はフ

314　ギリシアの北西ダルマティア海岸，アドリア海に面した Mljet (Melita Illyrica) 島：A. Acworth, Where was St. Paul Shipwrecked? A Re-examination of the Evidence, *JTS* 24, 1973, pp. 190-93 ; O. F. A. Meinardus, St. Paul Shipwrecked in Dalmatia, BA 39, 1976, pp. 145-47 ; idim, Melita Illyrica or African : An Examination of the Site of St. Paul's Shipwreck, *Ostkirchliche Studien* 23, pp. 21-36.（以上パーヴォによる）。ギリシアの西部エルピス海岸の近く，イオニア海に浮かぶ Kefallenia 島：H. Warnecke, Die tatsächliche Romfahrt des Apostels Pauls. しかし，いずれも批判されて定説にはなっていない。C. – J. Thornton, *Der Zeuge des Zeugen*, S. 316 ff. ; J. Börstinghaus, *Sturmfahrt und Schiffbruch*, S. 440 ff. 参照。

315　W. Bieder ＋古沢ゆう子「マルタ」『聖書大辞典』1136 頁参照。

316　「ここなら使徒行伝に書かれてあるように遠浅であり（27：41），浜の両側には浅瀬が現在でも確認できる」（佐藤研『旅のパウロ』217 頁）。

28：1—2

ェニキア語あるいはカルタゴ語を話す）住民を意識的に「バルバロイ」と呼んだものと思われる[317]。それをあえて「外人」と訳した理由は，以下のとおりである。

　まず，パウロ自身の手紙において「バルバロイ」は多義的に用いられている。Ⅰコリ14：11では，互いにその意味がわからない言語を話す人々は，お互いにとって「外国人」となるといわれる。ここには「バルバロイ」に対するギリシア語を話すパウロの差別意識は認められない。ロマ1：14では，パウロに対する福音宣教の対象としての「ギリシア人」以外の人々，すなわち「非ギリシア人」の意味でバルバロイが用いられている。ただし，すぐその後に，「私は，知者たち（σοφοί）にも無分別な人たち（ἀνόητοι）にも，責任を負っている」という言葉が続く。とすれば，「バルバロイ」を「アノエートイ」に重ねている可能性があるので，「バルバロイ」に対するパウロの差別意識が潜在していよう。これに対して，第二パウロ書簡の一つコロ3：11ではキリスト信仰によって一つとなった人々を挙げる際に，「バルバロイとスキタイ人」に言及されている。スキタイ人は当時，ギリシア人にとって野蛮民族の最右翼であったので，ここで「バルバロイ」は「未開人，野蛮人」一般を言い表していよう。

　次に当節の場合，「バルバロイ」は，文化教養のレベルではなく，言語的レベルで言われているだけであることがしばしば強調される（例えばウィザリントン）[318]。しかし，彼らはパウロらに「並々ならぬ親切を示してくれた」（παρεῖχον οὐ τὴν τυχοῦσαν φιλανθρωπίαν）といわれている。παρεῖχον は παρέχω の未完了形。τυχοῦσαν は τυγχάνω のアオリスト分詞 τυχών「並の」の単数形・女性・対格で，τὴν φιλανθρωπίαν（27：3の φιλανθρώπως と同語幹の名詞）にかかる。この名詞は——3節の《釈義》（本書332頁）でも言及したように——

317　ルカの「ギリシア語普遍主義」については『荒井献著作集』別巻，156頁参照。——「使徒行伝の著者にとって，「世界」は事実上「ギリシア語を話せる人々」の世界であった。これは，当時の平均的ローマ市民の世界観と一致する。もちろん，当時ギリシア語は「世界」の「共通語」であったが，彼の意識の中ではそれを超えて「普遍語」であり，これを解しない者は「外人」（バルバロイ）（使二八2）であった」（本書436頁をも参照）。

318　H. Balz, βάρβαρος, in：『釈義事典』Ⅰ，237頁も同様。

「親切」という意味で用いられているが，ヘレニズム時代の徳目の一つ「人類愛」を表現する名詞でもあったので，「並々ならぬ（「非常な」を意味するルカに特徴的な「緩叙法」）親切」という表現には，バルバロイには元来そのような親切心はないという差別意識が潜んでいる可能性がある[319]。

いずれにしても，たとえルカがこの表現をマルタ島の原住民に適用した際に差別意識がなかったとしても，この言葉で呼ばれた住民は被差別感を抱く。このことは，日本人から外国人が「外人」と呼ばれると不愉快に思うのと同様である。このようなニュアンスを込めて，ここでは「バルバロイ」を「外人」と訳した[320]。

彼らがパウロに示した非常な「親切」の理由は，「焚火をして」（ἅψαντες, ἅπτω「点火する，火を起こす」のアオリスト分詞・男性・複数・主格）パウロら全員を「迎えてくれた」（προσελάβοντο, προσλαμβάνω のアオリスト形）ことである。しかもそれは，「降り出した雨と寒さのゆえ」（直訳）であった。「降り出した」と訳したギリシア語動詞 ἐφεστῶτα は ἐφίστημι「近づく，近寄って来る」の完了分詞・複数形・対格で，先行する τὸν ὑετόν（ὑετός「雨」の対格）にかかる。ちなみにこの動詞は，4：1 の《釈義》に言及したように[321] ルカが好んで用いる。「寒さのゆえ」の「寒さ」にあたるギリシア語名詞は τὸ ψῦχος。

もっとも，このような「親切」に関する叙述の歴史性は疑われている。10月はじめのマルタ島では暖をとるほど寒くはなかった，あるいは「二百七十六人」もの大勢（27：37）がどのようにして一箇所で暖をとるのか（シュミットハルス）とか……。しかし，マルタ島における記述以降，パウロ以外の難破者

---

319 H. Windisch, βάρβαρος, in : *ThWbNT*, S. 549. ただし，Windisch も同時にこの表現でルカが言語的・文化的差別を克服している可能性をも示唆している。

320 田川（665 頁）は，「バルバロイ」を一貫して「野蛮人」と訳し，口語訳（「現地人」），新共同訳（「島の住民」），岩波訳（「外人」）を揶揄・批判して，「当時のギリシャ語人間」（パウロやルカ）が「どういう文化意識を持っているかを露骨に示すものだから，誤魔化さないで直訳しないといけない」とお叱りになる。しかし，田川はギリシア語の barbaroi に英語の barbarians の意味を無造作に重ねて，「バルバロイ」の持つ多様な意味上のニュアンスを無視している。

321 荒井，上巻，261 頁。

28：3—6

に対しては全く言及されておらず，物語においてはパウロのみが前提されている。ルカはおそらく，マルタ島におけるパウロ伝承に拠りながらも，難破者に対する現地住民の友愛物語（例えばルキアノス『本当の話』2，46）に共通する要素を取り上げて，それを範例的に描いた（リューデマン）可能性も想定されよう。

② 蝮（まむし）に咬まれたパウロ （28：3-6）

³ さて，パウロが枯れ枝（かれえだ）を一山（ひとやま）かき集めて火にくべたところ，熱気（ねっき）のために一匹（いっぴき）の蝮（まむし）が出て来て，彼の手に咬（か）みついた。⁴ 外人たちは，彼の手からぶらさがっている生き物（もの）を見て，互いに言った，「この男はきっと人殺（ひとごろ）しだ。海から救（すく）われたが，正義の神は生かしておかなかった」。⁵ ところが彼は，生き物を火の中に振（ふ）り落として，なんの害（がい）も受けなかった。⁶ しかし彼らは，彼が腫（は）れあがるか，あるいはたちまち倒（たお）れて死ぬだろうと待っていた。ところが，いつまで待っても，彼には何も変ったことが起こらないのを見て，彼らは考えを変えて，彼を「神だ」と言ったのである。

《釈　義》

3節　「パウロが枯れ枝の群れをかき集めて」と「火の上に置いたところ」（いずれも直訳）は，ギリシア語本文では，二つの文章共に独立属格構文。「かき集めて」にあたる動詞 συστρέψαντος は，συ(ν)στρέφω のアオリスト分詞・単数・属格。「置いたところ」にあたる動詞 ἐπιθέντος も，ἐπιτίθημι のアオリスト分詞・単数・属格。「熱気のために一匹の蝮が出て来て」（ἔχιδνα ἀπὸ τῆς θέρμης ἐξελθοῦσα）の ἐξελθοῦσα は ἐξέρχομαι のアオリスト分詞・単数形・女性で ἔχιδνα にかかる。ἔχιδνα「蝮，毒蛇」は福音書で非難を込めて比喩的表現に用いられている（ルカ3：7／マタ3：7「蝮の裔め」，マタ12：34，23：33）。「彼の手に咬みついた」（καθῆψεν τῆς χειρὸς αὐτοῦ）。καθῆψεν は καθάπτω「つかむ，意味的には（中動相のごとく）絡みつく，噛みつく」のアオリスト形で，当節におけるギリシア語本文の主動詞である。

28：3—6

マルタ島には蝮や毒蛇はいなかった[322]，いや，古代にはいたかもしれない（バレット，ウィザリントン），などの議論が多い。しかし，この段落は史実の報告ではなく，これから続くパウロを主人公とする一種の奇跡物語であって[323]，当節はその序にあたる部分（奇跡行為者の登場）とみなすべきであろう。

4節　「生き物」と訳したギリシア語名詞 τὸ θηρίον は，一般的には「獣，動物」を意味するが，ここでは前節の「蝮」を受けて，「危険な（有毒の）動物，毒蛇」を指す。「手からぶらさがっている」にあたるギリシア語動詞は κρεμάμενον で，κρεμάννυμι（他動詞で「かける」，自動詞（デポネンティア）で κρεμάμαι 「かかっている」）の現在分詞・中性・対格で，τὸ θηρίον にかかる。

「海から救われたその彼を正義の神（ディケー）は生かしておかなったのだ」（直訳）。「正義の神」にあたるギリシア語名詞は δίκη で，一般的には「刑罰」（Ⅱテサ1：9。使25：15「有罪の判決」も参照）を意味するが，ここでは擬人化された，刑罰を科する正義の女神 Δίκη の意味で用いられている。ディケーはギリシア神話で，ゼウスとテミスとの娘，刑罰・復讐を司る[324]。パウロは「きっと人殺し」（πάντως φονεύς）だったのだから，海から救われても，ディケーは「生かしておかなかったのだ」（ζῆν οὐκ εἴασεν）。ζῆν は ζάω 「生かす」の不定法。εἴασεν は ἐάω 「許す，……させる」のアオリスト形。話者（バルバロイ）は，パウロが殺人罪を犯した罰（復讐）としてディケーの化身である蝮に咬まれて死んでしまったことを前提している。この物語との関連で，生きて浜辺に打ち上げられたものの蝮に咬まれて死んだ難船者の墓碑銘（Anthologia Palatina Ⅶ，290）が引き合いに出される（ヘンヒェン，ヴァイザー，バレットなど）。しかしこの碑文には，運命を免れることのできない人間の空しさが嘆かれているのであって，罪を犯した人物がその罰として蝮に咬まれて死んだ

322　それに対して，ダルマティアのケファレニアには存在した。Vipera ammodytes がそれに当たる（Warnecke, op. cit., S. 108-10）。

323　G. Theißen, *Urchristliche Wundergeschichten*, S. 114 ff. によれば，Normenwunder の典型。

324　呉茂一『ギリシア神話』新潮社，1969年，55頁参照。

28：3—6

のではない[325]。

　他方，人間が犯した罪に応じて罰を科するディケーが，その化身として蝮と結びつけられている外証は，ほとんど存在しない。わずかに後5世紀のギリシア語テキスト（P. Grenf. Ⅱ, 84）に犯人が常にディケーの支配下に置かれている例として，獅子と蛇に追われる人殺しについての記述があるだけである。それに対して蛇がエリニュス（ギリシア神話で復讐の女神たち）[326]の化身として表象されている例証は，ギリシア悲劇（アイスキュロス『コエーポロイ』1049-50；『エウメニデス』127）のみならず壺絵にも見いだされる[327]。

5節　パウロは「生き物」（τὸ θηρίον「獣，蛇」など）を火の中に「振り落として」（ἀποτινάξας, ἀποτινάσσω のアオリスト分詞・単数・主格），「なんの害も受けなかった」（ἔπαθεν οὐδὲν κακόν）。ἔπαθεν は πάσχω のアオリスト形。

　蛇に咬まれてもなんの害も受けなかっただけではなく，蛇の方が死んでしまったという，ラビ・ハナニア・ベン・ドサの話（b ベラホート 33a）が当節のパラレルとして参照される（ビラーベック）。それよりも注目すべきは，イエスによって伝道に派遣された「七十（二）人の弟子たち」が帰還した際に，イエスが彼らに語った言葉（ルカ 10：19）である。──「見よ，私はあなたたちに蛇やさそりの上に踏みつける権能，また敵（悪魔）のすべての力を支配する〔権能〕を与えた。そして何ものもあなたに害を及ぼすことはないであろ

325　Börstinghaus, op. cit., S. 407 f. 参照。
326　「ゲー（ガイア）がクロノスを唆して父ウラノスの陽具を切り落とした時，その血が大地に落ち，そこから生まれた，といわれる。……その数はもともと不限定であったが，後ではほぼ三人と定り，その名もほぼアレークトー（止まない女），ティーシポネー（殺戮を復讐する女），メガイラ（嫉む女），の三人と定まった。その姿は大体翼をもち（あらゆるところを，海山の障害を超えて，犯罪者を追跡してゆくという意味で），髪には無数の蛇がまきつき，黒い衣を身に纏うて，手には炬火か笞かを携える。そして彼らが追求すべき犯人を見つけると，あくまでも追跡して苦しめ，しばしば狂気のようにならせる，そしてあらゆる種類の苛責を与えるのである」（前掲『ギリシア神話』203頁）。
327　以上，Börstinghaus, S. 414-19 参照。

28：3—6

う」。この言葉は他の福音書にパラレルがなく，ルカの特殊資料に由来するために，当節におけるパウロ像との類似が目立つ。ルカがここで，パウロをイエスの弟子たちと同じレベルにおいたとまではいえないまでも，少なくともルカ文書の読者にルカ10：19を想起させる機能を当節が持っていることは疑いえないであろう[328]。

いずれにしても4-5節は，奇跡物語の共通要素としては，その主題（奇跡の実行）となっている。

6節 「しかし彼らは」（οἱ δέ）「待っていた」（προσεδόκων, προσδοκάω の未完了・3人称・複数），「彼が」（αὐτόν, αὐτός の対格。後続する μέλλειν 「……するであろう」の意味上の主語）「腫れあがる」（πίμπρασθαι, πίμπρημι（＝πρήθω）「ふくらます」の受動「ふくれ（腫れ）あがる」の現在形）「か」（ἤ）「たちまち」（ἄφνω）「死人として倒れる」（καταπίπτειν νεκρόν の直訳）だろうことを。νεκρόν は αὐτόν を受ける。

彼らが「いつまで待っても」と「彼には何も変ったこと（ἄτοπον）が起こらないのを見て」とは，ギリシア語本文ではいずれも独立属格構文。「彼らは考えを変えて」（μεταβαλόμενοι, μεταβάλλω 「向きを変える」の中動相・アオリスト分詞・男性・主格・複数形），「彼は神だ」（αὐτὸν εἶναι θεόν の直訳）と言った。

このようなバルバロイの最後の言葉と，パウロとバルナバの癒しの奇跡を見て，パウロをゼウスを呼び，バルナバをヘルメスと呼んで，彼らに犠牲を献げようとしたリュストラの群衆（14：8-13）とが，よく比較の対象となる。リュストラではパウロ（とバルナバ）は，このような群衆の振舞いに，自らを神ではなく人間だと言って歯止めをかけている（14：14-18）が，当節ではその

---

328 なお，マルコ福音書の「補遺」2に記されている（イエスの十一弟子に対する）世界派遣命令の中に，信じた者たちは手でもって「蛇をつかみ，何か毒を飲んでもまったく害を受け」ないであろう，というイエスの言葉がある（16：18）。この言葉は使28：3 ff. に拠って二次的に構成されたものと想定されるが（J. Gnilka, *Das Evangelium nach Markus,* EKK Ⅱ/2 （MK 8, 27-16, 20）, Neukirchen－Vluyn, 1979, S. 487），シュミットハルスは逆に，ルカがマルコ16：18に拠って当節を構成したとみなす。

28:7—10

ような歯止めは一切かけられていない。それだけにこの物語におけるパウロ像は，パウロが「神の人」（θεῖος ἀνήρ）へと漸層されていく極致とさえみなされている（コンツェルマン，ロロフ，リューデマンなど）。これに対して，ルカは「神の人」パウロ像を手放しで許容しているのではなくて，すでにパウロに神として犠牲を献げようとするリュストラ人たち（14：13）に対して，あるいはペトロに跪拝したコルネリウス（10：25）に対して，パウロあるいはペトロを介してそれを拒否している（ペトロの場合は10：26）のであるから，それを当場面で繰り返す必要はなかったとの理由から，「神の人」パウロ説を批判する向きもある（ヘンヒェン，ウィザリントン，マーシャル，バレットなど）。

しかし，ルカがこの奇跡物語をパウロのローマへの護送物語全体の中で機能させようとした意図は，パウロが「神の人」としての超人間的存在であったか否か，ということではなかろう。そうではなくてルカは，奇跡物語の共通要素における結論部分にあたる奇跡への印象，いわゆる「喝采」（Akklamation）の機能[329]を活かし，次のことを読者に訴えようとしている。すなわち，パウロは「カエサルの前に立たなければならない」という神の定めの中にあって（27：24），誰によっても危害を加えられずに（27：42-43），全員が救われ（27：44-28：1），マルタ島においてもディケーの化身・蝮に咬まれても無傷であって，神の保護の下にあり，バルバロイから彼が「神だ」と言われるほどであった[330]。

このような意味における「神の器」としてのパウロ像は，これに続く彼の癒しの奇跡に至るまで貫かれている。

③　パウロの「癒し」（28：7-10）

⁷この場所の近くに，島の有力者でプブリウスという人の地所があった。彼は私たちを迎えて，三日間，親切にもてなしてくれた。⁸さて，〔以下のようなことが〕生じた，〔すなわち〕プブリウスの父が熱病と下痢に苦しんで臥せっていたので，パウロは彼のもとに行って，祈り，

329　Theißen, op. cit., S.94.
330　Börstinghaus, S. 424 参照。

彼の上に両手を置いて彼を癒した。⁹ このことがあったので，病弱さを持っている島の中の他の人々もやって来て，治してもらった。¹⁰ そして彼らは，私たちに多くの敬意を示し，また出航の際には，必要な品々を持って来てくれたのである。

《釈　　義》

7節　「この場所の近くに」（Ἐν δὲ τοῖς περὶ τὸν τόπον ἐκεῖνον）。前置詞 περί ＋対格名詞は空間の表示に用いられ，「の周りに，近くに」の意。ἐν τοῖς のあとには，おそらく χωρίοις（χωρίον「土地」の複数形・与格）が省略されている（バレット）。「島の有力者でプブリウスという人の」（τῷ πρώτῳ τῆς νήσου ὀνόματι Ποπλίῳ）「地所があった」（ὑπῆρχεν χωρία）。ὑπῆρχεν は ὑπάρχω の未完了形。「……の」は，ギリシア語では所有の与格「……にとって（の）」。ὁ πρῶτος は，文字通りには「第一人者」。13：50 οἱ πρῶτοι τῆς πόλεως「町の有力者たち」との類似から「（島の）有力者」と訳した。「プブリウス」は，ギリシア語では Ποπλίος（ポプリオス）。このギリシア名はラテン名 Publius（プブリウス）にあたる。

πρῶτος（τῆς νήσου）というタイトルは碑文でも確認されており（IGRR＝IG 14, 601），これに対応するラテン語碑文から，ὁ πρῶτος はラテン語の mumicipium（長官）にあたり，当時マルタ島とゴゾ（ガウドス）島を含むローマのシケリア州総督（principatus）の下にあった官職名とみなされていた[331]。しかし最近では，上記碑文の文脈からみて，ὁ πρῶτος τῆς νήσου はマルタ島民の上層に属する人物で，その寄付行為などによって授与された名誉称号とみなされている（ウィザリントン，フィッツマイヤー，パーヴォなど）[332]。

いずれにしても，彼は広大な邸宅を所有していたらしく，「私たちを迎えて，三日間，親切にもてなしてくれた」といわれる。「もてなしてくれた」にあた

331　C. J. Hemer, *The Book of Acts in the Setting of Hellenistic History*, p. 153. これに従って，岩波訳では「長官」と訳されている。

332　ウィザリントンによれば，Publius というローマの cognomen「家名」はローマ市民権と共に授与された氏名と想定される。

28：7—10

るギリシア語動詞 ἐξένισεν は，ξενίζω「客として迎える，泊まらせる」のアオリスト形。「私たちを」を文脈からみれば，「二百七十六人」であるから（27：37），このような大人数を二日間も客としてもてなすプブリウスの家（フィッツマイヤー）は，いささか想像を超える。しかし，「私たちは」は，1-2節の《釈義》でも言及したように，歴史的にとるべきではなく，ルカの修辞的表現である。いずれにしてもルカによれば，パウロ（とバルナバ）をその第一回伝道旅行において招いたのはキプロス（島）総督セルギウス・パウルスであった（13：7）。

8節　「さて，〔以下のようなことが〕生じた」にあたるギリシア語句 ἐγένετο δέ（＋不定法）は，ヘブライ語法による冗語的表現で，ルカが物語の新しい導入に好んで用いる語法（行伝では4：5，11：26，14：1，16：16，19：1など）。「プブリウスの父が熱病と下痢に苦しんで臥せっていた」。「熱病に」にあたるギリシア語名詞 πυρετοῖς は πυρετός「熱」の複数「頻度の発熱」・与格。「下痢に」にあたる δυσεντερίῳ は δυσεντέριον（＜ δύσ-「不（具合）」＋ ἔντερον「内臓」。「赤痢，下痢」）の単数・与格。「苦しんで」（文字通りには「とらえられて」）にあたるギリシア語動詞 συνεχόμενον は，συνέχω「とらえる」の受動分詞・単数・対格で，κατακεῖσθαι（κατάκειμαι「（下に）横たわっている，（病気で）臥している」の，ἐγένετο を受ける現在不定法）の意味上の主語。

　パウロは「彼（プブリウスの父）のもとに行って（εἰσελθών．εἰσέρχομαι のアオリスト分詞）」「祈り」（προσευξάμενος．προσεύχομαι のアオリスト分詞）「彼の上に両手を置いて」（ἐπιθεὶς τὰς χεῖρας αὐτῷ．ἐπιθείς は ἐπιτίθημι のアオリスト分詞）「彼を癒した」（ἰάσατο αὐτόν．ἰάσατο は ἰάομαι のアオリスト形）。

9節　「このことがあったので」は，ギリシア語本文では独立属格構文（τούτου δὲ γενομένου）。「病弱さを持っている島の中の他の人々も」（καὶ οἱ λοιποὶ οἱ ἐν τῇ νήσῳ ἔχοντες ἀσθενείας）「やって来て」（προσήρχοντο．προσέρχομαι の未完了形）「治してもらった（文字通りには，癒された）」（ἐθεραπεύοντο．θεραπεύω の未完了・受動相）。ἀσθένεια（文字通りには「弱さ」）を「病気」の意味で用いるの

はルカ文書の特徴である（ルカ5：15 diff. マコ1：45，ルカ8：2，13：11, 12 参照）。ここではルカ福音書の岩波訳に合わせて「病弱さ」と訳した。

以上，8-9節における「プブリウスの父の癒し」物語とその結果は，福音書における「シモンの姑の癒し」物語とその結果（マコ1：29-31／マタ8：14-15／ルカ4：38-39）を下敷きにしていることは，早くから注解者たちによって指摘されていた（レイク-キャドバリーなど）。ただし，これらの箇所で共通する要素は，癒された者の病気が「熱病」（πυρετός）である一点に過ぎない。それにしても注目すべきは，シモンの姑が「はなはだしい熱病に苦しんでいた」（συνεχομένη πυρετῷ μεγάλῳ. ルカ4：38 diff. マコ1：30／マタ8：14）とプブリウスの父が「熱病……に苦しんで」（πυρετοῖς … συνεχόμενον）が並行していることである。ルカは当節をルカ福音書における「シモンの姑の癒し」物語に重ねて構成していることは明らかであろう

さらに，この奇蹟物語の結果に関する要約的報告（9節）も，福音書におけるルカ版（4：40「すると彼（イエス）は，彼ら（イエスのもとに連れて来られた病人たち）の一人一人に両手を置いて彼らを治し続けた(ἑνὶ ἑκάστῳ αὐτῶν τὰς χεῖρας ἐπιτιθεὶς ἐθεράπευεν) という要約的報告（diff. マコ1：32／マタ8：16）とがパラレルをなしている（ルカ13：13をも参照）。

なお，「プブリウスの父の癒し」物語（8節）では，パウロが彼のもとに行って，「祈り，彼の上に両手を置いて」癒している。按手によって癒しの奇蹟を行なうのはルカ文書におけるイエスとパウロだけであり，同様の奇蹟の後（ルカ5：16 diff. マコ1：45）か前に（使9：40）祈りが捧げられるのもルカ文書におけるイエスとパウロだけである。ただし，按手に祈りが加えられるのは，新約では当箇所においてだけである[333]。なお，祈りと按手によって悪霊を祓い病気を治す例は「死海写本」の『外典創世記』20：21-22, 28-29に見いだされる（フィッツマイヤー）。

10節 そして彼らは，「私たちに多くの敬意を示した」。文字通りには，「多

---

[333] ルカによれば，「七人」あるいは「パウロとバルナバ」の叙任の儀礼において祈りと按手がなされている（使6：6, 13：3）。

くの敬意をもって私たちに敬意を表わした」(πολλαῖς τιμαῖς ἐτίμησαν ἡμᾶς)。τιμαῖς は τιμή の複数・与格(手段を表わす)で、ἐτίμησαν は τιμάω「尊敬する」のアオリスト形。τιμή は「尊敬,敬意」の他に「代金,値段」の意味もあり、行伝ではほとんど後者の意味で用いられている (4：43, 5：2-3, 7：10, 19：19)。したがって当節における τιμαί も「報酬」の意味にとることもできる(ウィザリントンなど)。しかし、バレットなど多くの注解者たちが想定しているように、ここは、続く文章からみても、「敬意(を表わす品々)の意味であろう(ヨセフス『古代誌』XX, 68 をも参照)。ルカによればパウロは、彼の「別れの言葉」の中で、「私は誰からも、金銭や衣服を欲しがったことはありません」と表明している (20：33)。

また「出航の際には」(ἀναγομένοις. ἀνάγομαι の現在分詞・複数・与格)「必要なものを」(τὰ πρὸς τὰς χρείας の直訳)「持って来てくれたのである」(ἐπέθεντο. ἐπιτίτημι「上に置く,加える」の中動相「与える,提供する」・アオリスト形)。「必要なもの」とは航海する者に必要な糧秣などのことであろう。

以上、パウロの「癒し」物語は、ルカがマルタ島における「プブリウスの父の癒し」物語伝承をガリラヤにおける「シモンの姑の癒し」物語と重ねて構成し、それを文脈に合わせて拡大したと想定される。このことは、この物語でもパウロらが「私たち」と表現され、彼らと共に難破した「私たち」「二百七十六人」のことはもはや念頭に置かれていないことによっても確認されよう。最後に注目すべきは、ルカによればパウロは、「癒し」の奇蹟の対象に、イエスの場合と同様に、「信仰」を前提していないことである。したがって、パウロがマルタ島で福音宣教をしていないことを奇異に思う(ヘンヒェン,シュナイダー,ロロフなど)必要はない[334]。ルカによればパウロは、イエスと共に、神の「普遍的恩恵」(gratia universalis)の行使者なのである(パーヴォ)。

(4) ローマへ (28：11-16)

¹¹ 三ヶ月の後に、私たちは、この島で冬を越したアレクサンドリアの

---

334 イェルヴェルは、ここでも行伝におけるパウロは「純粋な異邦人」(reine Heiden) には伝道していない、と主張するが、その論拠は薄弱である。

船に乗って出帆した。この船には，ディオスクーロイの印が〔船首に〕つけられていた。 12 私たちは，シュラクサに入港して，三日間ここに滞在し， 13 そこから錨を上げて，レギオンに着いた。一日たつと，南風が吹いたので，二日目にポテオリにやって来た。 14 そこで私たちは，兄弟たちを見つけ，勧められるままに七日間滞在した。こうして私たちは，ローマに到着した。 15 兄弟たちが私たちについてのことを聞いて，そこ〔ローマ〕からアッピ・フォルムとトレス・タベルナ〔の町々〕まで私たちを迎えに来てくれた。パウロは彼らに会って，神に感謝し，勇気づけられた。

16 私たちがローマへ入った時，パウロは，一人の番兵つきで，彼だけで住むことが許された。

《釈　　義》

11節　「三ヶ月の後に，私たちは出帆した」といわれる。しかし，多くの注解者たちによれば，「断食日」後（10月初旬。27：9の《釈義》本書337頁参照）に「良い港」を出航してからアドリア海上で遭難後クレタ島に漂着するまでの期間は（この間に断続的に言及されている日付から想定して）一ヶ月足らずで，その「三ヶ月の後」は遅くとも1月下旬となり，この頃には，なお海は荒れていたので，出航の季節としては早過ぎるといわれる。「三ヶ月の間海は荒れていた」（つまり，出航に適しない）という点ではヨセフスの証言（『戦記』Ⅱ，203）と一致するが，航海は，プリニウス『博物誌』Ⅱ，112によれば2月8日に，アプレイウス『変身』（『黄金のろば』11，5）およびウェテリウス『戦術書概要』27：2によれば3月10日に，始まるといわれている（コンツェルマン，バレットなど）。ただしルカは，このような（おそらく伝承資料に遡る）日付上の矛盾に無関心であったと想定してよいであろう。

「アレクサンドリアの船に乗って」（ἐν πλοίῳ …, Ἀλεξανδρίνῳ）については，27：6の《釈義》（本書334-335頁）参照。この船は，マルタ島に停泊して「冬を過ごした」（παρακεχειμακότι. παραχειμάζω の完了分詞・単数・与格），アレクサンドリアからローマへ穀物を運ぶ商船であろう。この船には，「ディオ

28：11－16

スクーロイの印が付けられていた」(παρασήμῳ Διοσκούροις)。παρασήμῳ は形容詞 παράσημος「記号あるいは印（σῆμα）のついた」の単数・与格で，「船で」(ἐν πλοίῳ) にかかり，文字通りには「……によって印づけられた」の意。この所格（「……によって」）にあたる名詞が Διοσκούροις で Διόσκουρος の複数形・与格である。「ディオスクーロイ」とは，ギリシア・ローマ神話でユピテルとレーダの間に生まれた双子カストールとポルクス。この二神は船の守護神で，その印（のついた像）が船首に飾りつけられていた[335]。

12 節　「入港した」にあたるギリシア語動詞は καταχθέντες で，27：3 におけると同様，κατάγω のアオリスト分詞・複数形。「シュラクサ」(Συρακοῦσαι) はシチリア島東南端の港町。古いギリシアの植民地であったが，前 212 年にローマ人によって征服され，皇帝アウグストゥスにより植民市として再興された。パウロらはこの港町に三ヶ月間「滞在した」(ἐπεμείναμεν. ἐπιμένω のアオリスト・1 人称・複数形）といわれているが，その理由は述べられていない。逆風のためか，あるいは船荷を陸上げするためにか[336]。

13 節　「錨を上げて」と訳したギリシア語動詞 περιελόντες は，περιαιρέω のアオリスト分詞。この動詞は元来，「取り除く」の意，受動相で「なくなる，消失する」の意で用いられるが（27：20 参照），27：40 では「錨を」(τὰς ἀγκύρας) という目的語を伴い「切り離す，上げる」という航海用語として用いられていた（27：40 の《釈義》本書 361-362 頁）。当節でも――27：40 のように「錨を」という目的語はないが――これを補って，ヘンヒェンはじめ多くの注解者たちと共に「錨を上げる」の意味で用いられていると想定する[337]。

335　Blass/Debrunner/Rehkopf（§198, 7, Anm. 11）は παρασήμῳ を πλοίῳ の同格名詞で，ディオスクーロイを「船首像とした船で」と解する。

336　W. Bieder + 勝村弘也「シラクサ」『聖書大事典』619-620 頁；Συρακοῦσαι, in ：『釈義事典』Ⅲ，353 頁参照。

337　περιελόντες の読み（ℵ* B Ψ など）の他に異読 περιελθόντες（P⁷⁴ ℵ² A など）がある。これは περιέρχομαι「歩き廻る，廻って行く」のアオリスト分詞であるが，これを採れば，（シチリア島を）「回遊して行く」の意か。しかし，シュラクサ

28：11―16

「(私たちは) 着いた」にあたるギリシア語動詞 κατηντήσαμεν は，καταντάω (εἰς を伴って「……まで行く，到着する」(16：1，27：12参照) のアオリスト・1人称・複数形。「レギオン」(Ῥήγιον. ラテン語では Regium) はイタリア半島の南端，メッシナ海峡のシチリア側のメッシナ対岸に位置する商業都市 (現在のレッジョ-ディ-カラブリア)[338]。

「一日後に」(μετὰ μίαν ἡμέραν の直訳)。「南風が吹いたので」は独立属格構文 ἐπιγενομένου (ἐπιγίνομαι「やって来る，起こる」のアオリスト分詞・単数形・属格) νότου (νότος の属格)。

「二日目に」にあたる δευτεραῖοι は，形容詞 δευτεραῖος「二日目の (者)」の複数形。「二日目の者として」「二日目に」の意味で副詞的に用いられている。

「ポテオリ」(Ποτίολοι. ラテン語名 Puteoli) はナポリ湾にある港町 (現在のポッツオーリ)。アウグストゥス帝の時代以来，船団でエジプトから定期的に運ばれてきた穀物が貯蔵されていた[339]。

14節 「そこで私たちは，兄弟たちを見つけ」(οὗ εὑρόντες ἀδελφούς)。εὑρόντες は εὑρίσκω のアオリスト分詞。ἀδελφούς は ἀδελφός の複数・対格形。「兄弟たち」は同信徒，つまりキリスト信徒のことであるから，パウロらがポテオリに来る以前にイタリアにはキリスト信徒が存在していたことになる。実際，使18：1-3によれば，パウロが，第2回伝道旅行の途上，コリントに行った際，皇帝クラウディウスの命令 (おそらく後49年) によってローマから追放されたユダヤ人夫妻・アクィラとプリスキラの家に住んで一緒に仕事をしたといわれており，この夫妻はキリスト信徒であったと想定されている (18：1-3の《釈義》荒井，中巻，451-455頁参照)。他方，パウロ自身が，第3回伝道旅行の途上，55／56年頃コリントで執筆した「ローマの信徒への手紙」(16章) には，プリスカとアクィラをはじめとする多くの信徒たちに対する挨拶が記されている

からレギオンまではほとんど一直線である (ヘンヒェン)。
338　W. Bieder + 佐藤研「レギオン」『聖書大辞典』1296頁；Ῥήγιον, in：『釈義事典』Ⅲ，247頁参照。
339　W. Bieder + 木幡藤子「ポテオリ」『聖書大辞典』1097-1098頁参照。

28：11―16

(16：3 ff.)。パウロらがポテオリに来た頃（50年代の末）には，ローマを中心にイタリアにはかなり多くのキリスト信徒たちが存在していたと思われる。

パウロらは彼らに「勧められて」（παρεκλήθημεν. παρακαλέω の受動アオリスト・1人称・複数形）「彼らのもとに七日間滞在した」（直訳）。この文章の主語は依然として1人称複数形「私たち」であるが，パウロと共に難破してマルタ島に「救い上げられた」（27：44）といわれる「私たち船にいた者，皆で二百七十六人」（27：37）は，行伝ではマルタ島上陸以来（28：1 ff.）全く後景に退き，マルタ島からローマへの旅（28：11 ff.）では「私たち」はパウロらのみに限定されている。行伝著者ルカは，難破船物語資料における百人隊長や兵士たち，パウロら以外の乗船者たちについての関心をマルタ島上陸以降捨ててしまい，ローマにおけるパウロに物語の焦点をしぼった結果，「私たち」はパウロらに限定されることになったのであろう。

「こうして私たちは，ローマに到着した」。「こうして」（καὶ οὕτως）とは，パウロとその仲間たちがポテオリで七日間も同信徒のもとに滞在したというよりは，比較的自由なままで，ということであろう。「私たちは，ローマに到着した」と訳したギリシア語本文 εἰς τὴν Ῥώμην ἤλθαμεν の中の ἤλθαμεν は ἔρχομαι のアオリスト・1人称・複数形であるが，もちろんこの時点でローマに着いたわけではなく，16節の文章を先取りしている。ローマでパウロは，一人の番兵つきではあるが「一人で住むことが許された」（30節をも参照）。

15節 「兄弟たち」は，前節におけると同様，キリスト信徒たち。「そこから」（κἀκεῖθεν）とは前節における「ローマ」から。「私たちについてのこと」（τὰ περὶ ἡμῶν。この用語法については使23：11, 15, 24：10, ルカ24：27を参照）を聞いて，「私たちを迎えに来てくれた」（ἦλθαν εἰς ἀπάντησιν ἡμῖν）。「私たちのこと」とは，パウロらがポテオリに着き同信徒のもとに滞在してローマに向かおうとしている，ということである。パウロらが七日間ポテオリに滞在した後にローマへ向けて出発したとすれば，この間にパウロらの情報がローマの信徒たちに伝わり，彼らが二手に分かれて，一グループがアッピ・フォルムで，他の一グループはトレス・タベルナで，それぞれパウロらを迎えに来

た，ということになろう。しかし，ポテオリからローマまでは約140キロ，ローマからアッピア・フォルムまでは約64キロ離れており，前者は徒歩で5,6日，後者は1,2日かかる。したがって，パウロらがポテオリからローマに向かっているとの報告をローマの信徒たちが受けて，アッピ・フォルムあるいはトレス・タベルナまで迎えに来たという記述は，少なくとも日数的には想像を越えている。ルカはおそらく，11節におけるマルタ島出帆の日付と同じように，日数についてもあまり関心がなかったのであろう。ルカは，パレスチナの地理についてと同様に（23：31の《釈義》本書234頁参照)，イタリアの地理についても正確な知識を持っていなかったのかもしれない。いずれにしてもルカが読者に訴えたいのは，パウロらがローマの信徒たちに好意を持って迎えられたという一点にあったと思われる。

「アッピ・フォルム」（'Αππίου φόρου, ラテン語の名称 Forum Appii のギリシア語表記）は，アッピア街道沿いの市場町。前312年に（アッピウス・クラウディウス・カエクス Appius Claudius Caecus）により街道建築と関連して造られ，文字通りには「アッピウスの市場」と命名された町である[340]。トレス・タベルナ（Τρεῖς ταβέρναι, ラテン語の呼称 Tres tabernae のギリシア語表記）もアッピア街道上の，アッピ・フォルムよりはローマ寄りにある宿場である[341]。なお，tres は「三」，taberna は「宿」の意，したがって文字通りには「三宿（町）」の意になる。

パウロはこれらのローマから彼を迎えに来た信徒たちに会って，「神に感謝し，勇気づけられた」（εὐχαριστήσας τῷ θεῷ ἔλαβε θάρσος)。ἔλαβε は λαμβάνω「受ける」のアオリスト形。θάρσος は中性形で λαμβάνω の目的語。文字通りには「勇気を受けた，勇気を出した」。

前節の《釈義》で言及したように，この記事にはパウロがローマへ行く以前にローマを中心としてイタリアにはキリスト教が布教されており，かなりの数の信徒たちが存在していたことを前提している。ところがルカは，行伝でこのことについては全く沈黙している。その理由はルカが，神的「必然」（23：11,

---

340　E. Plümacher, 'Αππίου φόρον, in：前掲『釈義事典』I, 184頁参照。
341　Τρεῖς ταβέρναι, in：前掲『釈義事典』III, 413頁参照。

28：11—16

27：24）に基づくパウロのローマ伝道（28：31）を，行伝の読者に対して排他的に強調しようとしたからであろう。

16節　「私たちがローマへ入った時」。前節でパウロらはいずれもアッピア街道沿いの二つの町を通っているので，アッピア街道を北上し，カペナ門（Porta Capena）からローマ市内に入った，と想定される（ブルース）[342]。「彼だけで住むことが許された」。「許された」にあたる ἐπετράπη は ἐπιτρέπω「許す」の受動アオリスト形。「一人の番兵つきで」と訳したギリシア語句 σὺν τῷ φυλάσσοντι αὐτὸν στρατιώτῃ は，文字通りには，「彼（パウロ）を監視する一人の兵士と共に」。φυλάσσοντι は φυλάσσω「見張る」の現在分詞・男性・単数形・与格で στρατιώτῃ（στρατιώτης の与格）にかかる。

当節に記されているパウロの法的立場については，ギリシア語本文を補った西方系写本の読みが参考になる——「百人隊長は囚人らを兵営の指揮者に（τῷ στρατοπεδάρχῳ）引き渡した。しかしパウロには，一人の番兵つきで兵営の外に（ἔξω τῆς παρεμβολῆς）彼だけで住むことが許された」。この西方系写本によれば，パウロと共にローマに護送された囚人たちは，兵営の指揮官に引き渡され兵営内に監禁（custodia militaris）されたが，パウロは兵営の外に，一人の番兵つきで借家（30節参照）に軟禁（custodia libera）されることが許された，ということである。この custodia libera は，法的には入獄と釈放の中間的レベルで，釈放前に置かれていたヘロデ・アグリッパの軟禁状態と類似している。ヨセフスによれば，ガイオスがローマ市の警護隊長ペイソンに手紙を送り，「アグリッパを現在のキャンプから監禁前に暮していた居宅へ移すこと」を命じた。そしてそれ以後，「衛兵つきで監視されてはいたが，しかし日々の生活に関する監督は緩やかなものとなり，心配するようなことは何もなかった」（『古代誌』XVIII, 234-235）。ただしパウロの場合は，（番兵と）鎖で繋がれていたといわれている（20節）[343]。

以上のようなパウロがローマに到着した当初に置かれていた状態に，どの

---

[342]　H. W. Tajra, *The Trial of St. Paul*, p. 177 も同様。
[343]　以上，Tajra, op. cit., pp. 179-181 参照。

程度史実が反映しているか,正確なことはわからない。いずれにしてもこれを,全くルカのフィクションととる（シュミットハルス,パーヴォなど）[344] ことはできないであろう。「囚人」パウロに対するローマにおける緩やかな処遇に,外証がある限り,——多くの注解者たちと共に——これは少なくとも,使24：23の場合と同様,ルカが入手した伝承資料に基づくものと思われる。

　いずれにしてもルカは,前の文脈で一貫してパウロの無罪性を読者に訴え続けていたのであるから（23：28 f., 25：18, 25, 28：31 参照）,パウロがローマで受けた処遇についても,これを最大限に活かしてその全体を構成したと想定される。これは,27：1からはじめられていた「われら章句」が当節で終っていること,次節以降パウロはほとんど自由人として振舞い,行伝が次の一句で締めくくられていることからも明らかである。——パウロは「実に大胆に,妨げられることもなく,神の王国を宣べ伝え,また主イエス・キリストについてのことを教え続けて」（31 節）。

　以上,マルタ島からローマに至るまでパウロらが辿った旅行のルートは,確実に伝承資料に遡る。この間の記述について,11-13 節,14 節 b,16 節 b には資料が前提されているとみなす注解者が多い（ヘンヒェン,ペッシュ,ロロフ,シュナイダー,ヴァイザー,イェルヴェルなど）。ただし,コンツェルマンは 14 節 b をルカの編集句ととる。

　私見では,伝承と編集を正確に腑分けすることは不可能である。いずれにしてもルカがこの段落で強調したかったのは,パウロらはポテオリからローマに至るまで,キリスト信徒たちに温かく迎えられたという一点に尽きるであろう。

《ローマへの護送》（27：1-28：16）

　27：1 から 28：16 まで,主として「私たち」を主語として物語られているパウロらのカイサリアからローマへの護送に関する記事は,基本的に——お

---

[344] パーヴォによれば,ルカは上記ヨセフスのアグリッパに関する記事を読んで当節を構成した。しかし,これはパーヴォが行伝の成立を 2 世紀の初期に置くからいえることである。

28：17—22

そらくこの旅に同行したアリスタルコス（27：2）による報告に遡る——伝承資料に基づき，全体としては行伝著者ルカによって構成されたことは疑いえないであろう。

　これらの記事のうち，パウロを主人公とする物語箇所（27：9-11，21-26，30-36，28：3-6，8-10）はルカによる編集部分とみなす注解者が多い（コンツェルマン，ヘンヒェン，シュナイダー，ヴァイザー，ツミエフスキー，パーヴォなど）。しかし，この部分でも資料のレベルでパウロがある程度「英雄」視されていたことは，同じような傾向が認められる文学的外証も存在するだけに度外視してはならないであろう。いずれにしても，少なくとも，百人隊長がパウロに好意を示す句（27：3b，43b），とりわけ難破から救済を含めて神の「必然」の成就と説くパウロの言葉（27：23-25，44b）は明らかにルカの編集句である。また，海難の最中にとった食事の記事の中で，ルカ福音書におけるイエスの言葉を想起させようとする句（27：34b，35）はルカによる付加と思われる。

　こうしてパウロは，彼が晒された最大の「海における危険」（Ⅱコリ11：25）をも神の当為「ねばならぬ」によって超え，主の命令（使23：11）に従い，ローマに至って「主イエス・キリストについてのこと」を証しする（28：31）ことになるのである。

V　ローマにて（28：17-31）

　ローマにおけるパウロに関する叙述（28：17-31）は，次の三つの段落から成る。

　　(1) ユダヤ人を招く（28：17-22）
　　(2) ユダヤ人との訣別（28：23-28）
　　(3) まとめ——活動の継続（28：30-31）

(1) ユダヤ人を招く（28：17-22）

　　　17 さて，〔次のようなことが〕生じた，〔すなわち〕三日の後，彼はユ

28：17—22

ダヤ人の中の指導者たちを呼び集めた。そして，彼らが集まった時，こう言ったのである，「兄弟たちよ，私は，民に対しても父祖の慣習に対しても，何一つ逆らうようなことはしなかったのに，エルサレムから囚人としてローマ人たちの手に引き渡されてしまったのです。¹⁸彼らは私を取り調べましたが，死刑に値する理由が私に何もなかったので釈放しようとしました。¹⁹しかし，ユダヤ人たちが反対したために，私は止むなくカエサルに上訴したのです。けれども，私は自分の同胞を訴えようとしたのではありません。²⁰こういう訳で，私はあなたたちに会って話したいと願ったのです。私は，イスラエルの希望のゆえに，この鎖につながれているのですから」。²¹すると，彼らが言った，「私たちはユダヤから，あなたについて何の書面をも受け取っていませんし，また，ここに来た兄弟たちの誰もあなたについて悪いことを報告したり，話したりしたこともありません。²²しかし，あなたが考えていることを，あなたから聞くのはよいと思っています。この分派については，いたるところで反対されていることが私たちに知らされているのですから」。

《釈　　義》

17節　当節は，28：8の場合と同様に，「さて，〔次のようなことが〕生じた，〔すなわち〕」（ἐγένετο δὲ ＋不定法）というLXX的導入句で導かれており，ルカはこの句によって物語の新しい段階に入ることを示唆している。ἐγένετο にかかる συγκαλέσασθαι は，συγκαλέω（中動相で「〔自身のもとに〕集める」の意）のアオリスト不定法。αὐτόν「彼は」は前節の「パウロ」を受けて συγκαλέσασθαι の意味上の主語。「ユダヤ人の指導者たちを」は文字通りには「ユダヤ人の筆頭者である者たちを」（τοὺς ὄντας τῶν Ἰουδαίων πρώτους）。「ユダヤ人の筆頭者である者たち」とは，ここではローマに在住するユダヤ共同体「評議会（ゲルーシア）」の指導者のことであろう³⁴⁵。

345　ヨセフスによれば，ティベリアスには「評議会の指導者十名」がいた（『自伝』69）。ローマに存在したユダヤ人共同体（会堂）のうち，十一の会堂の名が知られている（E. Schürer, *The History of the Jewish People in the Age of Jesus Christ,*

28：17—22

　それはパウロがローマに到着して「三日の後」のことである。もちろん彼は借家に（30節）軟禁されている（16節）のだから，外出してユダヤ人に会いに行くことは許されないのであろうが，自宅にこれほどの人数のユダヤ人指導者を招集することは，歴史的事実としては想像を超える。ルカはパウロがなお「囚人」であることを示唆しながらも（17，20節），パウロを物語の主人公として描こうとしている。その際，15節で前提されているローマ在住のキリスト信徒についても，もはやルカの眼中にはないのである。

　「彼らが集まった時」は，ギリシア語本文では独立属格構文。以下，「彼ら」に語りかけたパウロの言葉はユダヤ人に対する釈明になっている。

　ここでパウロはユダヤ人の指導者に対して「兄弟たちよ」（ἄνδρες ἀδελφοί）と呼びかけている。この呼称はルカが，キリスト教はまことのユダヤ教であるとの立場に立ち，ユダヤ人に対するペトロやパウロの呼びかけに用いたものである（2：29，22：1，3：17，7：2，13：26，38，23：1，6をも参照）。「私は」（ἐγώ）と，ルカは人称代名詞・1人称・単数を書き入れ，パウロをしてユダヤ人に対する立場を強調せしめる。「民に対して」とはもちろんユダヤの民に対して，「父祖の慣習に対して」とはモーセ律法に対して（22：3「父祖の律法」，6：14「モーセが私たちに伝えた慣習」，15：1，21：21，26：3参照）。これらに対して「何一つ逆らうようなことはしなかった」（οὐδὲν ἐναντίον ποιήσας）。「した」にあたる ποιήσας は ποιέω のアオリスト分詞・男性・主格・単数。

　それなのに，「エルサレムから囚人としてローマ人たちの手に引き渡されてしまった」。「引き渡されてしまった」にあたる παρεδόθην はこの文章の主動詞で，παραδίδωμι のアオリスト・受動相・1人称・単数。「エルサレムから（ἐξ）囚人として」は，一般的には「エルサレムで……」と訳される（口語訳，新共同訳など）が，エルサレムにいた時から（今に至るまで）」の意が込められて

Vol. III /1, pp. 95-100 参照）。H. W. Tajra（*The Trial of St. Paul*, p. 184）はローマにおけるユダヤ人共同体の指導者の数を四〇-五〇人と想定している。

　なお，ルカによれば，エルサレムにおいても，「祭司長と律法学者たち」のほかに「民の指導者たち」（οἱ πρῶτοι τοῦ λαοῦ）が存在している（ルカ19：47 diff. マコ11：18）。

いると思われる[346]。

　いずれにしても,「ローマ人たちの手に引き渡された」とは，前の文脈に整合しない。すなわち，21：27 ff. ではユダヤの民がパウロを捕らえ，殺そうとした時，ローマの百人隊長が兵士たちを率いて介入し，パウロをユダヤの民から引き離して自ら逮捕し，ローマ陣営に連行した。それ以来パウロは，ローマ側の「囚人」として現在に至っているのであって，パウロが（ユダヤ人たちによって）「ローマ人の手に引き渡された」のではない。ここに用いられている動詞の原形 παραδίδωμι は，むしろイエスの受難・復活予告に用いられている述語の一つである（マコ 10：33／マタ 20：19／ルカ 18：32）。しかも注目すべきはこの受難予告記事の中のルカ 18：32「彼（イエス）が異邦人に引き渡されるであろう」は，「引き渡す」の受動相である限りにおいて，マコ 10：33／マタ 18：32 と異なっており（これらの並行記事では能動相），当節の用語に一致していることである。そしてこれは，ルカ 24：7 にも対応している（使 3：13をも参照）。要するにルカは，パウロがローマ人の手に「引き渡された」という文章でパウロをイエスと重ねながら（コンツェルマン，ペッシュ，シュナイダーなど多くの注解者）[347]，ここでは「ユダヤ人によって」というその動作主（agent）に言及しないことによって，自らの「弁明」の相手である「ユダヤ人の中の指導者たち」を刺激しないように慎重な配慮をしているのである。

　18 節　ローマ人がパウロを取り調べたことについては，前の文脈でも言及されている（22：25 ff., 23：34 ff., 24：22 ff., 25：6 ff.）。また，彼らがパウロに尋問しても死刑に値する理由を見いださなかったことも，前の文脈で繰り返し記述されている（23：29, 25：25, 26：31）。しかし，それを理由に彼らがパウロを釈放しようとした（ἐβούλοντο ἀπολῦσαι）ことについては，前の文脈

---

[346] 田川（83頁）は，δέσμιος を名詞的に（「囚人」）ではなく，形容詞的に（「縛られて」）ととって，「エルサレムから拘束され」と訳している。

[347] この点，詳しくは W. Radl, *Paulus und Jesus im lukanischen Doppelwerk*, S. 254 f. ; R. C. Tannehill, *The Narrative Unity of Luke-Acts. A Literary Interpretaion*, Vol. 2, pp. 344 ff. 参照。

28：17—22

に直接言及されていない。実際には，総督フェストゥスがユダヤ人たちに恩を売ろうと思って法廷をカイサリアからエルサレムへ移すことを彼らに提案しただけである（25：9 ff.）。わずかに，それに対してパウロがローマ皇帝に上訴してフェストゥスがアグリッパ王にパウロを謁見させた結果，王がフェストゥスに「（パウロが）カエサルに上訴していなかったら釈放されることができたであろうに」と言っているだけである（26：32）。

ところが，当節におけるパウロに関する叙述とルカ福音書におけるイエスに関する叙述も重なっている。すなわち，イエスがローマ総督ピラトゥスによって取り調べられ，総督ピラトゥスはイエスについて「死に値する罪は何ら見いださなかった」（23：22a。23：4，14 をも参照）ので，「釈放してやろう」（23：22b diff. マコ 15：14／マタ 27：23）と言っている。

19 節　「しかし，ユダヤ人たちが反対した」という記述も前の文脈にはなく，ピラトゥスによるイエス裁判の記述と重なっている（ルカ 23：23）。いずれにしてもパウロは，上述のように，前の文脈では，ローマ総督による釈放提案にユダヤ人が反対したために「カエサルに上訴した」のではない。もちろんパウロは，法廷をエルサレムに移すことをユダヤ人に提案した総督に逆らい，自らローマ市民である特権を利用してカエサルに上訴したのであって，これにより，「自分の同胞を訴えようとしたのではない」。このことは，結果としては事実であろう。しかしこの言葉は，やはりユダヤ人に対する自己弁明のレベルで通用するものである。

20 節　「こういう訳で」，文字通りには「この理由について」（διὰ ταύτην οὖν τὴν αἰτίαν）とは，パウロには死刑に値する理由が何もなかった（18 節）のに拘束されている（当節 b），「その理由について」ということであろう。「私はあなたたちに会って話したいと願った。なぜなら私は，イスラエルの希望のゆえに，この鎖につながれているのだから」（直訳）。その「希望」（ἐλπίς）の内容についてはここで言及されていないが，それについてパウロは，前の文脈で何度も語っている（23：6，24：15，26：6）ことを読者は知っているからで

あろう。それは，26：6によれば，神がイスラエルの父祖になされた約束に対する望み，具体的には「神が死人たちを起こすという」望み（26：8）であり，その最初の者としてナザレ人イエス・キリストが甦って，イスラエルの「民にも異邦人にも（希望の）光を告げ知らせることになる」（26：23）ということである。

こういう「希望」のゆえに，パウロはさばかれ（23：6，24：21，25：6 ff.），現在でも「この鎖につながれている」。この「この鎖」（ἡ ἅλυσις ταύτη）が，「捕縛」（26：29）されている身の比喩的表現であるのか（田川），パウロについている番兵（16節）と共に「つながれている」拘束具なのか（ウィザリントンなど），いずれにしてもルカによれば，パウロは無罪にもかかわらず現在でも拘束されている事情をローマのユダヤ人の指導者たちに話したいと願っている。

21節 パウロのもとに呼び集められたユダヤ人の指導者たちは，ユダヤ（より具体的にはエルサレムの最高法院）からパウロについて何の（公式の）書簡をも受けていなかったし，（ディアスポラの地から）ローマの会堂を訪れたユダヤ人の誰もパウロについて（個人的に）悪評を報じたりしていなかった，と言った。このようなことは歴史的にはありえず，ルカがパウロはローマにおける最初の宣教者であることを誇示しようとしたのだろうと多くの注解者たちは想定している（ヘンヒェン，ヴァイザー，ロロフなど）。これに対してパウロはローマに到着して三日しか経っておらず，エルサレムからの情報も船便では季節柄まだ届いていないはずだから，彼らの言葉を疑う必要はないと主張する注解者たちもいる（ウィザリントンなど）[348]。いずれにしても，ルカはこの物語

---

[348] ブルースによれば，ユダヤの最高法院の指導者たちがパウロをローマの地方総督に提訴して成功しなかったのだから，ローマでユダヤ人の指導者たちがパウロを告発しても成功の可能性はなおさら少ないと考えて，このような，パウロと距離をとる発言をした（マーシャル，ムンクも同様）。C. J. Hemer（*The Book of Acts in the Setting of Hellenistic History*, p. 157）によれば，告訴人がローマの裁判に出頭しない場合，被告よりもむしろ告訴人が懲罰に処せられた（A. N. シャーウィン・ホワイト『新約聖書とローマ法・ローマ社会』120-127頁参

28：23—24

において，ローマのユダヤ人に対するパウロの発言（弁明・説明・説得）に場を与えるために，パウロに対するユダヤ人の無知を強調したのであろう。次節で彼らがこう言っているのだから。

22節　「しかしあなたが考えていることを，あなたから聞くのがいいと思います」と。ただし，「この分派」（ἡ αἵρεσις ταύτη. 24：5の「ナゾラ派の分派」とその《釈義》，本書244-245頁参照）については，「いたるところで反対されていることが私たちに知らされているのですから」とその理由が述べられている。ユダヤ人の指導者たちが前節でパウロの罪状や訴状について無知であることを認めているのに，当節では彼らの「分派」がいたるところで反対されているので，パウロの考えを聞きたいと申し出るのは，いささか非論理的である。彼らは暗黙のうちにパウロがこの「首領」である（24：5）ことを前提しているのであろうが，このことについて無知を装うのはやはり，次節以降においてパウロに，彼らに対する説明と説得の場を与え，「福音のローマ到達が同時にユダヤ教（人）との訣別を……示唆する」[349] ためであると想定せざるをえないであろう。

(2) ユダヤ人との訣別（28：23-28）
この段落は二つに分けて釈義する。

① パウロの説得（28：23-24）
　23 そこで，彼らは彼に日を決めて，大勢（おおぜい）が彼の宿（やど）にやって来た。彼は朝（あさ）から晩（ばん）まで，説（と）き聞（き）かせ，神の王国のことを証（あかし）しして，モーセの律法（りっぽう）や預言者（よげんしゃ）〔の書（しょ）〕から，イエスについて彼らを説得（せっとく）しようとした。24 すると，ある者は〔彼の〕言葉に説得されたが，他の者は信じようとしなかった。

照）ので，そのような係争に巻き込まれるのを恐れてユダヤ人の指導者たちはパウロとの距離をとった。
349　保坂高殿『ローマ帝政初期のユダヤ・キリスト教迫害』213頁。

《釈　　義》

　23節　そこで,「彼ら(ユダヤ人の指導者たち)は彼(パウロ)に日を決め(アポイントし)て, 大勢が彼の宿にやって来た」。「大勢が」と訳したギリシア語はπλείονεςで, 形容詞πολύς「多くの」の比較級πλείωνの複数形・主格。名詞的に用いられ, 文字通りには「より多く(の者たち)」の意。ただし, 特に後期ギリシア語では, 形容詞の比較級が最上級の意味で用いられる。田川はこれを「多数の者たち」と訳し, この文章のギリシア語は「倒置の構文」で, これを文章の主語ととるのが自然であるとコメントしている[350]。しかし, 文脈からみて, 文頭のταξάμενοι (τάσσωの中動・アオリスト分詞・男性・複数形・主格) は, 21節の「彼ら」(οἱ. この節の「ユダヤ人」の中の「主だった者たち」)を受けており, その後に本動詞ἦλθον (ἔρχομαιのアオリスト形) が置かれ, πλείονεςが後置されている。したがって, πλείονεςが最上級的に用いられているとしても, これは元来の比較級的意味を含意しているとみるのが, 筆者には「自然」であるように思われる (ウィザリントンも同様)。ちなみに, このπλείονεςは行伝の当箇所の他に一回用いられているが (27:12), この箇所でも形容詞の最上級的名詞ではあるが, 比較級的意味も含意されている。

　「彼の宿にやって来た」にあたるギリシア語句はἦλθον πρὸς αὐτὸν εἰς τὴν ξενίαν。直訳すれば,「彼のもとに, ξενίαへとやって来た」。このξενίαは, 伝統的には「宿」(lodging) と訳されているが, 元来は「客に迎えること」(hospitality) の意味である。田川は, レイクに拠り, ξενίαを元来の意味にとって,「迎えられた」と訳している。

　もちろん, ──田川が指摘するように──ξενίαを「宿」の意味で用いる外証の多くは後4世紀以降のものである。また, フィロン『モーセの生涯』(2, 33) でも「彼ら(エルサレムから派遣されたユダヤ人の使者たち)は, (アレクサンドリアに) 到着して, ξενίαへと招かれた(=客として迎えられた)」と訳すべきであろうが, このξενίαについている前置詞は──田川が指摘しているように──ἐπίであって, εἰςではない。「もしも「宿」の意味であるなら,

---

[350]　田川, 688頁。バレットも同様。

この文の中であれば，εἰς でないとおかしい」と田川はコメントしているが[351]，当節では，ξενία の前にまさに εἰς が置かれている！しかも，当箇所の文脈（16節「（パウロは）彼だけで住むことが許された」）と 30 節「パウロは，自分の借家に，まる二年間住んだ」からみても，ここでおそらく「宿」の意味で用いられているものと思われる[352]。

パウロは彼らに「朝から晩まで」（出 18:13 参照）「説き聞かせた」（ἐξετίθετο, ἐκτίθημι の中動相・未完了形）。この動詞は 11:4, 18:26 でも用いられており，18:26 では τὴν ὁδὸν [τοῦ θεοῦ]「[神の] 道」を目的語にとっているが，当節ではその内容が二つの動詞の分詞形で言い換えられている。すなわち，それは διαμαρτυρόμενος（διαμαρτύρομαι の現在分詞）と πείθων（πείθω の現在分詞）であり，前者の動詞「証しして」は τὴν βασιλείαν τοῦ θεοῦ「神の王国を」を目的としている。「神の王国」は，ルカにとって，イエスあるいはパウロによってユダヤ人に告知される「福音」の総括的術語であり（ルカ 4:43 diff. マコ 1:38, ルカ 8:1, 9:2 diff. マコ 6:7, ルカ 9:11 diff. マコ 6:34, ルカ 9:60 diff. マタ 8:22, ルカ 10:9 diff. マタ 10:7, ルカ 16:16 diff. マタ 11:12, 使 1:3, 8:12, 19:8, 20:25, 28:31 参照）[353]，これをパウロがローマで証ししたことは，23:11 における「主」によるパウロに対する使命預言の成就となる。

後者の動詞「説得しようとした」（πείθων）は，「モーセの律法や預言者から，イエスについて」を目的表現としている。この表現は 19:8 で「神の王国について〔のこと〕」を目的語として用いられており，当節ではそれが（モーセ）律法と預言者の書の「聖書解釈」としてのイエス＝キリスト論であることは，アグリッパ王の前におけるパウロの弁明（26:22 f.）で明らかにされてい

---

351 田川，670 頁。例えば，ピンダロス『ネミア』10, 49: ἐπὶ ξενίαν ἐλθεῖν (to come as a guest)。Liddell-Scott-Jones, pp. 1188 参照。

352 Liddell-Scott-Jones, ibid. 最近では H. Omerzu, Das Schweigen des Lukas, in: *Das Ende des Paulus*, S. 145 も同様。なお，新約では当節以外でこの名詞がただ一回用いられているフィレ 22 では両義的。G. Stählin, ξένος in: *ThWbNT*, Bd. V, S. 18, Anm. 137 参照。

353 荒井，上巻，18 頁をも参照。

る（17：2 f. をも参照）。

24節「ある者は」（οἱ μέν）「語られたことに」（λεγομένοις の直訳。λέγω の受動・現在分詞・中性・与格）「説得され」（ἐπείθοντο. πείθω の未完了・受動相）」、「他の者は」（οἱ δέ）「信じようとしなかった」（ἠπίστουν. ἀπιστέω の未完了）。パウロに対して、聴衆が対照的な反応を示す様を、οἱ μέν … οἱ δέ 構文にするのはルカの常套語法である（17：32。17：11 f. をも参照）。

なお、ἐπείθοντο は未完了形なので、実際に信じたのではないとみる注解者たちが多い（ヘンヒェン、コンツェルマン、ブルース、ペッシュ、シュナイダー、ロロフ）。しかし、ここでは ἠπίστουν「信じようとしなかった」と対照されているのであるから、「信じた」と同義に解するべきであろう（イェルヴェル、バレット、ウィザリントンなど）。

② 聖句引用による訣別（28：25-28）

25 互いに意見の一致をみないままに別れようとしたが、パウロは一言次のように言った、「聖霊は正しく、預言者イザヤを通してあなたたちの父祖たちに語っています。
26『行って、この民に言うがよい。
お前たちはいくら聞いても、悟らないだろう。
また見ることは見るが、認めないだろう。
27 なぜならば、この民の心は鈍感になった、
そして、耳は遠くなった、
また、自分たちの目を閉じてしまった。
その結果、彼らは目で見るということもなく、
耳で聞くということもなく、
心で悟るということもなく、
立ち帰るということもなくなり、
また、私が彼らを癒すこともなくなるだろう』。
28 だから、あなたたちに知ってもらいたい、神のこの救いは異邦人に送

28:25—28

られたのだ。彼らこそ聞くであろう」。

《釈　義》

25節　ギリシア語本文の主動詞は ἀπελύοντο で，ἀπολύω「釈放する（18節），解放させる。去らせる」の中動相「解散する，別れる，立ち去る」の未完了形。ユダヤ人の「指導者たち」（17節）を含む「大勢」がパウロの言葉に対して（23節）「一致をみないまま」（ἀσύμφωνοι δὲ ὄντες），「別れようとした」の意。ギリシア語本文ではこの後に，独立属格構文で εἰπόντος τοῦ Παύλου ῥῆμα ἕν が続く。εἰπόντος は λέγω のアオリスト形として用いられる εἶπον の分詞・単数・属格であり，ἀπελύοντο を主動詞とする副文章的独立属格構文の動詞であるから，文法的には「パウロが言った」後に「別れ（ようとし）た」ととれる（レイク-キャドバリー，コンツェルマン，ロロフ，ツミエフスキー，イェルヴェル，フィッツマイヤーなど）[354]。しかし，前後の文脈からみると，ユダヤ人たちが「別れようとした」間にパウロが一声を発したととる方が自然である（ヘンヒェン，シュナイダー，ウィザリントンなど）。いずれにしても，両動詞の前後関係はギリシア語本文では曖昧である[355]。

パウロが言った「一言」（ῥῆμα ἕν）は，ὅτι で導かれながらも直接法で，――ギリシア語本文を直訳すれば――「聖霊は正しく（καλῶς），預言者イザヤを通してあなたたちの父祖たちに話しました（21節と同じ ἐλάλησεν. λαλέω のアオリスト形）。（次のように）言って（26節の λέγων. λέγω の現在分詞）」ということである。ルカによれば，あらゆる預言の語り手は聖霊であり（1:16, 4:25参照），この意味において預言者は霊の器に過ぎないからである[356]。また，ルカはここで――パウロの口を通して――「あなたたちの父祖たちに」（πρὸς τοὺς πατέρας ὑμῶν）という表現を用いているが，「父祖たち」を「あなたたち

354　B. J. Koet, *Five Studies on Interpretation of Scripture in Luke-Acts* も同様。

355　おそらく29節（底本では欠番）の西方系写本は，この曖昧さを明確化しようとした試みと思われる。――「そして，パウロがこのことを言ったら，お互いに激しく議論しながら帰って行った（ἀπῆλθον. ἀπέρχομαι のアオリスト形）」。

356　この点については，荒井，上巻，68頁参照。

の」と呼ぶ場合には総じて「あなたたち」に対して批判的である（ルカ11：47，48 diff. マタ23：29，30，使7：51，52。ただし7：39は例外[357]。――こう言ってパウロは預言者イザヤのいわゆる「頑迷預言」（イザ6：9-10 LXX）を引用する。

26節　イザ6：9 LXXの引用。冒頭部分の「行って，この民に言うがよい」にあたる当節のギリシア語本文とLXX本文の語順，および「この民に」にあたる当節のギリシア語表現とLXX本文とが異なる（πρὸς τὸν λαὸν τοῦτον / τῷ λαῷ τούτῳ）だけで，これに続く文章は27節に至るまで，LXX 6：9-10とほぼ一致している（26-27節はイザ6：9-10節のマソラ（ヘブライ語）本文に基づく引用でなく，LXX（ギリシア語）本文からの引用である[358]。

「いくら聞いても」にあたるギリシア語本文 ἀκοῇ ἀκούσετε のうち，ἀκοῇ は ἀκοή「聞くこと」の与格，ヘブライ語不定法・絶対形の特徴的ギリシア語訳で動詞 ἀκούσετε（ἀκούω の未来形・2人称・複数形）の意味を強調[359]，直訳すれば「聞きに聞く，聞き続ける，繰り返し聞くであろう」となる。

「……しても悟らないだろう」にあたるギリシア語本文は καὶ οὐ μὴ συνῆτε。οὐ μή は動詞の接続法を伴って否定的未来を強調。συνῆτε は συνίημι のアオリスト・接続法。「決して理解しない，悟らないだろう」の意。

「また見ることは見るが」と訳したギリシア語本文は καὶ βλέποντες βλέψετε。βλέποντες は βλέπω の現在分詞・複数・主格で，直訳すれば，「（お前たちは）見ているが」。これも βλέψετε（βλέπω の未来・2人称・複数形）の強調的用法で，ヘブライ語不定法・絶対形のギリシア語訳ともみられる。

「認めないだろう」（καὶ οὐ μὴ ἴδητε）。ἴδητε は ὁράω のアオリスト・接続法・2人称複数形。

---

[357]　これに対して，「私たちの父祖たち」という表現の場合，「私たちに」対して同意的（7：38，44，45，13：17，26：6参照）。Koet, op. cit., p. 132 f. 参照。
[358]　T. Holtz, *Untersuchungen über die alttestamentlichen Zitate bei Lukas*, S. 33-37参照。
[359]　Blass/Debrunner/Rehkopf, §198, 6, Anm. 9 参照。

28：25—28

27節 イザ6：10の引用。前節の預言の理由が,「なぜならば」（γὰρ）で導かれて当節の最初の三行で述べられている。

「この民の心が鈍感になった」。「鈍感になった」にあたるギリシア語動詞 ἐπαχύνθη は, παχύνω「太らせる」の受動相「太る, 鈍くなる, 鈍感になる」・アオリスト・3人称・単数形。

「耳は遠くなった」(τοῖς ὠσὶν βαρέως ἤκουσαν) は, 直訳すれば,「耳で聞くのは難しくなった」。τοῖς ὠσὶν は τὸ οὖς の複数・与格で手段を表わす。βαρέως は「……するのが難しい」を意味する副詞。ἤκουσαν は ἀκούω のアオリスト・3人称・複数形。「閉じてしまった」にあたるギリシア語動詞 ἐκάμμυσαν は καμμύω「閉じる」のアオリスト・3人称・複数形。

後の5行（ギリシア語本文では4行）は, μήποτε「(μή の強調形として, 動詞の接続法を伴い) ……しないように」「その結果…することになるだろう」によって導かれる。

問題はギリシア語本文における四つの動詞, ἴδωσιν, ἀκούσωσιν, συνῶσιν, ἐπιστρέψωσιν が, それぞれ ὁράω, ἀκούω, συνίημι, ἐπιστρέφω のアオリスト・接続法にあたるのに対し, 最後の動詞 ἰάσομαι が ἰάομαι「癒す」の直説法・未来形・1人称・単数になっていることである。したがって, LXX 本文では最後の一文が, ヘブライ語本文の「ラファー」（癒す）に即応して,「しかし, 私は彼らを癒すであろう」の意味である可能性が高い[360]。ただし, 前述のように, μή (ποτε) によって導かれる動詞は接続法をとるが, 接続法の後に καί で結ばれて更なる結果として直説法未来形が用いられる場合もある[361]。とすれば, 最後の動詞を最初の四つの動詞と同じように,「また, 私が彼ら（ユダヤ人）を癒すこともなくなるだろう」と, ユダヤ人に対して否定的に訳すこともできる。少なくとも次節の, 明らかにルカ的視点からみれば, この訳の方が妥当であろう[362]。

なお, イザ6：9-10は, マコ4：12／マタ13：14-15にも引用されており, 後者は当節と同様に καὶ ἰάσομαι αὐτούς で引用が終っている（その限りにおい

---

360 上村静『キリスト教信仰の成立』100-103頁参照。
361 Blass/Debrunner/Rehkopf, §442, 2d, Anm. 8 参照。
362 この点については上村（前掲書, 130-131頁）も同意見。

てヨハ 12：40 も同様）。これに対し，マコ 4：12／マタ 13：14-15 に並行するルカ 8：10 では，イザ 6：9 のみが引用されていて，καὶ ἰάσομαι αὐτούς で終るイザ 6：10 が引用されていない。これは，ルカがイザ 6：10 を福音書におけるイエスの譬論から行伝の当箇所に移して，ユダヤ人との訣別に対する聖書的裏づけにしたとも想定されよう[363]。

28 節　「だから，あなたたちに知ってもらいたい」にあたるギリシア語句 γνωστὸν οὖν ἔστω ὑμῖν（ἔστω は εἰμί の命令形・3 人称・単数形）。ὑμῖν ὅτι ……は，直訳すれば，「あなたたちに……が知られているように」となり，類似する表現が 22 節で使用されており，ルカが好む用法である（使 1：19，4：10，9：42，19：17 参照）。

「神のこの救い」（τὸ σωτήριον τοῦ θεοῦ）は，イザヤを通して「聖霊」（25 節）が前節で「彼ら（ユダヤ人）を癒すこともなくなるだろう」（イザ 6：10）と語っていることを受けて，パウロは神の救いが「異邦人に」（τοῖς ἔθνεσιν）「送られたのだ」（ἀπεστάλη，ἀποστέλλω の受動アオリスト形）と宣言する。「彼ら（異邦人）こそ聞くであろう」（αὐτοὶ καὶ ἀκούσονται）は，直接的には先に引用されたイザ 6：10 の「彼ら（ユダヤ人）は耳で聞くということもなく」（μήποτε … τοῖς ὠσὶν ἀκούσωσιν）という聖霊の語りを受けながら，間接的にはイザ 40：5 LXX の預言（καὶ ὄψεται πᾶσα σὰρξ τὸ σωτήριον τοῦ θεοῦ「そして，あらゆる肉なるものは，神の救いを見るであろう」）が成就されていることが示唆されているであろう。ルカ 3：6 で洗礼者ヨハネが同じイザ 40：5 LXX を引用しており，マルコもマタイもこれを引用していないからである[364]。

363　このようなルカによる福音書・行伝編集上の操作は，イエスの「神殿の言葉」（使 6：14）の場合にも認められる（荒井献『聖書のなかの差別と共生』241-253 頁参照）。

364　この τὸ σωτήριον は ἡ σωτηρία と同意ではあるが，新約では当箇所（と上述のルカ 3：6）の他にはルカ 2：30，エフェ 6：17，テト 2：11 にしか用いられておらず，ルカ 2：30 にも当節と同様にイザ 40：5 が反映されている。これは LXX 的用法の影響で（詩 66：3，97：3 LXX をも参照），これを σωτηρία と区別して「救いの賜物」と訳する（田川，672 頁）必要はない。J. Jeremias, *Die Sprache des*

28：30—31

　ルカによれば，すでにパウロ（とバルナバ）がピシディア・アンティオキアにおいて，「神の言葉」はまずユダヤ人に語られるはずであったが，彼らがそれを拒んだので，「私たちは異邦人たちの方に向きを変えて行く」と宣言して，イザ49：6を引用しており（使13：46-47。47節で引用されているイザ49：6では「救い」はσωτηρία），この後コリントにおいてパウロは，彼の宣教にユダヤ人たちが反抗したので，「今から後，異邦人のもとへ行く」と宣言している（18：6）。そして，このような宣言は，ルカによれば，すでにイエスによって備えられていた（ルカ2：30-32，3：6，24：47参照）。

　ただ，パウロがローマで語ったこの最後の言葉は，パウロの宣教に対してユダヤ人が，あるいは肯定的に，あるいは否定的に反応して，互いに意見の一致をみないまま別れようとした際に語られたものである（23-25節）。したがって，この言葉によるユダヤ人との訣別は，ユダヤ人総体との訣別というよりはむしろユダヤ人の中の不信の徒との訣別ということになろう。いずれにしてもパウロによる宣教の内容としての「神の救い」は，この時点において決定的に「異邦人」に向けられたのである。

　このような，神の救いに対してユダヤ人が不従順になった**から**，それは異邦人に向けられたという因果関係は，ルカに固有な救済観であって，パウロ自身には認められない。パウロは『ローマの信徒への手紙』において，ユダヤ人も異邦人も含めてすべての者が神に対して不従順になったのは，すべての者を神が憐れむためであることを強調しているからである（11：32参照）。

29節　ギリシア語底本では欠番となっている。その理由と西方系写本邦訳は上記396頁，注355参照。

(3) まとめ――活動の継続（28：30-31）

³⁰彼は，自分の借家に，まる二年間住んだ。そして，彼のもとを訪れて来る者をことごとく迎え入れた。³¹実に大胆に，妨げられることもなく，神の

Lukasevangeliums, S. 73, 96; V. Stolle, *Der Zeuge als Angeklagter*, S. 86; Koet, op. cit., p. 135, n. 70 参照。

28：30—31

王国を宣べ伝え，また主イエス・キリストについてのことを教え続けて。

《釈　　義》

30節　「彼は，自分の借家に，まる二年間住んだ」。ἐν ἰδίῳ μισθώματι を「自分の借家に」と訳したのは，16節の「一人で住むこと」(μένειν καθ᾽ ἑαυτόν) と23節の「彼の宿にやって来た」(ἦλθον πρὸς αὐτὸν εἰς τὴν ξενίαν) との関連からである。ただし，μίσθωμα は，外証では「家賃」を意味するので，「自分の費用で」と訳すこともできる（レイク‐キャドバリー）。しかしこの訳では，これに続く文章「彼のもとに訪ねてくる者をことごとく迎え入れた」(ἀπεδέχετο πάντας τοὺς εἰσπορευομένους πρὸς αὐτόν) とうまく合わない[365]。

「まる二年間住んだ」('Ενέμεινεν δὲ διετίαν ὅλην)。ἐνέμεινεν は ἐμμένω のアオリスト形。ὅλην は形容詞 ὅλος「全く」の女性・対格で「二年間」(διετίαν) にかかる。διετία は「二年間」の意で，新約ではこの箇所の他に唯一 24：27 に用いられている。24：27 の「二年間」では，少なくともルカはパウロの拘留期間を示唆していると思われるが（本書 265-266 頁参照），当箇所の「二年間」は「全，丸」と強調されているだけに，ルカはこの表現でローマにおけるパウロの宣教活動の継続（31節参照）を限っている可能性が高い。いずれにしても，24：27 の場合と同様に，当節の「二年間」もルカが用いた伝承資料に遡るであろう[366]。

ルカがこの間，「彼のもとに訪れて来る者をことごとく (πάντας) 迎え入れた」といわれるが，この「ことごとく」あるいは「すべての者」とは，28節からみれば「異邦人」を指すと思われる。もちろん，この「すべての者」の

365　μίσθωμα, in：『釈義事典』II，500頁参照。

366　この期間を法的に意味づける，すなわち被告に対する告訴人が裁判に出頭するまで許容される期間とみなす解釈は，最近でも例えば，フィッツマイヤーによって支持されている。しかし，この解釈を裏づける外証には説得力がない（最近では，H. Omerzu, Das Schweigen des Lukas, in：*Das Ende des Paulus*, S. 144-151 参照）。なお，この「二年間」は家の賃貸期間として用いられている外証も多い（D. L. Mealand, The Close of Acts and its Hellenistic Greek Vocabulary, *NTS* 36, 1990, pp. 583-597, 特に pp. 584-586）。

28：30—31

中にユダヤ人個々人が含まれていることも否定することはできないが，すでに28節の時点でユダヤ人総体に対する宣教には終止符が打たれているのであるから，西方系写本の付加「ユダヤ人や異邦人を」（Ιουδαιους τε και Ελληνας）をそのまま肯定的に受け取ることはできないであろう。なお，「迎え入れた」にあたるギリシア語の動詞 ἀπεδέχετο は ἀποδέχομαι の未完了形であるが，この動詞も新約ではルカ文書のみに用いられている（ルカ8：40 diff. マコ5：21／マタ9：18, ルカ9：11, 使2：41, 18：27, 21：17, 24：3)。

31節 ギリシア語本文では「神の王国を宣べ伝え，また主イエス・キリストについてのことを教え続けて」（κηρύσσων τὴν βασιλείαν τοῦ θεοῦ καὶ διδάσκων τὰ περὶ τοῦ κυρίου Ἰησοῦ Χριστοῦ）が κηρύσσων と διδάσκων の現在分詞をもってまず記され，その後に「実に大胆に，妨げられることもなく」（μετὰ πάσης παρρησίας ἀκωλύτως）という副詞（句）が付加されている。

当節では，直前の文脈からみれば，23節におけるユダヤ人に対するパウロによる「神の王国」の証しとイエスについての説得が，ユダヤ人の拒否を介して，異邦人に向けて継続されることが記されている。23節の《釈義》（本書394頁）で指摘したように，「神の王国」は，ルカにとって，イエスの「福音」の総括的術語であり，それを「宣べ伝える」あるいは「告げ知らせる」（εὐαγγελίζομαι）ことが――ペトロをはじめとする使徒たち（5：42），フィリッポス（8：4, 5, 12），ペトロ（10：36）あるいはパウロ（19：13, 20：25）など――宣教者の模範的行為なのである。「また，主イエス・キリストについてのことを教えて」といわれるが，ルカにとって「宣べ伝える」（「告げ知らせる」）ことと「教える」こととは異語同義なのである[367]。なお「主イエス・キリストについてのこと」（τὰ περὶ τοῦ κυρίου Ιησοῦ Χριστοῦ）という用語に似た表現は，ルカ24：19, 使18：25でも使われており，これはルカが好む用語である[368]。

これを行伝全体の文脈からみると，行伝の冒頭でルカが，顕現のイエスにつ

---

367 荒井, 上巻, 356, 398頁参照。
368 Jeremias, *Die Sprache des Lukasevangeliums*, S. 315 参照。

いて，彼が「神の王国についてのことを語った」と記している（1：3）ことに注目したい。行伝における宣教物語全体は「神の王国によって囲いこまれ（「インクルーシオ」され）ている」（フィッツマイヤー，パーヴォ）。また，この後にイエスが，「王国」復興の時期について問われた際に，その問いを退けた上で，「聖霊があなたたちに降ったとき，あなたたちは力を受けるであろう。そしてエルサレム，ユダヤとサマリアの全土，更には地の果てに至るまで，私の証人となるであろう」（1：8）と預言していることに注意したい。この預言は，今やパウロによって決定的に実現可能となったのである[369]。

「実に大胆に」と訳したギリシア語句 μετὰ πάσης παρρησίας は，ペトロが「主」に向かって，「あなたの奴隷たち（信徒たち）にも御言葉を語らせて下さい」と祈願した際にも用いられており（4：27「できる限り大胆な態度で」），その結果「皆の者は聖霊に満たされて，大胆な態度で（μετὰ παρρησίας）語っていた」と記されている（4：31）。ここでパウロもまた，聖霊（25節）の言葉を受けて，「実に大胆に」語り続けたのである（παρρσιάζομαι「大胆に語る」という動詞は 19：8 に用いられている）[370]。

「妨げられることもなく」にあたるギリシア語副詞 ἀκωλύτως は『知恵の書』7：23 でも用いられており，「知恵にあって（神）の霊は……妨げられないもの（ἀκώλυτον）」といわれている。ここでもパウロは，聖霊に基づいて「大胆に」宣教したように，聖霊に支えられて「妨げられることなく」宣教したことが含意されていよう[371]。

ただ，後述する当節の行伝における機能からみて，この ἀκωλύτως は福音の宣教が神の力によりローマの支配体制によって「妨げられることなく」続けられたことを含意している可能性はあろう。ただしこの用語がキリスト教に対す

---

[369] バレットなど多くの注解者は 1：16 の預言が当節でパウロによって実現されたとみなすが，ローマは「地の果て」にまで広がる世界の中心ではあるが，「地の果て」そのものではない（パーヴォ。上村静「ルカはなぜパウロの最期を記さなかったか」『新約学研究』第 41 号，19 頁，26 頁，注 41 参照）。

[370] 以上，H. Balz, παρρησία, in：『釈義事典』Ⅲ，75 頁参照。

[371] ἀκωλύτως のヘレニズム期における用法については，前掲 Mealand, *NTS* 36, pp. 589-596 参照。

28：30—31

るローマ当局の「好意」（Wohlwollen）を暗示している（ヘンヒェン，コンツェルマン）[372]とは思われない。この句は，少なくともルカが当節を記している時点でローマ帝国による迫害の渦中になかったことを暗示していよう。

　いずれにしても，行伝がここで終っている。そして「この終り方は」——一見して——「ひどく不自然である」（田川，674頁）。ルカによればパウロは，エフェソの長老たちへの「別れの言葉」において，自分の死を予想しており（20：25，29），おそらくローマで「二年間」過ごした後にパウロが殉教の死を遂げたことについてルカは知っていたはずである。にもかかわらず，このことについて行伝には何も記されていない。その理由について種々の仮説が繰り返し提起されている[373]。しかも，ルカによれば行伝執筆の目的は，ローマにおいてパウロの異邦人伝道によって，神の「ねばならぬ」への応答として（23：11。22：21をも参照）果されたのであって，その結果が「まとめ」られている行伝の最終節は，パウロの宣教活動が現在分詞で記され，「実に大胆に，また妨げられることもなく」という副詞句で終っているところからみれば，「教会のはじめの時」（行伝の時）から「教会の時」（行伝の読者の時）への橋渡しとしての機能を持っている。この意味で行伝は，28：31において読者に開かれて終っている[374]。

《ローマにて》（28：17-31）

　ローマにおけるパウロに関する叙述は全体としてルカの構成であることは疑いえない（ヘンヒェン，リューデマン，ロロフ，シュミットハルス，ヴァイザ

---

[372]　H. W. Tajra, *The Trial of St. Paul*, p. 193 も同様。

[373]　S. G. Wilson, *The Gentiles and the Gentile Mission in Luke-Acts*, pp. 233 ff. に六つの提案が整理・紹介されている。上村，上掲論文『新約学研究』第41号，8-10頁をも参照。

[374]　上村，上掲論文，19頁；Wm. F. Brosend, II, The Means of absend Ends, in: *History, Literature and Society in the Book of Acts*, ed. by Ben Witherington, III, Cambridge, 1996, pp. 348-362, 特に 358-362 参照。この問題に関する私見について詳しくは，本書406頁以下に「補論」として付加した「最後のパウロ——使徒行伝28章30-31節に寄せて」を参照されたい。

ーなど)。しかし，この場面をルカが創作した（ヘンヒェン，ロロフ，シュミットハルス）とも，この場面全体が伝承に基づく（ムスナーなど）とも思えない。

　少なくともパウロの滞在場所（ローマ：16節以下）と期間（2年間：30節）に関する記事には伝承資料が反映していると想定してよいであろう（ツミエフスキー，バレット，イェルヴェルなど）。また，イザ6：9-10 LXX の引用も，原始キリスト教に流布していた聖句をルカが利用したと想定される[375]。パウロがユダヤ人の主だった者たちと会談したという伝承があった（イェルヴェル）ことは否定できないとしても，これを2回（17-22節，23-28節）に拡大しユダヤ人の一部がパウロの宣教内容を拒絶したことをイザ6：9-10によって裏づけ，ユダヤ人総体の宣教に終止符を打ち，宣教を決定的に異邦人に向けたのはルカである。とりわけ最後の2節（30, 31節）は行伝の叙述内容である「教会のはじめの時」から，ルカもそれに属する「教会の時」（異邦人伝道の時）へのいわばスプリングボードとして，ルカが行伝全体を「まとめ」た句とみてよいであろう。

---

[375] Holtz, op. cit., S. 35 参照。

補　論

最後のパウロ

――使徒行伝 28 章 30-31 節に寄せて――

はじめに

　使徒行伝は，ローマにおけるパウロの宣教活動の描写で唐突に閉じられている。――「彼は，自分の借家に，まる二年間住んだ。そして，彼のもとを訪れて来る者をことごとく迎え入れた。実に大胆に，妨げられることもなく，神の王国を宣べ伝え，また主イエス・キリストのことを教えて」（28：30-31）。
　ところで，1991 年 3 月 12 日に私は，東京大学教養学部において「プロローグとしてのエピローグ――マルコ福音書 16 章 7-8 節に寄せて」というタイトルで最終講義をした。この講義は，同年秋に発行された季刊誌『哲学』（vol. V-1）にほぼ原稿のままで掲載されている[1]。この講義の中で私は，次のようなテーゼを提起した。
　16 章 8 節で唐突に終るマルコ福音書のエピローグ（7-8 節）は，読者に対して，この福音書のイエス物語の筋（プロット）に割り当てられた登場人物の時間（plotted time「配列された時間」），すなわち 16 章 8 節で終了する福音書で叙述の対象とされている時間を越えて，イエスが復活後ガリラヤで弟子たちに出会うであろう（14：28，16：7）という，イエス物語の中で予想されている時間（story time「物語時間」）を自らの行動によって担うように促している。そのためには，福音書の「再読」を必要とする。この意味で，マルコ福音書の

1　この講演はその後，「女たちの沈黙――マルコ福音書一六章 8 節に関する「『読者』の視点からの考察」と改題・増補して，WAFS 刊行会編『主のすべてにより人は生きる――K・-H・ワルケンホルスト先生六十五歳記念論文集』リトン社，1992 年；拙著『聖書のなかの差別と共生』岩波書店，1999 年；『荒井献著作集』第 3 巻，岩波書店，2001 年に収録されている。

エピローグは，読者にとって自らの読書行為と宣教行動のプロローグとして機能する[2]。

月刊誌『福音と世界』2013年12月号で使徒行伝の注解連載を完結し，私は――その限りにおいて――マルコ福音書におけると同様に――唐突に終る行伝のエピローグ（28：30-31）をも，如上と同じ物語論的視点から説明できるように思い至った。

ただし，マルコの場合は，福音書の読者に対して，イエス物語の「物語時間」をガリラヤにおけるイエスとの出会いという未来から「[神の子]イエス・キリストの福音のはじめ」（1：1）に遡行し，「配列された時間」を越えて福音書の再読と宣教を促すのに対して，ルカの場合は，福音書・行伝の読者に対して，イエス物語と使徒たち／パウロ物語の「物語時間」をエルサレムから「もろもろの国民に」（ルカ24：47）「地の果てに至るまで」（使1：8）イエスを証しする未来に設定し，イエスの誕生からパウロの最後の活動に至る「配列された時間」を越えて「神の王国」と「主イエス・キリストについてのこと」の宣教（使28：31）を促している。

他方私は，ルカのいわゆる「最初の書物」（使1：1）における叙述対象を「イエスの時」とすれば，行伝のそれは「教会の時」ということになる[3]ことを

---

2 「配列された時間」と「物語時間」との物語論的区別については，N. ピーターセン『新約学と文学批評』宇都宮秀和訳，教文館，1986年，117-128頁参照。
　マルコ16：8の結び――女たちの沈黙――から私は，次のような，読者に対するマルコのメッセージを読み取っている。「マルコはイエスに従い仕える女達をまことの弟子として，イエスに従いえない男「弟子」の対極として描きながら，最後の場面で，この女達もイエスとの再会約束伝達に従いえなかったこと，つまり女達の限界を明示することにより，今までこの女達に自らを同一化して読んできた読者，とりわけ女性の読者に，彼女らへの命令を自らは果たすことを促している。そして男性の読者には，その約束を受けて，ガリラヤでイエスに出会う道行へと出発し直すことが求められている。ここで男と女は同一の地平に立ち，神の言葉に対する信頼によってその弱さを克服し，彼らにとってのガリラヤでイエスと再会すること，彼に従って仕えることがゆるされて，約束されている」（前掲『聖書のなかの差別と共生』171頁）。

3 H. コンツェルマン『時の中心――ルカ神学の中心』田川建三訳，新教出版社，

補論　最後のパウロ

認めながらも，行伝の叙述範囲はルカが行伝を著作している時点に至るまでの時全体にはなっておらず，それはエルサレムからローマに至る時で区切られている，つまり「教会の時」は行伝の叙述対象とされている「教会のはじめの時」から区別されている．ルカはこうして，「教会の時」に属する読者に，「教会のはじめの時」の理想像を規範として提示することにより，読者の信仰を覚醒・強化する意図をもっていたと思われる，と想定した[4]．

この想定を先に述べた物語論的考察に重ねれば，次のようになるであろう．すなわち，行伝の三分の二を占めるパウロ物語において予想されている「物語時間」からパウロ物語に「配列された時間」を差し引いた，「物語の読者の時間」が「教会の時」となり，配列された時間の最後の叙述内容となる28：30-31は，教会の時に属する信徒たちに彼らがそれを継続すべき規範として提示されている．したがって，物語時間において予想されている「地の果てに至るまで」の異邦人宣教（13：47参照）が実現され始めた，ローマにおけるパウロによる宣教活動の叙述で配列された時間が終るのは，ルカの行伝執筆意図に相応しい．彼がパウロの死を知っていた（20：25，29参照）にもかかわらず，パウロの最期について記さなかったのは，彼の著作意図からみてその必要がなかったからである[5]．

いずれにしても，ルカが行伝の読者に提示する「最後（行伝物語の終わりの部分）のパウロ」のローマにおける宣教活動の意味を明確化するためには，彼がパウロの最期（命の終る時期，死に際）についてどの程度知っていたのかを推定しておく必要があろう．

1965年，26頁．

4　拙論「概説　使徒行伝」『荒井献著作集』別巻，岩波書店，2002年，140-141頁．（本書に「補論」として収録した拙論の改訂版では，421頁．）

5　このような結論に関する限り，上村静「ルカはなぜパウロの最期を記さなかったのか」『新約学研究』第41号，2013年，7-26頁，特に19頁；Wm. F. Brosend, II, The Means of absend Ends, in: *History, Literature and Society in the Book of Acts*, ed. by Ben Witherington, III, Cambridge, 1996, pp. 348-362, 特に 358-362 と同様である．

1. パウロの最期

　パウロの最期に関する最初の証言は，90年代の後半にローマ司教クレメンスがコリントのキリスト者に宛てて書いた手紙の中に見出される。

　　嫉妬と諍いのため，パウロは忍耐の賞に至る道を示した。彼が東方においても西方においても，福音の説教者として登場した時，七度鎖に繋がれ，追い払われ，石で打たれたのだったが，そのため彼はその信仰の栄ある誉を得たのであった。彼は全世界に義を示し，西の果にまで達して為政者たちの前で証を立てた。かくしてから世を去り，聖なる場所へと迎え上げられたのだ──忍耐ということの最大の範例となって。（Ⅰクレ 5：5-7）[6]

　この手紙はクレメンスがコリント教会における長老の座をめぐる紛争を戒めるために発信したもので，紛争の原因が「嫉妬と諍い」にあり，苦難に「忍耐」をもって耐えて証を立てることを勧告しており，前の文脈（4：1以下）でその事例をアベルからペトロに至るまで列挙して，パウロにまで及んでいる。したがって，パウロの苦難と殉教が「嫉妬」の結果であるというのはクレメンスの修辞的構成で，史実に基づくものではない。また，パウロが全世界に宣教して，「西の果てまで達した」という文言は，パウロ自身がローマの信徒たちへの手紙の中で，ローマからイスパニアへ行く希望を述べている箇所（ロマ 16：24, 28）を受けていると思われる。クレメンスはパウロの手紙を読んではいるが，使徒行伝は知らなかったと想定されるからである。クレメンスによれば，パウロは「西の果てまで達して為政者の前で証を立て」，その結果「世を去り，聖なる場所へと迎え上げられた」。彼はイスパニアで宣教して，官憲によって逮捕・監禁され，殉教の死を遂げた，というのであろう。この手紙には，どこで「世を去った」のか明確には述べられていない[7]。

　6　小河陽訳。『使徒教父文書』荒井献編，講談社文芸文庫，1998年，86-87頁。
　7　H. Löhr, Zur Paulus-Notiz in Clem 5, 5-7, in: *Das Ende des Paulus. Historische, theologische und literaturgeschichtliche Aspekte,* hrsg. von F. W. Horn, Berlin・New York, 2001, S. 198-213 参照。Löhr は，パウロがイスパニアで殉教したとみてい

409

補論　最後のパウロ

　2世紀後半に成立したと想定される『パウロ行伝』の最後部分（11：1-7）にあたる「聖なる使徒パウロの殉教」によれば，パウロはローマで皇帝ネロの命により斬首刑に処せられた。——ローマ郊外の借家に住んでいたパウロのもとに「真理の言葉」を聴きに集まった数多くのローマ人（使28：30-31参照），とりわけ「皇帝の家の人々」（フィリ4：22参照）の中にパトロクロスというネロ帝の「酌取り」がいた。彼は大勢の聴衆のため部屋に入ることができず，高い窓からパウロの話を聴いていたが，窓から落ちて死に，パウロは彼を蘇生させた（使20：9ff.参照）。彼からそれを聞いて恐れたネロはパウロを斬首刑に処したが，パトロクロスと共にキリスト者となったロングスと千人隊長ケステウスがパウロの墓に行って見ると，パウロが二人の男（ルカ23：5参照）の間に立っていた。

　以上のパウロ殉教物語は，明らかに，マコ16：9以下が元来16：8で終っていたマルコ福音書への補遺であると同じように，使徒行伝への付加物語とみなされよう[8]。

　ところが，同じ2世紀末に成立したと想定されている『ムラトリ正典目録』36-39行には，使徒行伝に関連して次のように記されている。

　　ところで，すべての使徒たちの行状は，一書の中に記載されている。ルカは「テオピロ閣下」に，その在職中に生起した事どもを述べた。これらのことを彼はペテロの受難とパウロのローマ市を去りイスパニアへの旅立ちを省略することによって明らかにしている[9]。

　この記事には，使徒行伝が「われら章句」によって断片的に綴られており，

　る（S. 213）。

8　C. Büllesbach, Das Verhältnis der Acta Pauli zur Apostelgeschichte des Lukas. Darstellung und Kritik der Forschungsgeschichte, in: *Das Ende des Paulus. Historische, theologische und literaturgeschichtliche Aspekte*, S. 215-237, 特に S. 236 参照。

9　井谷嘉男訳。『新約聖書正典の成立』荒井献編，日本キリスト教団出版局，1988年，262頁。

補論　最後のパウロ

この章句は「私たちは，ローマに到着した」（使 28：14, 16）ところまで続いており，この章句を書いたのはパウロの「同行者」にして「医者」であるルカなる（コロ 4：14, フィレ 24）ことが前提されている。したがってこの記事によれば，ルカは「ローマ市を去りイスパニアへの旅立ちを」知っていながら，それを「省略することによって」「すべての使徒たちの行状」を「一書の中に記載」した。

しかし，行伝の著者はパウロの「同行者」ルカとは別人であり，著作年も90 代の後半である[10]。ここで注意すべきは，使徒行伝とクレメンスの手紙とが，その著作年代において重なっていることであろう。前述のように，クレメンスは行伝を読んではおらず，パウロのイスパニア宣教に関する記述は，ロマ 15：24, 28 の宣教予告によっており，他方ルカは，行伝の物語時間（1：8, 13：47）において「地の果て」までの証言予告を前提していながらも，それがイスパニアを示唆することまで意識していない。ただ，パウロの死については，それをルカは暗示しており（20：24, 25），クレメンスはそれを「西の果てにまで至る」「為政者たちの前で」立てた「証」の結果とみている。そして『パウロ行伝』によれば，パウロのローマにおける「まる二年間」（使 28：30）の宣教後に行なわれた宣教活動に対する皇帝ネロの迫害，斬首刑であった。

使徒行伝のエピローグを受けながらも，パウロの殉教に関するクレメンスの記事とパウロ行伝の記事とを結びつけたのが，4 世紀に著わされたエウセビオス『教会史』（II, 22, 1-2：25, 5,）である。──ルカはパウロがローマで丸二年間自由な身で過ごし，妨げられずに神の御旨を宣べ伝えたところで物語を終えている。「伝承によれば」第一回の裁判にかけられた後，解放されて教えの奉仕のために（イスパニアまで）遣わされ，再びローマに足を踏み入れ，第二回の裁判で有罪判決を受け，ネロ帝の命によって斬首された。したがって（ペトロの殉教と共に）パウロの殉教は，ネロ帝によるキリスト教徒迫害の時，つまり 64 年である[11]。

10　上掲拙論，159 頁（本書 438-440 頁）参照。
11　B. Wander, Warum wollte Paulus nach Spanien?, in: *Das Ende des Paulus. Historische, theologische und literaturgeschichtliche Aspekte*, S. 176-195, 特に S. 194 は，

補論　最後のパウロ

以上，パウロの最期に関する四種類の記事から彼の殉教の歴史的詳細を確定することは不可能である[12]。ただし，これら四つの記事の中で共通している一点は，パウロがローマで死を遂げたことである。ルカもまた，先にも言及したように，そのことは知っていた。彼がローマにおけるパウロの宣教活動期間を「丸二年」と限っていることも，その後にパウロがローマで死んだことを前提していよう[13]。

2. 最後のパウロ

ルカがパウロの最後を物語る際に，彼の死を前提しながらも，それについて，とりわけ殉教死について直接言及しなかった理由として，しばしばルカがローマ帝国に対して護教的であることが挙げられる[14]。確かにルカによれば，パウロがエルサレムでユダヤ人の迫害を免れたのは，ローマ官憲の介入によってであり（21：27 ff.），カイサリアにおけるパウロ裁判でもローマ総督フェストゥ

　　この立場を採って，にもかかわらずルカがパウロの死について記さなかったのは，パウロのローマからの宣教活動が悲惨な結果に終ったからである，と推定している。

12　H. D. Betz, *Der Apostel Paulus in Rom,* Berlin/Boston, 2004, S. 13 も，パウロの殉教死について「われわれは歴史的に信憑性のある資料を有していない，結果としてルカの沈黙に甘んじざるを得ない」と結論している。なお，Betz は，ローマにおけるパウロの獄中体験を『フィリピ人への手紙』から裏づけている（S. 16 ff.）。しかし一般的には，この手紙は―少なくともその大半は―ローマからではなくエフェソで執筆されたと想定されている（例えば，佐竹明『フィリピ人への手紙』新教出版社，1969 年，8 頁。同『使徒パウロ―伝道にかけた生涯』新教出版社，2008 年，222 頁）。

13　H. Omerzu, Das Schweigen des Lukas. Überlegungen zum offenen Ende der Apostelgeschichte, in: *Das Ende des Paulus. Historische, theologische und literaturgeschichtliche Aspekte,* S. 127-156, 特に S. 155 f.; F. W. Horn, Einführung, in: *Das Ende des Paulus. Historische, theologische und literaturgeschichtliche Aspekte,* S. 3 も同様。

14　例えば，川島貞雄「牧会書簡」（荒井献・川島貞雄他『総説 新約聖書』日本キリスト教団出版局，1981 年，361 頁；佐竹明『使徒パウロ―伝道にかけた生涯』新版，新教出版社，2008 年，251 頁など。

スのみならずローマ皇帝の傀儡王アグリッパ二世も死罪に当たるパウロの罪を認めていない（25：7, 25, 26：31）。そもそもパウロがローマに到達できたのは，彼自身がローマ市民の特権を利用して皇帝に上訴し（25：11），それが総督によって承認され（25：12），百人隊長によってローマまで海路手厚く護送された結果である（27：1 ff.）。

しかし他方，ルカはローマの官憲を批判的にも描いている。「囚人」パウロから賄賂を取る魂胆を持っていた総督フェリクス（24：26），パウロの「宣教」的弁明を「気が狂っている」と言って遮った総督フェストゥス（26：24）など。要するに，「ルカ（のパウロ）は国家に対して批判的忠誠の立場を体現する」[15]。

こうしてみると，ルカがパウロのローマにおける最後の宣教活動を要約的に報告するに際して用いている「妨げられることなく」という表現に，「ローマの支配体制によって」が含意されている可能性を否定することはできないとしても，この表現からキリスト教に対するローマ当局の「好意」を読み取る[16]ことはできないと思われる。前述したように，ルカがこの報告におけるパウロの宣教活動を読者に対する規範として提示しているとすれば，この句は，ルカが当節を記している時点でローマ帝国による迫害下になかった——おそらくドミティアヌス帝によるキリスト教徒迫害（95年）以後であった——ことを暗示していよう[17]。

こうしてパウロは，ルカによれば，「神の王国を宣べ伝え，また主イエス・キリストについてのことを教えて」いた。行伝において「神の王国」は，イエスの「福音」の総括的術語であり（とりわけ28：23, 1：3参照），「主イエス・

---

15 G・タイセン『新約聖書——歴史・文学・宗教』大貫隆訳，教文館，2003年，173頁。なお，K. Yamazaki-Ransom（*The Roman Empire in Luke's Narrative,* New York, 2010, p. 202）も，ローマ帝国に対するルカの立場はネガティブであるが，これは神の民に対するローマの為政者たちの政治的抑圧によるというよりは，むしろ彼らが神の主権とキリストの君臨を認識することに失敗したからである，という。

16 ヘンヒェン；コンツェルマン；H. W. Tajra, *The Trial of St. Paul. A Juridical Exegesis of the Second Half of the Acts of the Apostles,* Tübingen, 1989, p. 193 も同様。

17 私は行伝の成立年代を1世紀末と想定している。前掲拙論「概説 使徒行伝」159頁（本書438-440頁）参照。

補論　最後のパウロ

キリストについてのこと」もルカの好む用語であって（とりわけ18：25，ルカ24：19参照），「宣べ伝える」（あるいは「告げ知らせる」）ことと「教える」ことは異語同義なのである（5：42参照）。しかも31節は，ギリシア語本文では30節の「彼（パウロ）のもとに来た者をことごとく迎え入れた」（「迎え入れた」にあたるギリシア語動詞 ἀπεδέχετο は ἀποδέχομαι の未完了形。この動詞も新約ではルカ文書でのみ用いられている）を受けて，現在分詞形で綴られている。その上ルカは，このような行伝のエピローグを読者に対しプロローグとして機能させようとしているとすれば，彼はこれをもって読者に福音書・行伝の再読を促していると思われる。

　行伝の読者にとって「主イエス・キリストについてのこと」とは，ルカが行伝に先立って著わした「最初の書物」（使1：1），すなわち『福音書』のイエス物語のことである。ルカはその「献辞」において，先行する（おそらくマルコ福音書を含む）イエス物語に飽き足らず，それらを編み直して叙述する意図を「テオフィロス閣下」に申し述べている（ルカ1：1-4）。そして実際に，イエスが宣教し，弟子たちにもそれを宣教するように命じたのは「神の王国」であった（ルカ4：43 diff. マコ1：38, ルカ8：1, 9：2 diff. マコ6：7, ルカ9：11 diff. マコ6：34, ルカ9：60 diff. マタ8：22, ルカ10：9 diff. マタ10：7 f., ルカ16：16 diff. マタ11：12）。

　行伝では，顕現のイエスが「神の王国」を語り，これを受けてフィリッポス（8：12）が，そしてパウロが「神の王国」を宣教している（19：8, 20：25, 28：23, 31）。

　ルカによれば，イエスの宣教を担ったパウロは，イエスの場合と同じように，ユダヤ当局，ローマ官憲による「受難」を結果した。注目すべきは，イエス裁判とパウロ裁判がパラレルを成していることである。イエスとパウロ共に，彼らの裁判は，ユダヤ当局の尋問（ルカ22：66-71／使22：30-23：9）→ローマ総督の尋問（ルカ23：1-5／使25：6-12）→ユダヤ王の謁見（ルカ23：6-12／使25：23-26：29）という順序を経て行なわれ，イエスの場合はローマ総督の再度の尋問によって十字架刑が確定される（23：13-25）のに対して，パウロの場合はローマ皇帝への上訴が総督によって受理される（25：12）。し

かも、いずれの場合も、ユダヤ人の死刑要求に対し、ローマ当局は無罪を認めている（イエスの場合：23：4, 14, 22, パウロの場合：使23：29, 25：25, 26：31）。イエスは死人から最初に甦らされ、パウロはこの甦りの希望を証したが故にユダヤ人によって告発され（23：6, 24：15, 28：20）、「エルサレムで私のことを証ししたと同じように、ローマでも証ししなければならない」という「主」イエスの使命預言（23：11）が行伝を締めくくる一句（28：31）において成就することとなる。

ルカは、マルコ福音書では絶叫で終るイエスの十字架上における凄惨な最期（15：37）を、自らの霊を神に委ねて息絶える静謐な最期（23：46）に改訂している。ルカにとってイエスは「神の義人（罪なき人）」であった（23：47, 使3：14, 22：14）からである。パウロもまた、回心後も律法に忠実なファリサイ人なのである（使23：6, 26：5）。

他方、ルカによれば、病める者の癒しがイエスの説く「神の王国」現臨（ルカ17：21）の徴である（11：20。8：1-2, 9：2, 11, 10：9参照）。それは病人を癒し、彼らから悪霊を追放する神の力の支配であって（ルカ6：19 diff. マタ4：25）、これはパウロによる癒しの奇蹟にも通底する（使19：11-12）。この意味で、苦しむ者への「癒し」が「人間の尊厳」の回復であったことを示唆するイエスの言葉も見出される（ルカ13：16）[18]。

しかし、例えば「長血の女の癒し」物語のルカ版（8：43-48）では、そのマルコ版（5：25-34）における女の「苦しみ」（29節）、とりわけイエスによる「苦しみからの解放」（34節）が、その並行箇所（ルカ8：45, 48）で削除されている。行伝でもパウロがフィリピで一人の少女奴隷から悪霊を追放するが（16：16-18）、彼女の「苦しみ」には関心を示していない。ルカの関心は、癒される女性よりもむしろ癒すイエス／パウロの力のほうに移行している。このことは、病人もその中に含まれる「罪人」に対してルカ版のイエスが「悔い

---

[18] 佐藤研『最後のイエス』ぷねうま舎、2012年、39頁。ただし、ルカ福音書の文脈では、13：16はユダヤ教律法の安息日例外規定を前提しており（13：15）、13：12も「(病)弱さからの解放」であって、「弱い時にこそ強い」（Ⅱコリ12：10）のではない。

補論　最後のパウロ

改め」を求めていることに関連していよう（ルカ5：32 diff. マコ2：17）。ルカにとって「罪人」は，社会的に差別されていた人々であるよりも，むしろ倫理に堕落した人々なのである。実際ルカは，「失われたもの」の回復をテーマとしたイエスの譬話を三つも福音書15章に採用しながら，これを「悔い改める罪人」（7，10節）の比喩的表現にとっている。このようにルカはイエスの譬話を倫理化して解釈するよう促すために，最早「神の王国」の譬ではなくなっている[19]。

　ルカの場合，「悔い改め」は「神の王国」に直面した人間の「回心」（マコ1：15）ではなく，「罪の赦し」に至り（ルカ3：3 diff. マタ3：2，24：47，使2：38。3：19，5：31，8：22，26：18，20をも参照），洗礼あるいは霊を受領（使2：38，11：18）するための「改心」である[20]。「イエスの時」においては邪心から真心への転換であり，「教会のはじめの時」においては真の神への「立ち返り」とその実践である（使3：19，26：20）。したがって，福音書の末尾において顕現のイエスが十一人の弟子たちに言う，（旧約）聖書に書いてあるように，「彼（キリスト）の名において罪の赦しに至る悔い改めが，もろもろの国民に宣べ伝えられる。エルサレムから始めて，あなたたちこそこれらのことの証人となるであろう」（24：47-48）と。これに対応して，ペトロによる「罪の赦しに至る悔い改め」と「洗礼」の勧めが先ずイスラエルに（2：38，3：19），次いで異邦人に（10：48）向けられ，パウロの宣教も先ずユダヤ人に向けられるが，彼らの反抗により異邦人にシフトされ（13：46，18：6），それがローマにおいて決定的となる（28：28）。

　「最後のパウロ」の宣教活動（28：30-31）は，こうして異邦人の読者に規

---

[19] U. Luz, βασιλεία, in:『釈義事典』I, 245頁。
[20] 木原桂二（『ルカの救済思想―断絶から和解へ』日本キリスト教団出版局，2012年）は，「メタノイア」を「「改心」と「回心」の「訳語によって複雑な神学的理解を区別する（岩波版『新約聖書』補注9頁の用語解説―筆者）ことは実質的には不可能である」との想定に基づき，ルカ文書における「メタノイア」に「中立的訳語」として「暫定的に」「改心」という訳語を用いている（3頁，注2）。しかし，この研究書では「神の王国」に関わるメタノイアの，マルコ福音書とルカ文書の意味上の相異が明確でない。

範として開かれているのである。

3. おわりに

上述したように，ルカは福音書の献辞の中でマルコ福音書を含むイエス物語を批判的に改訂して，自らのイエス物語を提示する意図を表白している。この意図は，彼が第二巻として著わした使徒行伝にまで貫かれており，ルカはとりわけ受難物語においてイエスにパウロを重ね，受難を介してパウロをローマに至らしめる。ルカによれば，こうしてパウロは，「地の果てにまで，私の証人になるであろう」という，使徒たちに対するイエスの使命預言（1：8）をローマで果たし，その実現を「教会の時」を担う読者に委ねている。とすれば私たちもまた，ルカに倣い，福音書のイエス物語と行伝のペトロ／パウロ物語を批判的に吟味して，イエスのリアリティーを現代に問うことを求められている。

追記

本稿は，「新教出版社創立70年記念 連続講演会」の一つとして，2014年10月25日に日本基督教団信濃町教会で筆者が担当した講演原稿の増補・改訂版である。

講演後に筆者は，テーマに関連する，以下の三つの文献を入手した。

① ジョン・テイラー『西洋古典文学と聖書　歓待と承認』土岐健治訳，教文館，2014年。この著作の中で著者は，行伝におけるパウロ物語が突然終っていることについて，マルコ福音書，ホメロス『イリアス』，ウェルギリウス『アエネイス』，アイスキュロス『オレステイア』との類似関係を挙げながら，以下のように記している。

「ここ（使28：31）で物語は突然終わり，それはまるで突然終るマルコの結末部分と張り合っているかのごとくである。ここでも我々もまた，さらにもっと語られるべき物語が残っていることを推測する。『イリアス』のように，使徒行伝はその主人公と彼の切迫している死への集中へと，焦点を合わせていくが，死そのものは描かれないまま放置されている。『アエネイス』のように，使徒行伝は一見困惑させるような，満足のいかない仕方で終るが，それ以降の

諸々の出来事によって与えられる観点を要求している。『オレステイア』のように，使徒行伝はすでに旅を終えた巨大な距離の感覚をもって我々を後にし，テキストを超えてその聴衆の生の中へと突き進む勢いを持っている。エルサレムからの旅は終った。福音のメッセージは，のろしのように地中海全域を渡って共同体から共同体へとひらめき，ローマの玄関の中へ入った」(264 頁)。

② Kyrychenko, A., *The Roman Army and the Expansion of the Gospel. Role of the Centurion in Luke-Acts,* Tübingen, 2014. 著者によれば，ルカはローマの軍隊とりわけ百人隊長を，福音宣教のターゲットとしての異邦人聴衆の代表的像として用いている (p. 183)。

③ Brink, L., *Soldiers in Luke-Acts, Engaging, Contradicting, and Transcending the Stereotypes,* Tübingen, 2014. 著者によれば，ルカは，物語論的レベルで，ローマの軍隊をイエス／ペトロ／パウロの「弟子志願者」(would-be disciple) として描いている (p. 172)。

本書再校の校了後に，次の文献を入手。

The Last Years of Paul. Essays from the Tarrangona Conference, June 2013, ed. by A. P. i Tarrech/ J. M. G. Barclay/ J. Frey, Tübingen, 2015. この論文集所収 (pp. 305-332) の D. Marguerat, On Why Luke Remains Silent about Paul's End (Acts 28. 16-31) は，ルカが行伝の最後の箇所においてパウロの最期について沈黙している理由について，筆者とほぼ同じような結論 (本書 404 頁参照) に達している。「実際，行伝の終結部分は，使徒たちとパウロの世界と読者の世界との物語論的橋渡しとして仕えている」(p. 312)。

概説　使徒行伝

1. 表題

　表題「使徒行伝」——正確には「使徒たち諸業録」(ΠΡΑΞΕΙΣ ΑΠΟΣΤΟΛΩΝ)——は，その内容を必ずしも正確に表示するものではない。まず，当書においてその「業録」の対象となる人物は，前半でペトロ（随伴的にステファノとフィリッポス），後半でパウロである。ところが，使1：21-22における「使徒たち」の定義によれば，それはバプテスマのヨハネの時から天に挙げられる日に至るまでのイエスの証人である。とすれば，この定義に適う人物は「十二弟子」の一人ペトロだけであって，実際にパウロは当書で——14：4, 14を例外とすれば——一度も「使徒」と呼ばれていないのである。次に，新約聖書とりわけ当書において，「行伝」に当たるギリシア語が「行録」の意味で用いられていない。当書でそれは，むしろ魔術「行為」という消極的意味しか持っていない（19：18。ルカ23：51, ロマ8：13, コロ3：9をも参照）。これに対して，当書がパウロを含む「（全）使徒たちの業録」と呼ばれるようになるのは，ムラトリ正典目録，エイレナイオス（『異端反駁』Ⅲ, 13, 3），テルトゥリアヌス（『洗礼』Ⅹ, 4），アレクサンドリアのクレメンス（『絨毯』Ⅴ, 82, 4）などにおいて，つまり2世紀後半以降のことである。しかも，エイレナイオスやテルトゥリアヌスは，当書を「（全）使徒たちの業録」のほかに「ルカの使徒的証言」（『異端反駁』Ⅲ, 13, 3）とか「ルカの注解」（『断食』Ⅹ, 3）とかの別称でも呼んでいる。

　他方，新約聖書以外のヘレニズム・ローマ文学にも，英雄たち（アレクサンドロス，ハンニバル，アポロニオス，アウグトゥスなど）の業録を叙述の対象とするいわゆる「行伝文学」が一つの文化類型として存在していた。実際，ヨセフスも，「ポンペイウスの業績（πράξεις）を書きとどめたストラボンやニコラオス，さらにはローマの著者ティトゥス・リウィウス等」を知っている（『古

概説　使徒行伝

代誌』XIV, 68)。

　こうしてみると，当書には元来表題がなかったのであるが，パウロも十二使徒と並んで一般的に使徒と認められ，そのように呼ばれるようになった後に（2世紀後半以後），これをヘレニズム・ローマ時代の文学類型に擬して，「使徒行伝」と特徴づけられるようになったと判断してよいであろう。当書のギリシア語底本に付されている表題の写本（P^{74} ℵ Ｂ Ｄ Ψ など）も4世紀以前には遡らない。とすれば，われわれは当書の内容を表題にはとらわれずに考察の対象としていかなければならない。

　　以上，表題については，荒井，上巻，3頁以下をも参照。なお，イェルヴェルは，当書の最古の写本に表題がついていることと，パウロが当書において13番目の使徒と認められていることを主たる理由として，当書には元来表題がなかったという見解を批判している。しかし，例えば四福音書の表題もそれぞれ最古の写本に付されてはいるが，それらが元来使徒マタイやヨハネ，あるいはペトロやパウロの同行者によって記されているわけではない。また，当書においてパウロは，十二使徒に次ぐ，あるいは彼らを超える，イエスの「証人」ではあるが，全体として「使徒」とはみなされてはいない。筆者は，多数の注解者（コンツェルマン，ヴァイザー，シュナイダー，フィッツマイヤー，パーヴォなど）と共に，表題は当書の元来の著者によって付けられたものではないと想定する。

2.　内容と構成

　「使徒行伝」（以下，行伝と略記）の序文によれば，著者は，「かつてのあの書物（いわゆる「ルカによる福音書」）を著わして，イエスが行い，かつ教えたすべてのことについて」，つまりイエスの業と教えについて書き記した，という（1：1-2）。しかし，その第二巻に当たる行伝で著者は，使徒たちの業と教え（業録！）を直接書き継ごうとはしていない。この書の課題はむしろ，地上に顕現した復活のイエスによるプログラム的預言（1：8）によれば，「主」また「キリスト」として再び天に挙げられたイエス（高挙の主）によって降さ

れた聖霊の導きにより，高挙の主の証人たちによって遂行される，「エルサレム，ユダヤとサマリアの全土，さらには地の果て（行伝の叙述範囲ではローマ）に至るまで」，福音（行伝に特徴的な用語では「神の王国」の教え）の拡大を叙述することにある。そしてこの拡大は，具体的にはエルサレムから地中海沿岸諸地域に及ぶ教会の設立となる。従って，あの「最初の書物」における叙述内容を「イエスの時」とすれば，行伝のそれは「教会の時」ということになろう（コンツェルマン）。

ただし，ここで注意すべきは，この「教会の時」，つまり顕現したイエスの昇天から著者が行伝を書いている時点に至るまでの時全体が，行伝における叙述の対象になっていないということである。その内容と範囲は——あのイエスによる預言の成就として——エルサレムからローマにまで至る時で区切られている。著者はこうして，「教会の時」に属する読者に，「教会のはじめの時」の理想像を規範として提示することにより，読者の信仰を覚醒・強化する意図を持っていたと思われる。そして，この「教会のはじめの時」が行伝における叙述の対象となるのである。

さて，行伝では「教会のはじめの時」が二つの時期に分けて構成されている。第一の時期（第一部）は当書の前半（1：1-15：35）に当たり，これは「エルサレム原始教会の時」といえよう。第二の時期は後半（15：36-28：31）と重なり，「異邦人伝道の時」である。第一は教会の「創始期」，第二は「教会の初期」と呼んでよいであろう。

第一期（部）は三つの段階を経て展開する。まず，1：1-8：3においてエルサレムにおけるペトロを中心とする使徒たちの言行，教会の理想的生活，最後にヘレニスト（「ギリシア語を話すユダヤ人」）たちの代表的人物ステファノの殉教→ユダヤ人による大迫害→ヘレニストたちのエルサレム脱出を通して，第二段階につながる。8：4-12：25では，ヘレニストたちの一人フィリッポスのサマリア伝道，彼によるエチオピアの宦官の回心，ヘレニストたちを主とするアンティオキア教会の創立，ペトロの布教活動，なかんずく百人隊長コルネリウスの回心と続く。ここで注目すべきは，回心した二人の異邦人が共に，それ以前から何らかの意味でユダヤ教徒と関わって者であったこと（8：27 f.,

10：2)，またフィリッポスのみならずペトロも彼らの異邦人に対する宣教の成果に対するエルサレム教会の承認を必要としていたことであろう（8：14以下，11：1以下）。こうして，第一，第二段階は第三段階に移行するが，この段階は，すでに第一段階で「迫害者」として導入され（7：58, 8：1, 3），第二段階で「回心」するサウロ（9：1以下）の言行によって代表される。すなわち，13：1-15：35までは，サウロ／パウロの第一回伝道旅行が描かれるが，これは彼をエルサレム教会に紹介したバルナバ（9：27）と共に行なわれたことである。そして，この伝道の成果も，いわゆる使徒会議（15：1-29）によって，エルサレム教会の側から承認されなければならない。この会議において，パウロの異邦人伝道は原則として認められるが，その際に，いわゆる「使徒教令」（15：23-29）を異邦人が守るという条件が付けられている。そして，この教令が「教会のはじめの時」の第一期（行伝の第一部）と第二期（第二部）を結びつける役割を果たす（16：4, 21：25）。

　第二期（部）もまた三段階に分けられる。すなわち，パウロのいわゆる第二回伝道旅行（15：36-18：22）に，いわゆる第三回伝道旅行（18：23-21：14）が続き，最後に，パウロはエルサレムで逮捕されカイサリアへ移送され，カイサリアからローマへ護送されるが（21：15-28：31），ローマでも彼は，「実に大胆に，妨げられることもなく，神の王国を宣べ伝え，主イエス・キリストについてのことを教え続け」たことを確認して全巻が閉じられる（28：31）。この第二期（部）においては，第一期（部）の主役ペトロが全く現われず（エルサレムでは彼に代わってイエスの兄弟ヤコブが代表的位置を占める），もっぱらパウロの活動と演説によって，福音がユダヤ人から決定的に離れ，異邦人に向けられたことが立証される。そして，同時にそれがローマ帝国にとって少なくとも無害であることがパウロの弁明（とくに25：8）と皇帝への上訴（25：11），それを総督フェストゥスとアグリッパ王が承認した（25：12, 25, 26：31 f.）ことによって護教的に強調されるのである。

3. 執筆意図

　以上要するに，著者がまずルカ福音書を執筆することによって，イスラエル

の民の「栄光となる光」「異邦人たちの啓示」，すなわち「神の救い」としてのイエス・キリスト（ルカ2：31-32）の言行を読者に提示した後，引き続いて行伝を執筆することにより，この「神の救い」の業が，エルサレムにおけるイスラエルの民から始まってユダヤとサマリア，地中海沿岸諸地域，そして遂にはローマに至るまで，まずは各地のユダヤ人に，彼らの拒否によって次には異邦人に，次々と拡大されていくさまを理想的に描き出している。そして，その際に著者が特に強調している点は，このような「神の救い」の拡大を担ったペトロとパウロが，その救いの源となったイエスの場合の同様に，ユダヤ人に迫害されつつも，ローマの官憲によって少なくともその無罪性を認められ，いずれにしても聖霊に導かれて神の必然に身を委ね，神の言葉の承認としての自らの使命を全うしたということである。

　このような行伝の内容と強調点から著作意図を次のようにまとめることができるであろう。

　第一には，行伝がその主たる読者として想定している異邦人に対し，未信者には，異教の神々からまことの「救いの神」に立ち帰り，「神の道」たるキリスト教に帰属すべきこと，既信者には，迫害に耐えて「道」に踏み留まり，復活の希望に生きるべきことを勧告しようとした。ただしそれは，「神の救い」に離反し続けるユダヤ人のキリスト教への改宗を著者が断念しているということにはならない。著者によれば，「神の救い」はユダヤの民を含む「もろもろの国民の面前に備えられた」（ルカ2：31）のであった。

　　　この限りにおいて筆者は，行伝の読者にユダヤ人あるいはユダヤ人キリスト者も想定されている（イェルヴェル）ことを認めるものである。しかし，イェルヴェルのごとくその主たる読者をユダヤ人キリスト者に限定することは無理と思われる。

　第二に，著者は教会の環境世界，とりわけローマ当局に対して，キリスト教の政治的無害性を護教的に印象づけようとしている。このことは，行伝においてローマ総督とユダヤの領主が揃ってパウロに対し（福音書において両者が揃

ってイエスに対すると同様に！），死刑に相当する罪を認めていない（25：25，26：31）だけではなく，地方の官憲がパウロの保持するローマ市民権に「恐れ」を抱いていること（16：38，22：29）によっても裏書きされるであろう。これらの物語がどこまで史実に遡るかは別として，少なくとも著者が「ローマ市民（権）」に身を寄せて，行伝を執筆していることは疑い得ないであろう。

4. 伝承

　著者が行伝を編む際に，初期キリスト教会に由来する諸伝承を採用したことは確実である。しかし行伝には，福音書の場合と異なって，同種の文学類型に属する他の著者による作品が先行してもいないし，また並存してもいない。それだけに，当書の中から文献批判の手続きによって伝承部分をとり出し，その範囲を確定する作業は極めて困難である。ただ，同一著者によるルカによる福音書から，この著者に固有な言語的特徴，文学的手法，思想的傾向は文献批判的に確定しうるし，福音書に共通する伝承様式も行伝の中に存在するので，これらを手掛かりとして当書に前提されている伝承部分をある程度明確化することは可能であろう。

　さて，M. ディベリウスが行伝に様式史の方法を適用して以来（彼の『使徒行伝論文集』の初版が公刊されたのは1951年），行伝の前半，とりわけ1-12章の背後にこの部分の全体を何らかの形で覆う統一的伝承の系が存在するという仮説（A. フォン・ハルナック，J. エレミアス，R. ブルトマンなど）は，決定的に否定されたとみてよいであろう。それはむしろ，主として，「物語」あるいは「聖伝」の様式で，多くの場合口頭伝承として個別に流布されていた。著者はそれらを資料として採用し，自らに固有な視座から編集して，それらに時間的前後関係をつけたものと思われる。それらの伝承単位には，例えば次のようなものがあった（次に挙げる章節のすべてが伝承句というのではなく，これらの章節の背後には伝承が想定されるということである）。イエスの昇天（1：9-11），十二使徒職の補欠（1：15-26），聖霊の降臨（2：1-4），多言の奇跡（2：5-13），ペトロによる足の不自由な人の癒し（3：1-10），ペトロとヨハネの逮捕と釈放（4：1-4，13-22），バルナバの寄進（4：36-37），アナ

ニアとサッピラの死（5：1-11），七人の選出（6：1-6），ステファノの逮捕と殉教（6：8-15, 7：54-60），フィリッポスのサマリア伝道（8：4-13），エチオピアの宦官の回心（8：26-39），サウロの回心（9：3-19a），ダマスコスにおけるサウロの宣教（9：19b-22），ダマスコスからのサウロの逃亡（9：23-25），サウロの第一回エルサレム訪問（9：26-30），ペトロによるアイネヤの癒し（9：32-35），ペトロによるタビタの蘇生（9：36-42），コルネリウスの回心（10：1-48），アンティオキアにおける教会の設立（11：19-26），ヘロデ・アグリッパによる教会の迫害（12：1-2），ペトロの逮捕と脱獄（12：3-17），ヘロデ・アグリッパの死（12：20-23）。

行伝の後半における伝承，とりわけ資料について問題になるのは，いわゆる「われら章句」の存在である。これは，パウロの伝道旅行が通常三人称を主語として語られているのに，主語が突然一人称複数形に変わる章句が存在するところから，この部分——16：10-17（トロアスからフィリピへの旅），20：5-15（フィリピからトロアス，ミレトスへの旅），21：1-18（ミレトスからエルサレムへの旅），27：1-28：16（カイサリアからローマへの旅）——に著者が用いた資料（いわゆる「われら資料」）を想定できるか否かの問題である。

古代教父以来の古典的見解によれば，この「われら章句」の存在が，パウロの「同労者」にして「医者」なるルカ（コロ4：14，フィレ24。—Ⅱテモ4：11をも参照）が行伝の著者である証拠となる。しかし，——後で指摘するように——たとえ著者が広い意味でパウロ主義者の一人であったとしても，パウロ自身の手紙と行伝とにおけるパウロ像があまりにも相違する事実から推して，著者がパウロに直接同行したルカであったとは到底考えられない。とすれば，「われら」は著者が資料として採用した部分の文体的目安であるか，あるいは著者自身の文学的手法であるか，のいずれかになろう。しかし，第一の可能性（W. G. キュンメル，H. M. シェンケなど）は，「われら」という主語を別とすれば，「われら」部分とその文脈の間に用語法や文体上の差異が全く認められないこと，また「われら」を目安として資料をとり出しうる文書に他の例がないことから見て，その蓋然性を極めて低いと思われる。これに対して，第二の可能性（W. マルクスセン，P. フィールハウアー，G. シュナイダーなど）

には，当時のヘレニズム文学，とりわけ航海に関する叙述にかなりの並行例が存在する（V. K. ロビンス）。しかも当時の歴史記述者には，——自らをホメーロスの作といわれるギリシア叙事詩『オデュッセイア』の主人公「オデュッセウス」に重ねて——記述の対象となる出来事とりわけ海上の出来事に自ら参入し，自ら苦しむ体験が，記述者の資格として課せられる伝統があった（E. ブリューマッハー）。実際，行伝において「われら章句」はパウロの航海記事に関連して現われるのである。とすれば，この書の著者もこの資格を「われら」によって証ししようとしたと見てよいであろう。要するに，われわれとしては「われら」のみを手掛かりとしてこの部分に資料を想定することはできないという立場を採る。

　しかし，この「われら章句」との関わりで，さらに問題となるのは，ディベリウスのいわゆる「旅行記」（Itinerar）資料仮説である。すなわち彼は，13：4-21：16におけるパウロの伝道旅行記事の背後に，行伝の著者（ディベリウスは古典的見解に従ってこれをルカと見る）が採用した資料として一つの「旅行記」を想定した（ただし彼は，27章の航海記事については，E. ノルデンに従って「旅行記」とはみなさず，一つの航海文学にルカがパウロの出来事を組み合わせたと見る）。ディベリウスによれば，この「旅行記」の特徴は，その間に挿入されている建徳的・教化的・劇的物語——例えば，13：8-12（エルマ），14：8-18（リュストラの足の不自由な男の癒し），16：25-34（フィリピにおける獄吏の回心），19：14-16（スケワの息子たち），20：7-12（エウテュコス）——と異なって，パウロの滞在地，滞在先のもてなし，伝道の成功などに関する中立的・客観的な覚書風の記録，とりわけ文脈と旨く合わない記事にある。彼はこの特徴を，アタリア（14：25），サマトラケとネアポリス（16：11），アンフィポリスとアポロニア（17：1），カイサリアとエルサレム（18：22），トロアスからアソスへの陸路の旅に関する記事（20：13-14），古くからの弟子ムナソンへの言及（21：16），さらに14：6-7（「リュストラ，デルベ，およびその周辺の地」がデルベにおける足の不自由な男の癒しの物語に先立って言及されている），16：35（ここにはそれに先行する「大地震」が前提されていない），13：42-43（ユダヤ人の会堂における礼拝の結果に対する二重の

言及),17：34(17：33の「パウロは彼らの中から出て行った」という記事のあとに言及されている,「アレオパゴスの裁判人ディオニュシオスとダマリスという女」の回心に関する覚書)などに見出すのである。そして,このような立場からディベリウスは,あの「われら章句」を行伝著者ルカが「旅行記」資料に書き込んだ文学的操作と見ることになる。

この「旅行記」資料仮説は,その後——適当な修正を加えた上で——かなり多くの学者たちによって採用されている(例えば,E.トロクメは,「旅行記」をパウロないしルカの「航海日記」あるいは「備忘録」として強化するのに対し,キュンメルとシェンケは——前述のように——「われら章句」をも資料の一部とみなす)。しかし他方,この種の資料仮説を全面的に否定する学者たちもいる。すなわち,E.ヘンヒェンとH.コンツェルマンは一致して,われわれが行伝の前半に採用した個別伝承仮説をその後半にも一貫して及ぼし,ディベリウスが「旅行記」の痕跡と見たパウロの滞在時に関する言及を,逆に著者が,多くの場合物語の様式で流布されていた伝承資料を当書の中で結びつけるための編集句とみなす(「われら章句」は,ヘンヒェンによれば,シラスやテモテなどに代表されるパウロの同行者を旅行記事の「保証人」として読者に示そうとする行伝著者の文学的手法,コンツェルマンによれば,著者が旅行記事の証人たることを読者に提示するための文学的虚構)。

われわれはまず,ディベリウスが想定するほど広範囲の箇所に「旅行(日)記」資料を想定することはできない。これらの箇所には,著者の編集句も存在するからである。また,ディベリウスなどが行伝から作り出した種類の,中立的・客観的「旅行(日)記」は,それが成立するための「生活の座」が不明である上に,同時代の同種の文学類型から見ると,むしろそれに教化的・劇的要素が含まれているからである(プリューマッハー)。しかし他方われわれは,ヘンヒェンやコンツェルマンのように,パウロの旅行ルートそのものまでをも行伝著者の創作と見ることもできない。それにしては——そしてもし著者がパウロの手紙を知らなかった(シュナイダー)とすればなおさらのこと——パウロがその手紙に前提している地誌的状況と行伝におけるパウロの旅行ルートとが大筋において合致しているからである。われわれとしては,今のとこ

概説　使徒行伝

ろその範囲を明確化することはできないが，当書の著者が，27章のローマへの護送記事を含めて少なくともパウロの旅行ルートについては何らかの伝承資料を持っていた（フィールハウアー，プリューマッハー）と想定せざるをえない。著者は，パウロに関する「噂」（シェンケ）をもとにして個別に流布された「民間説話」（トロクメ）——ただしこれはすでにかなりの程度「物語」あるいは「聖伝」に様式化されている——を収集し，これらのパウロ伝説を旅行ルートにはめ込んで，とりわけパウロの滞在地名を調整しながら，彼に独自な視座から行伝の後半を編集したものと思われる。

　最近C. J.トルントンは「われら章句」をパウロの第三回伝道旅行に同行したルカの旅行メモに帰する一方，「われら」は行伝著者ルカが他の同行者と共に旅行ルートとその神的必然（「ねばならぬ！」）に対する証人であることを強調する文学的手法とみなしている。イェルヴェルはこの見解（伝統的見解の修正再興！）を全面的に支持しているが，J.ツミエフスキーなど，とりわけC. K.バレットは，パウロの書簡と行伝におけるパウロ思想の差異を主たる理由に（これについてはトルントンは言及を避けている）トルントン説に批判的である。

　なお，「われら章句」をパウロの伝道旅行に同行したルカに帰する伝統的見解は，ブルース，ウィリアムズ，ムンクなどからイェルヴェル，ウィザリントン，田川に至るまで，かなり多くの注解者によって支持されている。しかし筆者は，とりわけパーヴォ，Sterk-Degueldre, Börstinghausと共に，この見解には同意できない。確かに田川が主張するように，パウロ書簡と行伝におけるパウロ思想の差異をルカがパウロに同行した「同労者」であることを否定する論拠とはならないであろう。師の思想が必ずしもその弟子によって正確に継承されないのはありうることではあるが，行伝の著者自身が，彼が行伝に先立って著わした福音書の序文（ルカ1：1-4）において，「はじめから目撃者であり，御言葉の奉仕者となった者たち」のサークルに「私」（福音書‐行伝の著者）は属していないことを明言している。福音書‐行伝の著者はイエスやパウロから見れば第二あるいは第三世代に属する。また，

パウロの書簡と行伝の著者が前提している歴史的背景（教会の制度や論的の問題）の差異をも無視できないのである。

5. 文学的性格

　まず形式的側面から見ていくと，ルカによる福音書・行伝の冒頭に置かれている序文，「テオフィロス閣下」への献辞（ルカ1：1-4，使1：1-2）からして，この著者が，──他の新約諸文書の著者とは異なり──「ヘレニズム著作家」（プリューマッハー）としての明確な自覚と気負いをもって自らの作品を世に問おうとしていることが分かる。著者がその作品を後援者に献呈することは，当時の文学界における慣習であった（ディオスクリデス，デモステネス，ポリュビオス，フィロン，ヨセフスなどの作品を参照）。

　このような自覚と気負いを著者自身はその作品の中でどの程度実際に満たしているであろうか。著者は確かに当時のヘレニズム世界に共通したギリシア語，いわゆる「コイネー・ギリシア語」を用いている。しかしその文体は，少なくとも新約聖書の中で──ヘブル人への手紙を例外とすれば──最もいわゆる「古典主義」のギリシア語に近づいている（希求法の多用，直接話法と間接話法の交叉など）。もちろん当書の古典主義は，当時の第一級の文学作品とは比肩しうべくもない（トロクメ）。しかし当書の文体は，当時の民衆が残している「通俗ギリシア語」とは明らかに違い，言語的には──例えばプルタルコスやルキアノスと共に──「中流散文」の範疇に入れることはできる（プリューマッハー）。

　これに関連して注目すべきは，行伝に目立つ「擬古調」，いわゆる「七十人訳聖書主義」である。これは，旧約聖書のギリシア語訳に固有な，セム語的ギリシア語法であり，この語法は，もちろん他の新約諸文書にも多かれ少なかれ確認できる。しかし行伝の特徴はそれが，われわれが「エルサレム原始教会の時」と名づけた当書の前半，とくにペトロの説教に多用されていることである。このことは，著者が「エルサレム原始教会の時」を，後半において著者自身がそれに連なる「異邦人伝道の時」と区別し，前者の「時」の原始性を文体的にも強調しようとした結果であろう。

概説　使徒行伝

さて著者は，以上のような形式的諸要素を用い，われわれが先に見た伝承資料をどのような手法によって編集し，それらを一書にまとめているのであろうか。

その第一は，登場人物が語る「説教」あるいは「演説」である。これには，1：16-22，2：14-39，3：12-26，4：8-12，19-20，5：29-32，10：34-43，11：5-17，15：7-11（以上ペトロ），13：16-41，14：15-17，17：22-31，20：18-35，22：1-21，24：10-21，26：2-23，25-27，27：21-26，28：17-20（以上パウロ），7：2-53，（ステファノ），15：13-21（ヤコブ），5：35-39（ガマリエル），19：25-27（デメトリオス），19：35-40（エフェソの書記官），24：2-8（テルトゥルス），25：24-27（フェストゥス），合計26個を数え，これらは本書の約三分の一を占めている（トゥキュディデス『戦記』の中でも演説は全体の約四分の一に当たる）。

これらの演説についてまず確認しておきたいのは，著者がこれらによって語り手各個人の思想内容を伝承に忠実に復元しようとしているのではなく，むしろ演説を介して個別伝承を結びつけ，それによって福音拡大の歴史をテーマとする行伝物語の筋に「方向の精神」（ディベリウス）を示唆しようとしていることである。そして，これはトゥキュディデス以下，ギリシア・ヘレニズム世界の歴史記述者に共通する歴史編纂上の手法である。従ってわれわれは，当書の演説から演説者の思想をではなく，むしろ行伝著者の歴史解釈を読み取るべきである（U. ヴィルケンス，E. クレンクル）。その論拠としては，例えばペトロとパウロのいわゆる対ユダヤ人伝道説教の場合，これらはほぼ共通の要素をもって構成されており，ほとんど同一の思想内容を持っているだけではなく（荒井，上巻，180頁以下参照），各説教がお互いに補い合って，──福音がまずユダヤ人に提示され，ユダヤの「民」からエルサレム原始教会が成立するが，他のユダヤ人がこれを拒否することにより，神は彼らを捨てて，福音を異邦人に向けるという──行伝著者の救済史観を言い表していることが挙げられよう。このほかにも，例えばパウロの二つの対異邦人説教のうち，14：15-17が17：22-31を予想しているだけではなく，パウロの対ユダヤ人説教（13：16-24）がステファノの演説（7：2-53）を前提していること，パウロのいわゆる

告別説教（20：18-35）において，パウロの時代に現実の問題であった教会の内部の対立が事後の事柄として預言され，こうして「教会のはじめの時」が理想化されていること，ユダヤ教のファリサイ派から「義人」とまで呼ばれているヤコブがその演説（15：13-21）をアラム語で行なったような印象を読者に与えながら（15：14でペトロが「シメオン」と呼ばれている），他方において――他の演説の場合と同様に――ギリシア語訳旧約聖書を引用していること，等々もその証拠となる。

　　最近行伝における「演説」の「修辞学的批評」分析によりルカ思想を明確化しようとする試みがなされている（原口やウィザリントンなど）。

　もっとも，演説の内容は全体として著者によって構成されているとしても，その中に著者が断片的に伝承を採用している事実は認めなければならない。なかでも，イエスの復活に関するキリスト論的定式（「神がイエスを起こした」あるいは「甦らせた」）は，原始教会最古のいわゆるキリスト論的宣言定式に遡る（拙著『イエス・キリスト（上）』33頁以下，参照）。ただしこれも著者に特徴的ないわゆる「従属的キリスト論」に合致する故に演説の中に採用されているのであって，これが直接ペトロ自身に由来するかどうかは不明である。

　他方，対ユダヤ人伝道説教の構図も，ステファノの演説に典型的に前提されているような，ユダヤ教の悔悛説教（預言者の迫害に対する責任と悔悛を迫る，申命記史家に遡る説教）の型を受容したキリスト教の伝承による可能性もあろう（ヴィルケンス）。この伝承を「救済史的信仰告白文」（K. クリーシュ）として行伝の伝道説教全体から再構成しうるか否かはなお検討を要するが，いずれにしても，ステファノの演説をさえ著者の創作とみなしては（J. ビーラー），明らかに行き過ぎである。

　著者による編集作業の第二の特色は，「劇的挿話の様式」（ディベリウス），とりわけ「悲劇的・感動的歴史記述」（プリューマッハー）の手法にある。これは著者が，行伝で採用した物語様式の諸伝承を一つの歴史にまとめる際に，一つ一つの物語とそれらから成る統一的歴史像に迫真性を与え，可能性として

の現実の中に読者を劇的に引き込もうとする文学的虚構であって，これも，例えばポリュビオスが批判するプルタルコスなどの歴史記述の手法に近いのである。

　著者の第三の手段は，いわゆる「まとめの句」の挿入である。この句は，それに前後する二つの出来事を結びつけ，とりわけ後続する出来事に対し，それが起こる歴史的状況を総括的に描写・設定する機能を有するものである。この句ではその文脈に用いられている伝承が一般化され，出来事（歴史物語）の進行に対する著者の意味づけがなされているのであるから，この句そのものの中に伝承を，いわんや史実そのものを想定してはならないのである。

　　大貫隆は，「まとめの句」に代えて「要約的報告」と呼ぶことを提起し，行伝のそれは事件の因果関連よりも，事件が織りなす通時的な「筋立て」――メッセージの担い手――に仕えている，という。

　事実「まとめの句」（あるいはむしろ「要約的報告」）は，当書の前半，われわれが「エルサレム原始教会の時」と特徴づけた部分に主として用いられており（1:14, 2:42-47, 4:32-35, 5:12-16, 42, 6:7, 9:31），ここでは教会の一致に基づく生活と教会の拡大が理想化されて総括的に描かれている（ツィンク）。とりわけ，原始教会のいわゆる財産の共有に関する記事（2:44-45, 4:32, 34-35）は，著者の意図によれば，「教会の時」には繰り返しえない「教会の創始期」に固有な理想像であって，この記事の背後に，例えばバルナバの喜捨行為（4:36-37）に関する伝承を想定しえても，この記事そのものを史実ととってはならないのである（荒井，上巻，197頁以下，313頁以下参照）。

　いずれにしても，このような「要約的報告」の手法は，著者が直接的には福音書を編む際にマルコによる福音書から学んだと想定される。しかしこの種の手法そのものは，トゥキュディデス，リヴィウス，とくにテュアナのアポロニオスなどの作品，すなわちギリシア・ヘレニズム時代の広義の歴史記述にも共通して認められるのである。

以上三つの編集上の手法に，われわれが先に「要約的報告」に関連して確認した，著者の歴史家としての自覚に基づく手法をも考慮に入れれば，われわれは行伝の文学的性格をヘレニズム時代における広義の歴史的記述と特徴づけてよいことになろう。ルカによる福音書と行伝に見られる種々の対応関係（G. ムーラック，R. C. タンネヒル参照），とくに福音書のイエスと行伝のペトロおよびパウロとの対応関係（W. ラードル参照）にも，ディオゲネス・ラエルティオスの作品『著名な哲学者たち』における学派の創始者とその後継者たちとの対応関係に類比が見出されている（C. H. タルバート）。

　　山田耕太は修辞学的視点から，ルカ文書が「修辞学的歴史記述」または「普遍史」というヘレニズム・ローマ文学のジャンルに入ることを論証している。これに対して上村静は，「ルカ文書をヘレニズム文学の枠内に収めるだけではジャンル問題の解答としては不十分である」として，行伝を「『聖書型史書』というジャンルに属する」と主張する（『新約学研究』第 41 号，20 頁）。この主張は，前述の，「ルカはこうして「教会の時」に属する読者に，「教会のはじめの時」の理想像を規範として提示する」という私見に連なるであろう。

6. 思想的特徴

　歴史記述者としての著者は，福音書と行伝を著作するにあたって，彼に固有な歴史観を前提している。彼はまず（旧約）聖書の時における預言を基底として，歴史をこの預言が神の救済計画によって成就されていく，神による救済の歴史とみなす。このいわゆる「救済史」は，ルカによれば二つの時期に分かれ，第一期は「イエスの時」，第二期は「教会の時」である（この意味で，旧約聖書またはイスラエルの時は，コンツェルマンのごとく，イエスの時と教会の時と等質な「時」とみなしてはならない）。さて，これらの二つの時期は，それぞれに先行する「時」を介する神またはイエスによる預言の成就という図式によって結合されるが，それは多くの場合，(旧約)聖書における聖句——そのほとんどが七十人訳聖書から引用されている（T. ホルツ）——の第一，第二

期における「解釈学的適用」（M. レーゼ）によって説明される。その際，第一期と第二期は，それぞれ「イエスの時」「教会の時」として時期的に区別されるが，質的には共に，「聖霊」を介して連続している。ただし，第一期においてイエスは「聖霊に満ちて」（ルカ4：1）振る舞うのに対し，第二期においてペトロとりわけパウロは「イエスの霊」（使16：7）に促されて行動する。いずれにしても，上述の第一期が行伝1：1の最初の書物に当たる「福音書」のテーマであり，第二期のはじめの部分が「教会のはじめの時」としてまさに行伝のテーマとなる。そして，この「教会のはじめの時」が，著者自身の属する「教会の時」から質的に区別されているのであるから，行伝の著者は自らキリスト教の第二世代に属する者の自覚をもってその歴史観を表出していることになろう。

　このように著者は，神を救済史の動因として見ているのであるから，イエスは彼にとって神の救済の器となる。ここからわれわれは，「主（神）のキリスト」（使4：26，ルカ23：35），「神の僕」（使3：13，26，4：27）などの行伝（と福音書）に固有なキリスト論的尊称に見られる従属的キリスト論を了解できることになる。このことは，神がイエスを通して行なわれた奇跡行為によって，イエスが神の器として認証されるという，ルカによる福音書（4：16以下）と行伝（2：22，10：36以下）に特徴的な表象にも妥当するのである。

　さて行伝において，イエス・キリストの再臨に伴う「王国」の「復興」の「時期」あるいは「万物の実現の時期」，すなわち「終末の時」は遠い未来に移されている（使1：6-7，11，3：21）。しかし，ルカによる福音書によれば「神の王国」は「イエスの時」に実現されており（ルカ17：21その他），イエスが「神の右の座に挙げられ，父から約束の聖霊を受けて」それを使徒たちに「注がれた」（使2：33）ことによって導入される「教会の時」は，行伝によれば「終りの時」（文字通りには「終りの日々」）とも呼ばれうる（2：17）。すなわち，当書の著者にとって，聖霊の降臨にはじまる「教会の時」は，「終末の時に先立つ救済史的時期」（E. グレーサー）としての「終りの日々」なのである。しかも，この「日々」を担う教会の成員は，すでにイエスの時にイスラエルの「民」として準備されており，これが聖霊の降臨に伴う教会の設立と共に

エルサレムに実現されるが，ユダヤ人がこれを拒んだのち，教会はまことのイスラエルの「民」としての異邦人キリスト者をその成員として（15：14, 17, 16：10）終末の時に至るまで救済機関としての役割を果たす（ローフィンク）。

このような教会論に行伝の救済論も即応する。つまりここでは，人間の罪の赦し（救済）は原始教会の信仰告白伝承やそれに基づく――パウロの場合のごとく――イエスの死に結びつけられておらず，悔い改めて洗礼を受け，教会に加入することによって生起するのである（2：38以下その他）。従って，行伝におけるパウロの説教には，全体としてパウロ自身に固有な神の恩恵によるいわゆる「信仰義認論」は欠けており（この痕跡はわずかに13：38に残されているが，同種の思想は15：11でペトロの口にも入れられている），行伝において神の「恵み」あるいは「信仰」は，使徒たちがそこに「とどまる」（11：23, 13：43, 14：22）べき所与としての「キリスト教」と同義になっている。従ってモーセ「律法」（7：38）はパウロにおけるごとく福音による止揚の対象とはならず，ユダヤ人キリスト者なら当然守るべきもの（7：53その他），異邦人キリスト者にもいわゆる「使徒教令」の中に縮小された形においてではあるが，同様に「モーセの律法」として課されるべきものとされる（15：20-21）。

こうして律法が信徒たちの生活の上に無条件に前提されている限り，本書の倫理は，当然教会共同体的である。実際，土地を売った代金をごまかしてその一部のみを教会に供託しようとしたアナニアとサッピラは，その場で死をもって共同体から排除されている（5：1-11）。しかし他方，福音書以来当書における倫理の特徴は，「個人の存在のための配慮を放棄するように命ずる」（八木）という意味で個人的でもある。とすれば，ルカによる福音書に固有な個人倫理は，行伝において教会共同体の枠内でその実現が期されていると見てよいであろう。この意味で，著者の個人倫理はその共同体倫理と矛盾するものではない（拙稿「ルカにおける「個人倫理と「共同体倫理」」参照）。

著者の社会倫理も，一見して矛盾しているように見える。すなわち，ルカによる福音書においてイエスは，他の福音書と比較すれば，富者，とりわけユダヤの支配者に最も批判的であるのに対し，行伝においてパウロはローマの官憲

に対して少なくとも護教的である。ここにはもちろん，何がしかイエスとパウロとの政治体制に対する態度の相異が反映しているとしても，このような反ユダヤ・親ローマ的社会倫理はルカによる福音書の受難物語から行伝に至るまで一貫して認められる以上，両書の著者に帰さるべきであろう。とくにパウロ自身は，ユダヤ人とローマ人から受けた「苦難」を証言しているのに対して（Ⅱコリ 11：24-27），行伝のパウロはユダヤ人のみによる迫害を前提して，「私たちは神の王国に入るためには，多くの苦難を経なければならない」（14：22）と，一種の殉教の倫理を説くのであるから。

　ここで，著者の言語観について一言しておく。著者にとってギリシア語が普遍言語であることが暗黙裡に前提されており，これが著者の親ローマ的世界市民主義に即応しているのではないか，ということである。

　最近，ルカ文書の「普遍的」パースペクティヴについて，次のような指摘がなされている。――「こうして，二つの面において，社会宗教的に同じ構造の普遍主義の考え方が認められることになる。一方において，伝道が「地の果てまで」行われるべきであるという原則が示され，すべての人がキリスト教運動の対象として考慮に入れられている。しかし，実際に直接の伝道が行われるのは，世界の一部の地域，おそらく当時のローマ帝国の中で重要と思われる地域に一致すると考えてよいと思われる地域だけで十分であるとされている。また，ギリシア語を話せる人々にだけ直接伝道が行われれば十分であるとされている」（加藤隆「エコロジーとルカ文書・使徒行伝の社会思想」『新約学研究』第 23 号，17 頁）。

　使徒行伝の著者にとって，「世界」は事実上「ギリシア語を話せる人々」の世界であった。これは，当時の平均的ローマ市民の世界観と一致する。もちろん，当時ギリシア語は「世界」の「共通語」であったが，彼の意識の中ではそれを超えて「普遍語」であり，これを解しない者は「外人」（バルバロイ）（使 28：2）であった。このような意味における「ギリシア語普遍主義」が，行伝著者の採る親ローマ的世界市民主義に即応している，と私には思われるのである。（ここからルカ文書に特徴的な「共同体倫理に統合され

る個人倫理」も解明できるが，この問題について詳しくは前掲拙稿「ルカにおける「個人倫理」と「共同体倫理」」を参照されたい。)

　最後に，このような行伝の著者の思想が成立した原因について私見を述べておく。その原因としては，通常，ルカがキリスト教の第二世代に属し，終末の遅延に対処してその教会論，とりわけ教会の救済機関としての機能を強化したことが挙げられる（例えば，グレーサー）。しかし，これだけで彼らの思想成立の原因を説明し尽くすことはできない。例えば同じパウロの系統に連なり，同じく第二世代に属する牧会書簡の著者に見られるような教職制度や使徒継承の表象など，いわゆる「初期カトリシズム」の要因を，行伝は未だ完備していないのである。──問題はやはり，著者の思想と相関の関係にある，行伝成立の社会的諸条件から説明されるべきであろう。

　まず，著者が自らの身を置いた社会層について言えば，彼がヘレニズム・ローマ社会の比較的上層に属していたことは，ほぼ確実であろう。このことが，先に言及した行伝の文学的性格のみならず，パウロのローマ当局に対する一貫した護教的態度，その裏返しとしての反ユダヤ主義，さらには，彼がエフェソ教会の「長老たち」（これは本書の読者と重なっている）に「告別説教」の形で残していったという「主イエスの言葉」，すなわち「受けるよりは与える方が幸いである」（20：35）に見られる富者の倫理をも，部分的に規定している。

　第二に，著者が文学・思想活動をした地域については，正確なことは何も分からないけれども，少なくとも彼が地中海沿岸諸地域のいずれかの都市に定住していたことは疑う余地がない。これがおそらく，著者が福音書におけるイエスの活動の舞台としてとりわけ「町」を設定していること（拙著『イエス・キリスト（上）』196頁参照），マルコによる福音書における「ガリラヤの海」の位置づけがルカによる福音書では「湖」として後景に退けられ，行伝においてそれがパウロの活動の中心となる地中「海」と機能的に対応されていること（ロビンス）などと関係するはずである。

　第三に，このように著者がヘレニズム知識人の一人として都市の場として文学・思想活動をしたとすれば，ヘレニズム社会に固有な文化現象の一つとして

の普遍主義的「個人倫理」に傾いたことは当然予想されるであろう。この意味で，著者の個人倫理とストアの内面性の倫理とは確かに即応する局面が認められる。それは共に，「個人の存在への配慮からの自由」を目指すからである（八木）。しかし行伝の著者の場合，すでに指摘したように，この「自由」は，神からイエスないしは宣教者たちを通して教会共同体に託された「恵み」と「信仰」にとどまることによって達成される。そして，このような「共同体性」が，存在への配慮を倫理的に否定するという行為を枠づけるのである。この意味で行伝の倫理は共同体的であった。例えばエピクテトスの内面性の倫理には，このような共同体との関わりは欠如している。

しかし他方において，この共同体という概念を別の局面から見れば，例えばローマの詩人ヴェルギリウスの叙事詩『アエネイス』や第四『牧歌』の背後には，ローマ共同体を前提とする救済史の意識が強力に働いており，しかもこの歴史を導く「天命」(fatum) の表象は，少なくとも形式的には，本書における「神」観と極めて類似している（S. シュルツ）。こうしてみると，行伝の思想は，著者がそれを意識していたか否かは別として，われわれが想像する以上にヘレニズム・ローマ世界の社会的諸条件に規定されていたと見てよいであろう。

7. 著者，場所，読者，年代

すでに指摘したように，古代教父の伝承によれば，「医師」であり（コロ 4：14），パウロの「同労者」であった（フィレ 24。Ⅱテモ 4：11 をも参照）ルカが，福音書と行伝の著者であったといわれる。しかし，福音書には元来著者名はなかったのであるし，行伝にはもともと表題そのものが欠けていたのであるから，著者がたとえルカであったとしても，コロサイ人への手紙やフィレモンへの手紙に言及されている「ルカ」と同一人物であったかどうか不明である。この著者の思想を一種のパウロ主義と見れば，あるいは彼が実際にパウロの「同労者」ルカであったかもしれない（トロクメ，田川，トルントン，イェルヴェルなど）。しかし，それにしてはこのルカは，パウロの思想や行動の背景をあまりにも知らなさすぎる（シュナイダー，ツミエフスキー，バレット，パ

ーヴォなど）。

　いずれにしても，行伝の著者が地中海沿岸地域のどこかの町にあった教会を背景にして著作活動を行ない，彼と彼が所属する教会の主要メンバーが，比較的に富裕層の異邦人キリスト者であったことは確実であろう。ただ，ユダヤ教の知識をある程度持っていなければ，この書を理解することはできなかったはずである。彼らの多くはユダヤ教のシンパであったヘレニズム世界の異邦人，いわゆる「神を畏れる人々」出身のキリスト者であったろうか（詳しくは拙稿「ステファノの弁明――その使信と伝達」参照）。もしそうであるとすれば，行伝はユダヤ人の集落があったヘレニズム世界のどこかの町に成立した異邦人を主たるメンバーとする教会の信徒たちに向けて書かれたことになる。その成立地がパレスティナでなかったことは確実である。福音書と行伝の著者は，ガリラヤ，ユダヤ，サマリアの地理について無知だからである。

　　行伝著者ルカ自身が，「神を畏れる」異邦人出身のキリスト者で，その出身地はマケドニアのフィリピであった可能性については，荒井，中巻，345頁を参照。なお，ルカが福音書‐行伝を執筆する際に，それによる福音伝道のターゲットの中にローマ軍の兵士たち，とりわけ百人隊長を念頭においていた可能性も想定される（J. Yoder, L. Brink 参照）。

　行伝の成立年代は，ルカによる福音書の成立（80‐90年頃）以後あまり時を経ていない時期に当たる。とすれば，それは90年代後半ということになろうか。キリスト教も2世紀になると初期カトリシズムの諸要素が出揃うので，本書の思想がそこに至る過渡期的特徴を示しているとすれば，やはりその成立年代は1世紀末とみてよいであろう。

　　上村静によれば，ルカは「ドミティアヌス帝時代の迫害は知っているが（使20：29），トラヤヌス帝時代のいわゆる「キリストの名による迫害」はまだ知らない」ことを理由に，行伝は「96‐100年頃の著作と考えられる」（前掲『新約学研究』第41号，21頁）。この「考え」は筆者の想定とほぼ重なっ

概説　使徒行伝

ているが，使20：29をドミティアヌス帝の迫害の典拠として挙げることは無理である（本書107-108頁参照）。もしそれを挙げるならば，17：7の方により蓋然がある（荒井，中巻，408-409頁参照）。

追記

　本稿は「概説 使徒行伝」（『荒井献著作集』別巻，岩波書店，2002年所収）の増補・改訂版である。

参 考 文 献

聖書本文
Nestle-Aland, *Novum Testamentum Graece*, Stuttgart, 28. Aufl, 2012 〔ギリシア語底本〕

邦語訳聖書
『聖書』日本聖書協会，1955 年。〔協会訳〕
『聖書　新共同訳』日本聖書協会，1988 年。〔新共同訳〕
『聖書　新改訳』日本聖書刊行会，1970 年，3 版：2004 年。〔改訳〕
『新約聖書』フランシスコ会聖書研究所訳注，サンパウロ，1979 年，20 刷：2004 年。〔フランシスコ会訳〕
『新約聖書』前田護郎訳，中央公論社，1983 年。〔前田訳〕
『新約聖書』新約聖書翻訳委員会訳，岩波書店，2004 年，第 8 刷：2011 年。〔岩波訳〕

外国語訳聖書
The Revised English Bible with Apocrypha, Oxford/Cambridge, 1989 〔REV〕
New Revised Standard Version Bible, Oxford/New York, 1989 〔RSV〕

聖書関係本文邦訳
『聖書外典偽典』第一巻―第七巻，教文館，1975‐1976 年，別巻 補遺 I：1979 年，補遺 II：1982 年。
『ギリシア，ローマ，ユダヤ，エジプトの資料による 原典新約時代史』蛭沼寿雄，秀村欣二編，山本書店，1996 年。
『使徒教父文書』荒井献編，講談社，1998 年，第 8 刷：2008 年。

辞典その他
Bauer-Aland, *Griechisch-deutsches Wörterbuch zu den Schriften des Neuen Testaments und der frühchristlichen Literatur*, 6. Aufl., Berlin/New York, 1988. 〔*WbNT*〕
Biblisch-Historisches Handwörterbuch, 4 Bde, hrsg. von B. Reicke/L. Rost, Göttingen,

参考文献

1963-1979.（『旧約・新約 聖書大辞典』日本語版編集代表 荒井 献，石田友雄，教文館，1989 年〔聖書大辞典〕）

Blass/Derbunner/Rehkopf, *Grammatik des neutestamentlichen Griechisch*, 14. Aufl., Göttingen, 1976.〔Blass/Derbunner/Rehkopf〕

Exegetisches Wörterbuch zum Neuen Testament, hrsg. von H. Balz/G. Schneider, 3Bde, Stuttgart, 1980-1983（『ギリシア語 新約聖書釈義事典』Ⅰ-Ⅲ，日本語版監修 荒井 献，H. J. マルクス，教文館，1993-1995 年。〔釈義事典〕）

Liddel-Scott-Jones, *Greek-English Lexikon*, 9th Edition, Oxford, 1996.〔Liddel-Scott-Jones〕

Oxford Latin Dictionary, ed. by P. G. W. Glare, Oxford, 1982.

Theologisches Wörterbuch zum Neuen Testament, begr. von G. Kittel, hrsg. von G. Friedrich, Stuttgart, 1933-1971.〔*ThWbNT*〕

岩隈直『増補・改訂 新約ギリシア語辞典』山本書店，2000 年。

注解書

Barret, C. K., *The Acts of The Apostles*, Vol. I: *Preliminary Introduction and Commentary on Acts I-XIV,* (A Critical and Exegetical Commentary), Edingburgh, 1994; Vol. II: *Introduction and Commentary on Acts XV-XXVIII*, 1998.〔バレット〕

Ben Witherington III, *The Acts of The Apostles. A Socio-Rhetorical Commentary,* Grand Rapids/Cambridge, 1998.〔ウィザリントン〕

Bruce, F. F., *Commentary on the Book of Acts,* (New International Commentary on the New Testament), Michigan, 1958（『使徒行伝』聖書図書刊行会訳，新教出版社，1958 年）.〔ブルース〕

———, *The Acts of The Apostles. The Greek Text with Introduction and Commentary*, 3rd ed. rev. and enl., Grand Rapids, 1990.〔ブルース（英語改訂版）〕

Conzelmann, H., *Die Apostelgeschichte,* (Handbuch zum Neuen Testament), 2.Aufl., Tübingen, 1972.〔コンツェルマン〕

Haenchen, E., *Die Apostelgeschichte,* (Kritisch-exegetischer Kommentar über das Neue Testament), 7. Aufl., Berlin, 1977.〔ヘンヒェン〕

Fitzmyer, J. A., *The Acts of The Apostles. A New Translation with Introduction and Commentary,* (The Anchor Bible), New York/London/Tronto/Sydney/Auckland, 1998.〔フィッツマイヤー〕

Jervell, J., *Die Apostelgeschichte,* (Kritisch-exegetischer Kommentar über das Neue

Testament), 17. Aufl., 1998.〔イェルヴェル〕

Lake, K., Cadbury, H. J., *The Acts of The Apostles. English Translation and Commentary* (*The Beginnings of Christianity* IV), *Additonal Notes to the Commentary* (*The Beginnings of Christianity* V), Grand Rapids, 1979.〔レイク‐キャドバリー〕

Loisy, A., *Les Actes des Apôtres,* Paris, 1920.〔Nachdruck：Frankfurt a. M., 1973〕〔ロワジー〕

Lüdemann, G, *Das frühe Christentum nach den Traditionen der Apostelgeschichte. Ein Kommentar,* Göttingen, 1987.〔リューデマン〕

Marshall, I. H., *The Acts of The Apostles. An Introduction and Commentary,* (Tyndale New Testament Commentaries), Leicester, 1980.〔マーシャル〕

Munck, J., *The Acts of The Apostles* (The Anchor Bible), New York, 1967.〔ムンク〕

Pesch, R., *Die Apostelgeschichte*, I. Teilband: Apg 1-12,(Evangelisch-Kathorischer Kommentar zum Neuen Testament), Neukirchen-Vluyn, 1986 ; II. Teilband: Apg 13-28, 1986.〔ペッシュ〕

Pervo, R. I., *Acts. A Commentary*, (Hermeneia-A Critical and Historical Commentary on the Bible), Minneapolis, 2009.〔パーヴォ〕

Roloff, J., *Die Apostelgeschichte,* (Das Neue Testament Deutsch), 17. Aufl., Göttingen, 1981.〔ロロフ〕

Schille, G., *Die Apostelgeschichte,* (Theologischer Handkommentar zum Neuen Testament), Berlin, 1983.〔シレ〕

Schmidhals, W., *Die Apostelgeschichte des Lukas,* (Zürcher Bibelkommentare), 1982, Zürich, 1982.〔シュミットハルス〕

Schneider, G., *Die Apostelgeschichte,* (Herders theologischer Kommentar zum Neuen Testament), I. Teil: Kommentar zu Kap. 1, 1-8, 40, Freiburg/Basel/Wien, 1980：II. Teil: Kommentar zu Kap. 9, 1-28, 31, 1982.〔シュナイダー〕

Stählin, G., *Die Apostelgeschichte,* (Das Neue Testament Deutsch), Göttingen, 1962 (『NTD 新約聖書注解 (5) 使徒行伝』大友陽子・秀村欣二訳, NTD 新約聖書注解刊行会, 1977 年.〔シュテーリン〕

Strack, H. L., Billerbeck, P., *Kommentar zum Neuen Testment aus Talmud und Midrasch.* Zweiter Band: *Das Evangelium nach Markus, Lukas und Johannes und die Apostelgeschichte*, 7. Aufl., München, 1978.〔ビラーベック〕

von Harnack, A., *Die Apostelgeschichte*, Leipzig, 1908.〔ハルナック〕

参考文献

Weiser, A., *Die Apostelgeschichte*,（Ökumenischer Taschenbuch-Kommentar zum Neuen Testament），Kapitel 1-12, Würzburg, 1981; Kapitel 13-28, 1985.〔ヴァイザー〕

Zmjewskie, J., *Die Apostelgeschichte*,（Regensburger Neues Testament），Regensburg, 1994.〔ツミエフスキー〕

荒井献『使徒行伝』上巻，新教出版社，1977年，復刊：2004年。〔荒井，上巻〕
同　『使徒行伝』中巻，新教出版社，2014年。〔荒井，中巻〕
田川建三『新約聖書　訳と註　2下　使徒行伝』作品社，2011年。〔田川〕
土戸清『使徒言行録 現代へのメッセージ』日本キリスト教団出版局，2009年。〔土戸〕
真山光弥「使徒言行録」（川島貞夫，橋本滋男編『新共同訳 新約聖書注解』Ⅰ，日本基督教団出版局，1991年所収）。〔真山〕

邦語文献

荒井献『イエスとその時代』岩波書店，1974年，第29刷：2012年，『荒井献著作集』第一巻，岩波書店，2001年所収。
同　「理念としての『貧者』——福音書・行伝記者ルカの『罪人』理解をめぐって」『思想』610号，1975年，16-33頁（『荒井献著作集』第三巻，岩波書店，2001年所収）。
同　「ルカにおける『個人倫理』と『共同体倫理』」『聖書学論集』11号，1975年，23-52頁（『荒井献著作集』第三巻，岩波書店，2001年所収）。
同　『イエス・キリスト（上）(下)』講談社学術文庫，2001年（『荒井献著作集』第一，二巻，岩波書店，2001年所収）。
同　「使徒行伝」（荒井献，川島貞雄他『総説新約聖書』日本基督教団出版局，1981年，『荒井献著作集』別巻，岩波書店，2002年所収。
同　「イエスとマグダラのマリア」『新約聖書の女性観』岩波書店，1988年，第6刷：2006年所収。
同　『新約聖書の女性観』岩波書店，1988年，第6刷：2006年。
同　『聖書のなかの差別と共生』岩波書店，1999年。
同　「ステファノの弁明——その使信と伝達」『聖書のなかの差別と共生』岩波書店，1999年（『荒井献著作集』第四巻，岩波書店，2001年所収）。
同　「『男も女も』——ルカの女性観再考」『聖書のなかの差別と共生』岩波書店，1999年（『荒井献著作集』第三巻，岩波書店，2001年所収）。

参 考 文 献

同　「「小さくされた者たち」の共同体――原始キリスト教における「家の教会」と宣教」新約聖書翻訳委員会編『聖書を読む　新約篇』岩波書店，2005 年，荒井献『初期キリスト教の霊性』所収．
同　「永遠の生命(いのち)によせて――ルカ，ヨハネ，トマスを中心に」『初期キリスト教の霊性――宣教・女性・異端』岩波書店，2009 年所収．
同　「原始キリスト教」『初期キリスト教の霊性――宣教・女性・異端』岩波書店，2009 年所収．
同　『初期キリスト教の霊性――宣教・女性・異端』岩波書店，2009 年．
井上大衛「テサロニケ人への手紙　一」「テサロニケの信徒への手紙　二」大貫隆，山内眞編『新版　総説新約聖書』日本キリスト教団出版局，2003 年所収．
上村静「イザヤ書 6 章 9-10 節――頑迷預言？―」『キリスト教信仰の成立――ユダヤ教からの分離とその諸問題――』関東神学ゼミナール，2007 年所収．
同　『キリスト教信仰の成立――ユダヤ教からの分離とその諸問題―』関東神学ゼミナール，2007 年．
同　「ルカはなぜパウロの最期を記さなかったか――ルカの歴史認識―」『新約学研究』第 41 号，2013 年所収．
大貫隆『福音書文学と文学社会学』岩波書店，1991 年．
同　「古代文学における「訣別の辞」――ヨハネ文学と『パイドン』を中心に」（大貫隆『福音書文学と文学社会学』岩波書店，1991 年）．
同　『福音書と伝記文学』岩波書店，1996 年．
大貫隆・山内眞監修『新版 総説新約聖書』日本基督教団出版局，2003 年．
小河陽『パウロとペテロ』講談社，2005 年．
オデイ「使徒言行録」（『女性たちの聖書注解――女性の視点で読む旧約・新約・外典の世界』C. A. ニューサム／S. H. リンジ編，荒井章三／山内一郎：日本語監修，加藤明子／小野功生／鈴木元子訳，新教出版社，1998 年）．
加藤隆「エコロジーとルカ福音書・使徒行伝の社会思想」『新約学研究』第 23 号，1995 年所収．
加山久夫『使徒行伝の歴史と文学』ヨルダン社，1986 年．
木原桂二『ルカの救済思想――断絶から和解へ』日本キリスト教団出版局，2012 年．
呉茂一『ギリシア神話』新潮社，1969 年．
佐竹明『ガラテヤ人への手紙』新教出版社，1974 年．
同　『ヨハネ黙示録』上巻，新教出版社，2007 年．

445

参考文献

同　『ヨハネ黙示録』中巻，新教出版社，2009年．
同　『使徒パウロ——伝道にかけた生涯』新版，新教出版社，2008年．
佐藤研『聖書時代史 新約篇』岩波書店，2003年．
同　「アポロ伝承小史」『キリスト教学』51号，2010年．『はじまりのキリスト教』岩波書店，2010年所収．
同　『はじまりのキリスト教』岩波書店，2010年．
同　『旅のパウロ——その経験と運命』岩波書店，2012年．
田川建三　『新約聖書　訳と註　2上　ルカ福音書』作品社，2011年．
同　『新約聖書　訳と註　3　パウロ書簡　その一』作品社，2007年．
辻学「牧会書簡」（大貫隆・山内眞監修『新版 総説新約聖書』日本基督教団出版局，2003年）．
野町啓『学術都市 アレクサンドリア』講談社，2009年．
野町啓・田子多津子訳『世界の創造 アレクサンドリアのフィロン』教文館，2004年．
朴憲郁『パウロの生涯と神学』教文館，2003年．
原口尚彰『ロゴス・エートス・パトス——使徒言行録の演説の研究』新教出版社，2005年．
保坂高殿「ルカとローマ市民——「おそれ」のモチーフが持つ文学的機能の考察から」『聖書学論集』22，1988年所収．
同　『ローマ帝政初期のユダヤ・キリスト教迫害』教文館，2003年．
マーティン「使徒言行録」『聖典の探索へ フェミニスト聖書注解』E. S. フィオレンツァ編，絹川久子／山口里子 日本語訳監修，宮本あかり訳，日本キリスト教団出版局，2002年．
松田伊作訳「死海写本「共同体」の規則（1QS）——改訳—」『文学研究』第78輯，1981年，九州大学文学部．
三好迪『福音書のイエス・キリスト 3 ルカによる福音書 旅空に歩むイエス』日本基督教団出版局，1996年．
山内眞『ガラテヤ人への手紙』日本キリスト教団出版局，2002年．
八木誠一『新約思想の探求』新教出版社，1972年．
山口里子『マルタとマリア——イエスの世界の女性たち』新教出版社，2004年．
山田耕太「使徒行伝のジャンル」『新約学研究』第20号，1992年，2-17頁（山田耕太『新約聖書と修辞学——パウロ書簡とルカ文書の修辞学的・文学的研究』キリスト教図書出版社，2008年所収）．

同　「使徒言行録」（大貫隆・山内眞監修『新版　総説新約聖書』日本基督教団出版局，2003年）。

山野貴彦「小アジアに繁栄した十二都市の中心　エフェソ」『福音と世界』2008年，3月号所収。

弓削徹「ローマ帝国の支配構造」「パウロとローマ市民権」荒井献編『パウロをどう捉えるか』新教出版社，1972年，オンデマンド版：2003年所収。

外国語文献

Acworth, A., Where was St. Paul Shipwrecked? A Re-examination of the Evidence, *JTS* 24, 1973, pp. 190-93

Avemarie, F., *Die Tauferzählungen der Apostelgeschichte*, Tübingen, 2002

Barnes, T., *An Apostle on Trial, JThS* 20, 1969, pp. 407-419

Bauer, W., *Rechtgläubigkeit und Ketzerei im ältesten Christentum*, 2. Aufl., hrsg. von G. Strecker, Tübingen, 1964

Becker, E.- M., Phillhofer, P. (ed.), *Biographie und Persönlichkeit des Paulus*, Tübingen, 2005

Beyschlag, K., *Clemens Romanus und der Frühkatholizismus*, Tübingen, 1966

Bihler, J., *Die Stephanusgeschichte im Zusammenhang der Apostelgeschichte*, Berlin, 1963

Börstinghaus, J., *Sturmfahrt und Schiffbruch. Zur lukanischen Verwendung eines literarischen Topos in Apostelgeschichte 27, 1-28, 6*, Tübingen, 2008

Bovon, F., Le Saint-Esprit, l'Église et les relations humaines selon Actes 20, 36-21, 16, in : *Les Acts des Apôtres, Traditions, redaction, théologie*, ed., J. Kremer, Leuven, 1979, pp. 339-358

——, *Das Evangelium nach Lukas (Lk 1, 1-9, 50)*, EKK Ⅲ /1, Zürich/Neukirchen-Vluyn, 1989

——, *Das Evangelium nach Lukas (Lk 19, 28-24, 53)*, EKK Ⅲ /1, Zürich/Neukirchen-Vluyn, 2009

Brink, L., *Soldiers in Luke-Acts, Engadging, Contradicting, and Transcending the Stereotypes*, Tübingen, 2014

Brouchton, J. R. S., The Roman Army, in : Lake, K., Cadbury, H. J., *The Acts of The Apostles. English Translation and Commentary (The Beginnings of Christianity* V), Grand Rapids, 1979, pp. 427-445

参考文献

Burchardt, C. H., *Der dreizehente Zeuge. Traditions - und Kompositionsgeschichtliche. Untersuchungen zu Lukas' Darstellung der Frühzeit des Lukas*, Göttingen, 1970

Bultmann, R., *Theologie des Neuen Testaments*, I - III, Tübingen, 1961（ブルトマン『新約聖書神学』 I - III, 川端純四郎訳，新教出版社，1980 年）

───, Zur Frage nach den Quellen der Apostelgeschichte, in : *Exegetica. Aufsätze zur Erforschung des Neuen Testaments*, Tübingen, 1969

Cadbury, H. J., *The Making of Luke-Acts*, Ndr. London, 1983

Conzelmann, H., *Die Mitte der Zeit. Studien zur Theologie des Lukas*, Tübingen, 1962（コンツェルマン『時の中心──ルカ神学の研究』田川建三訳，新教出版社，1965 年）

Conzelmann, H., Lindemann, A., *Arbeitsbuch zum Neuen Testament*, Tübingen, 1975

Cullmann, O., *Die Tradition als exegetisches, historisches und theologisches Problem*, Zürich/Stuttgart, 1954（クルマン『原始教会の伝承』荒井献訳，新教出版社，1958 年）

───, *Petrus. Jünger-Apostel-Märtyer. Das historische und theologische Petrusproblem*, 2. Aufl., Zürich/Stuttgart, 1960（クルマン『ペトロ──弟子・使徒・殉教者』荒井献訳，新教出版社，1965 年；オンデマンド版：2004 年）

Daube, D., On Acts 23 : Sadducees and Angels, *JBL*, 109, 1990, pp. 493-499

Dibelius, M., Stilkritisches zur Apostelgeschichte, in : *Aufsätze zur Apostelgeschichte*, hrsg. von H. Greeven, 2. Aufl., Göttingen, 1953, S. 9-28

───, *Aufsätze zur Apostelgeschichte*, hrsg. von H. Greeven, 2. Aufl., Göttingen, 1953

Dickens F., *Herod as a Composite Charcter in Luke-Acts*, Tübingen, 2014

Ebel, E., *Lydia und Berenike. Zwei selbständige Frauen bei Lukas*, Leipzig, 2009

Fiorenza, E. S, *In Memory of Her. A Feminist Theological Reconstruction of Christian Origins*, New York, 1983（フィオレンツァ『彼女を記念して──フェミニスト神学によるキリスト教起源の再構築』山口里子訳，日本基督教団出版局，1990 年）

Gehring, R. W., *Hausgemeinde und Mission. Die Bedeutung antiker Häuser und Hausgemeinschaften – von Jesus bis Paulus*, Gießen, 2000

Gill, D. W. J., Gempf, C. H. (ed.), *The Book of Acts in its Greco-Roman Setting*, Grand Rapids, 1993

Gnilka. J., *Das Evangelium nach Markus*, EKK II/2 (MK 8, 27-16, 20), Neukirchen – Vluyn, 1979

Gräßer, S. E., *Das Problem der Parusieverzögerung in den synoptischen Evangelien und in der Apostelgeschichte*, 3. Aufl., Berlin, 1977

参 考 文 献

Heil, J. P., *The Meal Scenes in Luke-Acts. An Audience-Oriented Approach*, Atlanta, 1999
Hemer, C. J., *The Book of Acts in the Setting of Hellenistic History*, Tübingen, 1989
Hengel, M., *Zur urchristlichen Geschichtsschreibung*, Stuttgart, 1979（ヘンゲル『使徒行伝と原始キリスト教史』新免貢訳，教文館，1994年）
――, Der Historiker Lukas und die Geographie Palästinas in der Apostelgeschichte, *ZDPV* 99, S. 147-183, 1983（ヘンゲル「歴史家ルカと使徒行伝におけるパレスチナの地理」『イエスとパウロの間』土岐健治訳，教文館，2005年，197-250頁）
――, Der unterschätzte *Petrus. Zwei Studien*, Tübingen, 2006（ヘンゲル『ペトロ』川島貞雄訳，教文館，2010年）
――, Der vorchristliche Paulus, in : Hengel, M., Heckel, U. (ed.), *Paulus und das antike Judentum*, Tübingen, 1991（ヘンゲル『サウロ――キリスト教回心以前のパウロ』梅本直人訳，2011年）
Holmberg, B., Winninge, M. (ed.), *Identity Formation in the New Testament*, Tübingen, 2008
Jeremias, J., Untersuchungen zum Quellenproblem der Apostelgeschichte, in : *Zeitschrift für die Neutestamentliche Wissenschaft und die Kunde der älteren Kiche*, 36, 1937, S. 205-221
――, *Die Sprache des Lukasevangeliums. Redaktion und Tradition im Nicht-Markusstoff des dritten Evangeliums*, Göttingen, 1980
Jervell, J., The Law in Luke-Acts, in : *Luke and the People of God*, Minnesota, 1972
――, *The Theology of the Acts of the Apostles*, Cambridge, 1996（イェルヴェル『使徒言行録の神学』挽地茂男訳，新教出版社，1999年）
Klauck, - J. H., *Magic and Paganism in Early Christinanity. The World of the Acts of the Apostles*, Edinburgh, 2000
Kliesch, K., *Das heilsgeschichtliche Credo in den Reden der Apostelgeschichte*, Köln/Bonn, 1975
Klutz, T., *The Exorcism Stories in Luke - Acts. A Sociostylistic Reading*, Cambridge, 2004
Käsemann, Die Johannesjünger in Ephesos, *ZThK* 49, 1952, S. 144-154 (in : Exegetische Versuche und Besinnungen I, Göttingen, 1964, S. 158-168)
Koet, B. J., *Five Studies on Interpretation of Scripture in Luke-Acts*, Leuven, 1989
Kränkl, E., *Jesus der Knechte Gottes. Die heilsgeschichtliche Stellung Jesu in den Reden der Apostelgeschichte*, Regensburg, 1972
Kümmel, W. G., *Einleitung in das Neue Testament*, 21. Aufl., Heidelberg, 1983

参考文献

Kyrychenko, A., *The Roman Army and the Expansion of the Gospel. Role of the Centurion in Luke-Acts*, Tübingen, 2014

Lampe, P., *Die stadtrömischen Christen in den ersten beiden Jahrhunderten. Untersuchungen zur Sozialgeschichte*, 2. Aufl., Tübingen, 1989

Levine, A. -J.(ed.), *A Feminist Companion to the Acts of the Apostles*, London/NewYork, 2004

Lohfink, G., *Die Sammlung Israels. Eine Untersuchung zur lukanischen Ekklesiologie*, München, 1975

Longenecker, B. W., *Remember the Poor. Paul, Poverty, and the Greco-Roman World*, Michigan /Cambridge, 2010

MacDonald, D. R, Lydia and her Sisters as Lukan Fictions, in : *A Feminist Companion to the Acts of the Apostles*, ed. by Levine, A. -J., pp. 105-110

Marguerat, D., *Paul in Acts and Paul in His Letters*, Tübingen, 2013

Marxsen, W., *Einleitung in das Neue Testament. Eine Einführung in ihre Probleme*, 4. Aufl., Gütersloh, 1978

Mealand, L., The Close of Acts and its Hellenistic Greek Vocabulary, *NTS* 36, 1990

Meeks, W. A., *The First Urban Christians. The Social World of the Apostle Paul*, New Haven, 1983（ミークス『古代都市のキリスト教――パウロ伝道圏の社会学的研究』加山久夫監訳／布川悦子／挽地茂男訳，ヨルダン社，1989 年）

Meinardus, O. F. A, St. Paul Shipwrecked in Dalmatia, *BA* 39, 1976, pp. 145-147

――, O. F. A, *Christian Egypt. Ancient and Modern*, 2. ed., Cairo, 1977

――, Melita Illyrica or Africana : An Examination of the Site of St. Paul's Shipwreck, Ostkirchliche Studien 23, pp. 21-36

Michel, H. J., *Die Abschiedsrede des Paulus an die Kirche APG 20, 17-38. Motivgeschichte und theologische Bedeutung*, München, 1973

Muhlack, G., *Die Parallelen von Lukas-Evangelium und Apostelgeschichte*, Frankfurt a. M./ Bern/Las Vegas, 1979

Mũnoz-Larrondo R., *A Postcolonial Reading of the Acts of the Apostles*, New York, 2012

Niederwimmer, K., *Die Didache*, Göttingen, 1989

Omerzu, H., Das Schweigen des Lukas. Überlegungen zum Offenen Ende der Apostelgeschichte, in : *Das Ende des Paulus. Historische, theologische und literaturgeschichtliche Aspekte*, hrsg. von Horn, F. W., Berlin・New York, 2001, S. 127-156

参考文献

Padilla, O., *The Speeches of Outsiders in Acts. Poetics, Theology and Historiography*, Cambridge, 2008

Penner, T., Stichele, C. V., Gendering Violence : Patterns of Power and Constructs of Masculinity in the Acts of Apostles, in : *A Feminist Companion to the Acts of the Apostles*. pp. 203-209,

Petterson, C., Mission of Christ and Local Communities in Acts, in : *Identity Formation in the New Testament*, ed. by B. Holmberg, M. Winninge, Tübingen, 2008, pp. 247-267

Plümacher, E., *Lukas als hellenistischer Schriftsteller. Studien zur Apostelgeschichte*, Göttingen, 1972

――, Wirklichkeitserfahrung und Geschichtsschreibung bei Lukas, in : *Zeitschrift für die Neutestamentliche Wissenschaft und die Kunde der älteren Kirche*, 68, 1977, S. 2-22

Pöhlmann, W., *Die heidnische und christliche Opposition gegen Domitian. Studien zur Neutestamentlichen Zeitgeschichte*, Diss., Erlangen, 1966

Prast, F., *Presbyter und Evangelium in nachapostolischer Zeit. Die Abchiedsrede des Pauls in Milet (Apg 20, 17-38) im Rahmen der lukanischen Konzeption der Evangeliumsverkündigung*, Stuttgart, 1979

Radl, W., *Paulus und Jesus im lukanischen Doppelwerk. Untersuchungen zu Parallelmotiven im Lukasevangelium und in der Apostelgeschichte*, Bern/Frankfurt a. M., 1975

Rajak, T., Noy, D., Office, Title and Social Status in the Greco-Jewish Synagogue, in : *JRS* 83, 1993, pp. 75-93

Reimer, I. R., *Women in the Acts of Apostles : A Feminist Perspective*, Minneapolis, 1995

Rese, M., *Alttestamentliche Motive in der Christologie des Lukas*, Gütersloh, 1969

Robbins., K. V., The We-Passages in Acts and Ancient Sea Voyages, in : C. H. Talbert (ed.), *Perspectives in Luke-Acts*, Danville/Edinburgh, 1978, pp. 251-242

Safrai, S., Stern, M. (ed.), in co-operation with Flusser, D., van Unnik, W. C., *The Jewish People in the First Century. Historical Geography, Political History, Social, Cultural and Religious Life and Institutions*, in two Volumes, Assen, 1974（S. サフライ，M. シュテルン編『総説・ユダヤ人の歴史　上・中・下――キリスト教成立時代のユダヤ的生活の諸相―』長窪専三・川島貞雄・土戸清・池田裕訳，新地書房，1989-1992 年）

Sanders, J. T., *The Jews in Luke-Acts*, Philadelphia, 1987

Schenke, H. -M., Fischer, K. M., *Einleitung in die Schriften des Neuen Testaments II: Die Evangelien und die anderen neutestamentlichen Schriften*, Gütersloh, 1979

参考文献

Schulz, S., Gottes Vorsehung bei Lukas, *ZNW* 53, 1963, S. 104-116
Schürer, E., *The History of the Jewish People in the Age of Jesus Christ (175 B. C. - A. D. 135)*, A New English Version, Rev. and Ed. by Vermes, G., Millar, F., Vermes, P., and Black, M., Vols. Ⅰ - Ⅲ /1, Edinburgh, 1973-86（『イエス・キリスト時代のユダヤ民族史』Ⅰ，Ⅱ：小河陽訳，Ⅲ：小河陽，安達かおり，馬場幸栄訳，Ⅳ：上村静，大庭昭博，小河陽訳，教文館，2012-2015 年）
Sherwin-White, A. N., *Roman Society and Roman Law in the New Testament*, Oxford, 1963,（シャーウィン・ホワイト『新約聖書とローマ法・ローマ社会』保坂高殿訳，日本基督教団出版局，1987 年）
Stegemann, W., *Zwischen Synagoge und Obrigkeit, Zur historischen Situation der lukanischen Christen*, Göttingen, 1991
Streck-Degueldre, J.-P. *Eine Frau Namens Lydia. Zu Geschichte und Komposition in Apostelgeschichte 16, 11-15. 40*, Tübingen, 2004
Suhl, A., *Paulus und seine Briefe*, Gütersloh, 1975
Tajra, H. W., *The Trial of St.Paul. A Juridical Exegesis of the Second Half of the Acts of the Apostles*, Tübingen, 1989
Talbert, C. H., *Literary Patterns, Theological Themes and the Genre of Luke-Acts*, Montana, 1974（タルバート『ルカ文学の構造──定型・主題・類型』加山宏路訳，日本基督教団出版局，1980 年）
Tannehill, R. C., *The Narrative Unity of Luke-Acts. A Literary Interpretation, Vol. 2: The Acts of Apostles*, Minneapolis, 1990
Tellbe, M., *Christ-Believers in Ephesus. A Textual Analysis of Early Christian Identity Formation in a Local Perspective*, Tübingen, 2009
Theißen, G.,*Urchristliche Wundergeschichten. Ein Beitrag zur formgeschichtlichen Erforschung der synoptischen Evangelien*, Gütersloh, 1974
──, *Studien zur Soziologie des Urchristentums*, 2. Aufl., Tübingen, 1983
──, *Die Religion der ersten Christen. Eine Theorie des Urchristentums*, 3. Aufl., Gütersloh, 2000
──, Paulus – der Unglücksstifter. Paulus und die Verfolgung der Gemeinden in Jerusalem und Rom, in : *Biographie und Persönlichkeit des Paulus*, hrsg. von E. - M. Becker, P. Philhofer, Tübingen, 2005, S. 228-244
Thornton, C. -J., *Der Zeuge des Zeugen. Lukas als Historiker der Paulusreisen*, Tübingen,

参 考 文 献

1991
Thrall, M. E., *The Second Epistle to the Corinthians*, Vol. II, Edinburgh, 2000
Trebilco, P., Asia, in: *The Book of Acts in its Greco-Roman Setting*, ed. by D. W. J. Gill, C. Gempf, Grand Rapids, 1993
――, *The Early Christians in Ephesus from Paul to Ignatius*, Tübingen, 2004
Trocmé, É., *Livre des Actes et l'histoire*, Paris, 1957（トロクメ『使徒行伝と歴史』田川建三訳,新教出版社,1969 年）
Unnik, van, W. C., *Tarsus or Jerusalem : The City of Paul's Youth*, London, 1962
Vielhauer, P., *Geschichte der urchristlichen Literatur. Einleitung in das Neue Testament, die Apokryphen und die apostolischen Väter*, Berlin, 1975
Wander, B., *Gottesfürchtige und Sympathisanten. Studien zum heidnischen Umfeld von Diasporasynagogen*, Tübingen, 1998
Warnecke, H., *Die tatsächliche Romfahrt des Apostels Paulus*, Stuttgart, 1987
Wilckens, U., *Die Missionsreden der Apostelgeschichte. Form- und traditionsgeschichtliche Untersuchungen*, 3. Aufl., Neukirchen-Vluyn, 1974
Wilson, S. G., *The Gentiles and the Gentile Mission in Luke-Acts*, Cambridge, 1973
Wink, W., *Naming the Powers : The Language of Power in the New Testament*, Philadelphia, 1984
Yamazaki-Ransom, K., The Roman Empire in Luke's Narrative, New York/London, 2010
Yoder, J., *Representatives of Roman Rule. Roman Provincial Governors in Luke-Acts*, Berlin/München/Boston, 2014
Zingg, P., *Das Wachsen der Kirche. Beiträge zur Frage der lukanischen Redaktion und Theologie*, Freiburg/ Göttingen, 1974

使徒行伝関連地図

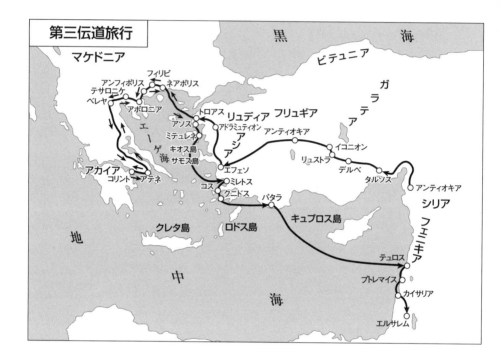

使徒行伝関連地図

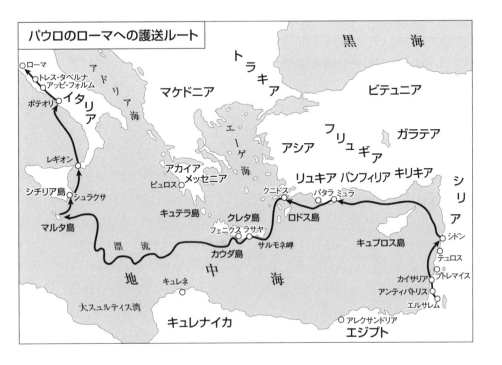

著者 荒井　献（あらい・ささぐ）
1930年秋田県に生まれる。東京大学教養学部卒業，同大学院人文科学研究科西洋古典学専攻博士課程満期退学。ドイツ・エルランゲン大学神学部留学。Dr. theol.（神学博士）。青山学院大学助教授，東京大学教授，恵泉女学園大学学長を経て，現在，東京大学・恵泉女学園大学名誉教授，日本学士院会員。

著書　*Die Christologie des Evangelium Veritatis* (1964)，『使徒行伝』上巻 (1977)．同中巻 (2014)，『トマスによる福音書』(1994年)，『荒井献著作集』全10巻，別巻1 (2001-02年)，『イエスと出会う』(2005年)，『「強さ」の時代に抗して』(2005年)，『ユダとは誰か』(2007年)，『ユダのいる風景』(2007年)，『初期キリスト教の霊性』(2009) 等。

訳書　クルマン『ペテロ』(1965)，シュタウファー『エルサレムとローマ』(1965) 等

共訳書　『ナグ・ハマディ文書』I-IV (1977-1978)，『新約聖書』(2004)，『ナグ・ハマディ文書・チャコス文書』(2010) 等

使徒行伝 下巻　現代新約注解全書　　　ⓒ　2016
2016年4月1日　初版発行

著　者　荒　井　　　献
発行者　小　林　　　望
組　版　東　京　創　文　社
印刷所　河　北　印　刷

発行所　株式会社　新 教 出 版 社
東京都新宿区新小川町9の1
振替・00180-1-9991　電話・03-3260-6148

ISBN 978-4-400-11158-0　C3316

現代新約注解全書

田川建三　マルコ福音書
上巻（増補改訂版）1：1-6：6　　4000円
中巻　6：7-10：45　　　　続　刊

荒井　献　使徒行伝
上巻　1-5章　　　　　　6000円
中巻　6-18章22節　　　9000円
下巻　18章23節-28章　9000円

佐竹　明　ガラテア人への手紙　6600円

佐竹　明　ピリピ人への手紙　4800円

辻　学　ヤコブの手紙　5000円

佐竹　明　ヨハネの黙示録
上巻　序　説　　4800円
中巻　1-11章　　8500円
下巻　12-22章　8500円

別巻
原口尚彰　ガラテヤ人への手紙　4800円

表示は本体価格です。